Lara Gfrerer

In den Greifarmen des unternehmerischen Selbst

Lara Gfrerer

In den Greifarmen des unternehmerischen Selbst

Neoliberale Gouvernementalität, Disziplinarmacht und die Inwertsetzung von Langzeitarbeitslosen

Tectum Verlag

Lara Gfrerer

In den Greifarmen des unternehmerischen Selbst. Neoliberale Gouvernementalität, Disziplinarmacht und die Inwertsetzung von Langzeitarbeitslosen

ISBN: 978-3-8288-3709-6

Umschlagabbildung: Der Exodus vom Mann im Mond.

Printed in Germany

Besuchen Sie uns im Internet
www.tectum-verlag.de

MIX
Papier aus verantwortungsvollen Quellen
FSC www.fsc.org FSC® C083411

Bibliografische Informationen der Deutschen Nationalbibliothek
Die Deutsche Nationalbibliothek verzeichnet diese Publikation in der Deutschen Nationalbibliografie; detaillierte bibliografische Angaben sind im Internet über http://dnb.ddb.de abrufbar.

Danksagung

Dieses Buch ist eine überarbeitete Fassung meiner Masterarbeit, die ich im Jahre 2012 unter dem Titel „Gouvernementalität und neoliberale Subjektivierungsform – Psychosoziale Antinomien der Enterprise Culture" am Fachbereich Sozialwissenschaften der Universität Osnabrück geschrieben habe. Für die Veröffentlichung habe ich gemeinsam mit Kevin-Rick Doß noch ein Nachwort verfasst, welches die Ergebnisse der vorliegenden Arbeit mithilfe des Marx'schen Analyseinstrumentariums (selbst-)kritisch in den Forscher_innenblick nimmt und hierbei sowohl nach den kernstrukturellen Wurzeln neoliberalen Führens als auch nach den Möglichkeiten und Grenzen einer gouvernementalitätstheoretisch ausgerichteten Analyse des Neoliberalismus und der subjektwirksamen Spannungen, Ambivalenzen und Widersprüche des Subjektivierungsregime des unternehmerischen Selbst fragt.

Mein ganz besonderer Dank gilt meinem Erstgutachter, väterlichen Freund und langjährigen Mentor, Arnold Schmieder. Dieser nahm sich nicht nur stets die Zeit zur Beantwortung meiner Fragen, sondern vermittelte mir in zahlreichen Diskussionen und Gesprächen ganz entscheidende Impulse für diese Arbeit, hinterfragte das von mir Unhinterfragte kritisch und half mir durch seinen Scharfsinn und seinen breiten Wissensstand immer wieder, meine Argumentationslinie zu schärfen. Weit darüber hinaus legte er durch seine brillante, zur vertieften Auseinandersetzung mit den verschiedensten Fragestellungen der Soziologie, Philosophie und Sozialpsychologie anregenden Lehre und durch seine fortwährende Unterstützung schon ganz zu Beginn meines Studiums den Grundstein dafür, eine solche Arbeit überhaupt schreiben zu können.

Eine hervorragende Betreuung erhielt ich auch von Matthias Bohlender, dem ich ebenso zu tiefem Dank verpflichtet bin. Seine ausgezeichnete Kenntnis Foucaults, zur gegenwärtigen Arbeitsmarktpolitik in der Bundesrepublik und zu zahlreichen Fragen der Politischen Theorie, die vielen inspirierenden Gespräche mit ihm, sein stets kritisches und engagiertes Nachfragen, wie auch seine Geduld und die Fülle an Literaturempfehlungen, die ich von ihm erhielt, waren für meine Arbeit und für das Verständnis des Gouvernementalitätsansatzes von unerlässlichem Wert.

Mein tiefer Dank für kollegiale, lektorierende und freundschaftliche Unterstützung gilt auch Astrid Friese, der wahrscheinlich gar nicht bewusst ist, wie viel Rückhalt sie mir in den vergangenen Jahren durch ihre stets wohlwollenden Ratschläge, ihre Hilfsbereitschaft und durch ihre Herzlichkeit gegeben hat!

Für den anregenden Mailaustausch und für wichtige Denkanstöße während des Verfassens dieser Arbeit möchte ich zudem Aldo Legnaro meinen Dank aussprechen, für behutsame Ermutigungen, erhellende bibliographische

Hinweise und beständige Unterstützung Carsten Klingemann, Burkhard Kastenbutt, Gernot Wolfram, Linda Heim, Judith Rickes, Jan-Philipp Vatthauer, Jan Philipp Schewe, Peter Schröder, Sandra Moskova, Robert Blättermann, Anita Jóri, Brigitte Kleinselbeck sowie Martin Lücke. Kevin-Rick Doß verdanke ich eine Vielzahl an inspirierenden Diskussionen und seine Mitarbeit am Nachwort.

Weiterhin möchte ich Inge, Gert, Eva, Bubu und Jackie Gfrerer sowie der wundervollen Myriam Goldenstedt, Sebastian Weber, Natascha Priewe, Jan Salzmann, Nura Habib Omer, Moritz Neuhoff und Mike Maciejewski danken, die mich während des gesamten Prozesses des Verfassens und Überarbeitens dieser Arbeit unterstützt haben.

Großer Dank gilt zudem Alexander Raidt für die kritische Lektüre weiter Teile des Manuskripts sowie Sabine Borhau vom Tectum Verlag, die mir bei den letzten Überarbeitungen der Arbeit mit wertvollen Hinweisen zur Seite stand.

Von meinem ganzen Herzen möchte ich schließlich meiner Mutter, Ursula Gfrerer, danken, die mir stets Mut zugesprochen und Rückhalt gegeben hat, die mich beständig und in jeglicher Hinsicht unterstützt hat und die mir bis heute ein großes Vorbild ist. Ihr ist diese Arbeit gewidmet.

Inhaltsverzeichnis

Vorwort

Es sei „eben etwas anderes, wenn man ein Drama untersucht und seinen Ausgang schon kennt", meinte Fernand Braudel in seinen Vorlesungen von 1941, die er in deutscher Kriegsgefangenschaft hielt. Den Ausgang des ‚Dramas' um Gouvernementalität und neoliberale Subjektivierungsform können wir naturgemäß nicht kennen, nur vermuten. Wohl aber kann man die Auswüchse der Enterprise Culture analysieren und daraus folgende und sich deutlich abzeichnende psychosoziale Antinomien erklären. Das wird im vorliegenden Werk theoretisch fundiert und materialreich geleistet.

Zuzuspitzen scheint sich, was John Gray, Anfang der achtziger Jahre noch Cheftheoretiker von Margret Thatcher, kurz vor der Jahrtausendwende als Folge aus Globalisierung und deregulierten Märkten prognostizierte: Erosionen der demokratischen Gemeinwesen, um sich greifende (Massen-)Arbeitslosigkeit, forcierter Sozialabbau und Zunahme ethnischer Konflikte.

Bleibt man im Bild und setzt hier den ersten Akt des Dramas an, dann könnte man in prekären Beschäftigungsverhältnissen, in Marginalisierungen bis schon hinter die Schwelle der Exklusion, in sanktionsgebundenen Alimentierungen, die als disziplinargesellschaftliche Instrumente noch in der Kontrollgesellschaft als ultima ratio zur Anwendung kommen, den (vielleicht erst einmal) zweiten Akt des Dramas erkennen. Vorrangig aber ist den Individuen aufgegeben, Unternehmer ihrer selbst zu sein, ein Desiderat, von dem alle Lebensbereiche affiziert werden, wie Lara Gfrerer überzeugend vor Augen führt.

Kritik des Neoliberalismus selbst und seiner Anforderungen an subjektive Strukturen hinsichtlich einer möglichst raschen Verinnerlichung ideologischer Versatzstücke und Verhaltensdispositionen, eine kritische Analyse der vollmundig vorgetragenen und zum großen Teil banal populistischen Rechtfertigungsnarrative, der sozialpolitischen Maskeraden und Alimentierungsschachzüge, der Nachweis sich verschärfender Deprivationen und neuen inneren wie äußeren Elends ist demnach aus der Logik und den Widersprüchen der ökonomischen Entwicklung zu bestimmen und auf dieser Folie als Aktualisierung von Kapitalismuskritik auszuweisen – und dies über reißerische Kritiken eines Raubtier-, Casino- oder Turbokapitalismus etc. hinaus.

Die Auswirkungen auf psychologische, psychosoziale und soziale Disponierungen der Subjekte schreiben sich fort, wohl einhellig in ihrem Grundtenor: „alles Ständische und Stehende verdampft", heißt es bei Marx, die „Bourgeoisie" habe den „Arzt, den Juristen, den Pfaffen, den Poeten, den Mann der Wissenschaft in ihre bezahlten Lohnarbeiter verwandelt" und als „Band zwischen Mensch und Mensch" sei nur „das nackte Interesse" übrig geblieben, das Emotionale sei im „eiskalten Wasser egoistischer Berechnung ertränkt." Nüchterner in der Sprache, inhaltlich jedoch mit gleichem Tenor formulierte Foucault, wir lebten „in der Gesellschaft des Richter-Professors, des Richter-

Arztes, des Richter-Pädagogen, des Richter-Sozialarbeiters; sie alle arbeiten für das Reich des Normativen; ihm unterwirft ein jeder an dem Platz, an dem er steht, den Körper, die Gesten, die Verhaltensweisen, die Fähigkeiten, die Leistungen."

Lara Gfrerer bezieht sich in weiten Teilen mit ihrer interdisziplinär angelegten Analyse auf Foucault, geht jedoch im Hinblick auf die Funktionsweise des so genannten neoliberalen Subjektivierungsregimes in Anlehnung an Deleuze über die primär disziplinargesellschaftliche Argumentation hinaus und führt sie weiter. Es geht ihr zum einen darum, die kontrollgesellschaftlichen Durchsetzungsstrategien darzustellen, zum anderen macht sie deren potentiellen, immanenten und daher immer mitproduzierten Widersprüchlichkeiten sowie Bruchlinien dingfest, die dann erneuter und erweiterter kontrollgesellschaftlicher Bearbeitung bedürfen. Zentral an der ‚Regierung der Arbeitslosen' werden die neoliberalen Subjektivierungspraktiken mehr als exemplarisch illustriert, da sie zugleich mit Hinweis auf die von ihnen erzeugten Verwerfungen und nicht intendierten Handlungsfolgen dekonstruiert werden.

Wenn die Kritik am Kapitalismus in den vergangenen zwei Jahrhunderten zum einen als Sozialkritik auf den Plan trat, sich zum anderen auf die einengenden normativen, die individuelle Freiheit beschneidenden Aspekte bezog, wie eine der Thesen von Boltanski und Chiapello lautet, dann setzt sich darin gegenüber der Ökonomie- oder Sozialkritik prominent der normative Kritikaspekt fort, innerhalb dessen Sozialkritik mehr umfasst als desolate Arbeitsbedingungen, existenzgefährdende Unterbezahlung und ausgedünnte Systeme sozialer Sicherung. Einen nicht nur emphatischen, sondern materiell recht realen Begriff von Freiheit gegen seine neoliberale Vereinnahmung zu schützen, darum geht es zum einem und zum anderen auch darum, diesen in der theoretischen Auseinandersetzung neu zu konturierenden Begriff von Freiheit nicht wegen mangelnder politischer Verwertbarkeit preiszugeben und so der ‚dramatischen' neoliberalen Verwässerung auszuliefern.

Profunder als die Geschichtswissenschaft könnten die „Wissenschaften des Sozialen" über jenes „Drama" Bescheid wissen, seine anzunehmenden Entwicklungstendenzen, nahm Braudel an, weil sie „besser verbunden mit der Masse der sozialen Tatsachen" und „ganz bewusst auf die Gegenwart zentriert" seien, „d.h. auf das Leben." Und er meinte, die Soziologen hätten die Aufgabe, „die gesellschaftlichen Mechanismen als solche zu erforschen, also die tiefsten und unsichersten Erkundungen vorzunehmen."

Die Autorin wagt sich in diesen Bereich vor, ohne in bloße Spekulation zu verfallen. Modische Unkenrufe sind ihre Sache nicht. Vielmehr substantiiert sie ihren Blick auf den möglichen, nicht zwingenden Fortgang des „Dramas" theoretisch und bezieht empirische Studien wie Sekundäranalysen ein, durch die nicht nur diese neue Form einer „Politik der Lebensführung" (Giddens) durch „Steuerung der Selbststeuerung" (Legnaro) deutlich erkennbar wird, sondern auch Macht und Herrschaft hinter der Kulisse selbstverantworteter individueller Verhaltensweisen seitens eines Subjekts, das sich allererst selbst zu modellieren, optimieren und so rational zu bewirtschaften hat, nur noch schemenhaft erfahr- und erkennbar werden.

Lara Gfrerer aktualisiert und vertieft solche Diagnosen in Bezug auf den ‚neoliberalen Zeitgeist'. Der Autorin ist bewusst, dass die Imperative der Kreativität, der Selbsterzeugung und -verwirklichung, der Selbstdarstellung und Positionierung eher für die Inhaber des „kulturellen Kapitals" (Bourdieu) gelten, und ‚Arbeit als Lebensstil' weniger die Sache unterer gesellschaftlicher Schichten und ihrer zumeist hedonistischen Milieus ist, denen es in der Regel neben dem kulturellen auch am ökonomischen und künstlerischen etc. Kapital gebricht. Im Subtext der neoliberalen Anrufung sind disparate Lebensweisen illiberalisiert und es wird, wie die Autorin schreibt, vor allem auch – und nicht nur in unteren gesellschaftlichen Schichten – ein „*unzulängliches Subjekt*" produziert, womit sie sich auf das Feld jener Braudelschen „unsichersten Erkundungen" begibt und dabei über den Tellerrand pathologischer Verarbeitungsformen psychosozialer Antinomien schaut.

Nachdem sie Regierungsrationalität und Regierungstechnologie sowie neoliberale Gouvernementalität begrifflich trennscharf darstellt, präzisiert sie unter Bezugnahme auf Foucault entlang der Begriffe Unternehmen und Unternehmergesellschaft sowie Wettbewerb, was eine neoliberale Regierungsweise auszeichnet. Nicht nur gegen den Ordoliberalismus grenzt sie ab, wo sie mit Blick auf die neoliberale Subjektivierungsform den Gang vom „Homo oeconomicus" zum „Unternehmer seiner selbst" dokumentiert und zeigt, dass und wie sich ein zweckrationalistisches Wahlhandlungskalkül auf sämtliche sozialen und psychosozialen Phänomene ausdehnt. Das erlaubt es ihr in aufsteigender Konkretion und mit Rückgriff auf umfangreiches Quellenmaterial, an Form und Inhalt der Regierung der Langzeitarbeitslosen die Widersprüche und Reibungspunkte aus diesen zugleich disziplinar- wie kontrollgesellschaftlichen Prozeduren analytisch zu fassen. Um solche „Antinomien" geht es der Autorin und um den ebenso theoretisch wie praktisch belangvollen, weil um den normativen Kritikaspekt und seine Perspektive kreisenden Hinweis, dass die Anrufung des neoliberalen Subjekts als „performativer Selbstwiderspruch" funktionieren und wirken kann. Ein Regieren und Führen durch Freiheit ist insoweit nicht durch alle gesellschaftlichen Schichten und Gruppen hindurch gleichermaßen möglich, da vergleichbar Festingers Theorem der „Kognitiven Dissonanzen" solche entstehen, nicht aber ohne Weiteres ‚reduzierbar' sind. Daher gelten jene Reaktionen, ‚Auswege' in eine sich ausweitende ‚Vereinsamung', ‚Isolation' und ‚Apathie', zudem jene depressive Symptomatik als pathologische Verarbeitungsform psychosozialer Antinomien, wie vielfach in der gegenwärtigen Literatur zum Thema genannt, der Autorin nur als mögliche, nicht aber zwingende Erscheinungsformen und sie öffnet den

Blick für Forschungsfragen, die auf ihrer Arbeit aufsatteln und neue Interpretationspfade weisen können.

Arnold Schmieder / Matthias Bohlender

1 Einleitung

> „Unternehmerisch sein ist der Ausgang des Menschen aus seiner selbst verschuldeten Unproduktivität. Unproduktivität ist das Unvermögen, sich seines menschlichen Kapitals ohne Leitung eines anderen zu bedienen. Selbstverschuldet ist diese Unproduktivität, wenn die Ursachen derselben nicht am Mangel an Humankapital, sondern am Mangel an Entschlossenheit und Mut liegen, sich seines Humankapitals ohne Leitung eines anderen zu bedienen" (Masschelein/Simons 2012: 84f.).

Das unternehmerische Selbst ist immer in Bewegung. Fortwährend trifft es Entscheidungen, plant seine Zukunft, sucht aufmerksam nach neuen Gelegenheiten für gewinnbringendes Handeln und ergreift sie im Falle ihrer erfolgreichen Identifizierung, immer im Bestreben, das eigene Humankapital zu bewahren, zu vermehren oder möglichst gewinnbringend einzusetzen und immer im Bewusstsein, für sein Handeln und dessen Folgen verantwortlich zu sein. Es ist kooperativ und konkurrenzorientiert, kreativ und markteingepasst ebenso wie es rational kalkulierend unter einer prinzipiellen Ungewissheit zu handeln vermag. Einen ‚Mangel an Humankapital' kennt das unternehmerische Selbst nicht. Als sein eigener Souverän weiß es vielmehr, dass es grundsätzlich alles erreichen kann und dass alles nur eine Frage des eigenen Willens und seiner Durchsetzungskraft ist. Letztlich trägt es durch sein marktförmiges Verhalten einen unverzichtbaren Anteil zum Gemeinwohl bei.

In der Realität existiert das unternehmerische Selbst jedoch nicht. Vielmehr handelt es sich um eine – wenn nicht gar um *die hegemoniale* – Subjektivierungsform der Gegenwart, d.h. um eine bestimmte Weise, in der die Individuen zu unternehmerisch handelnden, denkenden und fühlenden Subjekten gemacht werden, und in der sie sich selbst als solche konstituieren sollen. Dabei sind es der *Neoliberalismus* und die dazugehörige symbolische Ordnung resp. Subjektkultur der *Enterprise Culture,* die das unternehmerische Selbst zur normativen Leitfigur einer Gesellschaft ausrufen, die gleichermaßen eine die Freiheit des Einzelnen betonende und von den Marktmechanismen regulierte *Unternehmensgesellschaft* ist. Kurz: Das unternehmerische Selbst ist Lebenseinstellung und normatives Leitbild zugleich, etwas, das *nicht ist*, aber das *sein soll* (vgl. Krasmann 1999: 110fff.; Bröckling 2007). Es

> „steht für ein Bündel aus Deutungsschemata, mit denen heute Menschen sich selbst und ihre Existenzweisen verstehen, aus normativen Anforderungen und Rollenangeboten, an denen sie ihr Tun und Lassen orientieren, sowie aus institutionellen Arrangements, Sozial- und Selbsttechnologien, die und mit denen sie ihr Verhalten regulieren sollen" (Bröckling 2007: 7).

Als normatives Leitbild hat es sich in Strukturen von Betrieben, sozialpolitischen Organisationen, in Bildungseinrichtungen oder Museen eingenistet, ist eingeschrieben in architektonische Formationen ebenso wie in die (Selbst-)Management- und Ratgeberliteratur. Hier wie dort trägt es Wahrheiten an die Individuen heran, die diesen zuvor nicht bekannt gewesen sind, erteilt heilversprechende Ratschläge und offeriert Hilfsmittel für eine gesunde, glückliche und optimale Lebensführung, stachelt an, nötigt und droht all jenen mit sozialer Verachtung, Stigmatisierung und gar mit gesellschaftlichem Ausschluss, die seinem Ruf nicht zu folgen bereit oder befähigt sind. Die Wahrheiten, die es den Menschen über sich selbst und ihre Mitmenschen, über den Sinn ihrer Existenz und über die Logik ihres Denkens, Handelns und Fühlens offenbart, differieren zwar je nach Lebenssituation und auch die Tonlage seines Rufes unterscheidet sich; ganz gleich jedoch, ob das unternehmerische Selbst eher durch Erfolgsversprechen lockt oder vorwiegend mit dem sozialen Absturz droht, seinem Appell selbst hat sich *niemand* zu entziehen: Managerinnen[1], Angestellte, Mütter und Väter, Kinder, Rentnerinnen und letztlich auch Kranke – sie alle können und sollen zu Unternehmerinnen und Unternehmern der eigenen Arbeitskraft, Daseinsvorsorge und selbst ihrer Emotionalität werden (vgl. Bröckling 2007).

> „Diese Einsicht muß geweckt, Eigeninitiative und Selbstverantwortung, also das Unternehmerische in der Gesellschaft, müssen stärker entfaltet werden" (Kommission für Zukunftsfragen Bayern – Sachsen 1997: 36).

Weder kann man damit früh genug anfangen, noch ist von einem Lebensbereich auszugehen, in dem es gestattet sei, sich den Erwartungsstrukturen des *enterprising self* zu entziehen; unternehmerisch handeln, denken und fühlen soll man selbst noch am Sterbebett (siehe dazu Graefe 2007).

---

1 Die weibliche und die männliche Form werden in der Arbeit unregelmäßig verwendet. Wenn die Rede von der ‚Fallmanagerin' ist, ist folglich ebenso der ‚Fallmanager' gemeint und umgekehrt. Gleichermaßen sind damit auch sämtliche Personen angesprochen, die sich außerhalb des zweigeschlechtlichen Systems situieren. An dieser Stelle wird auch die Problematik der in dieser Arbeit gewählten Schreibweise deutlich: Denn sie schließt all diejenigen Menschen aus, die sich nicht in der binären Geschlechterordnung wiederfinden (z.B. trans- oder intersexuelle Personen).

Wenn die Logik des kompetitiven Entrepreneurs nicht zuletzt auch in die Sozialpolitik Einzug gefunden hat, so bleiben auch all jene nicht vom Appell des Unternehmerischen ausgenommen, die es im Sinne des Eingangs erwähnten Zitates nicht geschafft haben, sich aus ihrer ‚selbstverschuldeten Unproduktivität' zu befreien: Langzeitarbeitslose. In keinem anderen Bereich der Sozialpolitik ist der Ruf, zum Unternehmer seiner eigenen Daseinsvorsoge resp. *Beschäftigungsfähigkeit* zu werden, gegenwärtig so laut und ist die Tonlage so scharf, wie in der Regierungsprogrammatik der aktivierenden Arbeitsmarktpolitik.

Die zwischen den Jahren 2003 und 2005 in Kraft getretenen vier ‚Gesetze für moderne Dienstleistungen am Arbeitsmarkt' (‚Hartz I-IV') stehen für einen grundlegenden Paradigmenwechsel, in dessen Zentrum die Aktivierung der nunmehr als ‚Kunden' bezeichneten Erwerbslosen steht, d.h. ein ‚Fördern und Fordern' von Eigeninitiative und Selbstverantwortlichkeit, von Aktivität und Marktkonformität. Ausgehend von der Annahme, dass grundsätzlich jedem und jeder das heilversprechende Potential zur (Selbst-)Aktivierung und Mobilisierung der unternehmerischen Kompetenzen innewohne, und ungeachtet der arbeitsmarktlichen Situation, wird die andauernde Erwerbslosigkeit vorrangig als das selbstverschuldete Resultat mangelhafter persönlicher Anstrengungen, falscher Einstellungen und einer unzulänglichen emotionalen Verfasstheit verbucht. Schon der Begriff der ‚Aktivierung' verweist auf die Unterstellung eines *(noch) passiven Arbeitslosen*, der aber prinzipiell *aktiv sein könnte* und der mithilfe von geeigneten Maßnahmen zu Aktivität befähigt, in Aktionsbereitschaft versetzt und reaktiviert werden muss; zum Wohle der Solidargemeinschaft und des Sozialstaats, der marktwirtschaftlichen Prozesse und letztlich auch zum ‚Wohle' des Erwerbslosen selbst. Entsprechend dieser Deutung von Langzeitarbeitslosigkeit als ein selbst zu verantwortendes Verhaltensdefizit der Betroffenen richtet sich der Großteil der arbeitsmarktpolitischen Interventionen weniger auf eine Veränderung der arbeitsmarktlichen Strukturentwicklung, als vielmehr auf die Mikroebene des individuellen Verhaltens und der persönlichen Emotionalität. Dabei gilt es, den Erwerbslosen durch unterschiedliche, größtenteils wissenschaftlich abgesicherte *politische Technologien* bis in die Tiefenstrukturen seines Innenlebens zu durchleuchten, zu analysieren und zu bearbeiten, um auf diese Weise die als mangelhaft ausgebildet oder fehlend deklarierte Beschäftigungsfähigkeit und damit eine an den Arbeitsmarkt angepasste Handlungskompetenz gemeinsam mit dem Betroffenen (wieder-)herzustellen (vgl. Bescherer et al. 2008: 19; Bohlender 2012b; Kocyba 2004).

Die vorliegende Arbeit befasst sich unter anderem mit der Art und Weise der Operationalisierung dieses Vorhabens. Untersucht werden soll dabei das sog. *beschäftigungsorientierte Fallmanagement*, ein arbeitsmarktpolitisches Instrument zur Herstellung und dauerhaften Aufrechterhaltung von Beschäftigungsfähigkeit, das sich auf Langzeitarbeitslose mit schwerwiegenden Vermittlungshemmnissen konzentriert. Überdies richtet sich das Forschungsinteresse auf die Funktionsweise des neoliberalen Subjektivierungsregimes des unternehmerischen Selbst und auf die antinomischen Anforderungen, welche in diesem Zusammenhang an das Denken, Handeln und Fühlen der Subjekte gestellt werden.

Hierzu soll vorwiegend auf den von Michel Foucault geprägten Ansatz der *Studien der Gouvernementalität* zurückgegriffen werden. Dessen theoretisches Instrumentarium erlaubt es, den Neoliberalismus als eine spezifische Form der *Gouvernementalität (,gouvernementalité')* zu begreifen, d.h. als eine indirekte Form der Führung von Menschen, die sich aus einer Kombination aus mannigfaltigen *Regierungstechniken (,gouverné'*) auf der einen Seite und einem spezifischen *Rationalitäts-* resp. *Wissensregime*[2] und dazugehörigen *Regierungsprogrammen* (*,mentalité'*) auf der anderen Seite zusammensetzt.[3] Die vorliegende Arbeit richtet ihr Forschungsinteresse dabei *nicht* auf die Subjektivierungs*weise* des unternehmerischen Selbst, d.h. auf „die Art und Weise, wie Menschen sich selbst und andere auf einer empirisch faktischen Ebene wahrnehmen, erleben und deuten" (Bührmann 2007a: 642). Untersucht werden sollen vielmehr die *neoliberale Wissensordnung der Enterprise Culture* und die sich hieraus ableitende *Ethik des unternehmerischen Selbst,* ebenso wie es um die Rechtfertigungsnarrative geht, deren sie sich zur Stabilisierung des *neoliberalen Gouvernementalitätsregimes* bedient. Gleichermaßen werden die unterschiedlichen *Regierungstechniken* und *Strategien* betrachtet, mittels derer sich das Subjektivierungsregime des unternehmerischen Selbst zu materialisieren *versucht.*

Am Beispiel der Regierung von Langzeitarbeitslosen soll die neoliberale Gouvernementalität schließlich konkretisiert werden. Dies erscheint deswegen interessant, weil sich die gegenwärtige politische Programmatik der Regierung von Langzeitarbeitslosen einerseits an der Wissensordnung der Enterprise Culture orientiert, was sich unter anderem darin zeigt, dass auch Langzeitarbeitslose als Unternehmer und Unternehmerinnen ihrer eigenen Beschäftigungsfähigkeit angerufen werden. Andererseits enthält das beschäftigungsorientierte Fallmanagement aber auch zahlreiche Elemente und Praktiken, die zur Herstellung der Arbeitsfähigkeit des Erwerbslosen unabdingbar erscheinen, die aber gleichermaßen in einen eklatanten Widerspruch mit den Idealen der Enterprise Culture treten. Daher richtet sich der Blick der vorliegenden Arbeit in diesem Zusammenhang vor allem auf die politischen Technologien

2 Die Begriffe des ,Rationalitätsregimes', des ,Wissensregimes' sowie der ,Wissensordnung' oder ,Rationalitätsordnung' werden in der vorliegenden Arbeit synonym verwendet.

3 Foucault verwendet die Begriffe der ,Gouvernementalität' und der ,Kunst des Regierens' synonym.

und Strategien, die im Rahmen des beschäftigungsorientierten Fallmanagements zum Einsatz kommen. Dies ermöglicht es, einen direkten Vergleich zu ziehen zwischen jenen Praktiken und Strategien, die von der Enterprise Culture zur Fabrizierung der Unternehmerin ihrer selbst (und ihrer Beschäftigungsfähigkeit) favorisiert werden und denjenigen, die zur Durchsetzung dieses Ziels im Bereich von Langzeitarbeitslosigkeit tatsächlich Anwendung finden. Durch den direkten Vergleich können folglich Elemente ausfindig gemacht werden, die dem neoliberalen Gouvernementalitätsregime der Enterprise Culture zuwiderlaufen, d.h. vor allem technologisch bedingte Brüche mit dem spezifisch neoliberalen „Regieren auf Distanz" (Miller/Rose 1994: 69) und dem Führen durch eine bestimmte Form der Freiheit und Freiwilligkeit. Zudem sollen auch Diskontinuitäten der neoliberalen Rationalitätsordnung herausgearbeitet werden. Indem die psychosozialen Antinomien der Enterprise Culture betrachtet werden, d.h. die *subjektwirksamen* ‚irrationalen' und antinomischen Momente der Enterprise Culture, die auf der Ebene ihrer Wissensordnung und der konkreten Techniken hervortreten, kann letztlich auch der Gefahr entgangen werden, die Rationalitätsordnung der Enterprise Culture auf ein idealisiertes Schema zu verkürzen.

Der Begriff der *‚Antinomie'* wird hierbei im weitesten Sinne als „unvereinbarer Widerspruch" (Meyers Lexikonredaktion 2003: 252) verstanden. Auf den Kontext der vorliegenden Untersuchung übertragen meint dies zweierlei, wobei die Grenzen, im Sinne Max Webers, fließend sind: Einerseits fallen darunter subjektwirksame Widersprüchlichkeiten bzw. widersprüchliche Anforderungen an das Denken, Handeln und Fühlen der Subjekte, die sich aus der Rationalitätsordnung der Enterprise Culture bzw. des Neoliberalismus oder aus *einer* politischen Technologie ergeben.[4] Zum anderen werden die antinomischen Anforderungen als ein Widerstreit zweier oder mehrerer Sozial- bzw. Selbsttechnologien begriffen, die nicht notwendigerweise innerhalb der Rationalitätsordnung der Enterprise Culture vorgesehen sind und damit womöglich auch mit (Teilen) der Wissensordnung der Enterprise Culture selbst in ein Widerspruchsverhältnis geraten.[5] Die Untersuchung dieser beiden Ver-

---

[4] Diese Interpretation leitet sich aus der Rechtswissenschaft ab, in der unter ‚Antinomie' ein „Widerspruch zwischen zwei Rechtssätzen desselben Gesetzes" (Meyers Lexikonredaktion 2003: 252) verstanden wird. Das Gesetz ist demnach die Wissensordnung oder eine Technologie, die Rechtssätze sind die sich hieraus ableitenden psychosozialen Anforderungen.

[5] Diese Interpretation von psychosozialen Antinomien findet ihre Quelle in der Philosophie, wobei ein „Widerstreit zweier entgegengesetzter Urteile, die beide in sich begründet sind" (Meyers Lexikonredaktion 2003: 252) gemeint ist. Übertragen auf die vorliegende Arbeit würde sich dieser Widerstreit der psychosozialen Anforderungen (im Zitat ‚Urteile') bspw. aus der Anwendung von Sozial- bzw. Selbsttechnologien ergeben, denen jeweils unterschiedliche Machtlogiken (z.B. Disziplin vs. Regierung) eingeschrieben sind.

ständnisse von psychosozialen Antinomien legt ihren Schwerpunkt auf die Regierung von Langzeitarbeitslosen im Rahmen des beschäftigungsorientierten Fallmanagements. Dennoch gilt es ebenfalls, diejenigen psychosozialen Antinomien der Enterprise Culture herauszuarbeiten, die ihre beiden Kernelemente – die *Freiheit* und der *Wettbewerb* – transportieren.

Die Kernfragen der Untersuchung lauten demnach:

Auf welche Art und Weise werden die Individuen dazu angehalten, ein unternehmerisches Verhältnis zu ihrer gesamten Existenz zu etablieren? Wie werden Langzeitarbeitslose im Rahmen des beschäftigungsorientierten Fallmanagements zu Unternehmerinnen und Unternehmern ihrer eigenen Beschäftigungsfähigkeit regiert? Was sind die zentralen psychosozialen Antinomien der Enterprise Culture und wie sind diese antinomischen Anforderungen und Erwartungen an die Individuen im Kontext des beschäftigungsorientierten Fallmanagements konzipiert?

Zur Beantwortung der Fragen bietet sich das theoretische Instrumentarium der Studien der Gouvernementalität aus mehreren Gründen an: Wie erwähnt, kann der Neoliberalismus im weitesten Sinne als eine Form der indirekten Führung von Individuen und Kollektiven betrachtet werden (d.h. als eine Spielart der Gouvernementalität), die auf einem engen reziproken Bedingungsverhältnis von spezifischen Machttechniken und Wissensformen gründet. Dies ermöglicht es, die Subjektivierungsform des unternehmerischen Selbst auf ihre Verbindung zu den entsprechenden Macht- und Wissenstypen zu untersuchen und das Wechselspiel zwischen den vorgesehenen Machtpraktiken, der Produktion von Wissen und Wahrheit und den entsprechenden Subjektivierungsprozessen des unternehmerischen Selbst (einschließlich der Technologien des Selbst) zu durchleuchten.

Überdies kann so die spezifische Weise der Rationalisierung der neoliberalen Regierungskunst nachgezeichnet werden: Es kann gezeigt werden, mithilfe welcher Wissensformen und welchen Wahrheiten sich das neoliberale Gouvernementalitätsregime und die dazugehörigen konkreten Technologien und politischen Programme Plausibilität und Kontinuität zu verschaffen versuchen und wo in diesem Kontext psychosoziale Antinomien (insbesondere im Sinne des ersten Begriffsverständnisses) aufscheinen.[6] Sowohl die „Wahrheitspolitik" (Foucault 2003e: 211) der neoliberalen Rationalitätsordnung als auch die hieraus hervorgehenden „Realitätseffekte" (Foucault 2005b: 42) können demnach mithilfe des Foucault'schen Werkzeugkastens auf ihre Funktionsweise

6 Dabei nehmen die Studien der Gouvernementalität insbesondere die von einem Regierungsprogramm *problematisierten* Gegenstände in den Blick, da sich eine gouvernementale Ordnung mithilfe von Problematisierungen stets als die anschlussfähige, ‚rationale' Lösung für das entsprechende Problem zu präsentieren versucht. Vgl. Kap. 2.4.2.

hin untersucht werden. Ganz im Sinne poststrukturalistischer Theorien[7] geht es somit immer auch um eine Denaturalisierungs- und Historisierungsstrategie von epistemologisch-politischen Positivitäten, vertrauten Denkschemata und Emotionen, so dass weder dem Subjekt und dem Sozialen noch dem Staat oder der Ökonomie ein spezifisches Wesen zuzuschreiben ist (vgl. Krasmann/Volkmer 2007: 17; Lemke 2000: 31f.; Lemke et al. 2000: 8, 21; Stäheli 2008: 298f.).

Letztlich erlaubt es das theoretische Instrumentarium der *Studies of Governmentality*, neben der gouvernementalen Regierung von (unternehmerischen) Subjekten, auch die Machtformen der Souveränität und der Disziplin mit in die Analyse aufzunehmen. Auf diese Weise können sodann die zentralen Brüche, Diskontinuitäten und konfligierende Kräfte innerhalb des neoliberalen Gouvernementalitätsregimes und mögliche psychosoziale Antinomien (im Sinne des zweiten Begriffsverständnisses) ausfindig gemacht werden.[8]

Zur Beantwortung der Forschungsfragen gliedert sich die vorliegende Studie in *fünf* Teile. Hinzugefügt wurde ein *Nachwort*, in welchem ich gemeinsam mit Kevin-Rick Doß die Untersuchungsergebnisse und den Forschungsansatz der Studien der Gouvernementalität aus einer Marx'schen Perspektive (selbst-)kritisch diskutiere.

Im *ersten* Teil der Arbeit wird es darum gehen, den methodisch-theoretischen Rahmen zu durchleuchten. Nach einer knappen Erläuterung von Gouvernementalität (Kap. 2.1) sollen die drei unterschiedlichen Machtformen der Souveränität (Kap. 2.2), Disziplin (Kap. 2.3) und Regierung (Kap. 2.4) eingeführt werden. Hieran anschließend werden die drei wesentlichen, miteinander verflochtenen Bausteine der Kunst des Regierens dargestellt: Regierungsrationalitäten (Kap. 2.4.1), Regierungsprogramme (Kap. 2.4.2) und Regierungstechnologien (2.4.3). Die komplexen Beziehungen zwischen Programmen und Rationalitäten auf der einen Seite und den Regierungstechniken auf der anderen Seite sind jedoch keineswegs harmonisch, sondern vielmehr durchzogen von Brüchen und Spannungen, mit denen sich Kapitel 2.4.4 befassen wird.

Zwar lässt sich die Regierung von Individuen und Kollektiven *nicht* auf staatliches Handeln und staatliche Institutionen reduzieren, weil der Staat jedoch innerhalb der Studien der Gouvernementalität und besonders für die

---

7 Zu einer Einführung in die poststrukturalistischen Theorien siehe Stäheli 2000; Moebius/Reckwitz 2008.

8 Zwar betont Foucault, dass die drei Machtformen der Souveränität, Disziplin und Regierung ein strategisches Dreieck innerhalb jeder Spielart der Gouvernementalität darstellen würden. Dennoch stehen einige Techniken der Disziplinar- und Souveränitätsmacht in einem eklatanten Widerspruch zur neoliberalen Regierung der Freiheit.

hier vorliegende Studie nichtsdestotrotz eine wichtige Rolle spielt, wird Kapitel 2.5 eine skizzenhafte Klärung seiner Bedeutung für ein Gouvernementalitätsregime vornehmen. Der theoretische Teil endet schließlich mit einer knappen Rekonstruktion der Geschichte der Gouvernementalität, die zugleich den Übergang für die Frage nach dem Neoliberalismus schaffen wird (Kap. 2.6).

Der *zweite* Teil der Untersuchung befasst sich mit der neoliberalen Gouvernementalität und der Subjektivierungsform des unternehmerischen Selbst. In Anlehnung an Michel Foucault richtet sich die Analyse der Arbeit auf den deutschen Ordoliberalismus und die US-amerikanische Chicago School of Economics.[9]

Zunächst werden in Kapitel 3.1 die relevanten historischen und erkenntnistheoretischen Grundlagen des Neoliberalismus skizziert, wobei dieser gleichermaßen in das Konzept der Gouvernementalität eingeordnet werden soll. Obgleich sich die deutsche und US-amerikanische Spielart des Neoliberalismus z.T. deutlich voneinander unterscheiden, weisen sie doch eine Reihe an theoretisch-epistemologischen Übereinstimmungen auf, die als Eckpfeiler für eine Analyse der Wissensordnung der neoliberalen Gouvernementalität herangezogen werden können. Diese geteilten Grundannahmen können in Anlehnung an Gertenbach (2010) insbesondere hinsichtlich der Rolle und des Verhältnisses von Staat und Markt (Kap. 3.2) ausgemacht werden: So nimmt der (wettbewerbsorientierte) Markt gegenüber dem Staat bzw. staatlichem Handeln die Rolle einer *legitimatorischen und richtenden Instanz* ein (Kap. 3.2.1), ist aber gleichermaßen *existenziell* auf *permanente, aktive und vorausschauende staatliche Eingriffe* angewiesen (Kap. 3.2.2).

Um den Markt in Form des neoliberal favorisierten *Wettbewerbsmarktes* aufrechtzuerhalten, hat der Staat jedoch nicht in die ökonomischen Prozesse selbst einzugreifen, sondern muss vielmehr für angemessene Rahmenbedingungen sorgen, wonach neben der juridisch-institutionellen Umrahmung der Marktwirtschaft sämtliche gesellschaftlich begründete, wettbewerbsschädigende Mechanismen aufzuheben sind. Obgleich sich die inneren Programmlogiken von Ordoliberalismus und US-amerikanischen Neoliberalismus hinsichtlich der Frage nach dem genauen Verhältnis von Markt und Sozialem z.T. deutlich voneinander unterscheiden, zielen beide auf die Generalisierung und „Vervielfachung der Unternehmensform innerhalb des Gesellschaftskörpers" (Foucault 2004b: 210). Kapitel 3.3 befasst sich mit dieser Notwendigkeit der Erzeugung einer *Unternehmensgesellschaft* durch eine ökonomisch ausgerichte-

9 Foucault (2004b) widmet sich überdies dem französischen Neoliberalismus und vor allem Hayeks Untersuchungen zum Neoliberalismus. Aufgrund des engen Rahmens dieser Masterarbeit werden der französische Neoliberalismus aus der vorliegenden Studie ausgeklammert und die Spezifika des Hayek'schen Werkes nur am Rande einbezogen.

te Gesellschaftspolitik und arbeitet in diesem Zusammenhang die relevanten Differenzen zwischen dem deutschen und dem US-amerikanischen Neoliberalismus heraus. Wenn die neoliberale Gouvernementalität auf die Herstellung und Aufrechterhaltung einer Gesellschaft der generalisierten Konkurrenz zielt, so ist die von ihr favorisierte Subjektform, die hier leben sollte, eben jener kompetitive Entrepreneur.

Mit der Frage nach der Regierung unternehmerischer Subjekte setzt sich Kapitel 3.4 auseinander. Die Vorstellung der Unternehmerin ihrer selbst ist jedoch keine völlig neue ‚Erfindung' des Neoliberalismus; vielmehr knüpft sie an das klassisch liberale Konzept des Homo oeconomicus an und wird dabei an bedeutsamen Stellen modifiziert. Die Fragen nach dem neoliberal gewendeten Homo oeconomicus, der zum unternehmerischen *Humankapitalisten* avanciert, sowie nach dessen Verhältnis zur Unternehmensgesellschaft und dem Wettbewerbsmarkt wird Kapitel 3.4.1 erhellen. Auf dieser Grundlage kann sodann in einem Exkurs die Bedeutung des unternehmerischen Selbst als eine Subjektivierungsform erläutert werden. Hieran anschließend wird Kapitel 3.4.2 die konkret-inhaltliche Dimension dieser Subjektivierungsform und der Enterprise Culture erörtern. Dabei geht es um die spezifischen Wissensformen der Enterprise Culture, also um die eingangs erwähnten Deutungsmuster und Verhaltensweisen, die Rollenangebote und moralischen Desiderate, welche an die Individuen herangetragen werden, ebenso wie die Frage nach der hiermit eng zusammenhängenden Problematisierung bestimmter Gegebenheiten und Subjekteigenschaften geklärt werden soll. Auch die Rechtfertigungsnarrative, derer sich die neoliberale Ratio zur Durchsetzung des neoliberalen Gouvernementalitätsregimes bedient, sollen hier erörtert werden. Anziehungskraft versucht der Neoliberalismus nicht zuletzt durch die Betonung individueller Freiheit zu erzeugen. Daher setzt sich Kapitel 3.4.3 mit der gouvernemental angestrebten Wirkungsweise der spezifisch neoliberalen *Machttechnologien* der Selbstmobilisierung, der Autonomisierung des Selbst und mit den Strategien der Responsibilisierung auseinander und fragt gleichermaßen nach den ‚Kontrollformen', die sich hinter ihrem ‚freiheitlichen Aussehen' verbergen (vgl. Deleuze 1993a: 255).

Auf dieser Grundlage wird im *dritten* Teil der Arbeit die Regierung von Langzeitarbeitslosen analysiert. Nachdem in Kapitel 4.1 der aktivierende Sozialstaat beleuchtet und in den Kontext der neoliberalen Gouvernementalität eingeordnet wurde, führt Kapitel 4.2 die aktivierende Arbeitsmarktpolitik und die ‚Gesetze für moderne Dienstleistungen am Arbeitsmarkt' ein. Es folgen eine knappe Beschreibung der sich gegenwärtig vollziehenden (Re-)Subjektivierung von Langzeitarbeitslosigkeit, wonach die Ursachen für die andauernde Erwerbslosigkeit in den Betroffenen selbst zu situieren sind, sowie eine Skizzierung der an diese Problematisierung anknüpfenden Lösungsstrategie einer „Erziehung zur Marktlichkeit" (Nullmeier 2004: 495) (Kap. 4.3).

Dies dient vor allem dem Verständnis für den weiteren Verlauf der Arbeit. Kapitel 4.4 wird sich schließlich mit den konkreten politischen Technologien befassen, die im Rahmen des beschäftigungsorientierten Fallmanagements zum Einsatz kommen. In Anlehnung an das von Bröckling/Krasmann/Lemke (2004) herausgegebene „Glossar der Gegenwart" werden in den unterschiedlichen Stufen, die das Fallmanagement umfasst, die jeweils prägnanten Regierungstechniken identifiziert und analysiert (Kap. 4.4.1–4.4.5).

Ebenfalls richtet sich der Forschungsblick auf Elemente und (geförderte wie geforderte) Praktiken, die nicht der neoliberalem Gouvernementalität zuzuordnen sind und die z.T. in einem diametralen Widerspruch zu ihr stehen. Geklärt werden sollen demnach folgende Fragen: Wie schlägt sich die neoliberale Rationalität in den politischen Techniken nieder, die zur Regierung von Langzeitarbeitslosen Anwendung finden? Um welche politischen Technologien handelt es sich und sind unter ihnen Elemente auszumachen, die dem neoliberalen Paradigma eines Führens durch Freiheit zuwiderlaufen? Welche Rolle kommt den politischen Technologien bei der Regierung von Langzeitarbeitslosen zu? Kurz: Wie sollen die Langzeitarbeitslosen subjektiviert werden? Demnach gilt es – im Sinne der Foucault'schen aufsteigenden Analyse – bereits hier herauszuarbeiten, ob, wo und in welcher Form antinomische Anforderungen an die Erwerbslosen gestellt werden.

Die so generierten Erkenntnisse fließen in den *vierten* Teil der Untersuchung ein. Als erstes werden die entscheidenden Ergebnisse der Analyse der Machttechniken und Strategien, die im beschäftigungsorientierten Fallmanagement zum Einsatz kommen, zusammengefasst und verknüpft, um so die zentralen antinomischen Anforderungen und Erwartungen an Langzeitarbeitslose durchleuchten zu können (Kap. 5.1.1–5.1.5). Anschließend werden die psychosozialen Antinomien der beiden (legitimatorischen) Kernelemente – des *Wettbewerbsmarktes* bzw. Wettbewerbs (Kap. 5.2) und der *Freiheit* (Kap. 5.3) – des Neoliberalismus bzw. der Enterprise Culture herausgearbeitet. In einem letzten Schritt wendet die vorliegende Studie ihren Blick noch einmal auf die Langzeitarbeitslosen und ordnet die Prozedur des beschäftigungsorientierten Fallmanagements skizzenhaft in den Kontext der Wissensordnung und der inneren Programmlogik der Enterprise Culture ein.

Der *fünfte* Teil der Arbeit beendet die vorliegende Studie mit einem zusammenfassenden Fazit, das zugleich Ausblick ist und das daher die Frage nach den Brüchen, Diskontinuitäten und psychosozialen Antinomien der Enterprise Culture in den Kontext der Subjektivierungs*weise* stellt. Eine Beantwortung dieser Frage kann das Fazit jedoch nicht geben. Da im Fortgang der Arbeit immer deutlicher wurde, dass die tiefergehenden Wurzeln für die gesellschaftliche Universalisierung der Prinzipien des Wettbewerbsmarktes und der Ratio des unternehmerischen Selbst mit alleiniger Bezugnahme auf das neoliberale

Gouvernementalitätsregime nicht hinreichend geklärt werden können, denkt das Fazit fernerhin den Neoliberalismus mit seinem kapitalistischen Fundament zusammen und bereitet so das Nachwort vor.

Wenn also die hier vorliegende Studie primär die psychosozialen Antinomien neoliberalen Führens zu analysieren beansprucht, so setzt sie damit den Kapitalismus im Prinzip als gegeben voraus. Dies hat zur Konsequenz, dass die kernstrukturellen Begründungsmomente, wie sie sich bspw. in den Prinzipien neoliberalen Regierens, dem Einsatz disziplinärer Machtformen oder den (widersprüchlichen) Anforderungen an die (langzeitarbeitslosen) Subjekte niederschlagen, kaum expliziert werden. Zwar bezieht sich das Erkenntnisinteresse der vorliegenden Studie vor allem auf das (widersprüchliche) *Wie* des (Selbst-)Führens hin zu einem unternehmerischen Verhältnis gegenüber der gesamten Existenz und weniger auf das *Warum*; weil das neoliberale Gouvernementalitätsregime und die Subjektivierungsform des unternehmerischen Selbst als aktuelle Erscheinungsformen kapitalistischer Bewegungsgesetze letztlich nur hinreichend durchleuchtet werden können, wenn die sozioökonomischen Kernstrukturen des Kapitalismus in der Analyse Berücksichtigung finden, wurde der Arbeit nachträglich und als Antwort auf die implizite Kritik des Vorwortes noch ein (selbstkritisches) *Nachwort* hinzugefügt, in welchem die Untersuchungsergebnisse in Bezug zu den nach wie vor wirksamen sozioökonomischen Kernstrukturen des Kapitalismus erörtert werden.[10]

Forschungsstand und -probleme

Zur Thematik der Gouvernementalität liegt eine Reihe an Publikationen vor. Neben den (zwar fragmentarischen) Arbeiten von Foucault selbst (2004a u. 2004b) sind insbesondere die Publikationen von Lemke (2000, 2001a, 2009, 2011), Miller/Rose (1994, 2010) sowie eine Reihe an Sammelbänden (Burchell/Gordon/Miller 1991; Pieper/Gutiérrez Rodríguez 2003; Bröckling et al. 2000; Krasmann/Volkmer 2007a) hilfreich zur Beantwortung der Fragestellungen.

Ein zentrales Forschungsproblem ergibt sich jedoch daraus, dass die Studien der Gouvernementalität häufig dazu neigen, Brüche und Widersprüche, die ein Gouvernementalitätsregime und dessen Wissensordnung kennzeichnen, auszublenden.[11] Die vorliegende Arbeit wird dies im Hinblick auf die Analyse der Regierung von Langzeitarbeitslosen dadurch zu umgehen versu-

---

10 Das Vorwort selbst bezieht sich demnach nicht auf das hinzugefügte Nachwort.

11 Überdies kritisiert Reckwitz (2010: 501), dass die Gouvernementalitätsstudien dazu tendieren würden, „die Wirksamkeit der ästhetischen Gegenkulturen für die neue Arbeitskultur zu unterschätzen."

chen, dass der Blick auch auf die Techniken der souveränen und vor allem der disziplinären Macht gerichtet wird.[12]

Ein weiteres Forschungsproblem besteht zudem darin, dass die unterschiedlichen Wissenschaftlerinnen und Wissenschaftler häufig eine eigene Fachterminologie verwenden, so dass nicht selten dasselbe Phänomen oder einander überschneidende Thematiken unter verschiedene Begriffe gefasst zu sein scheinen (z.B. „Wissensordnung" (Lessenich 2003b, 2008, 2009), „innere Programmlogik" (Gertenbach 2010)).

Begriffliche Überschneidungen finden sich darüber hinaus hinsichtlich der Termini des ‚unternehmerischen Selbst', des ‚Neoliberalismus' und der ‚Enterprise Culture', die jeweils politische Programme beschreiben und eine Wissensordnung besitzen. In der vorliegenden Arbeit soll der Neoliberalismus als eine übergeordnete Instanz gesehen werden, die folglich die Programmatik und die Wissensordnung des unternehmerischen Selbst und der Enterprise Culture mit beinhaltet. Vor dem Hintergrund, dass ‚Kultur' im Sinne der Cultural Studies sämtliche Lebensbereiche und Bedeutungsmuster umfasst und dass es „kein Leben und keinen gesellschaftlichen Ort jenseits von Kultur" (Marchart 2003: 9) gibt, bleiben überdies die genauen Differenzen zwischen dem unternehmerischen Selbst und der Enterprise Culture unklar, sofern diese als Programme bzw. als Rationalitätsordnungen begriffen werden. Eine genaue Ausarbeitung der Unterschiede kann die vorliegende Studie aufgrund des engen Rahmens dieser (Master-)Arbeit nicht leisten. Wenn im Folgenden also die Rede von der Programmatik oder der Rationalitäts- resp. der Wissensordnung der Enterprise Culture ist, sind damit immer auch die Programmatik oder die Rationalitäts- resp. die Wissensordnung des Neoliberalismus und des unternehmerische Selbst inbegriffen.

Obgleich hinsichtlich dieser begrifflichen Differenzierungen Forschungsprobleme vorhanden sind, existiert grundsätzlich eine Fülle an Forschungsliteratur zum Neoliberalismus, zum unternehmerischen Selbst und nicht zuletzt zu den subjektwirksamen Widersprüchen und Paradoxien neoliberalkapitalistischer Gesellschaften. Eine allgemeine „Kritik des Neoliberalismus" liefern unter anderem die verschiedenen Beiträge des von Butterwegge/Lösch/Ptak (2008) herausgegebenen Sammelbandes. Zudem wird auf einige Schriften unterschiedlicher Vertreter des Ordoliberalismus (insbesondere Röpke 1950; Rüstow 1953, 1957, 1960) zurückgegriffen.

Auch aus gouvernementalitätstheoretischer Perspektive gibt es eine Vielzahl an Publikationen, die sich mit der Frage nach der neoliberalen Regierungskunst auseinandersetzen. In diesem Kontext lehnt sich die vorliegende Analyse insbesondere an Gertenbach (2010) und an Foucault selbst (2004a u.

12 Der Fokus richtet sich dabei insbesondere auf die Disziplinarmacht, wobei an unterschiedlichen Stellen immer wieder auf Elemente der Souveränitätsmacht eingegangen wird (zur juridischen Macht siehe Gehring 2007).

2004b) an. Zur Analytik des unternehmerischen Selbst kann daneben auf Bröckling (2007) und auf Rose (2000a) zurückgegriffen werden. Um die von Bröckling (2007) an vielerlei Stellen angesprochene psychosoziale Widerspruchsdimension neoliberal-kapitalistischer Gesellschaften zu vertiefen, können bspw. die in Honneth (2002a) oder in Neckel (2008) versammelten Aufsätze herangezogen werden.

Betrachtet man den Themenkomplex der aktivierenden Sozial- und Arbeitsmarktpolitik und insbes. die Programmatik des Förderns und Forderns von Arbeitslosen, so stößt man auf eine breite Fülle an Literatur (siehe z.B. verschiedene Aufsätze in Agenturschluss 2006; Behrend 2008; Bieback 2009; Butterwegge 2006). Grenzt man diesen Untersuchungsbereich auf gouvernementalitätstheoretische Interpretationen des Aktivierungsprojektes von Arbeitslosen ein, dünnt sich das Quellenmaterial zwar aus, dennoch sind nach wie vor sehr wertvolle Studien zu diesem Thema zu finden, die sich zum Teil auch (zumeist implizit) auf das beschäftigungsorientierte Fallmanagement beziehen (siehe z.B. Lessenich 2003c, 2008, 2009; Pieper 2003, 2007).

Studien über die gouvernementalitätstheoretisch verstandene Regierung von Langzeitarbeitslosen, die den Fokus ihrer Analyse auf das beschäftigungsorientierte Fallmanagement legen, gibt es hingegen bislang nur wenig. Dies mag dem Umstand geschuldet sein, dass die sog. vier Hartz-„Gesetze für moderne Dienstleistungen am Arbeitsmarkt" erst zwischen den Jahren 2003 und 2005 in Kraft getreten sind und dass das beschäftigungsorientierte Fallmanagement demnach ein vergleichsweise junges Phänomen ist. Neben Legnaro/Birenheide (2008) sind insbesondere die Untersuchungen von Bohlender 2012a u. 2012b hilfreich. Daneben kann schließlich auf das „Fachkonzept für ‚Beschäftigungsorientiertes Fallmanagement im SGB II'" (Fachkonzept 2004) selbst zurückgegriffen werden. Besonders aufschlussreich für die vorliegende Analyse ist nicht zuletzt die gouvernementalitätstheoretisch argumentierende Studie von Rinn (2009) zu den ‚integrativen und ausschließenden Strategien gegenwärtiger Arbeitsmarkt- und Kriminalpolitik': Rinn arbeitet hier die von Foucault eher am Rande thematisierten strategischen Dreiecksbeziehungen von Souveränität, Disziplin und Gouvernementalität aus und macht sie für die Identifizierung eben jener aktivierenden, exkludierenden und repressiven Strategien der gegenwärtigen Arbeitsmarktpolitik fruchtbar.

Mit dem Versuch, neben den (vorwiegend) neoliberalen Regierungspraktiken auch eben jene, in der Mehrzahl der gouvernementalitätstheoretisch argumentierenden Studien nur verkürzt erörterten, repressiven und disziplinären Machttechniken (im Rahmen des beschäftigungsorientierten Fallmanagements) ausfindig zu machen und sie vor dem Hintergrund des freiheitlich-neoliberalen Führungsanspruches sowie der Problematisierung des ökonomisch nicht (mehr) verwertbaren Heeres an Langzeitarbeitslosen zu diskutieren, möchte auch die hier vorliegende Arbeit einen (kleinen) Beitrag zur Erweiterung des Forschungsstandes der Studies of Governmentality leisten. Indem die mannigfaltigen Kreuzungen der verschiedenen (zu identifizierenden) Machttechniken und -strategien in den Blick genommen und auf ihre subjektwirksamen Widersprüche hin befragt werden, soll dieser Anspruch ebenso fortgeführt werden, wie dies durch die Analyse weiterer, der Wissensordnung der Enterprise Culture und einzelner Machttechniken entspringender Initiationsmomente psychosozialer Antinomien geschehen soll.

2 Methodologische Implikationen

2.1 Gouvernementalität

Foucault versteht unter dem Begriff der ‚Gouvernementalität' eine „Kunst des Regierens" (Foucault 2004a: 140)[13], die auf eine *indirekte* Führung der Bevölkerung und von Individuen hinzielt und die sich hierbei sowohl auf eine Gesamtheit unterschiedlicher *Regierungstechniken*[14] (siehe Kap. 2.4.3) als auch auf spezifische Wissensformen resp. *Regierungsrationalitäten* (siehe Kap. 2.4.1) stützt. Überdies kann man unter Gouvernementalität „das *Ergebnis* des Vorgangs verstehen [...], durch den der mittelalterliche Staat der Gerichtsbarkeit, der im 15. und 16. Jahrhundert zum Verwaltungsstaat wurde, sich nach und nach ‚gouvernementalisiert' hat" (Foucault 2004a: 163; Herv. L.G.). Letztlich bezeichnet Gouvernementalität auch einen langwierigen *Prozess* der Veränderung der Machtkonstellationen innerhalb der europäischen Gesellschafteten, der in der sukzessiven Durchsetzung der *Regierung* als die vorherrschende Machtform des modernen Staates mündet: So ordnet Foucault dem abendländischen Gerechtigkeitsstaat des Mittelalters die *Souveränität* als dominante Spielart der Macht zu, wohingegen sich im Verwaltungsstaat des 15. und 16. Jahrhunderts die *Disziplin* durchzusetzen beginnt. Obgleich die Disziplinartechnologien noch bis ins 20. Jahrhundert – wenn nicht gar bis ins 21. Jahrhundert – eine herausragende Rolle für die Subjektivierungsprozesse spielen, markiert das 18. Jahrhundert den Beginn einer Vorrangstellung des Machttypus' der *Regierung*. Demnach verschwinden damit weder die Souveränität

---

13 Unter ‚Regierungskunst' versteht Foucault (2005c: 1002f.) eine Technik, die bestimmten Regeln unterliegt, wobei diese Regeln weniger auf Traditionen oder Sitten gründen, als vielmehr auf einem *rationalen Wissen* über die Gegenstände der Regierung (siehe auch Kap. 2.4.1–2.4.4).

14 Nach Foucault (2004a: 162) stellen sog. *Sicherheitsdispositive* das relevanteste technologische Instrument für die gouvernementale Führung dar (siehe auch Kap. 2.4). Zum allgemeinen Verständnis sei an dieser Stelle darauf hingewiesen, dass Foucault den Begriff der Regierungstechnik mit den Termini der politischen Technologie und der Regierungspraktik synonym verwendet (vgl. Bohlender 2006: 91).

noch die Disziplin, sondern verlieren im Vergleich zur Regierung lediglich an Gewicht.[15] Alle drei Machttypen sind eng miteinander verwoben, können sich wechselseitig ergänzen oder behindern und treten je nach (privater oder öffentlicher) Sphäre in unterschiedliche Beziehungskonstellationen zueinander (vgl. ebd.: 162ff.; siehe auch Rinn 2009). Im Folgenden sollen die wesentlichen Merkmale der Souveränität, Disziplin und insbesondere der Regierung umrissen werden.

2.2 Souveränität

Die Machtkonzeption der Souveränität[16] gründet auf der Vorstellung einer souveränen Instanz (z.B. Monarch, Machiavellis Fürst), deren primäres Ziel in der Kontrolle eines bestimmten Territoriums (z.B. Fürstentum) und demnach der dort lebenden Subjekte besteht.[17] Seine Legitimationsgrundlage und ein geeignetes Herrschafts- und Zwangsmittel findet der Souverän in der Technologie des *Rechts*,[18] das „die Gesamtheit der Apparate, Institutionen, Reglementierungen und Gesetzesartikel" (Foucault 2005p: 111) umfasst. Das rechtliche Gesetzsystem installiert eine „binäre[...] Aufteilung zwischen dem Erlaubten und dem Verbotenen" (Foucault 2004a: 19), unter welche sich die Untertanen zu unterwerfen haben,[19] weshalb Foucault die Souveränität vornehmlich als eine verbietende Macht charakterisiert.[20] Gesetzesbruch verkörpert dabei nicht

15 Die Entwicklung vom Gerechtigkeitsstaat zum modernen Regierungsstaat impliziert grundsätzlich nicht, dass die Machtformen einander lediglich ablösen und dann verschwinden würden. Vielmehr zeichnet Foucault die Gewichtung und das Verhältnis der Machtformen untereinander in der Metapher eines Dreiecks nach, bei dem der jeweils dominante Machttypus oben steht (vgl. Foucault 2004a: 161).

16 Ihren theoretischen und legitimatorischen Hintergrund findet die Souveränitätsmacht in den Vertragstheorien von Hobbes und Lockes sowie in Machiavellis Fürsten.

17 Die souveräne Macht wird nur über diejenigen Menschen ausgeübt, die auf dem entsprechenden Territorium leben. „Die territoriale Zugehörigkeit ist ein Instrument der Machtausübung" (Foucault 2002: 759).

18 Folgt man Gehring (2007: 171), so nutzt Foucault das Juridische vorwiegend als „Folie, vielleicht sogar Negativfolie. Als Gegenstand für sich lässt Foucault es unbearbeitet liegen."

19 Die Verpflichtung eines jeden Einzelnen auf den gesetzlichen Gehorsam ist gerade deswegen von so großer Bedeutung, weil das Band zwischen dem Souverän und seinen Untertanen äußerst fragil ist (vgl. Foucault 2004a: 139f.).

20 Für die verbietende Souveränitätsmacht sind demnach insbesondere die Festlegung von Verboten und die inhaltliche Präzisierung der entsprechenden Sanktionen von herausragender Bedeutung. „[I]ndem man den Blickwinkel der Unordnung einnimmt, analysiert man die Ordnung immer sorgfältiger und etabliert sie, das heißt, das, was übrigbleibt" (Foucault 2004a: 75).

nur eine Straftat, sondern wird fernerhin als eine persönliche Beleidigung und als physischen Angriff auf den Souverän gedeutet, was darin zu begründen ist, dass das Legalitätssystem als Ausdruck seines Willens und damit als Repräsentant der souveränen Macht gilt. Die auf den rechtlichen Ungehorsam folgenden Strafen, die auch den Tod einschließen können, werden demnach aus Gründen der persönlichen und öffentlichen Rache des in seiner Autorität und Würde verletzten Herrschers verhängt und realisieren sich im Modus öffentlicher Spektakel und Schmerzensfeste (vgl. Foucault 1994: 63–75 u. 2005q: 223).[21] Sie haben darüber hinaus „eine rechtlich-politische Funktion. Es handelt sich um ein Zeremoniell zur Wiederherstellung der für einen Augenblick verletzten Souveränität" (Foucault 1994: 64).[22] Dass der Souverän letztlich auch das „Recht [hat], sterben zu *machen* und leben zu *lassen*" (Foucault 2012: 132) verweist auf den *abschöpfenden* Charakter der Souveränitätsmacht: „Die Macht war vor allem Zugriffsrecht auf die Dinge, die Zeiten, die Körper und schließlich das Leben; sie gipfelte in dem Vorrecht, sich des Lebens zu bemächtigen, um es auszulöschen" (ebd.).

2.3 Disziplin

Im Unterschied zur *negativ-restriktiven* Souveränitätsmacht, die sich durch Gesetze, Verbot und Zwang realisiert und die den menschlichen Körper martert, peinigt und ggf. zerstört, ist die Disziplinarmacht eine *positiv-produktive* Spielart der (Mikro-)Macht, die weniger abschöpft, als vielmehr dem Prinzip der „Ausschöpfung" (Foucault 1994: 198) folgt:[23] Ihre zentrale Zielscheibe ist der (tätige) Körper des Individuums, den unterschiedliche *feine und alltägliche Technologien* im Sinne bestimmter *präskriptiver Normen* kontrollieren, manipulieren und dressieren; den eine Fülle an *verstreuten Mikro-Praktiken der Macht* in seinen Gesten wie Verhaltensweisen, Bewegungen und Haltungen *bis ins kleinste Detail* „durchdringt, zergliedert und wieder zusammensetzt" (ebd.: 176); der bestimmte Fähigkeiten erwerben, seine Schnelligkeit steigern und

---

[21] Die „Kunst des Schmerzes" (Foucault 1994: 46) folgt, wie das gesamte, geheim gehaltene Strafverfahren, stets Regeln, die darin bestehen, dass „die Art der Körperbeschädigung, die Qualität, die Intensität, die Länge der Schmerzen mit der Schwere des Verbrechens, der Persönlichkeit des Verbrechers, dem Rang seiner Opfer in Beziehung" (ebd.) gesetzt werden.

[22] Die „peinliche Strafe" (Foucault 1994: 46) soll demnach „die Asymmetrie zwischen dem Subjekt, welches das Gesetz zu verletzen gewagt hat, und dem allmächtigen Souverän, der das Gesetz zur Geltung bringt, bis zum Äußersten ausspielen" (ebd.: 65).

[23] Foucault kritisiert vehement die negative Machtkonzeption der Souveränität und stellt dieser bewusst einen *produktiven* und *strategischen* Machtbegriff gegenüber (vgl. Foucault 2005q: 224).

seine Leistungen optimieren soll; kurz: es ist ein Körper, *dessen Kräfte es zu maximieren und dessen Wert es zu erhöhen gilt.* Die Disziplin verkörpert indes eine gleichermaßen individualisierende wie auch totalisierende Form der Macht, denn sie „konstituiert die, über die sie ausgeübt wird, als Körper und modelt die Individualität jedes Glieds dieses Körpers" (Deleuze 1993a: 258).

Historisch gesehen beschreibt die Etablierung der Disziplinarmacht dabei „eine der großen Erfindungen der bürgerlichen Gesellschaft" (Foucault 2005p: 121), deren Notwendigkeit in den Anforderungen des industriellen Kapitalismus begründet liegt. Demnach läuft die Maximierung der Kräfte auf die Transformation des Körpers in Arbeitskraft und auf eine Umwandlung der gesamten Lebenszeit in Arbeitszeit hinaus (vgl. Foucault 2002: 746–767 u. 1994: 174fff.).[24]

Während die Disziplinarmacht also stets bestrebt ist, die Kräfte zu steigern, um einen tauglichen, geübten und *arbeitsfähigen* Körper hervorzubringen, betreibt sie andererseits eine permanente Schwächung der Kräfte. Denn der Körper soll nicht nur nützlich und produktiv sein, er muss auch gehorsam und politisch fügsam gemacht werden (vgl. Foucault 1994: 174fff.). Fabriziert werden soll ein *gelehriger Körper,* der „eine gesteigerte Tauglichkeit und eine vertiefte Unterwerfung" (ebd.: 177) in sich vereint.[25] Dies geschieht weniger durch Gesetz und Verbot, sondern vor allem mithilfe einer Kombination aus Technologien der individuellen und allumfassenden Überwachung, der normierenden Sanktion und Körperpraktiken, die in unterschiedlichen, einander ablösenden „Einschließungs-Milieus" (Deleuze 1993a: 254) zum Einsatz kommen: In der Schule, der Kaserne, der Fabrik und u.U. auch im Spital oder dem Gefängnis[26] hat der Einzelne eine Fülle an *stetig zu wiederholenden Übungen* zu absolvieren, die unter anderem regelmäßige Tätigkeiten und die Einhaltung minutiöser Zeiteinteilungen, gemeinsame Arbeit oder die Einübung von Aufmerksamkeit und Respekt umfassen können.

---

24 Eine wesentliche Ursache für die Verschiebung der gesellschaftlich dominanten Machtform von der Souveränität zur Disziplin sieht Foucault in der Herausbildung der bürgerlich-kapitalistischen Gesellschaft. Die souveräne Macht wurde zunehmend dysfunktional: Ihre Mechanismen waren einerseits zu aufwendig und behinderten die ökonomischen Prozesse anstelle sie zu fördern, andererseits entgingen ihrer Kontrolle auch zahllose Verhaltensweisen, (ökonomische) Prozesse usw.. Die allgemeine Ökonomie der Macht verschob sich daher zugunsten der allwissenden und wertschöpfenden Disziplin (vgl. Foucault: 2005q: 227f. u. 1994: 280f.).

25 „Gelehrig ist ein Körper, der unterworfen werden kann, der ausgenutzt werden kann, der umgeformt und vervollkommnet werden kann" (Foucault 1994: 175).

26 Im Gegensatz zur souveränen Macht, die durch öffentliche Strafspektakel den Körper zu schädigen und zu zerstören versucht, um auf diese Weise ihre Macht wiederherzustellen, wird bei der Disziplinarmacht die Bestrafung innerhalb des Gefängnisses vollzogen, das auf die Wiederherstellung des gehorsamen Subjektes und demnach auf eine Besserung des Körpers zielt (vgl. Opitz 2004: 32).

Im Unterschied zur Souveränitätsmacht ist die Disziplinarmacht allgegenwärtig, dauerhaft sowie penibel kontrollierend und erscheint damit als allwissend. Sie bringt jedoch nicht nur ein spezifisches Wissen mithilfe mannigfaltiger Machttechniken hervor, sondern ist umgekehrt untrennbar an Wissen gebunden, so „daß es keine Machtbeziehung gibt, ohne daß sich ein entsprechendes Wissensfeld konstituiert, und kein Wissen, das nicht gleichzeitig Machtbeziehungen voraussetzt und konstituiert" (Foucault 1994: 39). Das Bentham'sche Panopticon[27] liefert als ein „Turm vom Wissen und Macht" (ebd.: 268) für diese lückenlose Überwachung innerhalb der unterschiedlichen Einschließungs-Milieus die Formel. Im Laufe des 17. und 18. Jahrhunderts lösten sich seine Mechanismen schließlich sukzessive aus den konkreten Institutionen heraus und erfuhren eine endlose Verallgemeinerung.[28] Damit avancierte das Panopticon zum „Diagramm eines auf seine ideale Form reduzierten Machtmechanismus" (ebd.: 264).[29] Durch unterschiedliche, miteinander vernetzte Techniken der detaillierten, kalkulierten und lückenlosen Überwachung von Zeit, Raum und der geringsten Bewegungen des Körpers wird ein vom Betroffenen bewusst wahrgenommener Zustand der totalen Sichtbarkeit erzeugt.[30] Dahingegen ist der Ort des Überwachens selbst (idealerweise) für das Individuum uneinsehbar, so dass es prinzipiell immer damit rechnen muss, gesehen zu werden. Die ständige Unsicherheit, in die der Betroffene infolge

27 Die architektonische Struktur des Panopticons illustriert Abb. 1 und sei hier skizzenhaft umrissen: Im ringförmigen Gebäude befinden sich die Insassen, die jeweils in einer Zelle stationiert sind. Als Ort des Überwachens fungiert der Turm in der Mitte, der mit breiten Fenstern zur Seite der Insassen ausgestattet ist. Auch die Zellen besitzen je zwei Fenster, die zur Seite des Turms und nach außen hin gerichtet sind, wodurch der gesamte Innenraum mit Licht durchflutet wird. Die Effektivität der Überwachung der Insassen ergibt sich demnach daraus, dass ein einziger Aufseher im Turm ausreicht, um sämtliche Zellen sehen zu können. Die durch die räumliche Trennung erzeugte Isolation der Menschen verhindert zudem die Risiken, die mit dem gegenseitigen Kontakt der Insassen verbunden sind (Ansteckungsgefahr bei Krankheiten, Aufstände, kollektive Ausbruchsversuche). Und weiter: Der Turm ist für die Insassen hingegen uneinsehbar, wodurch sie permanent mit ihrer Beobachtung rechnen müssen. Das Panopticon soll auf diese Weise das automatische Eintreten der Machteffekte bzw. die Produktion eines gehorsamen Subjekts sicherstellen (s.u.). Zum Panopticon siehe Foucault 1994: Kap. III.3; Abb. 1.

28 Mit der gesellschaftlichen Verallgemeinerung des Panopticons trat letztlich auch seine architektonische Formation zunehmend in den Hintergrund.

29 Foucault (1994: 251) spricht in diesem Zusammenhang auch vom „Panoptismus". Siehe dazu Foucault 1994: Kap. III.3.

30 „Der perfekte Disziplinarapparat wäre derjenige, der es einem einzigen Blick ermöglichte, dauernd alles zu sehen. Ein zentraler Punkt wäre zugleich die Lichtquelle, die alle Dinge erhellt, und der Konvergenzpunkt für alles, was gewußt werden muß: ein vollkommenes Auge der Mitte, dem nichts entginge und auf das alle Blicke gerichtet wären" (Foucault 1994: 224).

dieses Mechanismus versetzt wird, ist ein wesentlicher Faktor für die Wirksamkeit der Macht: Denn wo ein permanenter Druck noch vor dem Begehen von abweichendem Verhalten wirkt, automatisiert (und entindividualisiert) sich die Macht, so dass ein tatsächliches Eingreifen letztlich überflüssig wird (vgl. ebd.: 167, 175, 252–265).[31]

> „Derjenige, welcher der Sichtbarkeit unterworfen ist und dies weiß, übernimmt die Zwangsmittel der Macht und spielt sie gegen sich selber aus; er internalisiert das Machtverhältnis, in welchem er gleichzeitig beide Rollen spielt; er wird zum Prinzip seiner eigenen Unterwerfung" (ebd.: 260).

Wo dennoch abweichende Verhaltensweisen durch den allgegenwärtigen Blick der Disziplinarmacht registriert werden, greift die Technologie der „normierende[n] Sanktion" (ebd.: 229). Ihr Objekt sind diejenigen scheinbar profanen und nicht konformen „Verhaltensweisen, die den großen Bestrafungssystemen entwischen" (ebd.: 230), ihre Methoden weniger die der physischen Gewalt, als vielmehr subtile, harmlos bis sanft wirkende Elemente des Disziplinarapparates, die von der Demütigung und Beschämung bis zur Entlassung aus einer Position und der ständigen Wiederholung von fehlerhaft ausgeführten Verhaltensweisen reichen.[32] Die normierende Sanktion dient demnach der Reduzierung und der Korrektur von Abweichungen sowie der Einschärfung des verletzten Gesetzes oder einer verfehlten Norm (vgl. ebd.: 230ff.). „Richten ist Abrichten" (ebd.: 232).

Auf der Grundlage des gesammelten Wissens über die Individuen werden die Betroffenen entlang von präskriptiven Normen entsprechenden Rängen, Zellen oder Stufen zugeordnet, was es der Disziplinarmacht gestattet, hierarchisierende Differenzierungen zwischen den Menschen selbst, ihrer als relevant erachteten Fähigkeiten, Kompetenzen und Qualitäten vorzunehmen und ihnen Funktionen gemäß der ihnen diagnostizierten Tauglichkeit zuzuweisen. Jeder Rang zeigt einen Wert an, wodurch jede Zuteilung mit einer positiv oder negativ sanktionierenden Dimension versehen wird.[33] Die auf den vorformulierten Normen beruhende Grenzziehung zwischen dem Geeigneten (bzw. Tauglichen) und Ungeeigneten, zwischen dem Normalen und Anormalen, zwischen ‚guten' und ‚schlechten' Subjekten und die Zuweisung der Individuen zu entsprechenden Funktionsstellen verkörpern zugleich eine Technologie

[31] Demnach wird auch die Anwendung von Gewalt überflüssig (vgl. Foucault 1994: 176).

[32] Wobei eine Entlassung oder Herabsetzung und der Wiederholungszwang je nach subjektivem Standpunkt auch als demütigend oder beschämend wahrgenommen werden können. Die Grenzen sind wie immer fließend.

[33] „Die Reihung wirkt sanktionierend, die Sanktionen wirken ordnend. Die Disziplin belohnt durch Beförderungen, durch die Verleihung von Rängen und Plätzen; sie bestraft durch Zurücksetzungen. Der Rang selber gilt als Belohnung oder Bestrafung" (Foucault 1994: 234).

der Erkenntnis über die Individuen: So kann die Dokumentation des Wertes der Person als Ausgangspunkt für die Entwicklung und Anwendung einer Fülle an weiteren Machtinstrumenten am individuellen Körper genutzt werden. Für die Betroffene selbst bedeutet die Offenbarung ihrer eigenen, ihr zuvor verborgenen Wahrheit die Ausübung eines subtilen Drucks zur Internalisierung der disziplinären Norm.[34] Dies wird nicht zuletzt dadurch verschärft, dass die Einteilung in eine Kategorie wandelbar ist, was stets von den entsprechenden Leistungen, dem Benehmen usw. des Individuums abhängt (vgl. ebd.: 190, 229–238; Foucault 2004a: 89; Lemke et al. 2000: 13).

In der Technik der *Prüfung* werden schließlich die hierarchische Überwachung und die normierende Sanktion miteinander verbunden, weshalb Foucault sie als den sichtbarsten Ausdruck der Macht-Wissens-Komplexe identifiziert. Die Prüfung umfasst zudem sämtliche Technologien zur (schriftlichen) Aufzeichnung, Registrierung, Beurteilung und dauerhaften Speicherung der Feinheiten der individuellen Verhaltensweisen und Auffälligkeiten, „die den Anspruch auf Wissenschaftlichkeit erheben“ (Foucault 2005a: 240). Infolge dessen mutiert der Mensch *in seiner Individualität* zu einem beschreib-, berechen- und analysierbaren *Fall* und zum Gegenstand der Disziplinarmacht, zum Objekt eines ‚verwissenschaftlichen‘ Wissens, das eine permanente Verbesserung und Weiterentwicklung der Techniken seiner Dressur, Korrektur und Kontrolle ermöglicht.[35] Als Fall ist der Einzelne nicht nur analysierbar und manipulierbar, er ist auch bis ins kleinste Detail mit den anderen Fällen vergleichbar, was die Effekte seiner subjektivierenden Unterwerfung noch verstärken soll (vgl. Foucault 1994: 238–249).[36] Kurzum: Die Prüfung zielt auf eine „subjektivierende Unterwerfung jener, die als Objekte wahrgenommen werden, und die objektivierende Vergegenständlichung jener, die zu Subjekten unterworfen werden“ (ebd.: 238).

Im Laufe des 17. und 18. Jahrhunderts kam es zu einer zunehmenden Verschiebung innerhalb der Machtkonstellationen zugunsten der Regierung und ihren „ultra-schnellen Kontrollformen mit freiheitlichem Aussehen, die die alten [...] Disziplinierungen ersetzen“ (Deleuze 1993a: 255). Folgt man Deleuze

---

[34] Hier zeigt sich ein weiterer Unterschied zur Souveränitätsmacht, der darin besteht, „daß die rechtlichen Systeme nach allgemeinen Normen Rechtssubjekte qualifizieren, während die Disziplinen charakterisieren, klassifizieren, spezialisieren; sie verteilen die Individuen entlang einer Skala, ordnen sie um eine Norm herum an, hierarchisieren sie untereinander, und am Ende disqualifizieren sie sie zu Invaliden“ (Foucault 1994: 286).

[35] Das Individuum wird demnach gleichermaßen als Objekt und als Effekt von Wissen und Disziplinarmacht konstituiert (vgl. Foucault 1994: 247).

[36] Durch die verwissenschaftlichte Organisation von Vergleichsfeldern optimiert die Prüfung zudem die Möglichkeiten der Klassifizierung sowie die Normenfixierung (vgl. Foucault 1994: 244f.).

(1993a u. 1993b), so gerieten die Disziplinargesellschaften und ihre Einschließungsmilieus seit Mitte des 20. Jahrhunderts in eben diese zunehmende Krise.

„Die *Kontrollgesellschaften* sind dabei, die Disziplinargesellschaften abzulösen" (Deleuze 1993a: 255).

2.4 Regierung

Wie die Disziplinarmacht verkörpert die Regierung im Foucault'schen Sinne eine Form der *produktiv-strategischen* Spielart der Macht (bzw. Machtausübung), die sich auf die „Gesamtheit der Institutionen und Praktiken, mittels deren man die Menschen lenkt" (Foucault 2005n: 116) erstreckt. Daher lässt sich der Regierungsbegriff im Unterschied zu seiner herkömmlichen Definition nicht ausschließlich auf politische Strukturen oder die Staatsverwaltung reduzieren, sondern muss vielmehr in einem umfassenderen Sinn verwendet werden.[37] Anlehnend an ein auf einer Vielzahl an Bedeutungen aufbauendes Verständnis von Regierung, welches vom Zeitraum zwischen der Mitte des 16. Jahrhunderts und dem Ende des 18. Jahrhunderts in zahlreichen literarischen Abhandlungen über das Problem der Regierung noch vorzufinden war,[38] entwickelt Foucault einen auf *Pluralität* aufbauenden Regierungsbegriff, der eine Fülle an potentiellen Regentinnen, Regierungsweisen und -feldern umfasst (vgl. Foucault 2004a: 135–142):

> „In einer Gesellschaft gibt es zahlreiche Formen und Orte des ‚Regierens' von Menschen durch andere Menschen. Sie überlagern, kreuzen und begrenzen einander, zuweilen heben sie sich gegenseitig auf, und in anderen Fällen verstärken sie sich wechselseitig" (Foucault 2005a: 260).

So reichen die unterschiedlichen *Praxisfelder* neben der Führung von Staaten als eine besondere Form der Regierung, von der Lenkung der Familie, von Kindern, Kranken oder von Seelen bis hin zur „Leitung seiner selbst" (Foucault 2004a: 135). Ebenso wie sich die möglichen *Orte der Regierung* keineswegs auf staatliche Strukturen beschränken, erstreckt sich das Feld mögli-

---

37 So unterscheidet Foucault auch zwischen einer „Regierung in ihrer politischen Funktion" (Foucault 2004a: 136) und der „Gesamtproblematik des Regierens im Allgemeinen" (ebd.).

38 Folgt man Foucault, wurde die Frage nach dem Problem der Regierung bereits von Mitte des 16. Jahrhunderts bis ins späte 18. Jahrhundert in Form von literarischen Abhandlungen in besonderer Intensität und auf vielfältige Weise diskutiert: „Wie sich regieren, wie regiert werden, wie die anderen regieren, durch wen regiert zu werden muß man hinnehmen, was muß man tun, um der bestmögliche Führer [*gouverneur*] zu sein?" (Foucault 2004a: 135) Die Analyse der Regierungskunst vollzieht sich dabei in radikaler Abgrenzung zum souveränen Fürsten Machiavellis, weswegen man von der Anti-Machiavelli-Literatur spricht (vgl. ebd.: 137f.).

cher *Regenten* neben dem staatlichen Verwaltungsstab auf potentiell jede Person: Das Familienoberhaupt, das seine Familie regiert, der Lehrer und die Pädagogin, die das Kind zu führen trachten oder der Superior, der sein Kloster leitet (vgl. ebd.: 141f.; Foucault 2005a: 256; Rau 2010: 70; Bohlender 2006: 91).

Trotz seiner mehrdimensionalen Bedeutung meint der Begriff der Regierung stets die Lenkung und Führung des Verhaltens, Denkens und der Gefühlsstrukturen von Individuen und sozialen Kollektiven (vgl. Foucault 2005a: 256). Es ist demnach nicht wie bei der Souveränitätsmacht das Territorium, welches als primäres Regierungsobjekt identifiziert werden muss. Und ebenso wenig sind es die Menschen als voneinander isolierte Einheiten, die die Zielscheibe der Regierung darstellen. Regiert werden sollen vielmehr die *Beziehungen* der Bevölkerung – und damit von Individuen und sozialen Kollektiven – zu potentiell allen Formen und Bereichen menschlichen Seins (vgl. Foucault 2004a: 145ff.; Lemke et al. 2000: 12): Im Mittelpunkt der Kunst des Regierens steht eine Art „Komplex von Menschen und Dingen" (Foucault 2004a: 147) und

> „diese Dinge, deren die Regierung sich annehmen muß, [...] sind die Menschen, die Menschen jedoch in ihren Beziehungen, in ihren Bindungen und ihren Verflechtungen mit jenen Dingen, also den Reichtümern, den Ressourcen und der Subsistenz, gewiss auch dem Territorium in seinen Grenzen, mit seiner Beschaffenheit, seinem Klima, seiner Trockenheit, seiner Fruchtbarkeit. Es sind die Menschen in ihren Beziehungen zu jenen anderen Dingen wie den Sitten, den Gepflogenheiten, den Handlungs- oder Denkweisen. Und es sind schließlich die Menschen in ihren Beziehungen zu jenen weiteren anderen Dingen, den möglichen Unfällen oder Unglücken wie Hungersnot, Epidemien, Tod" (ebd.: 146).

Die Kunst des Regierens zielt demnach auf die Erzeugung ‚angemessener' Rahmenbedingungen, die eine Steigerung des Wohlbefindens und des Wohlstands der Bevölkerung und damit die Stabilisierung des eigenen Gouvernementalitätsregimes bewirken soll (vgl. Opitz 2004: 20; Rau 2010: 70f.).[39]

---

[39] Die Bevölkerung ist demnach sowohl das *Instrument* als auch die wesentliche *Zielscheibe* der Regierung: Ihre Beziehungen und Verflechtungen zu den ‚Dingen' werden in eine bestimmte Richtung durch die Strukturierung eines Möglichkeitsfeldes beeinflusst, um die für die gouvernementale Ordnung günstigste Bevölkerungskonstitution resp. Rahmenbedingungen zu realisieren. Wie sich im Laufe der Arbeit noch zeigen wird, wirkt die Regierung dabei vor allem (indirekt) auf die Bedürfnisse und Bestrebungen der Menschen ein, um so das optimale Funktionieren der eigenen gouvernementalen Ordnung sicherzustellen (vgl. Foucault 2004a: 70, 158f.). Die Steigerung des Wohlbefindens der Bevölkerung ist daher stets gekoppelt an die gouvernemental betriebene Wahrheitsproduktion: Was als Kriterium von individuellem und kollektivem Wohl, von Glück usw. betrachtet wird, steht keineswegs immer schon fest, sondern ist auf ein Engstes mit dem Regierungswissen und mit entsprechenden politischen Technologien, die dieses Wissen erst hervorbringen, verflochten. Siehe auch Kap. 2.4.1.

Die *,politische Ökonomie'* dient dabei als Hilfswissenschaft der Regierungskunst, die das notwendige (wissenschaftliche) Wissen über die Bevölkerung und ihre Beziehungen zum Territorium, den ökonomischen Prozessen usw. generiert (vgl. Foucault 2004a: 117, 162, 503 u. 2004b: 393).

Im Sinne des strategisch-produktiven Machtcharakters von Regierung geschieht dies jedoch weder auf eine direkte Art und Weise (durch Zwang, Befehle, Verbote usw.) noch durch ideologische Verstellungen, als vielmehr mithilfe von spezifischen Macht-Wissens-Komplexen: Regiert wird vermittels einer Fülle an äußerst heterogenen, verstreuten und dezentralen *politischen Technologien*[40] und mit den hiermit eng verflochten gouvernementalen *Rationalitäten* und *Programmen,* die *indirekt* auf gegenwärtiges oder zukünftiges, mögliches oder tatsächliches *Handeln* von Individuen und sozialen Kollektiven so einzuwirken versuchen, dass sich diese in ihrem Denken und Handeln, in ihrem Fühlen und in ihren Bedürfnissen freiwillig an ein gouvernemental favorisiertes Subjektideal anpassen (vgl. Foucault 2004a: 150, 173; Lemke 2011: 33; Rau 2010: 70). Dabei umfasst die Regierung gerade jene Handlungsweisen, die auf eine Einflussnahme der Handlungsmöglichkeiten von anderen Menschen zielen und kann aus diesem Grund als eine Form der Machtausübung verstanden werden.[41] Regieren meint insofern „das mögliche Handlungsfeld anderer zu strukturieren" (Foucault 2005a: 256), die Wahrscheinlichkeit von Verhalten zu beeinflussen und zur Selbstführung zu mobilisieren; ein „Führen der Führungen" (Foucault 1999: 193), denn:

> „,Führung' ist zugleich die Tätigkeit des ,Anführens' anderer (vermöge mehr oder weniger strikter Zwangsmaßnahmen) und die Weise des Sich-Aufführens in einem mehr oder weniger offenen Feld von Möglichkeiten. Machtausübung besteht im ,Führen der Führungen' und in der Schaffung der Wahrscheinlichkeit" (ebd.).

Dies bedeutet, dass die Regierung stets mittels einer *Freiheit* operiert, die sie von den Menschen voraussetzt und die sie zugleich selbst erzeugt, strukturiert und begrenzt: So werden das Verhalten und die Emotionalität der Regierten durch die gouvernementale Fabrizierung eines Möglichkeitsfeldes zwar beeinflusst, nicht aber erzwungen oder verursacht. Das Vorhandensein dieser *Wahl*freiheit ist nicht zuletzt eine unverzichtbare Existenzbedingung von

---

40 Auch in den Führungsinstrumenten unterscheidet sich die Regierung demnach von der Souveränitätsmacht, die vor allem mithilfe von Recht und Gesetzen bzw. von Verboten die Menschen zu unterwerfen versuchte. Zu den Rationalitäten, Programmen und Technologien des Regierens siehe Kap. 2.4.1–2.4.4.

41 So definiert Foucault (2005a: 255) Machtausübung unter anderem als „eine Form handelnder Einwirkung auf andere."

Regierung (vgl. ebd.: 193f.; Rau 2010: 69ff.; Saar 2007a: 280; Krasmann/Volkmer 2007b: 11).[42] Die gouvernementale Machtausübung ist somit

> „ein Ensemble von Handlungen in Hinsicht auf mögliche Handlungen; sie operiert auf dem Möglichkeitsfeld, in das sich das Verhalten der handelnden Individuen eingeschrieben hat: sie stachelt an, gibt ein, lenkt ab, erleichtert oder erschwert, erweitert oder begrenzt, macht mehr oder weniger wahrscheinlich; im Grenzfall nötigt oder verhindert sie vollständig; aber stets handelt es sich um eine Weise des Einwirkens auf ein oder mehrere handelnde Subjekte, und dies, sofern sie handeln oder zum Handeln fähig sind. Ein Handeln auf Handlungen" (Foucault 1999: 192f.).

Der gouvernemental organisierte Möglichkeitsraum ist jedoch ständig bedroht und bedarf demnach entsprechender Interventionen und Vorkehrungen, welche dem Schutz und der Aufrechterhaltung der entsprechenden Freiheiten – und damit der auf dem selbst fabrizierten Freiheitsfeld gründenden Regierung – dienen. Mit der wachsenden Bedeutung dieses Führens durch *Freiheit* im 18. Jahrhundert – das zugleich die Geburt eines *liberalen* Gouvernementalitätsregimes markiert – wächst demnach auch die Notwenigkeit der Anwendung von Schutzmaßnahmen, um die Gefahr der Destabilisierung der (liberalen) Regierungsordnung zu minimieren. *Sicherheitsdispositive* bzw. *Sicherheitsmechanismen* avancieren als sozialtechnische Neuerung zum wichtigsten Instrumentarium der gouvernementalen Lenkung (vgl. Foucault 2004a: 78f. u. 2004b: 99fff.; Lemke 2011: 184f.).

Während die Disziplin auf der Grundlage von präskriptiven Normen ein Grenzregime zwischen dem Normalen und Anormalen etabliert, welches die Bewertung, Klassifizierung und Dressur der *einzelnen Individuen* ermöglicht (Normierung), orten die regierungsspezifischen Sicherheitstechniken das Normale und das Anormale durch die statistische Ermittlung der biologischen und sozialen Eigengesetzlichkeiten der *gesamten Bevölkerung*.[43] Die politische Ökonomie liefert dabei insbesondere durch unterschiedliche Methoden der statistischen Wahrscheinlichkeitsrechnung, Kalkulation und der permanenten Überprüfung das entscheidende Wissen (s.o.). Hierarchisierende Klassifizierungen oder „Differential-Normalitäten" (Foucault 2004a: 98) innerhalb der Bevölkerung sind demnach nicht die Ableitung aus einem vorformulierten Ideal, sondern finden ihren Ausgangspunkt vielmehr im empirisch Normalen

---

42 Foucault (2005a: 257) betont: „Macht kann nur über ‚freie Subjekte' ausgeübt werden."

43 In diesem Kontext stehen eine weitere Form der (Lebens-)Macht und eine dazugehörige Technologie, die Foucault im Zusammenhang mit der Regierung resp. Regulierung der biologischen Prozesse der Bevölkerung identifiziert: Die *Bio-Macht* und die *Bio-Politik*. Während die Bio-Macht überdies auch eine individualisierende Dimension umfasst, nämlich die Disziplinierung des Individual Körpers, meint die Bio-Politik „lediglich die Durchdringung, Planung und Kontrolle der Bevölkerung" (Gertenbach 2010: 161).

selbst, sind also eine *Antwort auf die Realität*.[44] Dabei handelt es sich um eine machtvolle, die Realität durch die Offenlegung ihrer funktionalen Regelhaftigkeiten bearbeitende Antwort: Welche Phänomene der Bevölkerung gemessen werden, d.h. welches Wissen und welche Wahrheiten sich offenbaren (und welche nicht), und welche genauen Technologien des Regierens hierbei zum Einsatz kommen, ist eng gebunden an die hegemoniale Rationalitätsordnung.[45]

Die sicherheitstechnologisch realisierte Bearbeitung der Wirklichkeit selbst vollzieht im Modus der Problematisierung bestimmter Gegebenheiten. So generiert die statistische Erfassung von funktionalen Regelhaftigkeiten der Bevölkerung stets auch ein *Wissen* über potentielle *Risiken*[46], welches die Entwicklung und Anwendung einer Fülle an (präventiven) Selbst- und Sozialtechnologien nach sich zieht (bzw. nach sich ziehen soll).[47] Überdies wird

---

44 „Das Normale kommt als erstes, und die Norm leitet sich daraus ab, oder die Norm setzt sich ausgehend von dieser Untersuchung der Normalitäten fest und spielt ihre operative Rolle" (Foucault 2004a: 98).

45 Dies ist darin zu begründen, dass sich Rationalitäten (zumindest teilweise) in den Technologien niederschlagen, wobei von einer Pluralität an Rationalitäten ausgegangen werden muss, die z.T. einander im Kern ihrer Logik gänzlich widersprechen. Daher schreibt sich keineswegs immer die hegemoniale Ratio des Regierens in die entsprechenden Technologien ein. Siehe dazu Kap. 2.4.1.

46 Vor dem Hintergrund, dass sich Regierungsrationalitäten auch in Techniken der Wahrscheinlichkeitsrechnung usw. einschreiben, ist die Ermittlung von Risiken ebenfalls eng gebunden an die entsprechenden Rationalitäten. Siehe auch Kap. 4.1. Aufgrund der Pluralität von Rationalitäten gilt auch hier, dass keineswegs garantiert ist, dass eine Sicherheitstechnologie Risiken im Sinne des hegemonialen Wissensregimes ausfindig macht (d.h. als solche ‚erfindet'). Siehe auch Kap. 2.4.1.

47 In diesem Zusammenhang kommen die enge Verflechtung und Wechselwirkung von Macht, Wissen und Subjektivierungsprozessen besonders deutlich zum Ausdruck: So kann bspw. das Wissen über die statistisch berechnete Eintrittswahrscheinlichkeit einer bestimmten Krankheit (und damit das Wissen vom sozialen Risiko der Krankheit selbst) zur Herausbildung von präventiven Sozialtechniken führen. Derartige Präventionstechniken könnten bspw. einerseits Medikamente, die Impfung usw. darstellen, sind aber andererseits auch in Form von Verfahren zur Berechnung von Risikofaktoren (z.B. Lebensweise usw.) sowie der Eintrittswahrscheinlichkeit des Risikos innerhalb einer bestimmten Population denkbar. Letzteres würde in der Entdeckung von *Risikogruppen* münden. Das durch die Sozialtechnologien generierte Wissen kann wiederum die Entwicklung und den Einsatz neuer präventiver Technologien mit sich ziehen (z.B. auf das Risikowissen abgestimmte Versicherungen). Die Individuen werden demnach durch die Vermittlung des (im weitesten Sinne verstandenen) Risikowissens zu entsprechenden (präventiven) Technologien des Selbst angehalten, was jedoch nicht bedeutet, dass sie tatsächlich die erwünschten Selbstführungsanstrengungen unternehmen (vgl. Foucault 2004a: 90–97; Schmidt-Semisch 2004). Mit Blick auf den Liberalismus verweist Foucault auf die konstitutive Rolle des Gefahren- bzw. Risikowissens für das liberale Gouvernementalitätsregime. Betrieben wird eine „Aufstachelung der Angst vor der Gefahr, die

nunmehr die Bildung von *Risikogruppen* möglich – verstanden als Bevölkerungsteile mit höherem oder niedrigem Risiko – und damit die Bestimmung des Gefährdungs- und Gefährlichkeitspotentials eines jeden Individuums. Sicherheitstechnologische Eingriffe richten sich unter anderem auf eben diese *gefährlichen* Individuen und Kollektiven, vor denen die Gesellschaft (und die gouvernementale Ordnung) zu schützen sei. Grundsätzlich intervenieren Sicherheitsmechanismen nur im Falle von extremen Abweichungen von der mittleren Häufigkeit und den empirischen Durchschnittswerten der Bevölkerung.[48] Sie antworten auf die Realität, indem sie vorgefundene Praktiken und Gegebenheiten ausgleichen, aufheben, hemmen oder anstacheln, kurz: indem sie *normalisieren* (vgl. ebd.: 73fff., 91–98; Gertenbach 2010: 150–157; Rinn 2009: 142f., 151).[49]

Die Einzelne wird im Zuge ihrer Einordnung in eine hierarchisierende Differenzial-Normalität und ihrer Unterordnung unter den Primat der Bevölkerung gleichermaßen entindividualisiert – sie mutiert zu einem bloßen Bestandteil des Kollektivsubjekts Bevölkerung und ist lediglich als Instrument zur Erreichung bestimmter Ziele auf der Ebene der Bevölkerung relevant – und reindividualisiert, „indem die Potentialität des einer bestimmten Risikogruppe zugeschriebenen Einzelfalls berechnet wird" (Rinn 2009: 151).

Wenn der einzelne Mensch jedoch nur noch als Instrument für die Zwecke der Bevölkerung betrachtet wird, geht damit immer auch die Möglichkeit eines gewissen Maßes an personaler Exklusion der als gesellschaftlich überflüssig bzw. als nicht regierbar geltenden Individuen einher. Ausschluss konstituiert sich dabei als eine Form der ent-sichernden Nicht-Führung, an deren Stelle Techniken der Souveränitäts- und/oder Disziplinarmacht treten können.[50] Auch Formen der punktuellen Produktion von extremer Unfreiheit stellen demnach nicht notwendigerweise eine Bedrohung für die Aufrechterhaltung der gouvernementalen Ordnung dar. Im Gegenteil kann es durchaus ‚rational' und legitim sein, jenen Individuen und sozialen Gruppen, die die

---

gewissermaßen die Bedingung, das psychologische und innere kulturelle Korrelat des Liberalismus ist" (Foucault 2004b: 102).

48 Da Sicherheitsmechanismen lediglich punktuell in die Gegebenheiten der Bevölkerung eingreifen, stellen sie auch im Vergleich zur Disziplin die ökonomischere Form der Macht dar; denn wie dargelegt, versucht die Disziplinarmacht mithilfe einer Fülle an normierenden Maßnahmen *jede* abweichende Verhaltensweise eines *jeden* Individuums der präskriptiven Norm anzugleichen.

49 „[D]er Vorgang der Normalisierung besteht darin, diese verschiedenen Normalitätsaufteilungen wechselseitig in Gang zu setzen und auf diese Weise zu bewirken, daß die ungünstigsten auf die günstigsten zurückgeführt werden" (Foucault 2004a: 98).

50 So wurde bspw. im 18. Jahrhundert das (Ver-)Hungern einer bestimmten Anzahl von Menschen infolge einer Nahrungsmittelknappheit hingenommen, was nicht zuletzt darin zu begründen ist, dass dies als dienlich für die Regulierung der Nahrungsdistribution angesehen wurde (vgl. Foucault 2004a: 69).

Freiheit der Bevölkerung bedrohen (bzw. denen dies zugeschrieben wird), durch disziplinäre oder souveräne Machttechniken der Überwachung, des einschließenden Ausschlusses, der Gewaltanwendung usw. den Zugang zum gouvernementalen Möglichkeitsfeld radikal einzuschränken oder gänzlich zu verwehren (vgl. ebd.: 175–179; Krasmann/Opitz 2007: 131).[51]

Welche Merkmale eine Person aufweisen muss, damit sie als Bedrohung für die Bevölkerung wahrgenommen wird, hängt, wie angedeutet, im Wesentlichen davon ab, auf welche Regierungsrationalitäten sich die Sicherheitstechnologien beziehen. Im Folgenden gilt es daher, das Begriffsverständnis von Regierungsrationalitäten, Regierungsprogrammen und politischen Technologien zu beleuchten und nach ihrem Verhältnis untereinander zu fragen.

2.4.1 Wissen: Regierungsrationalitäten

Die verschiedenen Regierungsformen und -praktiken stützen sich, wie erwähnt, stets auf spezifische Rationalitäten.[52] Diese beinhalten jedoch keine normative Wertung und bezeichnen insofern auch nicht lediglich bestimmte Vorstellungen und Ideen, eine anthropologische Konstante oder eine transzendentale Vernunft. Vielmehr besitzen sie vor allem eine instrumentelle und relationale Bedeutung (vgl. Foucault 2005b: 33; Bröckling/Krasmann 2010: 25): Das, was als ‚rational' gilt, ist stets ein Effekt von Rationalisierungsstrategien[53] und meint in diesem Zusammenhang „die Übereinstimmung von Regeln,

---

51 Hier wird das (je nach Kontext unterschiedlich ausgeprägte) strategische Zusammenwirken der Machtformen der Souveränität, Disziplin und der Regierung deutlich. Für eine genauere Analyse im Zusammenhang mit der gegenwärtigen Arbeitsmarkt- und Kriminalpolitik siehe Rinn 2009.

52 Insofern sich sämtliche (Regierungs-)Praktiken stets auf ein spezifisches „Regime der Rationalität" (Foucault 2005b: 33) beziehen, zielt eine Gouvernementalitätsanalyse darauf, „zu sehen, wie diese Formen der Rationalität sich in Praktiken oder Systemen von Praktiken niederschlagen und welche Rolle sie in diesen spielen" (ebd.). Nicht der Grad an Korrespondenz zwischen Rationalität resp. Programm und Praktiken steht demnach im Mittelpunkt der Untersuchung, sondern der in den Praktiken eingeschriebene Typus von Rationalität. Mit Blick auf dieses Anliegen der Identifizierung bestimmter Regierungsrationalitäten wird zudem deutlich, dass die Gouvernementalitätsstudien, anders als Weber oder Habermas, nicht nur eine, sondern mehrere (teilweise miteinander konkurrierende) Rationalitäten des Regierens zulassen und dass es somit auch nicht darum geht, einen universellen Rationalisierungsprozess nachzuzeichnen (vgl. Bröckling/Krasmann 2010: 25; Lemke 2008: 40).

53 Damit sei nicht gesagt, dass die Herausbildung von Rationalitäten auf die Intention einzelner Individuen oder sozialer Kollektive zurückzuführen sei (vgl. Lemke 2008: 62). Regierungsrationalitäten sind vielmehr selbst als „Effekt gesellschaftlicher Verhältnisse und als ‚Einsatz' in ihnen" (ebd.) zu sehen.

Verfahren, Denkformen etc. mit einer Gesamtheit von Bedingungen, unter denen es zu einem gegebenen Zeitpunkt möglich ist, bestimmte Probleme zu behandeln" (Lemke 2011: 146). Regierungsrationalitäten stellen eine spezifisch reflexive, auf Kalkulation aufbauende Weise des Denkens über die Führung anderer und seiner selbst dar und artikulieren sich insofern immer in Beziehung zu der ‚Natur' der Gegenstände der Regierung (vgl. Dean 2010: 19; Krasmann 2002: 83).

Da dies ein entsprechendes Wissen über die Regierungsobjekte voraussetzt, weisen Regierungsrationalitäten stets einen epistemologischen Charakter auf. Dabei ist das Wissen, auf dem Rationalitäten gründen, jedoch nicht als bloßes Spiegelbild der zu regierenden Realität aufzufassen, es ist kein neutrales oder beliebiges Wissen, sondern ein Wissen, das die Praxis des Regierens reflektiert und sie durch die Bereitstellung moralischer Begründungen und Rechtfertigungsnarrative anzuleiten versucht – ein praktisches, handlungsrelevantes Wissen.

Indem Rationalitäten des Regierens ein epistemologisches Möglichkeitsfeld beschreiben, definieren sie Ideale und Prinzipien[54] und damit Legitimitäts- und Plausibilitätskriterien für ‚angemessenes' Regieren. So tragen sie nicht nur zur Konstruktion eines institutionellen Rahmens für die entsprechenden legitimen Handlungsweisen bei, sondern entwerfen überdies auch die Gegenstände und Grenzen der Regierungspraktiken. Sie konzipieren und

---

[54] Diese von einer Ratio definierten gesellschaftlichen Leitsätze sind, wie noch zu zeigen ist, nicht selten inhaltlich unbestimmt, d.h. so weit gefasst, dass sie in zahlreichen Kontexten einen Sinnhintergrund generieren können. In Laclaus (2010: 72–77) Terminologie handelt es sich bei diesen von ihrer ursprünglichen Bedeutung „entleerten" Prinzipien um „leere Signifikanten" (ebd.: 65) bzw. um „tendentially empty signifiers" (Laclau 2000: 57, 207, zit. n. Nonhoff 2001: 204). Ein wesentliches Merkmal aller leeren Signifikanten besteht in ihrer Funktion, die Fülle eines Systems zu repräsentieren, d.h. als Einschreibfläche für andere Signifikanten des entsprechenden Systems zu fungieren und auf diese Weise dem System zu einer imaginären Schließung zu verhelfen. So bspw. auch leere Signifikanten, wie Freiheit, Emanzipation, Selbstverwirklichung usw., die sowohl im Rahmen der Sozial- und Künstlerkritik der 1960er und 1970er Jahre als auch im neoliberalen Diskurs jeweils als Orientierungspunkte einer Vielzahl an partikularen Signifikanten (resp. Forderungen) dien(t)en (vgl. Distelhorst 2007: 80ff.). Stäheli (1999: 261) schlägt mit Blick auf die Empirie den Begriff des „entleerte[n] Signifikanten" vor, da ihm zufolge in der Empirie niemals gänzlich leere Signifikanten existieren, „aber dennoch [...] soweit entleerte Signifikanten, daß deren Bedeutung unbestimmbar geworden ist" (Stäheli 1999: 261). Nonhoff (2001) entwickelt das Konzept der leeren und entleerten Signifikanten schließlich durch die Einführung des Begriffs des „geleerten Signifikanten" weiter: Dieser verweist im Unterschied zu leeren und entleerten Signifikanten auf die Prozesshaftigkeit, d.h. darauf, „dass er geleert wurde, und damit auf die mit einem geleerten Signifikanten verbundenen hegemonialen Prozesse" (Nonhoff 2001: 204). Siehe auch Kap. 3.1 u. 3.5. Zu den leeren Signifikanten und weiteren Formen von Signifikanten siehe Nonhoff 2001.

legitimieren Ziele und ermöglichen es insofern, spezifische Problemdiagnosen zu stellen, für deren Bewältigung sie wiederum bestimmte Strategien anbieten, an welche unterschiedliche Verfahren und Techniken anknüpfen können (vgl. Bröckling/Krasmann 2010: 24f.; Rose/Miller 2010: 276f.; Opitz 2004: 53f.).

Regierungsrationalitäten, verstanden als spezifische Weise des Denkens über das „Führen der Führungen" (Foucault 1999: 193) und als entsprechende Wahrnehmungs- und Beurteilungsschemata, machen die Realität vorstellbar und für Bewertungen, Berechnungen sowie für politische Interventionen handhabbar, sie strukturieren und verändern sie und können damit als elementare Agenten einer jeder Gesellschaft eigentümlichen „Wahrheitspolitik" (Foucault 2003e: 211) identifiziert werden.[55] Da es insofern die Rationalitäten des Regierens sind, die durch das von ihnen definierte handlungsrelevante Wissen erst die Gesamtheit der Regeln festlegen, auf deren Grundlage das Wahre vom Falschen unterschieden werden kann, sind sie es auch, die den kulturellen Rahmen (und folglich die Techniken und Verfahren) für die Definition und Fabrizierung bestimmter Subjektpositionen bereitstellen (vgl. ebd.: 210ff.; Lemke 2008: 63).

Obgleich Regierungsrationalitäten die von ihnen artikulierte „Wahrheitsordnung" (Foucault 2003e: 210) stets als universell gültig und alternativlos präsentieren, impliziert dies keineswegs eine tatsächliche Materialisierung der entsprechenden Prinzipien und moralischen Desiderate. Ganz im Gegenteil stellt die Realität, die von einer Rationalität beschrieben wird, ein nie zu verwirklichendes Projekt dar, das jedoch gerade aus seiner Nicht-Existenz und Unerreichbarkeit heraus seine Wirkungsmächtigkeit bezieht:

Dies zeigt sich einerseits darin, dass sich die Abwesenheit der proklamierten Ideale in die Gestalt eines allgemein Erstrebenswerten transzendiert; denn sie sind zumeist nicht nur losgelöst von ihrer ursprünglichen Partikularität und damit derart unbestimmt resp. entleert, dass sie sich in Form eines von weiten Kreisen geteilten, „identische[n] Etwas" (Lacalu 2010: 91) ausdrücken,

---

[55] Allerding steht hinter dieser Wahrheitspolitik stets ein „Kampf um den Status der Wahrheit und der von ihr übernommenen ökonomisch-politischen Rolle" (Foucault 2003e: 212), welcher mit dem Ziel der Etablierung einer entsprechend ausgeformten kulturellen Hegemonie zwischen unterschiedlichen kulturellen Diskursen und den dazugehörigen Rationalitätsordnungen ausgetragen wird. Dass die „Wahrheitsproduktionen" (Foucault 2003a: 521) demnach stets auch auf Technologien der *Macht* angewiesen sind, wird u.a. mit Blick auf Foucaults frühere Schriften der späten 1970er Jahre deutlich, in denen er sich mit den engen Wechselbeziehungen zwischen Macht und Wahrheit auseinandersetzt: „Wahrheitsproduktionen lassen sich nicht von der Macht und den Machtmechanismen trennen, denn einerseits ermöglichen und induzieren Machtmechanismen die Produktion von Wahrheiten, andererseits hat die Produktion von Wahrheit auch Machteffekte mit bindender Wirkung für uns" (ebd.). Was dies aus gouvernementalitätstheoretischer Perspektive bedeutet, wird insbesondere in der Analyse der Regierung von Langzeitarbeitslosen deutlich (siehe v.a. Kap. 4.4.1, 4.4.2, 5.1.1).

sondern werden darüber hinaus als Verkörperung eines zu behebenden, gesellschaftlichen Mangels initiiert. Andererseits ist es gerade die Unmöglichkeit des gänzlichen Ausfüllens dieses Mangels, welche als Motor einer ständigen Bewegung fungiert, einer Bewegung, die keineswegs ausschließlich auf den Momenten der Freiwilligkeit und Freiheit beruht, sondern die immer auch durch repressive Elemente angetrieben wird, wie der Drohung mit sozialer Exklusion im Falle einer verweigerten Unterwerfung unter die normativen Erwartungen. Antinomische Verhaltensimperative können sich überdies auch auf der konkret inhaltlichen Ebene der gouvernementalen Leitsätze finden, was bspw. im Neoliberalismus in der ‚kooperativen Konkurrenz' oder einer ‚markteingepassten Selbstverwirklichung' der Fall wäre.

Grundsätzlich dient die Paradoxie der Uneinlösbarkeit der gouvernementalen Anforderungen der Kontinuitäts- und Stabilitätssicherung des entsprechenden Rationalitätsregimes und beschreibt damit ein wirksames Regierungsinstrument (vgl. ebd.: 72f., 78f., 90ff.; Bröckling 2010: 285). Mehr noch können derartige, für die entsprechende Rationalitätsordnung konstitutiv resp. stabilisierend wirkende, antinomische Anforderungsstrukturen zur Entkräftigung gängiger, sich auf die Aufdeckung eines widerspruchsgeschwängerten „falsche[n] Wissens" (Giddens 1997: 29, zit. n. Lemke et al. 2000: 19) stützende, Kritikformen herangezogen werden:

> „Paradoxa installieren eine Diskursfalle und immunisieren sich gegen Widerspruch, indem sie die Widersprüchlichkeit selbst zum Prinzip machen" (Bröckling 2010: 285).

Trotz ihrer konstitutiven Funktion stellen antinomische Anforderungen jedoch keine Garantie dafür dar, dass die betroffenen Menschen die Machtspiele einer Wissensordnung und der Technologien des Regierens auch mitspielen.

Zusammengenommen zeigt sich, dass politische Rationalitäten eine entscheidende Grundlage für die „reflexive Führungspraxis" (Bohlender 2006: 91) bilden, da nicht zuletzt sie es sind, durch die das Regieren zu einer Kunst avanciert:

> „If government involves various forms of thought about the nature of rule and knowledge of who and what are to be governed, and it employs particular techniques and tactics in achieving its goals, if government establishes definite identities for the governed and the governors, and if, above all, it involves a more or less subtle direction of the conduct of the governed, it can be called an *art*" (Dean 2010: 28).

2.4.2 Regierungsprogramme

Wenn die Kunst des Regierens also unter anderem darin besteht, die Realität gemäß einer spezifischen politischen Rationalität zu bearbeiten, so müssen –

wie angedeutet – immer auch bestehende Regierungsweisen in Frage gestellt werden. Diese Problematisierung bestimmter Aspekte des ‚Führens der Führungen' (Foucault) erfolgt auf der Ebene sog. Regierungsprogramme. Sie sind es, die das einer politischen Rationalität zugrunde liegende Wissen artikulieren oder ein entsprechendes Wissen des Realitätsfeldes voraussetzen, welches nach Maßgaben eben dieser Rationalität verändert bzw. hervorgebracht werden soll.[56] Indem sie die Prinzipien und Ideale einer politischen Rationalität (weitgehend, wenn auch niemals vollständig) ausbuchstabieren, schaffen sie jenen Wahrnehmungs- und Beurteilungsrahmen für eine angemessene Regierungsweise hinsichtlich bestimmter Zielsetzungen, trennen das ‚Wahre' vom ‚Falschen', das ‚Wichtige' vom ‚Unwichtigen' usw. und konstituieren damit eine Realität, die auf diese Weise erst programmierbar und regierbar wird. Folglich sind es auch die Programme, die durch die Bereitstellung des entsprechenden Wissens diejenigen Regierungsformen in Frage stellen (d.h. problematisieren), die nicht in den festgelegten Bereich legitimen Regierens passen, um sie so (bis zu einem gewissen Grade) in der Art und Weise ihrer Operationalisierung, ihren Zielen oder Gegenständen hin zu einer Konformität mit der entsprechenden politischen Rationalität zu reformieren (vgl. Dean 2010: 32–43; Gordon 1980: 248; Opitz 2004: 53f.).[57]

Wenn eine Problematisierung demnach eine vielschichtige und von immanenten Widersprüchlichkeiten durchzogene Antwort auf bestehende Praktiken oder Strategien bezeichnet, die gewissermaßen unverträglich mit einer politischen Rationalität sind, so muss sie immer in Beziehung zum problematisierten Gegenstand gedacht werden und ist keineswegs lediglich Ausdruck von ‚essentiellen' Schwierigkeiten (vgl. Foucault 2005d: 732f.):[58]

---

56 Insofern geht ein Programm über die bloße Formulierung von Absichten oder Wünschen hinaus und beschreibt durch das Wissen vielmehr stets Soll-Zustände und Relevanzen (vgl. Gordon 1980: 248).

57 Weil es die Menschen sind, die in ihren Beziehungen zur sozialen und natürlichen Umwelt die primären Regierungsobjekte darstellen und die durch ihr Handeln erst die gouvernementale Ordnung ermöglichen, geht es bei den Problematisierungen stets auch darum, ihre Interessen, Wünsche oder Bedürfnisse nach Maßstäben der entsprechenden Rationalität zu modellieren oder anders: ein bestimmtes Subjektideal zu naturalisieren. Wie sich insbesondere im *zweiten* Teil der Arbeit noch zeigen wird, ist jedes Rationalitäts- bzw. Subjektivierungsregime dennoch auf das Fortbestehen eines problematisierten Anti-Subjekts angewiesen, da sich gerade in Abgrenzung zu diesem das Bild von erstrebenswerten, universellen Subjektpositionen initiieren lässt (vgl. Dean 2010: 32; Reckwitz 2008: 28).

58 Der problematisierte Gegenstand muss immer in Hinblick auf soziale, politische oder ökonomische Veränderungen betrachtet werden, da diese die vormals nicht oder sogar als positiv wahrgenommene Gegebenheit erst zu einer ‚Schwierigkeit' werden lassen. Dennoch müssen Regierungsweisen, die nicht (mehr) mit der entsprechenden Rationalität vereinbar sind, nicht notwendigerweise in Frage gestellt werden (vgl.

„Problematisierung bedeutet nicht die Darstellung eines zuvor existierenden Objekts, genauso wenig aber auch die Erschaffung eines nicht existierenden Objekts durch den Diskurs. Die Gesamtheit der diskursiven oder nicht-diskursiven Praktiken lässt etwas in das Spiel des Wahren und des Falschen eintreten und konstituiert es als Objekt für das Denken (sei es in der Form der moralischen Reflexion, der wissenschaftlichen Erkenntnis, der politischen Analyse, usw.)" (Foucault 2005o: 826).

Indem Problematisierungen also Gegebenheiten in Frage stellen, indem sie auf bestehende Schwierigkeiten oder Hemmnisse einer Regierungspraxis so antworten, dass sie diese erst als Probleme in Erscheinung treten lassen, arbeiten sie jene Bedingungen heraus, unter denen bestimmte Lösungen als anschlussfähig, naheliegend – kurzum: als ‚rational' – konstituiert werden können, um so die Realität nach Maßgaben der entsprechenden Rationalität regierbar zu machen.[59] Insofern trägt die mit jeder Problematisierung einhergehende Abgrenzung von den als untragbar initiierten Regierungs- bzw. Subjektformen in wesentlichem Maße dazu bei, die eigenen Ideale (und damit auch die von der gouvernementalen Ratio favorisierten Subjektpositionen) als erstrebenswert, universell gültig, wenn nicht gar als alternativlos zu präsentieren. Mehr noch bildet die Differenzmarkierung zu dem verworfenen, aber „konstitutiven Außen" (Derrida) eine unverzichtbare Voraussetzung für die konkretinhaltliche Formulierung der programmatischen Antwortversuche auf eben jene ‚Schwierigkeiten' (vgl. Foucault 2005d: 732ff.; Opitz 2004: 54; Reckwitz 2008: 28).

2.4.3 Macht: Regierungstechnologien

Ebenso wie ein Programm bestehende Regierungspraktiken in Frage stellt, geht es umgekehrt stets Allianzen mit ihnen ein. Politische Technologien sind unabdingbar für die Operationalisierung von Regierungsprogrammen: Als komplexe Gesamtheit einer Vielfalt an reziprok verwobenen Institutionen, Verfahren, Apparaten, Kalkulationen, Instrumenten, Gesetzestexten usw. sind sie es, durch die politische Rationalitäten und die entsprechenden Regierungsprogramme ihre Prämissen materialisieren können und auf diese Weise erst einsatzfähig werden. Politische Technologien stellen damit die techni-

Foucault 2005d: 732). „Sie können existieren und ihre Aktion über eine sehr lange Zeit hinweg ausüben, bevor es zu einer wirklichen Problematisierung durch das Denken kommt" (ebd.).

59 Insofern ein Programm, das sich problematisierend gegen solche Schwierigkeiten wendet, an der Schnittstelle der Reorganisation von Denk- und Handlungsformen zu verorten ist, bezeichnet der Versuch seiner Spaltung in dessen theoretische Prämissen auf der einen Seite und seine reale Umsetzung auf der anderen Seite eine Unmöglichkeit (vgl. Gertenbach 2010: 33; Opitz 2004: 54).

schen Mittel zur Steuerung und Lenkung von Entscheidungsprämissen, Präferenzstrukturen sowie Handlungsformen von Subjekten hinsichtlich bestimmter Zielsetzungen dar (vgl. Bröckling/Krasmann 2010: 27; Miller/Rose 1994: 66ff.).[60] Da sie eine eigene Materialität besitzen, setzen Regierungstechnologien dem Regieren immer auch seine Grenzen und sind darüber hinaus in ihrer Existenz nicht abhängig von einer einzigen spezifischen Rationalität, die sich etwa lediglich in sie einpflanzen würde. Ganz im Gegenteil: Regierungstechnologien können eine politische Rationalität ‚überdauern' und im Rahmen anderer Rationalitäten auf eine völlig andere Art und Weise wieder artikuliert werden. So können sie die unterschiedlichsten Bedeutungen annehmen und für die verschiedensten Zwecke (je nach ihrer Artikulation innerhalb der entsprechenden Rationalität) eingesetzt werden (vgl. Lemke 2008: 62; Pearce/Tombs 1996: 448; Valverde 1996: 358).

Überdies bezeichnen Technologien zunächst vor allem unscheinbare, profane Instrumente und Mechanismen, also Mikropraktiken, die das Regieren anderer Menschen und der eigenen Person ermöglichen: Dabei erstrecken sich die normalisierenden, disziplinierenden, sanktionierenden, ‚empowernden' oder präventiven Verfahren bzw. Technologien, mittels derer das ‚Führen der Führungen' realisiert werden soll, von räumlichen Anordnungen, wie architektonischen Formationen,[61] Dokumentations-, Planungs- und Kontrollsystemen[62], hin zu den Massenmedien und dem Expertenapparat – wie bspw. die Fülle an Ratgeberliteratur für alle denkbaren Adressaten und Adressatinnen und sämtliche Lebenslagen –, und finden somit auch in den (Selbst-)Managementprogrammen Anwendung, die bestimmte Verhaltensweisen und/oder Empfindungen in entsprechenden Lebenssituationen in Hinblick auf ein bestimmtes Ziel als ‚erstrebenswert' oder ‚ökonomisch effizient' definieren, andere hingegen als ‚pathologisch'/'unangemessen'/'falsch' erklären (vgl. Bröckling/Krasmann 2010: 27; Dean 2010: 42; Miller/Rose 1994: 66ff.).

Insofern sie die Regierung von Menschen gemäß einer politischen Rationalität ermöglichen sollen, können politische Technologien als „mehr oder weniger systematisierte, regulierte und reflektierte Formen der Machtausübung"

---

60 Dies bedeutet jedoch nicht, dass die angestrebten Effekte auch tatsächlich realisiert werden würden. Regierungstechnologien können die Gesellschaft in eine bestimmte Richtung beeinflussen, von einer technologischen Determinierung der sozialen Verhältnisse kann jedoch nicht gesprochen werden (vgl. Bröckling/Krasmann 2010: 27).

61 Darunter können z. B. die räumliche Anordnung in einem Klassenzimmer, Bürokomplex, Gefängnis (bzw. in totalen Institutionen) oder – allgemeiner gefasst – in einer ganzen Stadt verstanden werden. Die herausragende Rolle architektonischer Formationen für die Regierung von Menschen wird besonders ausführlich von den an Foucault anlehnenden Space Studies und – mit Schwerpunkt auf die Frage des Wahrnehmens – den Visual Studies thematisiert. Siehe dazu Moebius 2010: 181–189.

62 Kontroll- und Dokumentationsinstrumente, wie bspw. die elektronische Gesundheitskarte.

(Lemke 2001a: 117) begriffen werden. Dabei nimmt Foucault eine systematische Unterteilung in ein Ensemble von vier unterschiedlichen Formen von Regierungstechnologien vor:

Erstens die *Produktionstechniken*, d.h. sachliche Fähigkeiten und Techniken, welche die Erzeugung, Zerstörung, Umformung oder Manipulation materieller Güter ermöglichen; zweitens die *Signifikations-* oder *Kommunikationstechniken* (oder: Technologien von Zeichensystemen), welche die Verwendung von Bedeutungen und Zeichen zur Erzeugung und Verbreitung sinnhafter Verknüpfungen und Kommunikation gestatten, und drittens die *Technologien der Macht* oder Herrschafts- bzw. Sozialtechniken, die darauf zielen, das Verhalten von Individuen dahingehend zu prägen, als dass sich diese den entsprechenden Herrschaftszwecken unterwerfen (vgl. Foucault 2005a: 251f. u. 2005e: 968). Die vierte Kategorie, mit der Foucault in seinen späteren Arbeiten[63] die systematische Unterteilung von Regierungstechnologien ergänzt, sind die *Technologien des Selbst*, derer sich ein Mensch zur Beherrschung und Erkenntnis seiner selbst bedienen kann (vgl. Foucault 1993: 203 u. 2005f: 259): Als komplexe, kulturell verbreitete (wie auch vorgegebene) Praktiken und Verfahren sollen sie „es dem Einzelnen ermöglichen, aus eigener Kraft oder mit Hilfe anderer eine Reihe von Operationen an seinem Körper oder seiner Seele, seinem Denken, seinem Verhalten und seiner Existenzweise vorzunehmen, mit dem Ziel, sich so zu verändern, dass er einen gewissen Zustand des Glücks, der Reinheit, der Weisheit, der Vollkommenheit oder der Unsterblichkeit erlangt" (Foucault 2005e: 968). Besonders letztere Formen – Sozial- und Selbsttechnologien – stehen im Interesse einer Gouvernementalitätsanalyse. Sie sind jedoch nicht als getrennt voneinander zu betrachten, sondern sind gerade in Form ihrer gegenseitigen Verflochtenheit von entscheidender Bedeutung für die Untersuchung der Genealogie des Subjekts und für die Analyse der Regierungsmacht:

> „Man muß die Wechselwirkung zwischen diesen beiden Technikformen – Herrschaftstechniken und Selbsttechniken – untersuchen. Man muß die Punkte analysieren, an denen die Herrschaftstechniken über Individuen sich der Prozesse bedienen, in denen das Individuum auf sich selbst einwirkt. Und umgekehrt muß man jene Punkte betrachten, in denen die Selbsttechnologien in Zwangs- oder Herrschaftsstrukturen integriert werden. Der Kontaktpunkt, an dem die Form der Lenkung der Individuen durch andere mit der Weise ihrer Selbstführung verknüpft ist, kann nach meiner Auffassung Regierung genannt werden" (Foucault 1993: 203f., zit. n. Lemke 2009: 482).

Auch wenn Regierung nach Foucault vor allem als komplexe Vernetzung von Herrschafts- und Selbsttechnologien aufgefasst wird, so müssen dennoch die

---

63 Es handelt sich vor allem um „Der Gebrauch der Lüste" (1989a [1984]) und um „Die Sorge um sich" (1989b [1984]).

Produktions- und Signifikationstechnologien in die Gouvernementalitätsanalyse mit einbezogen werden. Denn alle vier Formen der Regierungstechnologien stehen (abhängig von den kontextuellen Bedingungen in je spezifischer Art und Weise) in enger Wechselwirkung zueinander, stützen und verstärken sich gegenseitig und können einander als Instrumente dienen. Aus der jeweiligen Koordination heraus können sie sich zu Blöcken formieren und aufeinander abgestimmte, geregelte (nach der entsprechenden Rationalität funktionierende) Systeme konstituieren (vgl. Foucault 2005a: 252ff. u. 2005e: 968f.). Eine solch harmonische Interaktion ist jedoch nur eine mögliche Facette der Beziehung von Regierungstechnologien. Denn ebenso wie sie sich wechselseitig verstärken, können politische Technologien auch widersprüchliche Funktionslogiken aufweisen, sich gegenseitig behindern und miteinander konkurrieren oder aufgrund von eigenen inneren Widersprüchlichkeiten selbst Effekte erzeugen, die sich im Nachhinein als Hemmnisse für ihr weiteres Funktionieren erweisen. Dies kann so weit gehen, dass sie die Voraussetzungen für ihr eigenes Verschwinden produzieren (vgl. Rose/Miller 2010: 288).

2.4.4 Entfliehende Wirklichkeiten: Spannungen und Brüche

Ähnliche Spannungen sind in den Beziehungen zwischen Rationalitäten bzw. Programmen einerseits und politischen Technologien andererseits auszumachen. So darf die Tatsache, dass sich Programme bzw. Rationalitäten zwar in Regierungstechnologien niederschlagen nicht darüber hinwegtäuschen, dass sie sich niemals bruchlos, ohne Widerstände und ohne die Produktion unintendierter Effekte[64] in soziale Praktiken bzw. in individuelles Verhalten übersetzen; das Wissen, welches ein Programm artikuliert, ist stets auch ein unzureichendes, scheiterndes oder irrendes Wissen (vgl. Bröckling 2007: 38ff.; Bröckling/Krasmann 2010: 25; Foucault 2005b: 35ff.), denn:

> „‚Wirklichkeit' entflieht immer den Theorien, welche die sie tragenden Programme und Ambitionen beseelen, sie ist zu widerspenstig, um durch irgendein perfektes Wissen eingefangen zu werden" (Miller/Rose 1994: 72).

Regierungsprogramme gehen insofern nie gänzlich in die entsprechenden Institutionen, Denk- und Handlungsformen, Präferenzstrukturen usw. ein, sondern übersetzen sich in die soziale Wirklichkeit lediglich in vereinfachter, modifizierter und vor allem in abstruser Form (vgl. Bröckling 2007: 40; Foucault 2005b: 35f.). Auch wenn jede Gouvernementalität ihren Programmen

[64] Die Ursachen für solche unintendierten Effekte sind nach Rose/Miller (2010: 288) bzw. Miller/Rose (1994: 72) bspw. an den Stellen auszumachen, an denen sich unterschiedliche Regierungstechnologien miteinander kreuzen oder an denen eine implementierte Technologie unerwartete Konsequenzen produziert.

die Funktion einer „perfekten Regulierungsmaschine" (Rose/Miller 2010: 288; Übersetzung L.G.) unterstellt, welche die sie umfassende Rationalität effektiv umzusetzen vermag, bleibt doch zwischen dem Anspruch und den Effekten eines Programms stets eine Diskrepanz bestehen.

Weil ein Programm gerade nicht in sich geschlossen und einheitlich ist, sondern vielmehr multivokal, von widerständigen Praktiken, immanenten Brüchen und – neben den sich gegenseitig verstärkenden und ergänzenden Strömungen – von einander kreuzenden, hemmenden sowie konkurrierenden Kräften durchzogen ist und weil es mit anderen Programmen in ähnlich komplexen Wechselbeziehungen steht, wie dies bei den Regierungstechnologien untereinander der Fall ist,[65] verlangt sein Fortbestehen ein stetiges Experimentieren, Korrigieren, Anpassen und Kritisieren. Insofern die Implementierung eines Programms stets ein unabgeschlossener, von unerwarteten Problemen durchkreuzter Prozess ist, kann auch niemals von einem eindeutigen ‚Erfolg' die Rede sein (vgl. Bröckling 2007: 38fff.; Miller/Rose 1994: 72, 78; O'Malley et al. 1997: 512f.).[66]

Das ‚Scheitern' eines Programms – eben jene Nicht-Korrespondenz von politischer Rationalität und politischer Technologie – kann ein konstitutives Merkmal seines (Fort-)Bestehens sein und die über das Programm artikulierte Problematisierung ist immer auch eine Schöpferische, die eine „strategische Ausfüllung" (Foucault 2003d: 394), eine Umwandlung des Negativen ins Positive herbeiführen kann. „Möglicherweise funktioniert ein Programm gerade deshalb, weil es die Probleme erst schafft, auf die es vorgeblich reagiert" (Lemke 2008: 61). Programme, die sich problematisierend gegen bestimmte Gegebenheiten wenden, tragen insofern immer auch zum Umbau einer bestehenden gouvernementalen Matrix in eine bestimmte Richtung bei (vgl. Opitz 2004: 54). Umgekehrt kann eine mehr oder weniger ‚erfolgreiche' (wenn auch nie gänzliche) Implementation eines Programms dieses auch überflüssig machen, indem sein ‚Erfolg' seine Voraussetzungen beseitigt (vgl. Lemke 2008: 61).

2.5 „Gouvernementalisierung des Staates"[67]

Foucault begreift den Staat weder als eine prähistorische, alternativlose Einheit noch als eine „autonome Machtquelle" (Foucault 2004b: 115). Auch ist er kein reines Instrument einer herrschenden sozialen Gruppe oder ein gänzlich

---

65 So z.B. Rose/Miller (2010: 288): „The world of programmes is heterogeneous, and rivalrous. Programmes complexify the real, so solutions for one programme tend to be the problems for another."

66 Folglich unterliegen Programme einem beständigen Wandel.

67 Foucault (2004a: 164).

verselbstständigter bürokratischer Apparat (vgl. ebd.; Saar 2007b: 33). Vielmehr ist der Staat „nichts anderes als der bewegliche Effekt eines Systems von mehreren Gouvernementalitäten" (Foucault 2004b: 115). Das heißt, dass der Staat erst durch entsprechende Technologien des Regierens, politische Strategien und hiermit vernetzte Wissensformationen konstituiert wird und insofern im weitesten Sinne als „eine Praxis" (Foucault 2004a: 400) – als eine Handlungs- und Denkweise der Menschen – verstanden werden kann.[68] Damit ist einerseits die Historizität von Staatlichkeit hervorgehoben, so dass auch die Analyse des modernen Staates diesen in einem beständigen und nicht alternativlosen Prozess des Werdens begreifen muss (vgl. ebd.: 513; Krasmann 2010).[69] „Es gibt nicht den Staat, sondern lediglich eine Durchstaatlichung" (Deleuze 1992: 106), die vorangetrieben wird von den (miteinander konkurrierenden) Regierungspraktiken, Strategien und Wissensformen.

Zum anderen wird deutlich, dass die Geschichte der Gouvernementalität, des Staates sowie die Prozesse der Subjektivierung auf ein Engstes miteinander verflochten sind. Und mehr noch: Der Staat ist nicht nur *Effekt* von Rationalitäten, gouvernementalen Technologien und Strategien; er fungiert auch als *Instrument* von Machtstrategien und Rationalitäten, die festlegen, was in den Zuständigkeitsbereich staatlicher Politik zu fallen hat und was nichtpolitischen Sphären zuzurechnen ist, die also das ‚Öffentliche' vom ‚Privaten' trennen. Weil die verschiedenen Machtstrategien und Regierungsrationalitäten jeweils selbst kein statisches Verhältnis untereinander unterhalten, sondern ihr Kräfteverhältnis vielmehr stetig verändern, unterliegt die Grenzziehung zwischen Staat und Gesellschaft einem stetigen Wandel, so dass sich die Verantwortlichkeitsfelder und Grenzen von staatlichem Handeln beständig verschieben und neu definieren (vgl. Foucault 2004a: 163f.; Lemke 2007: 57f.).[70]

Überdies nimmt der Staat auch eine *strategische Position* innerhalb des sozialen Netzes der mannigfaltigen Machtbeziehungen ein, da sich alle anderen Spielarten von Machtbeziehungen (und Rationalitäten des Regierens) aufgrund „einer stetigen Etatisierung der Machtbeziehungen" (Foucault 2005a: 260) auf den Staat und auf seine politische Rationalität beziehen (vgl. ebd.: 259f.; Lemke 2007: 56f.; Frankenberger 2007: 175): „Wenn man den Ausdruck ‚Gouvernement' [der Gouvernementalität; L.G.] diesmal in seiner engeren Bedeutung von ‚Regierung' nehmen will, könnte man sagen, die Machtbezie-

---

68 So entsteht nach Foucault der moderne Staat, „als die Gouvernementalität tatsächlich eine kalkulierte und überlegte politische Praxis geworden ist" (Foucault 2004a: 242). Auf diesen Prozess verweist die Überschrift der „Gouvernementalisierung des Staates", die „das Phänomen gewesen ist, das dem Staat das Überleben ermöglicht hat" (ebd.: 164).

69 Dabei handelt es sich jedoch um ein „emergentes, unintendiertes Resultat von konkurrierenden und konfligierenden Regierungspraktiken" (Lemke 2007: 56).

70 Zu den Machtstrategien und -beziehungen siehe Foucault 2005a. Aufgrund des engen Rahmens dieser Arbeit kann hier nicht näher auf diese Thematik eingegangen werden.

hungen sind zunehmend ‚gouvernementalisiert', das heißt in der Form oder unter den Auspizien der staatlichen Institutionen elaboriert, rationalisiert und zentralisiert worden" (Foucault 2005a: 260).

Letztlich begreift Foucault den modernen Staat als eine „komplexe Verbindung zwischen Techniken der Individualisierung und totalisierenden Verfahren" (ebd.: 247), die auf eine weitere Form der produktiven Macht zurückgehen: Die christliche Pastoralmacht.

2.6 Von der Pastoralmacht zur neoliberalen Regierungskunst

Ihren geteilten Ursprung finden der moderne Staat und das moderne Subjekt demnach in der christlichen Pastoralmacht, die Foucault (2004a: 268) zugleich als „Präludium der Gouvernementalität" identifiziert.[71] Diese verkörpert eine gleichermaßen individualisierende wie auch totalisierende Form der „Menschenregierungskunst" (Foucault 1992: 10) oder genauer: eine Führung der Seelen. Die Führung des Verhaltens, Denkens, Fühlens und letztlich auch der Seelen der Menschen dient dem einzigen Zwecke der Sicherstellung des individuellen und kollektiven *Seelenheils im Jenseits*.[72] Um dies zu erreichen, wird eine spezifische Form der Beziehung zwischen Regierenden und Regierten konstituiert, die nach dem Muster des Verhältnisses eines wachenden, sich aufopfernden, wohlwollenden wie auch wissenden *Hirten* (Pastor) zu einer *Herde* organisiert ist. Weil der Hirte vor Gott die volle Verantwortung für *jede einzelne Handlung* und das Schicksal eines *jeden seiner Herdenmitglieder* zu tragen hat (Aufsichtsfunktion), fordert er von den Menschen einen totalen, auf die konsequente Entsagung des eigenen Willens zielenden *Gehorsam*[73] (vgl. Foucault 2004a: 247ff. u. 2005a: 247f. u. 2005g).[74]

---

71 Die Techniken der Pastoralmacht etablierten sich in abendländischen Gesellschaften seit dem zweiten Jahrhundert n. Chr. (vgl. Foucault 2004a: 218).

72 Das Seelenheil ist indes keineswegs Gegenstand einer freien Entscheidung. Vielmehr können die Individuen zu dem Verhalten, welches das Seelenheil herbeiführen soll, auch gezwungen werden (vgl. Foucault 2003b: 691f.).

73 Der Gehorsam stellt gewissermaßen eine „Fundamentaltugend" (Lemke 2011: 154) dar, da er die Grundbedingung für den Erwerb von allen anderen Tugenden ist (vgl. ebd.; Foucault 2003c: 709).

74 Die Beziehung zwischen dem Hirten und seiner Herde ist dabei einerseits eine der relativen Aufopferung des Hirten zum Zwecke des Seelenheils. Andererseits ist sie geprägt durch eine totale und individuelle (wenngleich reziproke) Abhängigkeit, d.h. durch eine vollkommene persönliche Unterordnung der Herde unter ihren Hirten. Dies ist darin zu begründen, dass nur der Hirte im Stande zu sein scheint, den Weg zum jenseitigen Heil durch sein kontinuierliches (Über-)Wachen und durch eine zielgerichtete, wohlwollende (seelsorgerische) Betreuung eines jeden seiner Schafe sicherzustellen (vgl.

Der Hirte agiert demnach im Rahmen einer dem Imperativ des Seelenheils unterworfenen „detaillierte[n] Ökonomie von Verdiensten und Verfehlungen" (Foucault 2004a: 252), ohne dabei je zu wissen, ob das jenseitige Heil letzten Endes tatsächlich herbeigeführt werden wird. Daher ist es für ihn unabdingbar, ein detailliertes und umfassendes Wissen über die Lebenssituation, die Handlungen, die Bedürfnisse und über die „innere[...] Wahrheit" (Foucault 2003c: 711) eines *jeden Individuums* zu erlangen. Durch die Entwicklung unterschiedlicher Beobachtungs-, Analyse-, Reflexions- und Führungstechnologien (z.B. Beichte) ist es dem Hirten möglich, ein bleibendes Wissen über das Verhalten *und* Seelenleben bzw. Gewissen eines jeden Einzelnen zu generieren (Überwachungsfunktion) und hierdurch zuvor verborgene (innere) Wahrheiten zu lehren, zu offenbaren und so auch erst zu produzieren (Unterrichtsaufgabe). Als ein „Meister der Wahrheit" (ebd.: 710) vermag es der Hirte zudem, seine Herde und jedes zugehörige Schaft in ihrem Verhalten und in ihrem Gewissen in die heilversprechende Richtung leiten. Letztlich fungiert das christliche Pastorat durch den spezifischen Modus der Artikulierung seiner Beziehung zum *Seelenheil*, zum *Gehorsam* und zur *Wahrheit* als ein Instrument der (subjektivierenden) Individualisierung, das die Konstituierung einer christlichen Subjektivität zu ermöglichen verspricht (vgl. Foucault 2003b: 691ff. u. 2004a: 267ff. u. 2005j: 213).

Im 15. und 16. Jahrhundert geriet das christliche Pastorat infolge seiner breiten Problematisierung durch eine Serie von widerständigen Bewegungen in eine tiefe Krise, die in einer Transformation des pastoralen Machttypus' mündete. Die pastoralen Machttechniken weiteten sich infolge dessen paradoxerweise aus, lösten sich allerdings aus ihrem religiösen Kontext heraus und wurden dabei einer Reorganisation und neuen Verteilung innerhalb der Gesellschaft unterzogen. So beruhen sowohl der moderne Staat als auch die bürgerlich-kapitalistischen Gesellschaften auf eben jenen individualisierenden und totalisierenden Techniken der Pastoralmacht, die nunmehr zum Zwecke der Kunst des Regierens der Menschen und ihrer sozialen und natürlichen Beziehungen genutzt werden konnten.

Erstmals kristallisierte sich diese Regierungskunst in der (antimachiavellistischen) Idee der *Staatsräson* im späten 16. und 17. Jahrhundert heraus. Primäres Ziel ist das *Heil* des Staates, d.h. die Aufrechterhaltung seiner Funktionen und Verwaltungsaufgaben, die Steigerung seiner politischen Stärke und vor allem die Vermehrung seiner *Kräfte*. Gegenüber dieser „Notwendigkeit des Staates" (Foucault 2004a: 379) wird von den Subjekten der absolute Gehorsam eingeklagt. Zu dessen Sicherstellung und zur Bewahrung einer inneren Ordnung dient die Machttechnologie der *Policey*, der im 17. und 18. Jahrhundert noch eine produktive und positive Funktion zukam: Im Sinne

---

Bohlender 2006: 92f.; Foucault 2004a: Vorl. 22.2.78 u. 2003b: 691f. u. 2005g; Lemke 2011: 513f.; s.u.).

des Regierungsprinzips setzt sie ihre Ziele durch die Steigerung des Wohlbefindens, der Wohlfahrt und des Glücks der von ihr geleiteten und als nützlich erachteten Individuen um und interveniert dabei in potentiell jeden Bereich menschlichen Seins (vgl. ebd.: Vorl. 1.3.78–Vorl. 5.4.78; Foucault 2003b: 693f.).

Dieser umfassende policeyliche Interventionismus und der Regulierungsanspruch des absolutistischen Staates wurden im 18. Jahrhundert durch das politische Programm des *Liberalismus* jedoch zunehmend als ineffektiv, unproduktiv und dysfunktional problematisiert, so dass es zu einer Modifizierung der gouvernementalen Ordnung zugunsten der liberalen Regierungskunst kam. Die Möglichkeit (oder eher: Notwendigkeit) einer solchen Problematisierung geht dabei vor allem auf die Entdeckung (und Erforschung) einer der Gouvernementalität, ihren Regierungspraktiken und deren Gegenständen eigentümlichen *Naturalität* durch die politische Ökonomie[75] zurück (vgl. Foucault 2004b: 33ff., 436fff.; Burchell 1991: 126).

Die wesentlichen Regierungsobjekte – der *Markt*, die *Bevölkerung* und die (bürgerliche) *Gesellschaft* – werden als eigenlogisch operierende, autonome Sphären konstituiert, die natürlichen intrinsischen Mechanismen der Selbstregulierung gehorchen und die sich aufgrund ihrer Komplexität einem allumfassenden (staatlichen) Dirigismus entziehen.[76] Gemäß der inneren Programmlogik des Liberalismus ist es demnach unmöglich, ein ausreichendes Wissen über die Regierungsobjekte zu erlangen, wodurch der Staat in seiner Rolle als ökonomischer Souverän gänzlich disqualifiziert wird. Um nicht Gefahr zu laufen, entgegen der komplexen, natürlichen Gesetze von Markt, Gesellschaft und Bevölkerung zu handeln, gilt es folglich (staatliche) Eingriffe in diese Naturalität weitestgehend zu vermeiden und höchstens eine reaktive Politik zu betreiben. Jegliche Regierungsvorhaben werden daher einer breiten, kritischen Reflexion unterzogen, die sie nicht nur nach ihrer Effektivität und ihren Kosten (also nach ihrer Nützlichkeit) hinsichtlich der Erreichung der entsprechenden Ziele hin befragt, sondern vor allem auch nach ihrer Notwendigkeit.

---

[75] Als „eine Art von allgemeiner Reflexion auf die Organisation, die Verteilung und die Begrenzung der Macht in einer Gesellschaft" (Foucault 2004b: 30) fungierte die politische Ökonomie im Liberalismus als elementare Regierungsmethode zum Zwecke der Selbstbegrenzung der Regierungsrationalität.

[76] Mit dieser Entdeckung und der damit einhergehenden Konstituierung der Ökonomie, der Bevölkerung und der Gesellschaft als quasi-natürliche, von der politischen Sphäre autonome Bereiche, entwirft der Liberalismus ein neues Schema der Objektivierung der regierten Wirklichkeit und ‚erfindet' damit auch eine neue Art und Weise, die Beziehungen von Regierenden und Regierten bzw. Regierungsobjekten zu denken (vgl. Gordon 1991: 15ff.). Um den Rahmen der vorliegenden Arbeit nicht zu sprengen, kann im Folgenden nur die liberale Konzeption des Marktes und des Subjektes skizziert werden, da diese im Rahmen der Analyse des Neoliberalismus noch mehrfach aufgegriffen werden. Zum Verhältnis von Bevölkerung und liberaler Regierungskunst siehe auch Kap. 2.4.

Dabei ist es der Markt, der Antworten auf die Frage nach einem angemessenen Ausmaß der Regierungshandlungen zu geben suggeriert: Dieser wird innerhalb der liberalen Wissensordnung als ein Ort und Mechanismus der Wahrheitsbildung über die gouvernementalen Praktiken konzipiert. Seine natürlichen Mechanismen (bzw. seine „unsichtbare Hand" (Smith 1974: 371)) legen diese Wahrheit durch die Generierung eines für Käufer und Verkäuferin gerechten Preises offen.[77] Dies geschieht im Wesentlichen über den Tausch, der das Wesen des Marktes ausmacht. Aufgrund der wahrsprechenden Funktion marktwirtschaftlicher Prozesse und der Disqualifizierung des Staates in seiner ökonomischen Souveränität erscheint die Orientierung von jeglichem Regierungshandeln an den Gesetzen der Ökonomie als unverzichtbar (vgl. Foucault 2004b: 32–57, 428f. u. 2005i: 327; Lemke 2011: 171fff.; Gordon 1991: 16).

Das subjektive Pendant zum Markt findet sich im Konzept des *Homo oeconomicus,* dem ebenfalls eine eigene, sich selbst regulierende Naturalität zugeschrieben wird, was zur Folge hat, dass der Staat auch auf der individuellen Ebene hinsichtlich seines Steuerungsanspruches disqualifiziert wird. Dies ist nicht zuletzt darin zu begründen, dass der Liberalismus von der Annahme ausgeht, dass sich das Gemeinwohl am besten durch die ungehinderte Verfolgung der partikularen *Interessen* der wirtschaftenden Akteure herstellen ließe. Das liberale *Interessensubjekt* wird überdies als freier, vorwiegend *tauschender* und konsumierender Mensch konzipiert, dessen Handeln prinzipiell eine Wahlhandlung darstellt und das stets dem Prinzip der Nutzenmaximierung gehorcht (vgl. Foucault 2004b: 375, 384f.; Burchell 1991: 133f.).

Kurzum: Der Liberalismus bezeichnet eine sehr komplexe, historisch-konkrete Form der reflektierten Regierungsausübung, d.h. ein Prinzip und eine spezifische Methode der Rationalisierung der Regierungspraxis, die „der internen Regel maximaler Ökonomie gehorcht" (Foucault 2004b: 436).

Weil der Liberalismus paradoxerweise in wachsendem Maße auf Sicherheitstechniken zurückgreifen musste, um das staatliche Nicht-Eingreifen in die Naturalität der Regierungsobjekte (Laissez-faire) zu verwirklichen, stellte er zunehmend seine eigenen Grundlagen in Frage und geriet in eine tiefe Krise.[78]

---

[77] Als Ausdruck eines angemessenen Verhältnisses zwischen den Kosten der Produktion und der Nachfrage, bildet dieser Preis zugleich den Wahrheitsstandard für die vorausgegangenen Regierungspraktiken (vgl. Foucault 2004b: 54ff., 84).

[78] Zu den genaueren Hintergründen für die Krise siehe Gertenbach 2010: IV.

3 Neoliberale Gouvernementalität

3.1 Einleitende Bemerkungen zum Neoliberalismus

Erst mit den veränderten historisch-politischen Rahmenbedingungen des frühen 20. Jahrhunderts und einem wissenschaftlichen Paradigmenwechsel auf unterschiedlichen Ebenen wurden die klassischen liberalen Ideen vor allem in den USA und in unterschiedlichen europäischen Staaten wieder in einem breiteren Rahmen – zunächst theoretisch – aufgegriffen, einer kritischen Reflexion unterzogen und an entscheidenden Stellen grundlegend modifiziert. Das Ergebnis war die Geburt des Neoliberalismus, dessen Leitsätze sich spätestens nach dem Zweiten Weltkrieg als Referenzrahmen für Wirtschafts-, Sozial- und Gesellschaftspolitik durchzusetzen begannen.[79] Die Paradigmen der neoliberalen Wissensordnung durchdrangen auf diese Weise immer mehr Lebensbereiche und beanspruchten mithilfe einer Fülle an indirekten Allianzen mit dem die entsprechenden wissenschaftlichen Erkenntnisse generierenden Expertenapparat (vorerst) fraglose Plausibilität und universelle Gültigkeit (vgl. Foucault 2004b: 138; Gertenbach 2010: 39f.; Ptak 2008; Rose 2000a: 13).

Als eine spezifische Form der Gouvernementalität bezeichnet der Neoliberalismus, entgegen einer Vielzahl an gängigen sozialwissenschaftlichen Diagnosen, weder ein auf inneren Widersprüchlichkeiten beruhendes, „falsches Wissen" (Giddens 1997: 29, zit. n. Lemke et al. 2000: 19), das es folglich durch ein ‚richtiges', wissenschaftlich fundiertes Wissen zu ersetzten gelte, noch kann er einseitig auf eine Herrschaft der Ökonomie zulasten staatlicher Hand-

---

[79] Dabei war es zunächst vor allem Westdeutschland, in dem die neo- resp. ordoliberalen Leitsätze insbesondere in den 1950er Jahren einen maßgeblichen Einfluss auf Politik und Wirtschaft hatten. Während der Triumph des Neoliberalismus hier jedoch bereits zu Zeiten der Bundesregierung Adenauer/Erhard zugunsten eines Ausbaus an wohlfahrtstaatlichen Elementen abzuschwächen begann, so dass in den darauffolgenden Jahren der ‚Keynesianischen Wohlfahrtsstaat' realpolitisch bevorzugt wurde, erfreute sich der US-amerikanische Neoliberalismus im wirtschaftspolitischen Diskurs der USA stetig steigender Beliebtheit (vgl. Ptak 2008: 81fff.; Zürn 1998: 50fff.).

lungsspielräume reduziert werden.[80] Ganz im Gegenteil müssen – bis zu einem gewissen Grade – sowohl die ihm immanenten ‚Irrationalitäten' als auch die Ausweitung der Marktgesellschaft selbst als konstitutive Bestandteile neoliberaler Regierungsstrategien begriffen werden, d.h. als Effekte einer dem Neoliberalismus intrinsischen politischen Rationalität. Der Neoliberalismus bezeichnet folglich auch ein Regierungsprogramm, das sich in Form einer reflektierten Problematisierung artikuliert und das ein epistemologisches Möglichkeitsfeld umfasst (vgl. Lemke et al. 2000: 19–26; Lemke 2001c: 27; Gertenbach 2010: 33fff.).[81]

Wie alle Regierungsprogramme kann der Neoliberalismus nur als ein *unvollendetes, erst-noch-zu-realisierendes und doch nie-zu-verwirklichendes Projekt* existieren, als ein performativ hervorzubringendes Projekt, welches sich trotz (oder gerade wegen) seiner Unmöglichkeit im Mantel des Erstrebenswerten und Alternativlosen kleidet und welches insofern die seiner zugrundeliegenden Ratio immanenten Prinzipien und Ideale als universell gültig und natürlich zu instituieren versucht.[82] Letztere erhalten ihre Anziehungskraft und den Schein der allgemeinen Verbindlichkeit demgemäß gerade durch die „Anwesenheit ihrer Abwesenheit" (Laclau 2010: 87): Ob Freiheit und Eigeninitiative, Selbstverantwortlichkeit oder Kreativität usw. – ihnen allen haftet ein utopisches Moment an und sie alle kennzeichnen sich durch das ihnen von der neoliberalen Wissensordnung zugeschriebene Potential des Ausfüllens eines

[80] Zu Foucaults Bestrebungen, sich von derartigen Ansätzen abzugrenzen, siehe Foucault 2005k: 534f.. Weil der Begriff des ‚Neoliberalismus' bzw. einer ‚neoliberalen' Regierung de facto jedoch häufig mit den Vorstellungen eines Rückzugs des Staates und des autonomen Individuums assoziiert wird und daher Missverständnisse evoziert, schlägt Lessenich vor, anstelle des ‚Neoliberalen' den Terminus des ‚Neosozialen' zu verwenden (vgl. Lessenich 2003b: 81, 91). Das neosoziale Programm „kreist um einen reformierten Wohlfahrtskapitalismus, der das Soziale in und an der Marktwirtschaft neu definiert und die Idee der Sozialbindung des Eigentums reinterpretiert – als gemeinwohlorientierte Nutzung der Verfügungsrechte der Individuen über sich selbst" (ebd.: 91).

[81] Damit kann der Neoliberalismus „nicht in die Dimension der theoretischen Reflexion einerseits und der praktischen Realisierung andererseits gespalten werden" (Gertenbach 2010: 33). Vielmehr stellt der Neoliberalismus immer auch eine Form der Regierungsausübung dar, d.h. eine sich durch beständige Reflexion regulierende politische Praxis (vgl. ebd.; Foucault 2004b: 436).

[82] Hier sei angemerkt, dass eine Universalität stets einen leeren Ort darstellt, der prinzipiell von jedem partikularen Inhalt gefüllt werden kann, wobei diese Ausfüllung nie vollständig gelingen kann und immer prekär resp. instabil ist. Die Stelle des Universellen ist folglich zugleich beständiger Kampfplatz von unterschiedlichen Rationalitäten oder Diskursen, die um die (vorübergehende) kulturelle Hegemonie konkurrierenden (vgl. Laclau 2010: 90–96).

(ebenfalls diskursiv erzeugten und nie gänzlich zu begleichenden) gesellschaftlichen Mangels.[83]

Das Entscheidende hierbei ist, dass diese eigentlich partikularen Ideale zunächst von jeglicher (ursprünglich) konkreten Vorstellung oder Zweckmäßigkeit entleert werden und so – in chronisch unbestimmter Form – nicht nur als Verkörperung eines imaginären Allgemeinen (bzw. Gemeinwohls) postuliert werden können, sondern zugleich eine vorübergehende, stets instabile, imaginäre innere Schließung des kulturellen Diskurses des Neoliberalismus initiieren (vgl. Laclau 2010; Reckwitz 2008: 68–81). Es sind also vor allem „leere Signifikanten" (Laclau 2010: 65), die als Orientierung generierende Ankerpunkte für die theoretische Ausarbeitung einer entsprechenden Regierungsprogrammatik von den unterschiedlichen Schulen des Neoliberalismus dahingehend genutzt werden können, als dass sie den z.T. äußerst heterogenen neoliberalen Positionen zu einem geteilten theoretisch-epistemologischen Fundament verhelfen und so einen entscheidenden Beitrag dazu leisten, dass die dem Diskurs immanenten Differenzen miteinander in ein Äquivalenzverhältnis treten können (vgl. ebd.: 67–77).

Die Konstitution der imaginären Einheit des Neoliberalismus wäre jedoch nicht ohne ein problematisiertes, dämonisiertes und zugleich konstitutives Außen möglich: Erst durch ihre Konfrontation mit eben diesem radikalen, jenseits der proklamierten Universalität zu situierenden Anderen, durch ihre Opposition zu einem gemeinsamen Feind, der Anti-Gemeinschaft und deren Praktiken, können die vielfältigen, sich teilweise widersprechenden neoliberalen Positionen zu einer äquivalenten Identität finden.[84] Um ein gewisses Fun-

---

83 Mehr noch ist ein Großteil dieser neoliberalen Maxime zugleich mit den von unterschiedlichen kapitalismuskritischen Protestbewegungen erhobenen Forderungen nach mehr Autonomie und Authentizität in der Erwerbs- und Privatsphäre identisch. Dass der neoliberale Kapitalismus diese Sozial- und insbesondere Künstlerkritik der 1960er und 1970er Jahre absorbierte und sie zum Zwecke der eigenen Stabilisierung nutzbar machen konnte, verdeutlicht die Elastizität, d.h. die weitgehende Anpassungsfähigkeit des neoliberalen Regierungsprogramms bzw. des neoliberalen Kapitalismus. Siehe dazu Boltanski/Chiapello 2006; Kap. 3.6.

84 Das im Fokus der Problematisierungen stehende „konstitutive Außen" (Derrida) ist somit einerseits eine unverzichtbare Bedingung für die Identitätsfindung und innere Stabilisierung des neoliberalen Diskurses. Dabei ist der soziale Antagonismus zum problematisierten Anderen, wie in Kapitel 2.4.1 dargestellt, stets abhängig von der entsprechenden (hier neoliberalen) Rationalität (und von Technologien). Insofern all jenes, was sich nicht in den sinnhaften Horizont der entsprechenden Wissensordnung einordnen lässt, als Problem deklariert wird und damit als solches erst in Erscheinung tritt, ist das verworfene Andere, entgegen essentialistischer Theorien, also nicht als immer schon gegeben vorauszusetzen, sondern variiert je nach Rationalitätsregime. Auf der anderen Seite unterminieren Problematisierungen zugleich die von der Ratio beanspruchte Universalität, da mit ihrer Artikulierung notgedrungen die Möglichkeit des ‚Anderen' zum Vorschein tritt und weil sich die problematisierten Phänomene nicht selten selbst als Ef-

dament und den Schein der Alternativlosigkeit zu erlangen, sind daher stets auch Problematisierungen erforderlich, mittels derer sich das politische Programm des Neoliberalismus als anschlussfähige und erstrebenswerte Lösung für die als untragbar und teilweise als bedrohlich dargestellten Aspekte bestehender Regierungsweisen präsentieren kann (vgl. ebd.; Kap. 2.4.1.).

Paradoxerweise ist es gerade der klassische (Wirtschafts-)Liberalismus, der doch als Kristallisationspunkt einer in hohem Maße über das Moment der Freiheit operierenden Gouvernementalität einen zentralen Bezugspunkt für das Projekt und die Ratio des *neuen* Liberalismus darstellt,[85] der in den Fokus einer umfassenden Kritik gerät – und dies auch *muss*. Weil sich der Neoliberalismus in seinem Selbstverständnis als (modifiziertes) veritables liberales Programm begreift, ist er – will er eine stabile Legitimationsbasis errichten – notgedrungen dazu gezwungen, sich mit denjenigen Resultanten des Liberalismus auseinandersetzen, die historisch gesehen für dessen realpolitische und wissenschaftstheoretische Marginalisierung und Diskreditierung verantwortlich gemacht werden und die in weiten Teilen Europas gar dazu führten, dass er im späten 19. Jahrhundert als Regierungs*programm* nicht länger tragbar war.[86] Dabei ist es eben diese Erfahrung des Scheiterns, welche für die neoliberale Wissensordnung zugleich einen wesentlichen Ankerpunkt für die Ausarbeitung eines effizienz- und erfolgsversprechenden politischen Programms darstellt, da sich aus ihr heraus die Möglichkeit eröffnet, eine Korrektur derjenigen Aspekte der inneren Programmlogik des Liberalismus vorzunehmen,

---

fekte von bestimmten, der Rationalitätsordnung bzw. des Regierungsprogramms immanenten Antinomien offenbaren (vgl. Reckwitz 2008: 76–79).

85 Inhaltliche Übereinstimmung findet sich neben der Betonung der Freiheit bspw. z.T. hinsichtlich der hoheitlichen Position eines wahrheitsgenerierenden Marktes oder des individualistischen Menschenbildes. Auf die relevanten inhaltlich-diskursiven Gemeinsamkeiten und Unterschiede zwischen dem klassischen Liberalismus und dem Neoliberalismus wird im Verlaufe der Arbeit immer wieder verwiesen werden. Für eine ausführliche Analyse siehe Gertenbach 2010.

86 Besonders für die ordoliberale Gouvernementalität war eine intensive Auseinandersetzung mit den Hintergründen der Niederlage des klassischen Liberalismus aufgrund seiner immensen Diffamierung und der drohenden dauerhaften Marginalisierung in Deutschland unabdingbar. Daher sind die inhaltlich-diskursiven Differenzen und epistemologischen Brüche zwischen ordoliberaler und klassisch-liberaler Ratio deutlich stärker ausgeprägt, als im Verhältnis zur US-amerikanischen Variante. Während sich der Ordoliberalismus demnach als fundamentale Neuformulierung liberaler Prinzipien präsentiert, stellt der US-amerikanische Neoliberalismus eher eine zeitgemäße Re-Animation des klassischen Liberalismus dar, wobei auch hier eine Fülle an qualitativen Modifikationen auszumachen ist. Die Hintergründe für diese vergleichsweise moderate Problematisierung des Liberalismus durch den US-amerikanischen Neoliberalismus sind vor allem der Tatsache geschuldet, dass der Liberalismus in den USA nie eine vergleichbare Krise durchgangen war, sondern eher von einem beständig rückläufigen Marktoptimismus zu sprechen ist (vgl. Gertenbach 2010: 56–62; Foucault 2004b: 302f.).

die nicht mehr in dessen Rationalität integrierbar waren, ihn so (vor allem in den betroffenen europäischen Staaten) auf seinen eigenen Grundlagen in Frage stellten und die insofern auch wesentliche Faktoren für seine zunehmende Delegitimation waren (vgl. Gertenbach 2010).

Die Abgrenzung vom und intensive Auseinandersetzung mit dem klassischen Liberalismus hat darüber hinaus – besonders für die Ordoliberalen – eine weitere wichtige Funktion: Die Profilierung vor dem großen Konkurrenten und dem Vater allen Übels, dem *Kollektivismus*, worunter eine Vielzahl unterschiedlicher Formen des staatsökonomischen Dirigismus verstanden wird und den es mittels einer umfassenden Kritik um jeden Preis zu diskreditieren gilt.[87] So wird ihm nicht nur die Verantwortung für sämtliche krisenhafte Erscheinungen der Wirtschaft zugeschrieben, sondern mehr noch gilt er als die Wurzel für eine an Unfreiheit und Knechtschaft, allgemeinem Werteverlust, Gewalt und Zwang erkrankten Gesellschaft, eine Gesellschaft, die nur noch die (leicht dressierbare und leicht zu überwachende) Masse, aber keinen Menschen mehr kennt. In letzter Konsequenz, d.h. in seinen extremen Ausprägungen, wie der totalen sozialistischen Planwirtschaft resp. Zentralverwaltungswirtschaft, könne der staatsökonomische Interventionismus nur die Gestalt einer totalitären Staatsdiktatur annehmen, wohingegen eine (recht-

87 So hat nach Röpke (1942) „[d]er Kampf gegen den Kollektivismus […] nur dann greifbare Erfolgsaussichten, wenn es uns [den Ordoliberalen; L.G.] gelingt, das liberale Prinzip so zu reaktivieren, daß wir für alle heute offenbaren Schäden, Ausfallerscheinungen und Fehlleistungen des *historischen* Liberalismus und Kapitalismus befriedigende Lösungen finden, ohne damit die innere Struktur des marktwirtschaftlichen Konkurrenzsystems und die Funktionsfähigkeit unseres Wirtschaftssystems anzutasten" (Röpke 1942: 280). Grundsätzlich markiert das ausgeprägte Freund-Feind-Denken ein Kernelement des Selbstverständnisses der Neoliberalen, da gerade seine identitäts- und innere Kohäsion stiftende Funktion in Hinblick auf die Heterogenität des Neoliberalismus von zentraler Bedeutung ist (vgl. Ptak 2008: 43f.). Im Gegensatz zu den Vertretern der Chicagoer Schule, für die der primäre Feind in den Spielarten des Kollektivismus auszumachen ist, wohingegen der Wirtschaftsliberalismus eher das Objekt einer mehr oder weniger umfassenden Reflexion darstellt, ohne ihn jedoch gänzlich zu diskreditieren, führen die Ordoliberalen einen mehrfach betonten „Kampf an zwei Fronten" (Röpke 1942: 42). Diese z.T. äußerst feindselige Problematisierung des Kollektivismus *und* des Paläoliberalismus (bzw. einer Vielzahl seiner Leitsätze, wie insbesondere dem Laissez-faire Prinzip) seitens der Ordoliberalen wird jedoch, folgt man Gertenbach, von Foucault weitgehend vernachlässigt (vgl. ebd.: 42f.; Gertenbach 2010: 56; Rüstow 1957: 529). Nach Lessenich kann überdies von einer „dreifachen Gegnerschaft" (Lessenich 2003a: 164) der Ordoliberalen gesprochen werden, was er durch eine Aufteilung des Kollektivismus in ein faschistisches und in ein kommunistisches Lager begründet (vgl. ebd.).

staatlich gesicherte) Wirtschaftsfreiheit notwendigerweise an die Demokratie gekoppelt sei (vgl. Ptak 2008: 16, 24f.; Rüstow 1953: 221; Röpke 1942).[88]

Auch wenn es eine Unmöglichkeit darstellt, den *einen* Neoliberalismus systematisch zu erfassen, lassen sich doch eine Reihe an theoretisch-epistemologischen Übereinstimmungen der unterschiedlichen neoliberalen Schulen ausmachen, die nicht nur die epistemologischen Brüche mit dem klassischen Liberalismus erhellen, sondern die darüber hinaus als Eckpfeiler für eine Analyse der Rationalitätsordnung bzw. der inneren Programmlogik der neoliberalen Gouvernementalität herangezogen werden können (vgl. Gertenbach 2010: 41, 66).

3.2 „Die Kultivierung des Marktes"[89] oder: Zu den epistemologischen Brüchen im Verhältnis von Staat und Markt

3.2.1 Ein legitimatorischer und richtender Markt

Der erste epistemologische Bruch zum klassischen Liberalismus ereignet sich hinsichtlich des Verhältnisses von Staat und Markt resp. Recht und Ökonomie, welches im Neoliberalismus eine tendenzielle Umkehrung erfährt. Bestand das wesentliche Problem der liberalen Gouvernementalität noch darin, einen abgegrenzten Freiraum des Marktes innerhalb der existierenden Gesellschaft durch den Staat zu errichten, zu organisieren und sein Fortbestehen unter staatlicher Aufsicht sicherzustellen, ohne dabei die unterstellte Naturalität der Wirtschaftsprozesse zu stören, so wird eben diese binäre Struktur, die keinerlei wechselseitige Durchdringung zulässt, vom Neoliberalismus grundlegend in Frage gestellt. Nicht mehr soll der Staat die Freiheit des Marktes überwachen, sondern ganz im Gegenteil ist es nun der Markt, der zu einem allumfassenden Organisations- und Regulationsprinzip des Staates (und der Gesellschaft) avanciert (vgl. Foucault 2004b: 168ff.; Gertenbach 2010: 86ff.).

Als „eine Art von ständigem ökonomischen Tribunal gegenüber der Regierung" (Foucault 2004b: 342) beschränkt sich der Markt nicht mehr auf seine spezifisch liberale Funktion der punktuellen Korrektur und Begrenzung staatlicher Maßnahmen, die lediglich eine passive, reaktive und konturlose Interventionspolitik mit sich bringen würde, sondern wird nun selbst zu einer allumfassend kontrollierenden und richtenden Instanz gegenüber jeglichem

---

[88] Weil nach Ordoliberalen diese Interdependenz zwischen Staats- und Wirtschaftsform unausweichlich ist, muss der Einzelne, „der gegen Diktatur, gegen totalitäre Staatsform ist, notwendiger und konsequenter Weise für Wirtschaftsfreiheit sein" (Rüstow 1953: 221).

[89] Gertenbach 2010.

(staatlichen) Regierungshandeln:[90] Während im Ordoliberalismus das Kriterium der Funktionsfähigkeit wirtschaftlicher Prozesse, welche sich am freien Wettbewerb ablesen lässt, zur Realisierung der marktlichen Aufsicht über den Staat herangezogen wird,[91] operiert der amerikanische Neoliberalismus mittels eines ökonomischen Rasters, das sämtliche Regierungspraxen einer umfassenden Kosten-Nutzen-Analyse unterzieht, die in Form einer ständigen Kritik am politischen Handeln artikuliert wird (vgl. ebd.: 167–171, 336–342; Gertenbach 2010: 74, 91).[92]

> Insofern „stellt [die Marktwirtschaft; L.G.] eine allgemeine Anzeige dar, nach der man die Regel ausrichten soll, die alle Handlungen der Regierung bestimmen wird. Man soll für den Markt regieren, anstatt auf Veranlassung des Markts zu regieren" (Foucault 2004b: 174).

Mehr noch wird die Ökonomie resp. der Markt aus dieser Verifikationsfunktion heraus zur primären Legitimationsinstanz für den Staat und dessen Handeln stilisiert, wodurch der neoliberale Staat als ein radikal ökonomischer erscheint: Nur indem er die wirtschaftliche Freiheit zu garantieren vermag, erhält der Staat seine Existenzberechtigung (vgl. ebd.: 124ff., 303).

90 Wie sich noch zeigen wird, fungiert der Markt nicht nur gegenüber staatlicher Interventionen als ökonomisches Tribunal, sondern nimmt diese Funktion hinsichtlich sämtlicher Regierungsformen (so auch der Leitung der eigenen Person) ein.

91 Sämtliche ökonomische Missstände, in ordoliberaler Lesart also vor allem Phänomene, die den freien Wettbewerb behindern, wie die Monopolbildung, werden demnach stets auf ein fehlerhaftes (staatliches) Regierungshandeln zurückgeführt. Im Ordoliberalismus kann so die Annahme der Unvollkommenheit der Ökonomie ausgeschlossen werden, was eine Immunisierung des Marktes gegen jegliche Kritik zur Folge hat (vgl. Foucault 2004b: 167ff., 191f.; siehe auch Homann 2006: 10).

92 Das ökonomische Intelligibilitätsraster erstreckt sich über die Prüfung der staatlichen Regierungshandlungen hinaus auf sämtliche nicht-ökonomische Bereiche, um so eine Generalisierung der ökonomischen Form des Marktes zu realisieren (vgl. Foucault 2004b: 336ff.; Kap. 3.3).

3.2.2 „Vorbeugen ist besser als Heilen"[93]

Tritt indes die wirtschaftliche Freiheit als externes Kriterium der Legitimation (und Begründung) des Staates auf, so ist sie zugleich in ihrer gesamten Existenz immer auch auf gewisse staatliche Interventionen angewiesen und lässt sich nicht mehr durch die klassische (ohnehin nie realisierte) Politik des Laissez-faire verwirklichen.[94] Anders als im Liberalismus kann der äußerst fragile Markt resp. die Ökonomie nicht länger aus sich selbst heraus existieren. Seine optimalen Wirkungen stellen sich weder spontan noch durch eine Selbstbegrenzung der gouvernementalen Vernunft ein, sondern können ganz im Gegenteil nur im Rahmen einer juridisch-institutionellen Verankerung der Wirtschaftsprozesse verwirklicht werden:[95] Damit der Markt seine integrative Kraft überhaupt erst entfalten kann, bedarf es seiner permanenten Umsorgung durch die staatliche Regierung (und, wie noch zu zeigen ist, durch die Marktakteure selbst). Nach demselben Muster verhält es sich auch mit dem *Wettbewerb (resp. der Konkurrenz)*, der innerhalb der neoliberalen Gouvernementalität das *Wesen des Marktes* ausmacht und dessen Rationalität garantiert und der insofern an die Stelle des Tausches tritt. Auch er stellt alles andere als eine universelle natürliche Realität dar, die dem Regierungshandeln vorausgehen würde.[96] Eine naturgegebene reine Konkurrenz gibt es demnach nicht (mehr)

---

93 Dieses Zitat stammt aus einem Vortrag des Ordoliberalen Alexander Rüstow (1955), der die Grundsätze einer ordoliberalen Sozialpolitik skizziert und dabei zu dem Schluss kommt, dass eine vorausschauende Politik, welche durch eine angemessene Gestaltung der gesellschaftlichen und wirtschaftlichen Rahmenbedingungen das Risiko sozialer und ökonomischer Missstände, wie Arbeitslosigkeit, auf ein Minimum zu reduzieren vermag, einer reaktiven Politik vorzuziehen sei. Wie sich im Folgenden zeigen wird, ist dieses Argument für den neoliberalen Diskurs zentral.

94 Dass diese staatlichen Interventionen i.d.R. nicht unmittelbar auf den Wirtschaftsprozess selbst gerichtet sind, sondern vielmehr auf die Gestaltung angemessener Rahmenbedingungen zielen, wird in Kapitel 3.3 näher veranschaulicht.

95 Die These, dass sich die marktlichen Kräfte nicht ohne einen rechtlich-institutionellen Ordnungsrahmen (im Sinne von staatlich gesetzten Spielregeln resp. der Existenz eines Rechtsstaates) entfalten können, wird – wie noch zu zeigen ist – besonders von den Ordoliberalen vertreten. Unternommen wird dabei eine „Redefinition des Rechts und der juridischen Institutionen. Für die Ordoliberalen ist das Recht nicht länger ein Phänomen des Überbaus, sondern wird selbst zu einem essentiellen Teil der (ökonomisch-institutionellen) Basis" (Lemke 2001b: 7). Dennoch wird auch bei Hayek und selbst im amerikanischen Neoliberalismus die Notwendigkeit von Regeln hervorgehoben: „In a free enterprise system we obviously need highly definite and stable rules of the game, especially as to money" (Simons 1936: 13, zit. n. Gertenbach 2010: 81). Siehe auch Kap. 3.3.

96 So bezeichnet bspw. Röpke (1942: 357) die Marktfreiheit und den (Leistungs-)Wettbewerb als „ein außerordentlich gebrechliches und von vielen Bedingungen abhängiges Kunstprodukt."

und wird es auch niemals geben. Ihre (immer unvollständig bleibende) Verwirklichung kann höchstens das (oberste) Ziel der Regierungskunst darstellen, ein Ziel, welches sich nur durch permanente politische bzw. rechtliche Maßnahmen herbeiführen lässt.

Die Unverzichtbarkeit einer aktiven, den wettbewerbsorientierten und prinzipiell entgrenzten Markt permanent produzierenden Gouvernementalität wird umso deutlicher, wenn man beachtet, dass der Neoliberalismus als politisches Programm seine Ziele immer auch als gesellschaftliche Norm zu initiieren versucht und dass es eben diese Normen sind, die zugleich die Grundlage für die Wirksamkeit seiner Gouvernementalität darstellen.[97] Kurzum: Obgleich dem Markt ebenso wie dem Wettbewerb weiterhin sowohl eine eigene Struktur als auch eine innere Logik zugesprochen werden, begründet das fehlende Vertrauen in die natürliche resp. automatische Selbststeuerung des ökonomischen Systems die Notwendigkeit einer äußerst aktiven (!), vorausschauend handelnden und wachsamen Politik, welche die angestrebten Wirkungen der inneren Logik der Gesamtheit der wirtschaftlichen Prozesse nur dadurch zu realisieren vermag, dass sie diese nicht nur beachtet, sondern darüber hinaus zunächst einmal herstellt, um sie sodann fortwährend zu fördern und zu optimieren (vgl. Foucault 2004b: 172ff.; Gertenbach 2010: 81, 86–99, 125; Röpke 1942: 151, 357f.).[98]

> „Die Folge ist eine künstliche Naturalität, eine kultivierte Natürlichkeit, die den Markt erst innerhalb eines kulturellen Rahmens, einer institutionellen Struktur als eine eigengesetzliche Logik gelten lassen kann" (Gertenbach 2010: 94f.).[99]

Der neoliberale Diskurs veranlasst auf diese Weise eine fortwährende „Kultivierung des Marktes" (Gertenbach 2010).

Mit dieser epistemologischen Verschiebung von einer naturalistischen hin zu einer institutionalistischen Konzeption von Ökonomie zerbricht letztlich auch die strikte Trennung zwischen den politisch-institutionellen Strukturen auf der einen Seite und den ökonomischen Prozessen auf der anderen Seite: Staat und Markt stehen sich nicht mehr als zwei voneinander getrennte Sphären gegenüber, sondern werden, wie gezeigt, vielmehr in einer gegenseitigen

---

[97] Die Normen werden dabei weniger im Sinne der Disziplinarmacht verstanden, sondern leiten sich (gegenwärtig) aus den Marktprozessen ab, sind also zuallererst funktionale Regelhaftigkeiten. Siehe dazu Gertenbach 2010: 150–157.

[98] Insofern tritt eine permanent wachsame wie auch aktive Gouvernementalität an die Stelle der im klassischen Liberalismus praktizierten reaktiven Politik: „Man soll für den Markt regieren, anstatt auf Veranlassung des Markts zu regieren" (Foucault 2004b: 174). Siehe hierzu Kap. 3.3.

[99] Gegenüber dem klassischen Liberalismus wird die Natur der Ökonomie resp. des Marktes dementsprechend von der neuen neoliberalen Gouvernementalität selbst geschaffen.

Verflechtung ebenso wie in einem reziproken Bedingungsverhältnis gedacht (vgl. ebd.: 86–92; Lemke 2011: 238ff.).

Dabei ist es gerade diese Problematisierung der Annahme einer autonomen, mit Mechanismen der spontanen Selbststeuerung ausgestatteten ökonomischen Sphäre, deren Eigengesetzlichkeit eine gute Regierung zu berücksichtigen hat, durch welche sich der Neoliberalismus die Grundlagen schafft, auf denen er einen Umbau der gouvernementalen Matrix gemäß seiner eigenen Rationalität zu initiieren versucht. Denn erst indem das liberale Postulat der Naturalität des Marktes als „naturalistische Naivität" (Foucault 2004b: 172) zurückgewiesen wird, erweist sich die Proklamierung der Notwendigkeit einer juridisch-institutionellen Umrahmung der Wirtschaftsprozesse als sinnvolle, rationale Problemlösungsstrategie. Dass sämtliche der hiermit zusammenhängenden Regierungsinterventionen letzten Endes auf die Etablierung der von der Enterprise Culture ausgerufenen Unternehmensgesellschaft hinzielen, soll im Folgenden dargelegt werden.

3.3 Die (staatliche) Regierung der Unternehmensgesellschaft

Die Rede von der ‚Kultivierung des Marktes' durch eine aktive und ständig wachsame Gouvernementalität verweist in ihrer Semantik bereits darauf, dass die Regierungsanstrengungen im Wesentlichen auf die Herstellung, Aufrechterhaltung und Gestaltung angemessener *Rahmenbedingungen* für eine möglichst optimale Entfaltung ökonomischer Prozesse zielen.[100] Direkte Eingriffe in das freie Marktgeschehen selbst ebenso wie der Versuch, die ökonomisch-soziale Kontrolle über die Gesamtheit der Ökonomie zu erlangen, gilt es, ähnlich wie im Liberalismus, zu unterbinden (vgl. ebd.: 196fff., 244; Röpke 1942: 292).[101]

---

100 Sowohl der Ordoliberalismus als auch der Hayek'sche und der US-amerikanische Neoliberalismus plädieren prinzipiell für eine *vorausschauende* staatliche Einflussnahme auf die Wirtschaftsordnung, unterscheiden sich jedoch hinsichtlich des als angemessen definierten Ausmaßes derartiger Regierungsanstrengungen (vgl. Gertenbach 2010: 81f., 93–99).

101 Insofern unterscheiden sich die neoliberalen Interventionen von planwirtschaftlichen Maßnahmen weniger hinsichtlich ihrer Häufigkeit, Dichte und Kontinuität, als vielmehr in ihrem Wesen (vgl. Foucault 2004b: 190, 206). Damit wird zugleich die häufig geäußerte Kritik an einem ‚Rückzug des Staates' zugunsten der Marktherrschaft in ihrer quantitativen Dimension hinfällig. Ausgehend von der Unterscheidung zwischen Wirtschaftsprozess und Wirtschaftsordnung haben sich die Regierungsreflexionen insofern mit der Frage nach einer angemessenen Grenzziehung zwischen konformen und nichtkonformen staatlichen Eingriffen zu befassen (siehe dazu Röpke 1942: 291–303).

„Der Staat hat die *Formen*, das institutionelle Rahmenwerk, die Ordnung, in der gewirtschaftet wird, zu beeinflussen, und er hat Bedingungen zu setzen, unter denen sich eine funktionsfähige und menschenwürdige Wirtschaftsordnung entwickelt. Aber er hat nicht den Wirtschafts*prozeß* selbst zu führen" (Eucken 1949: 93).

Um die erwünschten ökonomischen Wirkungen zu garantieren und um jeder Marktteilnehmerin die Möglichkeit einer umfassenden Verfolgung ihrer partikularen Interessen bereitzustellen, müssen sich die Regierungseingriffe insofern auf eine Vielzahl an (ursprünglich) nicht-ökonomischen Gegebenheiten richten, die von der Bevölkerung, dem Ausbildungs- und Rechtssystem bis hin zur Technik reichen können und die stets „die Bedingungen für eine eventuelle Marktwirtschaft darstellen" (Foucault 2004b: 199).[102]

Besonders im gouvernementalen Programm des Ordoliberalismus treten die Bestrebungen der Beeinflussung und Organisation entsprechender Elemente der Gesellschaft deutlich hervor, so dass der Staat hier weniger eine Wirtschaftspolitik betreibt, als vielmehr eine Ordnungs- und Gesellschaftspolitik, eine Gesellschaftspolitik, die sich jedoch an den Prinzipien des Marktes resp. Wettbewerbs zu orientieren hat, damit diese selbst „in jedem Augenblick und an jedem Punkt des sozialen Dickichts die Rolle eines regulierenden Faktors spielen können" (ebd.: 207).[103] Mit der Idee der bewussten Gestaltung der gesellschaftlichen (und natürlichen) Umwelt als Grundlage für die Entfaltung wettbewerbsorientierter Marktverhältnisse, in welche es selbst nicht bzw. so wenig wie möglich[104] einzugreifen gilt, distanziert sich die ordoliberale Gouvernementalität indes von der Vorstellung einer rein ökonomischen Regie-

---

102 Bei der hier forcierten Rahmenpolitik geht es also darum, die für die Marktwirtschaft relevanten, nicht unmittelbar ökonomischen Gegebenheiten zugunsten der Funktionsfähigkeit des Marktes zu modellieren. Der hier erforderliche massive Interventionismus soll es gewissermaßen gestatten, sich im Wirtschaftsprozess selbst auf ein Minimum an Eingriffen beschränken zu können (vgl. Foucault 2004b: 197–201). Entwickelt werden soll ein „liberaler Interventionismus" (Rüstow 1932: 253), verstanden als „ein Eingreifen in genau der entgegengesetzten Richtung, als in der bisher eingegriffen worden ist, nämlich nicht entgegen den Marktgesetzen, sondern in Richtung der Marktgesetze, nicht zur Aufrechterhaltung des alten, sondern zur Herbeiführung eines neuen Zustandes, nicht zur Verzögerung, sondern zur Beschleunigung des natürlichen Ablaufes" (ebd.: 252f.).

103 Obgleich bei den Ordoliberalen nicht immer ausdrücklich betont, so steht doch fest, „daß Wirtschaftsfreiheit – genauer gesagt, die Konkurrenz – in der Tat die conditio sine qua non jeder Genesung unserer kranken Gesellschaft ist" (Röpke 1942: 284).

104 Zwar lehnen die Vertreter der Freiburger Schule eine direkte Einflussnahme auf die „sog. freie Wirtschaft" (Herausgeber des Ordo-Jahrbuches 1948: X) generell ab, in Fällen, „wo aus technischen oder wirtschaftlichen Gründen der Wettbewerb ohne Intervention nicht verwirklicht werden kann" (ebd.), ist es dem Staat jedoch gestattet, über die Wirtschaftsordnung hinaus auch in den Wirtschaftsprozess selbst einzugreifen.

rung, die aufgrund des unzureichenden Wissens über die Totalität der Wirtschaftsprozesse ohnehin nicht tragbar wäre,[105] und revitalisiert stattdessen das liberale Postulat einer „Regierung der Gesellschaft" (ebd.).

Die Konsequenz ist eine ökonomische Konzeption von Gesellschaftspolitik, deren Aufgabe gerade nicht darin besteht, die sozial destruktiven Wirkungen des Wettbewerbs zu kompensieren und die sich auch nicht gegen den wettbewerbsgesteuerten Markt richtet, sondern umgekehrt als ein ihn bedingendes Moment erscheint: Die primäre Funktion der Gesellschaftspolitik liegt in der Aufhebung der gesellschaftlich und institutionell begründeten, wettbewerbsschädigenden Mechanismen, um so die regulierende Funktion des Marktes resp. Wettbewerbs gegenüber der Gesellschaft erst zu ermöglichen (vgl. ebd.: 201, 206f., 226).

Tritt insofern der Wettbewerb an die im klassischen Liberalismus favorisierte Stelle des Tausches und wird zum idealen Regulationsmechanismus von Staat und Gesellschaft erklärt, so initiiert dieses Umorientieren zugleich eine neue Form der Vergesellschaftung: Dem gesamten neoliberalen Projekt ist gemein, dass es nicht mehr die Verwirklichung einer Handelsgesellschaft anstrebt, als vielmehr eine Gesellschaft der generalisierten Konkurrenz: Eine *Unternehmensgesellschaft.* Es geht um die Verbreitung und Vervielfachung von Unternehmensformen bis ins Innerste des Gesellschaftskörpers, um so die ökonomischen Mechanismen der Konkurrenz, von Angebot und Nachfrage, von Investition-Kosten-Gewinn usw. auf sämtliche Lebensbereiche auszuweiten (vgl. ebd.: 208f., 334; Rau 2010: 130f.).[106] Anvisiert wird demnach die Etablierung des wettbewerbsorientierten Marktes als ein allgemeines Modell sozialer Beziehungen und gesellschaftlicher Subjektivierungs- und Existenzweisen, d.h. als „ein Modell der Existenz selbst, eine Form der Beziehung des Individuums zu sich selbst, zur Zeit, zu seiner Umgebung, zur Zukunft, zur Gruppe, zur Familie" (Foucault 2004b: 334).

Im Unterschied zu den Vertretern der Chicagoer Schule, die im Diktum der Ökonomie die alles bestimmende Rationalität erblicken und damit in radikaler Weise für jene uneingeschränkte Ausweitung der ökonomischen Form des Marktes auf die Gesamtheit (noch) nicht-wirtschaftlicher Sphären plädieren, kann aus Sicht der Ordoliberalen eine Wettbewerbsordnung nur

---

105 In der Betonung der unsichtbaren Hand stimmen der klassische Liberalismus und der Neoliberalismus überein. Allerdings findet nach Gertenbach (2010: 99–104) eine Verlagerung des Schwerpunktes statt: Lag dieser im klassischen Liberalismus noch auf der ‚Hand', so wird insbesondere im Hayek'schen Neoliberalismus die ‚Unsichtbarkeit' hervorgehoben.

106 Oder, wie es Foucault (2004b: 210f.) ausdrückt: Es geht „darum, ein soziales Gebilde herzustellen, in dem die Basiseinheiten eben die Form eines Unternehmens haben […]. Es geht darum, aus dem Markt, dem Wettbewerb und folglich dem Unternehmen etwas zu machen, das man die informierende Kraft der Gesellschaft nennen könnte."

dann funktionieren, wenn innerhalb der Gesellschaft gewisse metaökonomische Moralstandards und kulturelle Werte, wie Fairness, Solidarität, soziale (Leistungs-)Gerechtigkeit oder eine über das Ökonomische hinausgehende Freiheit und hierauf aufbauende gemeinschaftliche Bindungen ausreichend vorhanden sind. Weil diese jedoch nicht durch den Markt (re-)produziert werden können, sondern ganz im Gegenteil in ihrer Existenz ständig von ihm bedroht werden, hat die politische Regierung über die Garantie der marktlichen Einbettung in den Rechtsstaat hinaus auch für die Herstellung eines die gesellschaftliche Integration gewährleistenden *moralischen* Rahmens zu sorgen (vgl. Röpke 1942: 86, 284ff.; Rüstow 1960; Pieper 2007: 99; Wörsdörfer 2011: 97f., 169ff.).[107] Neben die wettbewerbsfokussierte Komponente der Gesellschaftspolitik tritt im Ordoliberalismus demnach eine „Vitalpolitik"[108] (Rüstow 1957: 520), die durch die Sicherstellung der Reproduktion von ethischen resp. metaökonomischen Werten und den hierauf gründenden gemeinschaftlichen Bindungen verhindern soll, dass die angestrebte Unternehmensgesellschaft ihre eigenen Grundlagen zerstört (vgl. Rüstow 1960; Röpke 1942: 23f., 284–291; Foucault 2004b: 334ff.). Eben diese kompensatorische Funktion hinsichtlich der negativen Auswirkungen des Wettbewerbs auf den Bereich

---

107 Neben einem starken wie auch unabhängigen Staat, der oberhalb der unterschiedlichen Interessensgruppen steht, ist dieser politisch resp. rechtlich-moralische Rahmen auf eine Reihe an moralfabrizierende nicht-ökonomische Institutionen angewiesen, welche Ordoliberale, wie Röpke (1942: 86), bspw. in der Familie, lokalen Gemeinden oder der Kirche verorten (vgl. Röpke 1942: 23f., 86, 286, 304; Foucault 2004b: 335f.). Dabei wird vor allem die Bedeutung dieser „echte[n], mit menschlicher Wärme erfüllte[n] Gemeinschaften" (Röpke 1942: 23) hervorgehoben, da nur sie aufgrund ihrer „unentbehrlichen Bindekräfte" (ebd.: 86) eine „echte" gesellschaftliche Integration gewährleisten könnten. Im klassischen Wirtschaftsliberalismus und besonders im Kollektivismus könnte dahingegen lediglich eine „Pseudointegration" durch den moralzehrenden Markt und die Konkurrenz auf der einen Seite, und durch zentrale Organisation, Gesetz, Polizei, Massenemotionen, Massenbildung usw. auf der anderen Seite stattfinden. Die psychosozialen Konsequenzen dieser Pseudointegration für das Individuum seinen letztlich innere Isolierung und Einsamkeit (vgl. ebd.: 24).

108 Unter ‚Vitalpolitik' versteht Rüstow (1957: 520) eine „Politik, die bewußt alles einbezieht, wovon das wirkliche Sichfühlen des Menschen, seine Zufriedenheit und sein Glück, abhängen, und die es sich zum Ziel setzt, die Voraussetzungen für ein lebenswertes und verteidigungswürdiges Leben zu schaffen". Neben Rüstow ist es vor allem Röpke, der den Ordoliberalismus von einem „rein wirtschaftlichen Liberalismus" (Röpke 1944: 51) abgrenzt und stattdessen für den „Dritten Weg" (ebd.: 52) eines „politisch-kulturellen" bzw. „soziologischen" (ebd.: 51) Liberalismus plädiert. Zwar wird an der Idee der freien, auf dem Prinzip der Leistungskonkurrenz beruhenden Marktwirtschaft als notwendiges Grundgerüst der Wirtschaftsordnung festgehalten, diese dürfe jedoch nicht zum Selbstzweck mutieren, sondern erhält ihre Existenzberechtigung aus der Annahme heraus, dass sie eine unabdingbare Voraussetzung einer liberal-demokratischen Gesellschaft darstellen würde.

des Sozialen macht die Vitalpolitik zu einem unverzichtbaren Instrument für die Verankerung der Unternehmensform innerhalb der Gesellschaft.

Wenn sich aus Sicht der Ordoliberalen folglich eine wettbewerbsorientierte und eine vitalpolitisch ausgerichtete Marktwirtschaft nicht ausschließen, bleibt doch die Frage offen, wie Vitalpolitik und Marktwirtschaft im Verhältnis zueinander gewichtet werden. Zwar scheint auf den ersten Blick ein Primat der Vitalpolitik zu bestehen, so dass die primäre Funktion des Marktes in seiner Lebensdienlichkeit zu verorten wäre, dieser Eindruck müsste jedoch kritisch hinterfragt werden. Dies erscheint einerseits deswegen notwendig, weil keineswegs alle Vertreter des klassischen Ordoliberalismus der Annahme eines Vorrangs der Vitalpolitik gegenüber dem Markt auch (eindeutig) zustimmen. Vielmehr wird diese Frage häufig entweder überhaupt nicht thematisiert oder dahingehend dementiert, als dass Ethik und Ökonomie resp. Vital- und Wettbewerbspolitik als gleichrangige Momente ausgerufen werden. Folgt man Ulrich (2008: 382–389), wird der Primat der Vitalpolitik innerhalb des ordoliberalen Regierungsprogramms sogar zugunsten des Wettbewerbsmarktes unterminiert (vgl. ebd.). So ist bspw. soziale Gerechtigkeit bei Eucken (1990: 317) nicht etwa als das Resultat vitalpolitischer Eingriffe zu sehen, sondern ergibt sich vor allem dadurch, „dass man die Einkommensbildung den strengen Regeln des Wettbewerbs, des Risikos und der Haftung unterwirft" (ebd., zit. n. Ulrich 2008: 385). Dennoch muss an dieser Stelle die Frage nach dem genauen Gewichtungsverhältnis von Markt und Vitalpolitik innerhalb der ordoliberalen Programmatik offen gelassen werden. Kapitel 3.4.2 wird diese Thematik noch einmal aufgreifen und auf der Grundlage eines breiten Lesestudiums die These vertreten, dass sich die *gegenwärtige* Gouvernementalität der neoliberalen Enterprise Culture, insbesondere ihre Wissensordnung, durch einen Primat des Marktes auszeichnet und dass sie dabei die vitalpolitischen Zwecke nicht fallen lässt, sondern diese vielmehr mit der Ratio des Wettbewerbsmarktes zu versöhnen versucht.

Während die westdeutschen Ordoliberalen (zumindest auf programmatischer Ebene) grundsätzlich also einen Versuch der Versöhnung von (leistungsbezogenen) konkurrenzbasierten marktwirtschaftlichen Prinzipien mit dem Sozialen unternehmen und somit die Differenz von Ökonomie und Sozialem aufrechterhalten, wird diese Vorstellung innerhalb der US-amerikanischen neoliberalen Gouvernementalität zugunsten einer Neubeschreibung des Sozialen als ein Bestandteil des Ökonomischen verworfen. Hintergrund dieser diskursiven Entwicklung des ökonomischen Feldes ist eine epistemologische Verschiebung dahingehend, dass es prinzipiell keinen Bereich mehr gibt, der sich der Implementation marktförmiger Rationalitäten entziehen könnte oder der nicht mittels eines ökonomischen Rasters der Verständlichkeit analysierbar wäre.[109] Besteht das vorrangige Projekt der US-amerikanischen neoliberalen Rationalität demnach in einer kontinuierlichen und grenzenlosen Ausweitung und Generalisierung der wettbewerbsorientierten Marktlogik auf ursprünglich nicht-wirtschaftliche Bereiche, radikalisieren die Vertreter der Chicagoer Schule damit zugleich auch das programmatische Bestreben der ordoliberalen Ratio, die Unternehmensform gesellschaftlich zu verallgemeinern. Im Vergleich zum Ordoliberalismus operiert die neoliberale Ratio hier jedoch deutlich radikaler auf der axiomatischen Grundlage einer as-if-Annahme: Die Generalisierung der Unternehmensform stellt auf der ausformulierten programmatischen Ebene weniger ein Ziel dar, welches durch entsprechende Regierungsanstrengungen ermöglicht werden soll, sondern wird uneingeschränkt in ihrer Existenz bereits vorausgesetzt (vgl. Bröckling 2007: 86ff.; Foucault 2004b: 331–340; Rau 2010: 133; Ulrich 2008: 199ff.).[110]

Wenn diese sowohl der inneren Programmlogik des Ordoliberalismus als auch (in einer weitaus umfassenderen Form) des US-amerikanischen Neoliberalismus zugrunde liegende diskursive Neudefinition des Ökonomischen als ein prinzipiell unbegrenztes Terrain tiefgreifende Konsequenzen für die Auffassung des Sozialen hat, macht dies zugleich – wie angedeutet und noch auszuführen ist – eine adäquate Transformation der Regierungspraxis unausweichlich. Regieren bedeutet in diesem Sinne vor allem eines: Den Wettbewerb zu fördern und zwar dahingehend, dass das Konkurrenzprinzip bis in die Tiefenschichten der menschlichen Subjektivität hinein dringen kann, dass sich jeder Einzelne in sämtlichen Lebenslagen nicht nur der Marktlogik gemäß verhält und in seinem Denken von dieser determiniert ist, sondern dass er sich darüber hinaus wie selbstverständlich auch wie ein Unternehmer fühlt. Denn in dem Maße, in dem die Ratio neoliberalen Regierens eine gesellschaftliche Universalisierung der Unternehmensform anvisiert, in dem Maße, in dem sie auf eine Verallgemeinerung des Konkurrenzprinzips hinausläuft, wird es die Figur der Unternehmerin sein, die über ihre rein ökonomische Funktion hinaus zum generalisierten Handlungstypus und zum Fluchtpunkt jeglicher Subjektivierungsanstrengungen avanciert (vgl. Bröckling 2007: 106f.; Gertenbach 2010: 105ff.).

---

109 Insofern sich mit dieser veränderten Perspektive auf die Ökonomie und das Soziale eine epistemologische Verschiebung hinsichtlich der Bestimmung des ‚Ökonomischen' ereignet, wird deutlich, dass aus gouvernementalitätstheoretischer resp. poststrukturalistischer Perspektive das ‚Ökonomische' „selbst als Ort diskursiver und affektiver Ströme verstanden wird" (Stäheli 2008: 298).

110 Diese als-ob-Unterstellung einer wettbewerbsorientierten Unternehmensgesellschaft zeigt auch, warum der Neoliberalismus „ein politisches Projekt [darstellt], das darauf abzielt, eine soziale Realität herzustellen, die es zugleich als bereits existierend voraussetzt" (Lemke et. al 2000: 9).

3.4 Zur Regierung des unternehmerischen Selbst

3.4.1 Der Homo oeconomicus als Unternehmer seiner selbst

> „Die Marktgesellschaft heroisiert die Durchsetzung im Wettbewerb und ruft den Unternehmer zur öffentlichen Leitfigur aus. Sie heiligt die Konkurrenz und schickt der ‚Konsensgesellschaft' die Schmähung hinterher, der politische Statthalter wirtschaftlicher Versager zu sein" (Neckel 2008a: 9).

Sieht man diese Heroisierung des kompetitiven Entrepreneurs durch die Brille der Gouvernementalitätsstudien bzw. der neoliberalen Ratio, so kann sie nicht ausschließlich auf eine prinzipielle Entbettung und Entgrenzung der Ökonomie, welche – losgelöst von sämtlichen sozialen Bezügen und kulturellen Wertvorstellungen – nun umgekehrt die Lebenswelt kolonialisieren würde, zurückgeführt werden. Vielmehr ist sie eng verknüpft mit der neoliberalen Konzeption des Marktes, der wegen der ihm zugeschriebenen Fragilität nur dann effektiv funktionieren und als solcher überhaupt erst bestehen kann, wenn neben den entsprechenden juridischen Strukturen auch die analogen gesellschaftlichen Bedingungen vorhanden sind. Kurzum: Ohne die auf dem Konkurrenzprinzip gegründete Rationalität und das aktive unternehmerische Verhalten der Individuen könnte der Markt in Gestalt eines Wettbewerbsmarktes nicht existieren (vgl. Gertenbach 2010: 170f.; Koppl/Minniti 2003: 89).

Aus diesem Grund revitalisiert die neoliberale Rationalität das im klassischen Liberalismus entworfene Konzept des Homo oeconomicus, modifiziert es jedoch an bedeutenden Stellen. Zwar bleiben die grundlegenden Annahmen erhalten, dass jedes menschliches Handeln prinzipiell eine Wahlhandlung darstellen und stets dem Prinzip der Nutzenmaximierung gehorchen würde. Anders als im Liberalismus wird der Homo oeconomicus jedoch nicht länger als vorwiegend tauschender und konsumierender Mensch verstanden, der *von Natur aus* als rationales Interessensubjekt agieren würde und – da er auf diese Weise das allgemeine Wohlergehen und eine optimale Entfaltung der ökonomischen Prozesse herbeiführen würde – von den als kontraproduktiv angesehenen Regierungseingriffen möglichst verschont bleiben müsse (vgl. Foucault 2004b: 208, 314f.; Burchell 1993: 271; Gordon 1991: 43). Ganz im Gegenteil kann der Homo oeconomicus des Neoliberalismus, der nun als eben jener Unternehmer seiner selbst und als Mensch der Produktion seines eigenen Humankapitals konzipiert wird, in Analogie zum Markt, nur durch permanente gouvernementale Eingriffe hergestellt, aktiviert und mobilisiert werden, wobei grundsätzlich jedem Einzelnen das Potential zur Modulation zum unternehmerischen Selbst unterstellt wird; man muss es nur wollen (vgl. Gertenbach 2010: 170f.; Bröckling 2002).

Besonders mit Blick auf die Theorie des Humankapitals[111] wird deutlich, auf welche Weise sich diese Vorstellung des neoliberal konzipierten Homo oeconomicus, „der für sich selbst sein eigenes Kapital ist, sein eigener Produzent, seine eigene Einkommensquelle" (Foucault 2004b: 314), Plausibilität und Sinnhaftigkeit zu verschaffen versucht: Die arbeitenden Subjekte werden hier als Träger und Produzenten eines nicht von der eigenen Person zu trennenden menschlichen Kapitals konzipiert, dem Humankapital. Dieses Bündel verschiedenster Kompetenzen, Eigenschaften und Kenntnisse setzt sich sowohl aus angeborenen Elementen, d.h. körperlich-genetischen Merkmalen, als auch aus erworbenen Elementen zusammen, wie z.B. dem Bildungsstand, persönlichen Gewohnheiten, der psychischen und physischen Gesundheit, dem äußeren (beeinflussbaren) Erscheinungsbild, dem sozialen Umfeld oder Fähigkeiten der Eigenmotivation, Kreativität, Entspannung und Kooperation. Um eine Person in diesem Kontext zum Homo oeconomicus zu modellieren, greifen die Vertreter der Humankapitaltheorie, allen voran Gary S. Becker, auf das dem US-amerikanischen Neoliberalismus eigentümliche *als-ob*-Theorem zurück: Auf axiomatische Weise werden die Individuen dahingehend konzipiert, *als ob* jede (!) ihrer Entscheidungen oder Handlungen eine Kosten-Nutzen-Kalkülen unterliegende[112] Investition in eben dieses Humankapital darstellen würde,

---

[111] Der Begriff des Humankapitals tauchte erstmals in den 1950er Jahren im Kreise der Chicago School auf, zunächst jedoch ohne als Innovation wahrgenommen zu werden. Insbesondere die beiden Vertreter der Chicago School Gary S. Becker und Theodore W. Schultz erarbeiteten in den folgenden Jahren die theoretischen Grundzüge der hier beschriebenen Humankapitaltheorie. Hier sei noch angemerkt, dass nach Gertenbach (2010: 112–117) Jacob Mincer als Initiator der Theorie des Humankapitals gesehen werden muss (zum näheren Entstehungskontext der Humankapitaltheorie siehe z.B. Gertenbach 2010: 112–117; Foucault 2004b: Vorl. 14.3.79).

[112] An dieser Stelle sei angemerkt, dass *unternehmerisches Handeln* zwar das Kosten-Nutzen-Motiv verfolgt, jedoch keineswegs gänzlich hierdurch determiniert ist. Während innerhalb der klassischen Kosten-Nutzen-Analyse die (monetäre) Quantifizierbarkeit der entsprechenden Nutzen bzw. Kosten einer Entscheidung oder Handlung das ausschlaggebende Moment für die tatsächliche Handlung/Entscheidung darstellt, zeichnet sich unternehmerisches Handeln stets durch unsichere Komponenten, wie die Risikobereitschaft, aus und wird dem Kriterium der Quantifizierbarkeit von Kosten/Nutzen insofern nicht in jedem Fall gerecht. Aus diesem Grund greift die klassische Kosten-Nutzen-Analyse hier zu kurz. Prinzipiell kennt ein unternehmerisches Selbst einen dem Handeln Grenzen setzenden Zweck-Mittel-Rahmen nicht. Es sucht gerade nicht nach einem Taylor'schen „one best way" zur Bewältigung seines Alltags, sondern bricht regelmäßig aus seiner vertrauten Routine aus, beschreitet neue, noch unbekannte Wege und betreibt auf diese Weise eine fortwährende Reformulierung seiner Ziele und Mittel (vgl. Bröckling 2002; Koppl/Minniti 2003: 87ff.; Litke 2007: 138). Eben dieses *innovative* Potential identifiziert Kirzner zusammen mit der eng hieran geknüpften ‚Gabe' der *Findigkeit* (alertness) als elementares Charakteristikum unternehmerischen Handelns: Demnach entdeckt eine Unternehmerin durch ihre Wachsamkeit ständig (mehr oder weniger spontan) neue erfolgsversprechende Mittel und/oder Ziele, welche sie in der Hoffnung

ganz gleich, ob diese in der Konsum- oder in der Arbeitszeit vollbracht wurde.[113] Letzten Endes zielen alle Investitionen auf die Maximierung der eigenen (subjektiv empfundenen) Wohlfahrt, wodurch der Mensch der Humankapitaltheorie als ein sich unentwegt zwischen den zur Verfügung stehenden Alternativen entscheidender Rational-choice-Akteur erscheint.[114]

Wenn also die Einzelne als *aktive* Produzentin ihres Humankapitals angerufen wird, der die Freiheit zugestanden wird, selbst zu entscheiden, in welche Bestandteile ihres Kapitals sie Investitionen tätigt und die darüber hinaus stets nutzenmaximierend handeln wird, so hat dies, wie noch ausführlicher zu zeigen ist, tiefe Konsequenzen für das neoliberale Regierungsgeschäft: Indem einerseits missliche Lebenslagen und -umstände (z.B. Krankheit, Unfall) als Ergebnisse von individuellen Fehlinvestitionen gedeutet werden, kann die Verantwortung hierfür auf das autonom handelnde Subjekt, das seine Präferenzen anders hätte setzen müssen, verlagert werden (vgl. ebd.: 314–321; Bröckling 2007: 87–93; Kap. 3.4.3).[115]

Zum anderen ist es gerade die als-ob-Rationalitätsunterstellung,[116] die nicht nur die prinzipielle Möglichkeit der analytischen Fassbarkeit jeglicher menschlicher Existenz- und Verhaltensweisen in ökonomischen Begriffen ermöglicht, sondern darüber hinaus den gouvernementalen Zugriff erschließt: „Wenn der Einzelne stets seinen Nutzen zu maximieren sucht, kann man seine

---

auf einen Arbitragegewinn in reale innovative Handlungen übersetzt. Auf diese Weise betreibt sie eben jene fortwährende Veränderung des Ziel-Mittel-Rahmens (vgl. Bröckling 2007: 112ff.; Koppl/Minniti 2003: 84–90; Gertenbach 2010: 108f.).

113 Wenn das *gesamte* menschliche Verhalten als Produktionsfaktor des Humankapitals anzusehen ist, so resultiert hieraus nichts anderes als eine Ökonomisierung der Konsumzeit. Selbst der Konsum kann nunmehr als unternehmerische Aktivität, d.h. als Investition in das Humankapital, betrachtet und in die ökonomische Analyse mit einbezogen werden (vgl. Foucault 2004b: 314f.; Bröckling 2007: 88).

114 Hinsichtlich der Gewichtung der Präferenzen betont Becker einerseits die Existenz unveränderlicher elementarer Präferenzen, die von der Gesundheit, der Sinnenfreude oder dem Prestige bis hin zum Neid reichen. Andererseits sind seiner Ansicht nach monetäre aber auch nicht-monetäre Märkte grundlegend für die Präferenzsetzung, welche demnach im Wesentlichen durch den Mechanismus von Angebot und Nachfrage reguliert wird (vgl. Bröckling 2007: 89).

115 Demnach sind nach Becker „die *meisten* (wenn nicht alle!) Todesfälle bis zu einem gewissen Grade ‚Selbstmorde', in dem Sinne, daß man sie hätte hinausschieben können, wenn man mehr Ressourcen in die Lebensverlängerung investiert hätte" (Becker 1993: 9).

116 Das theoretische Modell der ‚Als-ob-Konstruktion' wurde im US-amerikanischen Neoliberalismus erstmals von Milton Friedman explizit behandelt, der zwar nicht zum Kreise der Gründergeneration der Chicagoer Schule gehört, dennoch einen der Hauptprotagonisten der zweiten Generation verkörpert (siehe dazu Friedman 1953). Derzeit spielt dieses Konzept vor allem im von Becker begründeten Ökonomischen Ansatz eine zentrale Rolle (vgl. Ulrich 2008: 162f.).

Handlungen steuern, indem man deren Kosten senkt oder steigert und so das Kalkül verändert" (Bröckling 2007: 90), was in Hinblick auf den Foucault'schen Regierungsbegriff nichts anderes meint, als sein „mögliche[s] Handlungsfeld [...] zu strukturieren" (Foucault 2005a: 256).[117] Unter dem Vorzeichen der neoliberalen Rationalität wird folglich neben der Konstitution eines wettbewerbsorientierten Marktes auch das Verhalten der Individuen der Umgebung zugeschrieben. Dieses (initiierte) Wissen über die Konditionierbarkeit bzw. Manipulierbarkeit menschlichen Verhaltens lässt es nur sinnvoll, plausibel und effizient erscheinen, dass sich die entsprechenden Regierungsinterventionen gerade nicht unmittelbar auf die Menschen selbst zu richten haben, sondern vielmehr in Form eines ‚Handelns auf Handlungen' auf die Beeinflussung und Produktion adäquater Rahmenbedingungen zielen müssen. Damit avanciert die Erzeugung von wettbewerbsorientierten Märkten zu einem unverzichtbaren Regierungsinstrument konkurrenzorientierter Entrepreneure. Mehr noch: Die Mechanismen des Wettbewerbsmarktes bilden den Kern des zu errichtenden Möglichkeitsfeldes (vgl. Foucault 2004b: 359; Gertenbach 2010: 121; Opitz 2004: 59):[118]

> „Wettbewerb ist nicht zuletzt eine Methode, einen bestimmten Geistestyp zu erzeugen: die Geistesart der großen Unternehmer würde nicht existieren, hätte es nicht die Umgebung gegeben, in der sie ihre Fähigkeiten entwickelt haben" (Hayek 1981: 109).

Wenn also der Wettbewerbsmarkt und die unternehmerischen Subjekte in einem reziproken Bedingungsverhältnis zueinander stehen, d.h. einander performativ hervorbringen, und sich dabei einerseits als für unmittelbare Regierungseingriffe unantastbare Interventionsflächen präsentieren, andererseits jedoch auf indirekte, d.h. die Rahmenbedingungen strukturierende, gouvernementale Eingriffe unweigerlich angewiesen sind, so hängt das Überleben der neoliberalen Gouvernementalität im Wesentlichen davon ab, inwieweit es ihr gelingt, eben jene wechselseitige Beeinflussung von Markt und Individuen zu initiieren und in Gang zu halten (vgl. Foucault 2004b: 208fff.; Rau 2010: 129f.).[119] Die Erzeugung von konkurrenzbasierten Märkten im Innersten der

---

[117] Mit Blick auf Kapitel 2.4 wird deutlich, dass sich Foucault bei seiner Begriffs- und Konzepterarbeitung der Gouvernementalität als ein ‚Führen der Führungen' insbesondere auf die liberale bzw. neoliberale Form der Gouvernementalität – einer ‚Regierung der Freiheit' bzw. ein ‚Regieren über Freiheit' – bezog. Siehe auch Gertenbach 2010: 30, 32; Opitz 2004: 57.

[118] Zugleich fungieren der wettbewerbsorientierte Markt und die unternehmerisch handelnden Subjekte als Ankerpunkte der gouvernementalen Rationalität des Neoliberalismus (vgl. Gertenbach 2010: 118f.).

[119] Dies trägt jedoch, wie von den Ordoliberalen betont, die Gefahr der Auflösung der Grundlage des marktwirtschaftlichen Prozesses stets in sich.

Gesellschaft zielt insofern darauf, „den Schwerpunkt des Regierungshandelns nach unten zu verlegen" (Röpke 1950: 59, zit. n. Foucault 2004b: 210) und zwar auf die Ebene der Individuen und einer Vielzahl miteinander vernetzter Gemeinschaften (Communities), um so die anvisierte (wie auch als bereits existierend unterstellte) Unternehmensgesellschaft auf dem Wege eines Zusammenspiels dezentraler, verstreuter und mannigfaltiger Regierungspraktiken erst zu verwirklichen (vgl. Rau 2010: 70, 130f.; Rose 2000b).[120]

Was sich mit Blick auf die Fabrizierung des unternehmerischen Subjektes und einer Unternehmensgesellschaft als strukturelles, konstitutives Paradox bereits angedeutet hat, ist die prinzipielle Unmöglichkeit ihrer gänzlichen Verwirklichung. Sämtliche Maßnahmen der Fremd- *und* der Selbstführung werden nie ausreichend genug sein, hätten im Nachhinein immer ein wenig mehr Anstrengungen bedurft, um das gouvernementale Projekt einer verallgemeinerten, grenzenlosen Unternehmensgesellschaft zu einem Abschluss zu bringen. Der konkurrenzorientierte Entrepreneur offenbart sich damit als „ein Rationalitätstyp, der nicht *ist*, sondern *sein wird*" (Gertenbach 2010: 121), der – als unverzichtbare Existenzbedingung des Wettbewerbsmarktes – *sein muss* aber *nie sein kann*. Er ist ultimatives und unmöglich einzulösendes Ziel einer kontinuierlichen, niemals abgeschlossenen gouvernementalen Anrufung, der keiner entkommen soll (vgl. ebd.: 124f.; Bröckling 2002).

Exkurs: Anrufungen des unternehmerischen Selbst

> „Das unternehmerische Selbst hat weder Namen noch Anschrift. [...] [Es] bezeichnet überhaupt keine empirisch beobachtbare Entität, sondern die Weise, in der Individuen als Personen adressiert werden, und zugleich die Richtung, in der sie verändert werden und sich verändern sollen" (Bröckling 2007: 46).[121]

---

120 Diese ins Unermessliche getriebene Selbstreferentialität neoliberaler Gouvernementalität verweist zugleich auf einen zentralen Unterschied zum Liberalismus: Während bei Letzterem die Sicherstellung einer optimalen Entfaltung der (natürlichen) ökonomischen Prozesse noch ein primäres Regierungs*ziel* darstellte, avanciert die Erhaltung und Erzeugung von (wettbewerbsorientierten) Märkten innerhalb der neoliberalen Gouvernementalität zu einem unverzichtbaren Regierungs*instrument* für die Realisierung der (marktförmig organisierten) Unternehmensgesellschaft bzw. für die Fabrizierung (konkurrenzorientierter) unternehmerischer Subjekte (vgl. Opitz 2004: 61f.), denn *„[o]nly competition makes competitive"* (Bröckling 2007: 107).

121 Insofern kann das unternehmerische Selbst weder als Rollenskript im Sinne des Symbolischen Interaktionismus verstanden werden, noch verkörpert es eine aus der empirischen Sozialforschung gewonnene Modalpersönlichkeit oder den neuesten Sozialisationstypus. Ebenso wenig darf das unternehmerische Selbst mit dem Weber'schen Idealtypus verwechselt werden, welcher bspw. in der Figur des Arbeitskraftunternehmers (Pongratz/Voß 1998) zu verorten wäre. Als neoliberaler Modus der Subjektivierung

Folglich stellt das unternehmerische Selbst, wie im vorigen Kapitel angedeutet, eine spezifische Form der Interpellation im Althusser'schen Sinne dar. Gemeint ist damit ein Sprechakt,[122] der auf die Erzeugung von Subjekten zielt, indem er die Einzelne immer schon als das Subjekt adressiert, zu dem sie erst noch gemacht werden soll. Die Interpellation bzw. den Subjektivierungsprozess beschreibt Althusser mithilfe einer paradigmatischen Szene, in der ein Polizist einem Passanten auf der Straße hinterherruft: ‚He, Sie da!' Das angerufene Individuum dreht sich um, akzeptiert damit die Anrufung und wird mit seiner physischen Wendung zum Subjekt. Die Bereitschaft des Adressierten zur Unterwerfung unter die Erwartungen, die an die Anrufung geknüpft sind, geht dabei auf ein fundamentales Gefühl des Ungenügens und der Schuld und auf ein hieraus resultierendes Bedürfnis nach Anerkennung zurück (vgl. ebd.: 27f.; Graefe 2007: 270).

> „Subjektivierungsregime konfrontieren den Einzelnen mit spezifischen Erwartungen, die er zurückzuweisen, zu unterlaufen oder einzulösen versuchen, denen er aber niemals voll und ganz genügen kann. Und sie können ihn damit nur insoweit konfrontieren, als er selbst immer schon ein fundamentales Ungenügen spürt" (Bröckling 2007: 28).

Das unternehmerische Selbst markiert in diesem Zusammenhang die von der neoliberalen Rationalitätsordnung favorisierte Subjektposition,[123] der nicht nur

---

kann das unternehmerische Selbst nur im Gerundivum existieren (vgl. Bröckling 2007: 46f.).

122 Die Rede vom ‚Sprechakt' meint nicht zwangsläufig, dass auch tatsächlich gesprochen wird. Vielmehr kann sich ein Sprechakt auch unausgesprochen vollziehen, d.h. von Institutionen, architektonischen Formationen oder bspw. der Ratgeberliteratur usw. ausgehen (vgl. Graefe 2007: 283). Dies verweist darauf, dass die Individuen über Programme und Technologien des Regierens angerufen werden.

123 Um Missverständnisse zu vermeiden: Auch wenn das unternehmerischen Selbst das von der Enterprise Culture favorisierte Subjektideal markiert, stellt es weder die einzige Form möglicher Subjektivität dar, noch sind sämtliche bestehende Selbst- und Fremdtechnologien von der neoliberalen Ratio ‚vereinnahmt'. So hat z.B. Reckwitz (2010: Kap. 4) die hegemoniale Subjektform der Postmoderne, die sich seit 1980 und demnach mit der Etablierung des neoliberalen Rationalitätsregimes durchzusetzen begann, als eine Kombination des kompetitiven Entrepreneurs und des sog. Kreativsubjekts – als „ästhetisch-ökonomische Doublette" (Reckwitz 2010: 500) – identifiziert. Zwar nimmt Kreativität auch für das unternehmerische Selbst eine zentrale Rolle ein, sie ist hier jedoch stets marktorientiert und dient einzig der Verbesserung der eigenen Wettbewerbsposition. Fungiert Kreativität bzw. Kunst jedoch, im Sinne der Kritischen Theorie, als Botin des Andersdenkens, ohne sich dabei von den Marktmechanismen absorbieren zu lassen, so lässt sich das (authentische) „Kreativsubjekt" (Reckwitz 2010: 500) gerade nicht in die Logik des Unternehmerischen einfangen, sondern trägt vielmehr das Potential in sich, diese zu hinterfragen und aufzubrechen, den Wahrheiten ihre Alternativlosigkeit zu nehmen, Unordnung in die gouvernementale ‚Ordnung der Dinge' zu bringen: „Anders anders zu sein" (Bröckling 2007: 286).

ein entsprechendes Menschenbild als ein universell anzustrebendes, naturalisiertes Ideal immanent ist, sondern in der sich darüber hinaus eine Fülle an zeitgenössischen Herrschafts- und Selbsttechnologien verdichtet, die – trotz gewisser Differenzen[124] – allesamt auf eine uneingeschränkte Ausweitung und Verallgemeinerung des Verhaltensmodells des Entrepreneurships auf sämtliche Bereiche der Lebensführung hinzielen (vgl. ebd.: 47; Burchell 1993).[125] Als normatives Leitbild der *Enterprise Culture,* besitzt das unternehmerische Selbst somit immer auch einen Programmcharakter: Indem es die Prinzipien, die Ideale eines ‚guten Lebens' und die moralischen Desiderate der neoliberalen Rationalität ausbuchstabiert, konstruiert es einen Wahrnehmungs- und Beurteilungsrahmen, an dem sich die Individuen – sofern sie die Anrufung akzeptieren – in ihrem alltäglichen Handeln, Denken und Fühlen zu orientieren haben. Auf diese Weise definiert es zugleich ein ganzes Bündel möglicher Praktiken, welche das angesprochene Subjekt neben der Selbstbewertung auch zur Selbstformung heranziehen kann und legt letztlich auch die Kontroll- und Regulierungsmechanismen fest, mit denen die Einzelne konfrontiert ist (vgl. Bröckling 2007: 9, 47f.; Kap. 2.4.1, 2.4.2).[126]

Die Bereitstellung der unterschiedlichen Mittel zur Interpretation, Bewertung und Formung des eigenen Selbst bezogen auf die Kategorien wahr/falsch, erlaubt/verboten verweist darauf, dass das unternehmerische Selbst immer auch ein „‚ethisches' Feld [umfasst], insofern Ethik in ‚praktischer' Weise verstanden wird, als Modi der Selbstbewertung und -formung, die sich in verschiedenen historischen Perioden durchgesetzt haben" (Rose 2000a: 11). Das Wissen, welches der Topos des unternehmerischen Selbst artikuliert, lässt sich demgemäß nicht auf die bloße Beschreibung von Wünschen oder von einer unterstellten Wirklichkeit reduzieren, sondern definiert stets Soll-Zustände und damit handlungsanleitende Wahrheiten, die den angerufenen Individuen zuvor nicht bekannt gewesen sind (vgl. Bröckling 2007: 47f.). Kurzum:

---

124 Hierzu bemerkt Burchell (1993: 275), dass „the concrete ways in which it [die Ratio des Unternehmerischen; L.G.] is given a definite shape, both in and through governmental techniques, are extremely varied and uncertain as to their consequences and the forms of action they make possible on the part of both government and the governed."

125 Die Anrufungen des unternehmerischen Selbst gehen demnach nicht von einer klar identifizierbaren, zentralen Autorität aus (vgl. Bröckling 2002).

126 Insofern stellt die Figur des unternehmerischen Selbst nicht nur den Ort dar, an dem sich Herrschafts- und Selbsttechnologien verdichten, sondern markiert darüber hinaus die Schnittstelle oder Plattform, über welche die beiden Formen politischer Technologien miteinander in Interaktion treten können. So fungieren die präskriptiven Persönlichkeitsmerkmale einer Unternehmerin ihrer selbst, wie angedeutet, sowohl als allgemeines Wahrnehmungsraster als auch als Maßstab für die Fremd- *und* Selbstbewertung des angerufenen Subjektes und finden sich letztlich auch in den eng miteinander verzahnten Programmen des Regierens und des Sich-Selbst-Regierens wieder.

„Ein unternehmerisches Selbst ist man nicht, man soll es werden. Und man kann es nur werden, weil man immer schon als solches angesprochen ist“ (ebd.: 47).

Die gouvernementalen Anrufungen erfolgen jedoch nicht ausschließlich auf einer präskriptiven Ebene. Vielmehr beruht die appellative Struktur der Subjektivierungsfigur des *enterprising self* unweigerlich auf einem verworfenen, aber dennoch konstitutiven Außen, dem Anti-Subjekt. Ohne die entsprechenden Problematisierungen und damit einhergehenden Abgrenzungen von bereits vorhandenen Aspekten der wirtschaftlichen, sozialen und persönlichen Existenz, denen so der Charakter des ineffektiven wie auch dysfunktionalen, degradierten zweiten Glieds der binären Unterscheidung angeheftet wird, könnte die neoliberale Subjektposition kein Profil erlangen. Ebenso wenig wäre es ohne eine vergleichende Gegenüberstellung möglich, die Logik des Unternehmerischen als attraktiven resp. erstrebenswerten und letztlich auch als kulturell alternativlosen Maßstab für die gesamte Existenzweise eines jeden Individuums zu inszenieren (vgl. Burchell 1993; Reckwitz 2010: 590f.; Kap. 2.4.1 u. 2.4.2).[127]

Insgesamt erscheint die Rhetorik des Unternehmerischen (und damit die Anrufungsfigur des *enterprising self*) als äußerst geeignetes Instrument zur Materialisierung der neoliberalen Ratio, da sie „diese allgemeinen politischen Überlegungen mit der Formulierung spezifischer Programme verbinden kann, die gleichzeitig sowohl organisatorische Praktiken in verschiedenen sozialen Bereichen problematisieren als auch Prinzipien und Richtlinien für ihre Änderung bereitstellen“ (Rose 2000a: 11).

Zwar ist mit diesem Versuch der Installierung eines unternehmerischen Kraftfeldes bzw. eines Sogs noch keineswegs festgelegt, inwieweit die entsprechenden Regierungsprogramme tatsächliche Effekte produzieren, d.h. inwieweit die Subjekte tatsächlich die Anrufungen annehmen und ein unternehmerisches Verhältnis zu ihrer gesamten Existenz etablieren (bzw. dies versuchen). Fest steht jedoch, dass die mikropolitische Ratio des unternehmerischen Selbst – und im weiteren Sinne die Ratio der Enterprise Culture – zunehmend Institutionen und soziale Bereiche durchdringt: Von der (postfordistischen) Betriebsorganisation bis hin zu (traditionell nicht-ökonomischen) Institutionen und Sphären, wie der Familie, Schulen und Universitäten, Krankenhäusern und Apotheken, der Bundesagentur für Arbeit (BA) und den Jobcentern oder den Massenmedien: in immer mehr gesellschaftliche Felder findet die neoliberale Figur des Entrepreneurs als ein normatives Leitbild Einzug – nicht selten versehen mit dem Status der einwandsimmunen heiligen Kuh –, so dass es

---

127 Die Tatsache, dass der das unternehmerische Selbst kennzeichnende Aktivierungsmodus und die analogen Problematisierungen in einem engen Wechselverhältnis zueinander stehen, hebt noch einmal den programmatischen Charakter des unternehmerischen Selbst hervor. Zu einer knappen Skizzierung der inhaltlichen Dimension der problematisierten und geforderten Verhaltensweisen siehe Kap. 3.4.2.

prinzipiell keinen Bereich mehr zu geben scheint, der nicht von den Programmen der unternehmerischen (Selbst-)Mobilisierung ergriffen werden könnte (vgl. Bröckling 2007; Opitz 2004: 148ff.).[128] Wenn die Subjektivierungsform des Unternehmerischen infolge eben dieser Entkopplung von ihrer auf den wirtschaftlichen Prozess reduzierten Funktion als multipel einsetzbar erscheint, wenn sie Wahrheiten zu fabrizieren vermag und so in den unterschiedlichsten Lebensbereichen all jenes unaufhörlich problematisiert und durcheinander wirbelt, was sich nicht in die Logik des kompetitiven Entrepreneurs integrieren lässt, und wenn sie auf diese Weise insgesamt auf die Schaffung eines neuartigen Typus von Realität hinausläuft – „der Geschichte ein Werden hinzu[fügt]" (Deleuze 1992: 54) –, so kann das Unternehmerische als *Diagramm der Kontrollgesellschaft* identifiziert werden (vgl. ebd.: 53f.; Opitz 2004: 149).

Und in dem Maße, in dem sich die neoliberale Wissensordnung der *Enterprise Culture* im Kampf um die leere Stelle der Universalität und damit um die Festlegung allgemein gültiger Wahrheiten durchzusetzen beginnt, wird sie es sein, die den Bereich des gesellschaftlich ‚Legitimen', ‚Moralischen' und ‚Erstrebenswerten' für sämtliche Sinnmuster, Lebensformen, Identitäten und Subjektpositionen vorgibt (bzw. dies versucht). Wo sich die Logik des Unternehmerischen als eine Art Netz über die Gesellschaft spannt und als sinnstiftendes Medium eine der neoliberalen gouvernementalen Vernunft entsprechende ‚Ordnung der Dinge' konstituiert, mutiert die Unterwerfung unter die Anrufungen des unternehmerischen Subjektivierungsregimes und unter die damit verbundenen Handlungsmaximen zu einer unhintergehbaren Voraussetzung für soziale Anerkennung und mehr noch: für soziale Sichtbarkeit selbst.[129] Gezogen werden auf diese Weise neue Grenzen zwischen dem erstrebenswerten Innen und dem degradierten Außen, verwendet werden neue Strategien und Techniken der In- und Exklusion (vgl. Kap. 3.4.1, 3.4.2; siehe auch Gertenbach 2010: 98, 171f.; Rose 2000b).

---

128 Dies bedeutet umgekehrt, dass in all jenen Organisationen und gesellschaftlichen Bereichen, in denen das unternehmerische Selbst zum Leitbild erklärt wird, Misserfolge und Schwächen auf eben jene (stets problematisierte) unzureichende Unternehmenshaftigkeit zurückgeführt werden können (vgl. Rose 2000a: 11f.).

129 Um Missverständnisse zu vermeiden, sei an dieser Stelle noch einmal hervorgehoben, dass der Einzelne die Anrufungen des unternehmerischen Selbst nicht akzeptieren muss. Foucault grenzt die tatsächliche Ethik des Selbst vom vorgegebenen Moralcode ab (vgl. Foucault 1989a: 39ff.). Ein Moralcode erlaubt stets unterschiedliche Modi der ethischen Selbstführung bzw. des ethischen Selbstverhältnisses und wird einem Menschen damit nicht einfach übergestülpt oder aufgezwungen, sondern muss „gewollt und akzeptiert, gewusst und gelebt werden" (Lemke 2011: 267).

3.4.2 „Wettbewerb ist solidarischer als Teilen"[130]: Zur Umdeutung der Moral und zur Ethik des unternehmerischen Selbst

Wenn das unternehmerische Selbst keine empirisch nachgewiesene Entität, sondern vielmehr eine Anrufungsfigur bzw. die idealisierte Subjektivierungsform der Enterprise Culture bezeichnet, so ist auf eine weitgehend harmonische Beziehung zwischen der Ethik des unternehmerischen Selbst und den moralischen Verhaltenscodes der Enterprise Culture zu schließen.[131] Als einzig anerkannte, unausweichliche und unverzichtbare Subjektposition innerhalb der Enterprise Culture und damit als alleiniges Analyse- und Bewertungsraster für jegliche menschliche (zuvor nicht-ökonomische) Existenzformen und Verhaltensweisen, ist es der neoliberal gewendete Homo oeconomicus, der neue ethisch-moralische Desiderate artikuliert und alte ersetzt oder (teils radikal) reformuliert (vgl. Lemke 2008: 55; Ulrich 2008). Denn die Regierung (d.h. auch die Selbstregierung) des konkurrenzorientierten Entrepreneurs kann nur dann einigermaßen erfolgreich sein, wenn unternehmerisches Handeln als das ‚ökonomisch Gebotene' nicht im Widerspruch zu dem ‚moralisch Richtigen' steht, sondern vielmehr als dessen definitorischer Bezugsrahmen fungiert (vgl. Ulrich 2008: 183). Ein unternehmerisches Selbst zu werden bedeutet eben auch, sich als ein solches zu fühlen und in Einklang mit den eigenen moralischen oder besser: ethischen Vorstellungen (und mit reinem Gewissen) handeln zu können.[132]

> „Moral muss – generell unter den Bedingungen moderner, funktional differenzierter Gesellschaften – *in* und *mit* der ökonomischen Logik durchgesetzt werden und *nicht etwa gegen* sie: Moral wird nur in der Anreizlogik der Ökonomik wirksam oder gar nicht" (Homann 2006: 11).

---

130 Dieses Zitat geht auf den Wirtschaftsethiker Karl Homann zurück und ist in unterschiedlichen Publikationen zu finden, so bspw. Homann/Blome-Drees 1992: 111 (zit. n. Ulrich 2008: 176); Homann 2002: 132 u. 2009. Bei Letzterem betont Homann durch eine Differenzierung vom Effizienzkriterium explizit die solidarische Funktion des Wettbewerbs und stellt diesen darüber hinaus im Vergleich zum Teilen als die eindeutig bessere Alternative dar und problematisiert so auf subtile Weise das Teilen: „Wettbewerb ist solidarischer als Teilen – nicht nur effizienter, sondern solidarischer!" (Homann 2009: 5) In leicht abgeänderter Form, aber inhaltlich unverändert siehe auch Homann 2008.

131 Dies bedeutet jedoch nicht, dass die zur Selbstunternehmung angerufenen Subjekte ebenfalls diese Ethik des unternehmerischen Selbst vorweisen werden. In diesem Kapitel zur Ethik des unternehmerischen Selbst und der Umdeutung der Moral geht es nur um die Analyse der moralischen Desiderate, die gesetzt werden und um die Form der Selbstbeziehung bzw. Selbstführung (Ethik), welche ein kompetitiver Entrepreneur gemäß des Anforderungskataloges Enterprise Culture vorzuweisen hat.

132 Gerade als ‚Regierung der Freiheit' muss die neoliberale Gouvernementalität die Kluft bzw. mögliche Widersprüchlichkeiten zwischen Handeln und Moralempfindungen ihrer Subjekte gering halten.

Das Regierungsprogramm des unternehmerischen Selbst initiiert bzw. radikalisiert insofern eine epistemologische bzw. moralisch begründete Umdeutung einer ganzen Fülle an menschlichen Existenz- und Verhaltensweisen, die in vormodernen Gesellschaften und z.T. bis ins 20. Jahrhundert hinein noch als unmoralisch galten oder schlichtweg undenkbar waren, und zwar dahingehend, dass diesen nunmehr der Charakter des gesellschaftlich ‚Notwendigen' angeheftet wird.[133] Mehr noch werden zahlreiche Verhaltensformen des neoliberalen Homo oeconomicus – also diejenigen, die dem unternehmerischen Handeln zugerechnet werden und der Verwirklichung der Unternehmensgesellschaft als dienlich erscheinen – innerhalb der Enterprise Culture als *moralische Pflicht* von den angerufenen Subjekten eingeklagt.[134] Weil der Markt unter dem Vorzeichen der neoliberalen Ratio die handlungsrelevanten resp. realitätskonstruierenden Wahrheiten über den Staat, die Gesellschaft und die Menschen stets in Gestalt des Wettbewerbsmarktes aussprechen soll, ist es vor allem die Übernahme von *erfolgsorientierten, kompetitiven und stets marktförderlichen* Denk- und Verhaltensweisen, die als unverzichtbare Voraussetzung für das Gemeinwohl und für die soziale Ordnung (einer Unternehmensgesellschaft) ausgegeben wird (vgl. Neckel 2008b u. 2008c: 63; Ulrich 2008: 175-183).[135]

---

133 ‚Gesellschaftliche Notwendigkeit' meint selbstverständlich nichts anderes, als das für die Verwirklichung der *Unternehmens-* resp. *Markt*gesellschaft Notwendige. Hier sei zudem darauf hingewiesen, dass *nicht* alle Verhaltensweisen, die innerhalb der Enterprise Culture in den Bereich des ‚Moralischen' fallen, erst von dieser umgedeutet wurden. Als eine modifizierte Form des Liberalismus greift der Neoliberalismus, wie dargelegt, bspw. immer schon Elemente aus der klassisch liberalen Wissensordnung auf. Welche Verhaltensweisen durch die Enterprise Culture zu moralischen Desideraten umformuliert, und welche aus anderen Subjektkulturen bzw. Wissensordnungen aufgegriffen werden, kann in dieser Arbeit nicht thematisiert werden. Hinweise dazu finden sich unter anderem bei Reckwitz 2010.

134 Dass die innerhalb der Enterprise Culture heroisierten Denk-, Verhaltens- und Existenzweisen, wie ein zum Selbstzweck mutiertes und nahezu grenzenloses Gewinn- und Wachstumsstreben, heute dennoch innerhalb bestimmter kultureller Diskurse als ‚unmoralisch' deklariert werden, zeigt, dass die moralischen Desiderate der neoliberalen Rationalität keineswegs uneingeschränkte Gültigkeit beanspruchen können und sich vielmehr in einem ständigen Kampf mit anderen Rationalitäten behaupten müssen.

135 Wenn der Markt, wie dargestellt, die Form eines Wettbewerbsmarktes nur in dem Maße annehmen kann, in dem sich die Individuen auch entsprechend konkurrenzorientiert verhalten, so muss dieses Verhalten jedoch stets der Entfaltung der marktlichen Prozesse dienen. Ein unternehmerisches Verhalten allein, ohne die volkswirtschaftlichen Marktprozesse zu fördern, wird keineswegs als ‚moralisch geboten' angesehen. Individuen bspw., die die Anrufungen des unternehmerischen Selbst zwar (partiell) akzeptieren, diese jedoch auf Schwarzmärkten in konkrete Handlungen umsetzen und zugleich sozialstaatliche Hilfe beanspruchen, fallen aus dem Bereich des ‚moralisch Gebotenen' heraus.

„Wettbewerb erlaubt nicht nur, sondern verlangt sogar, ihn bis zum wirtschaftlichen Ruin von Mitmenschen zu treiben [...], mit denen man sonntags auf derselben Kirchenbank sitzt. [...] Um die Leistungsfähigkeit des Systems sicher zu stellen, müssen wir dessen Funktionsbedingungen aufrecht erhalten, auch wenn dies unseren ‚natürlichen' Empfindungen *im Einzelfall einmal* zuwiderläuft" (Homann 2007: 4; Herv. L.G.).

Mit dieser Realitätsbehauptung, dass subjektiv wahrgenommene Widersprüche zwischen einem grenzenlosen konkurrenzorientierten Verhalten und „natürlichen" Empfindungen lediglich *einmalige Einzelfälle* darstellen würden, offenbart die neoliberale Rationalität den Individuen eine innere Wahrheit über sie selbst, die ihnen zuvor noch nicht bekannt gewesen ist und betreibt auf diese Weise eine gouvernementale Naturalisierungsstrategie: Denn derartige Widerspruchsempfindungen können nur insoweit Einzelfälle sein, wie die für die Aufrechterhaltung des Wettbewerbsmarktes unverzichtbaren unternehmerischen Gefühls-, Denk- und Verhaltensstrukturen auch die (natürliche und alternativlose) Wirklichkeit bezeichnen.[136] Mit dem Thomas-Theorem gesprochen: Die Menschen sollen denken, dass Dinge real wären, damit sie in ihren Konsequenzen real sind.[137] Dies setzt jedoch voraus, dass die Subjekte dem, was sie denken sollen, einen gewissen Sinn abgewinnen können. Daher gilt es, einen Unterwerfungsmodus zu konstituieren, der „die Leute dazu einlädt oder anhält, ihre moralischen Verpflichtungen anzuerkennen" (Foucault 2005l: 477). Ergänzend zum Verweis auf die Unverzichtbarkeit eben jener moralischen Desiderate für den Wettbewerbsmarkt schafft sich die Enterprise Culture die Rechtfertigungsnarrative für ihre Wahrheiten durch die Instrumentalisierung entsprechender leerer bzw. entleerter und geleerter Signifikanten:

„Die Marktwirtschaft mit Vorteils-/Gewinnstreben und Wettbewerb ist unter den Bedingungen der modernen Welt das beste bisher bekannte Instrument zur Verwirklichung von Freiheit und Solidarität am Menschen" (Homann 2006: 5).[138]

---

136 Auch hier wird folglich mit eben jenem konstitutiven Paradox einer gouvernementalen Ordnung agiert: der Errichtung einer Realität, die als immer schon vorhanden unterstellt wird.

137 Zum Thomas-Theorem siehe Thomas/Thomas 1928.

138 Wie in Kapitel 3.2.2 dargelegt, kann diese gemeinwohlgenerierende Funktion des wettbewerbsorientierten Marktes gemäß der inneren Programmlogik des Neoliberalismus nur dann verwirklicht werden, wenn der Staat für angemessene Rahmenbedingungen sorgt, was umgekehrt die bereits erörterte Immunisierung des neoliberalen Marktes gegen Kritik mit sich bringt, denn: „Moralisch empörende Zustände in der Welt haben ihren Grund nicht im Eigeninteresse, in der Profitgier, im Egoismus (der Unternehmen), sondern in fehlerhaften, defizitären Rahmenordnungen oder im Fehlen von Rahmenordnungen überhaupt" (Homann 2006: 10).

Mit dem Versprechen auf die ‚Verwirklichung von Freiheit' erzeugt die neoliberale Wissensordnung die Voraussetzungen für die Konstitution des entsprechenden Selbstverhältnisses, d.h. der Ethik des unternehmerischen Selbst, denn Ethik bezeichnet stets eine „Praxis der Freiheit" (Foucault 2005m).[139] Unter dem Vorzeichen der neoliberalen Ratio hat sich die Praktizierung dieser durch die Marktwirtschaft arrangierten Freiheit, also die ethische Konstitution des Einzelnen zum Moralsubjekt, jedoch ausschließlich in Form der Übernahme der unternehmerischen resp. marktförderlichen Verhaltensweisen zu vollziehen (siehe auch Kap. 3.4.3).[140] Ein derartiger ökonomischer Reduktionismus, der auf das erneute hegemoniale Füllen des zuvor entleerten Signifikanten verweist, ist auch mit Blick auf das Solidaritätsverständnis der Enterprise Culture zu verzeichnen, da hier „die Solidarität mit den Mitmenschen nicht mehr in den Motiven, Gesinnungen, Intentionen der Akteure im Markt liegt, sondern in der institutionell gestifteten Verbundenheit" (Homann 2006: 18). Solidarität und Freiheit primär verstanden als „Wettbewerbssolidarität" (Streeck 2001: 159) und als die Freiheit, zum unternehmerischen Selbst zu werden, verkörpern somit „geleerte[...] Signifikanten" (Nonhoff 2001: 204).[141]

Obgleich sich Homann insgesamt auf die ‚Soziale Marktwirtschaft' bezieht, welche innerhalb der BRD als leerer und als geleerter Signifikant identifiziert werden kann, so ist doch auf einen Primat des Marktes zu schließen: Denn in seiner Argumentation verzichtet der Autor einerseits auf die Erwähnung des Elementes des ‚Sozialen' und der hieran anknüpfenden geleerten Signifikanten der ‚Gerechtigkeit' und ‚Gleichheit', betont jedoch andererseits die ‚Marktwirtschaft' und ihre Grundwerte der ebenfalls geleerten Signifikanten von ‚Freiheit' und ‚Solidarität'. Das neoliberale Netz der geleerten Signifikanten, in welches die Soziale Marktwirtschaft integriert ist, scheint folglich in seiner hierarchischen Anordnung deutlich zugunsten der ‚Marktwirtschaft' strukturiert zu sein (vgl. Homann 2006: 19–23; Nonhoff 2001: 196f., 203fff.).[142]

---

139 So heißt es bei Foucault (2005m: 882): „Ein Sklave hat keine Ethik."

140 Anders als im Liberalismus bezeichnet die individuelle Freiheit innerhalb der neoliberalen Programmatik folglich weniger die politische Freiheit, sondern kann nur in dem Maße verwirklicht werden, in dem sie in die Mechanismen des Wettbewerbsmarktes eingebunden ist (vgl. Ptak 2008: 61–65). Hierauf verweist auch, dass Homann (2006: 5) von der ‚Verwirklichung von Freiheit *am* Menschen' spricht und nicht etwa von einer ‚Verwirklichung von Freiheit *durch* den Menschen'. Der Mensch übt seine Freiheit also nicht selbst aus, sondern wird als Objekt betrachtet, über das etwas ausgeübt werden soll.

141 Denn ein geleerter Signifikant „befindet sich [...] in der Schwebe zwischen seinen Funktionen als leerer und als hegemonial wieder angefüllter, flottierender Signifikant" (Nonhoff 2001: 205).

142 Der von Homann (2006: 9f.) betriebene ökonomische Reduktionismus bzw. der Primat der Marktwirtschaft vor dem Aspekt des Sozialen deutet sich unter anderem in seinem Argument an, dass der Staat die (am Wettbewerbsmarkt orientierten) Rahmenbedin-

Moralisch gerechtfertigt und ethisch legitim, richtig, gar vorbildlich ist folglich alles, was das (eigene) Unternehmen und damit den solidaritäts- und freiheitsstiftenden Wettbewerbsmarkt bzw. die Marktwirtschaft funktions- und leistungsfähig hält: Gewinn- und Vorteilsmaximierung und die hierfür angewandten Verhaltensweisen gelten innerhalb der neoliberalen Regierungsprogrammatik nicht mehr als ‚Raffgier', sondern dienen vielmehr der völlig gerechtfertigten Produktion des persönlichen *und* gesellschaftlichen Wohlergehens, den Interessen der Konsumentinnen. Infolge dessen kann ein größtenteils Kosten-Nutzen-Kalkulationen unterliegendes Verhalten, das auch vor der Schädigung Dritter keinen Halt macht, weniger als menschliche Kälte gedeutet werden und selbst riskantes Spekulieren emanzipiert sich von seinen negativen Konnotationen und erfährt nunmehr die Zuschreibung einer notwendigen resp. sinnvollen Zukunftsinvestition (vgl. Ulrich 2008: 183; Neckel 2008b).[143]

Als Träger seines individuellen Human*kapitals* besitzt das unternehmerische Selbst überdies ein ausgeprägtes Verantwortungsbewusstsein, es nutzt seine Freiheit aktiv und eigeninitiativ und weil es sich selbst als Unternehmen begreift, mobilisiert es von sich aus diejenigen Verhaltensweisen, die den gemeinwohldienlichen Marktprozessen zu ihrer optimalen Entfaltung verhelfen sollen:[144] Immer im Bestreben, das eigene Humankapital zu bewahren, aktiv zweckgerichtet zu vermehren und möglichst gewinnbringend einzusetzen, betreibt der Entrepreneur eine permanente Selbstkontrolle und -optimierung, unterhält eine kritisch-objektivierende Beziehung zu sich selbst, kennt seine Stärken und Schwächen,[145] plant eigenverantwortlich seine

gungen so zu strukturieren hat, „dass nur derjenige selbst Vorteile erzielt, der seinen Mitmenschen etwas zu bieten hat, was diese wünschen und wofür sie Zahlungsbereitschaft entwickeln. [...] Nicht Domestizierung des Eigeninteresses ist das ethische Programm, sondern die Stärkung, ja, Entfesselung des Eigeninteresses – unter einer geeigneten Rahmenordnung, weil dadurch den Interessen der Mitmenschen, der Solidarität aller, am besten, am effizientesten gedient ist. Das individuelle Vorteilsstreben mag eine durchaus biologische Grundlage haben, seine *ethische Rechtfertigung* findet es aber allein dadurch, dass es Ausdruck individueller Freiheit und Motor der Solidarität aller ist" (ebd.).

143 In der Tat wird innerhalb der gegenwärtigen neoliberalen Programmatik selbst das Spekulieren auf Lebensmittel als zuträglich für das Wohl des betroffenen Individuums (hier die Landwirte), der Gesellschaft und des Wettbewerbsmarktes deklariert (zu den Begründungen siehe z.B. Hackhausen et al. 2012; Pies 2012).

144 Denn der Kapitalbesitz wird innerhalb der Rationalitätsordnung der Enterprise Culture als Produktionsmittel des persönlichen Verantwortungsgefühls gedeutet (vgl. Neckel 2008b: 37).

145 Um ein umfassendes Wissen über die individuellen Kompetenzen und Unzulänglichkeiten zu erhalten, nutzt das unternehmerische Selbst die zur Verfügung stehenden Sozialtechnologien (Testverfahren, Evaluation usw.) und die Hilfe zahlreicher „ExpertInnen der Subjektivität" (Rose 2000a: 23). Auf welche Weise bestimmte Bevölkerungs-

Zukunft, ohne jemals den Glauben an die eigene Kraft zu verlieren.[146] Persönliche ‚Defizite', missliche Lebenssituationen oder Erfolgsblockaden ausgelöst durch ‚unkreative' und ‚pathologisch'[147] erscheinende Emotionen, wie Trauer, Unlust und Langeweile, Misstrauen oder Aggressivität, werden damit nicht als unüberbrückbare Hindernisse anerkannt, sondern stets als individuelles Wachstum generierende Herausforderungen betrachtet, die durch die Einberufung ‚interner Konferenzen' zwischen den unterschiedlichen Persönlichkeitsteilen, den eigenen Bedürfnissen und Wunschvorstellungen überwunden werden können.[148] Es scheint nur eine Frage des (noch) besseren (emotionalen) Selbstmanagements. Eben dieses wettbewerbsmarktorientierte Selbstmanagement erstreckt sich damit auf die gesamte (auch emotionale) Existenz des unternehmerischen Selbst, Feierabend und Privatsphäre sind ihm fremd (vgl. Bröckling 2000: 154–161; Masschelein/Simons 2012: 28ff.; Opitz 2004: 150f.). Getrieben durch den Wunsch nach Selbstverwirklichung und durch das Bewusstsein, stets umgeben von Märkten und der Konkurrenz zu sein, betreibt der Entrepreneur eine permanente „‚Selbst-Rationalisierung' des gesamten Lebenszusammenhangs" (Pongratz/Voß 2000: 230),[149] ganz gleich, in welcher Lebenslage er sich befindet.

---

gruppen, hier Arbeitslosengeld-II-Empfängerinnen, durch wissens- und damit auch wahrheitsgenerierende Sozialtechnologien hin zu dieser Ethik des unternehmerischen Selbst regiert werden sollen, veranschaulicht Kapitel 4.4.2.

146 Das unternehmerische Selbst begreift sich demnach als eine ökonomische Institution, hierin liegt ein Kernelement seines ethischen Selbstverhältnisses (vgl. Bröckling 2007: 88).

147 Weil das neoliberale Wissensregime ein (vermeintlich) autonomes Subjekt unterstellt, welches als Souverän seiner selbst prinzipiell in der Lage ist, Fähigkeiten *und* Emotionen selbst zu wählen, also eigens zu erzeugen, zu kontrollieren bzw. in eine gewünschte Richtung zu lenken, wird unerwünschten Gefühlen, die sich der willentlichen Steuerung (zunächst) entziehen und für marktliche Zwecke unbrauchbar sind, das Etikett des ‚Pathologischen' angeheftet (vgl. Neckel 2008e).

148 Das Gebot der Kundenorientierung bzw. des Intrapreneurships wird im Rahmen dieser inneren Aufspaltung vom unternehmerischen Selbst auf seine eigene Person angewendet: Seine Rolle des Produzenten bzw. Lieferanten von Humankapital bezieht sich nicht nur auf die Interessen der externen Kundinnen, sondern auch auf die eigenen Interessen und Bedürfnisse. „Als ‚Kunde seiner selbst' ist er sein eigener König, ein Wesen mit Bedürfnissen, die vom ‚Lieferanten seiner selbst' erkannt und befriedigt werden wollen. Ignoriert dieser die Ansprüche seines internen Geschäftspartners, wird ihn jener mit Antriebslosigkeit, Erschöpfung oder anderen Formen des Energieentzugs strafen. Funktioniert dagegen der Austausch, profitieren beide. Die Exploration der eigenen Wünsche ist deshalb ebenso wichtig wie die der Stärken und Schwächen" (Bröckling 2000: 157).

149 Pongratz und Voß (1998) sprechen in diesem Zusammenhang vom Werber'schen Idealtypus des „Arbeitskraftunternehmers". Im Gegensatz zum unternehmerischen Selbst verkörpert dieser zwar eine (durchaus umstrittene) empirische Entität, die ihm zuge-

Weil ein erfolgreiches Sich-Durchsetzen im umkämpften Wettbewerb nicht mehr notwendigerweise auf eigenen Leistungen beruhen muss, sondern vor allem einer zahlungskräftigen Nachfrage bedarf, erfahren innerhalb der Enterprise Culture überdies Denk- und Verhaltensweisen eine ethisch-moralische Aufwertung, die sich in der Figur des „Marketing-Charakter[s]" (Fromm 2007: 179)[150] zusammenfassen lassen. Dieser Typus des „außengelenkten Menschen" (Riesman 1958) betrachtet seine gesamte Umwelt als eine austauschbare Konsumware und verfolgt ausschließlich ein Ziel: den eigenen Erfolg,[151] den er als identisch mit dem Verkauf seiner Persönlichkeit ansieht und zu dessen Realisierung er eine fortwährende Selbstvermarktung betreibt; – und zwar gerne (vgl. Fromm 2007: 180f. u. 2004: 124f.; Neckel 2008c: 60f.):[152]

> „Für den Unternehmer seiner selbst hat es nichts Anrüchiges, ‚sich gut zu verkaufen', im Gegenteil: Genau daraus bezieht er sein Selbstwertgefühl. Er führt sein Leben als permanentes *Assessment Center* und weiß, dass es nicht reicht, Kompetenzen vorzuweisen, sondern vor allem darauf ankommt, diese zugleich als authentischen Ausdruck der eigenen Persönlichkeit erscheinen zu lassen" (Bröckling 2000: 160).

Unter den Bedingungen eines „flexible[n] Kapitalismus" (Sennett 2010: 10), insbesondere einer sich ständig verändernden Nachfrage, ist der Preis für diese unternehmerische Ethik jedoch der radikale Verzicht auf eine kohärente

---

schriebenen Eigenschaften der *Selbstkontrolle, Selbstökonomisierung* und *Selbstrationalisierung* sind jedoch identisch mit den idealisierten Verhaltens- und Denkstrukturen oder mit der Selbstformungstätigkeit resp. Askese des unternehmerischen Selbst (vgl. ebd.; siehe auch Bröckling 2007: 47fff.).

150 In seinen Untersuchungen zum sog. *Gesellschafts-Charakter* nimmt Erich Fromm eine Typologie eben dieser Sozialcharaktere vor. Dabei definiert er den Gesellschafts-Charakter als „den *Kern der Charakterstruktur, den die meisten Mitglieder einer Kultur gemeinsam* haben im Gegensatz zum *individuellen Charakter, in dem sich die der gleichen Kultur angehörigen Menschen voneinander unterscheiden*" (Fromm 2006: 86). Der Marketing-Charakter, der sich in einer Vielzahl der westlichen Industrienationen in der Mitte des 20. Jahrhunderts etabliert hat, kann der Enterprise Culture zugeordnet werden. Dass Fromms Analyse des Marketing-Charakters auf die Ethik des unternehmerischen Selbst des 21. Jahrhunderts zutrifft, belegt eine Fülle jüngerer Studien (vgl. z.B. Bröckling 2000: 153–161 u. 2007: 50–75; Legnaro 2004; Neckel 2004; Opitz 2004: 150ff.).

151 Das Ziel des Erfolges kann zudem verstanden werden als ein „optimales Funktionieren unter den jeweiligen Umständen" (Fromm 2007: 183), was wiederum auf Riesmans außengeleiteten Menschen verweist.

152 Insofern agiert der Marketing-Charakter auch auf „Persönlichkeitsmärkten" (Fromm 2007: 180), wobei diese demselben Bewertungsprinzip wie Warenmärkte folgen, ausgenommen der Tatsache, „daß hier ‚Persönlichkeit' und dort Waren feilgeboten werden" (ebd.).

Lebensweise und Identität:[153] Wer auf dem „Persönlichkeitsmarkt" (Fromm 2007: 180) längerfristigen Erfolg haben möchte, muss wie ein Radargerät „in der Lage sein, Signale von nah und fern zu empfangen [und] es gibt viele Sender und häufigen Programmwechsel" (Riesman 1958: 41).[154] Was die „innen-geleiteten Menschen" (ebd.: 33) noch als unzuverlässig, sprunghaft oder heuchlerisch gesehen hätten, avanciert in der Enterprise Culture zum Inbegriff der Ethik des unternehmerischen Selbst und zum Ausdruck moralisch erwünschter und ‚von Experten empfohlener' Eigenverantwortung und heißt nun ‚Flexibilität', ‚Änderungsbereitschaft' oder ‚Anpassungs*fähigkeit*'. Mehr noch ist das unternehmerische Selbst darum bemüht, der nie schlafenden Konkurrenz stets einen Schritt voraus zu sein. Es passt sich also nicht nur den flexiblen Märkten bzw. den Wünschen seiner Kundinnen an, sondern ist zugleich findig und innovativ, spontan, kreativ und risikobereit und dabei immer in Bewegung (vgl. Kap. 3.4.1). Letztlich verlieren auch Verhaltensweisen des Fakens, Lügens oder Bluffens ihren einst unmoralischen Charakter und avancieren – „als gnadenlose Konkurrenzstrategie[n]" (Neckel 2000b: 62) – zu erlernbaren, erstrebenswerten und bewertbaren Leistungen.[155] Der von der

153 Dies wird vom unternehmerischen Selbst jedoch keineswegs als Selbstaufgabe angesehen, sondern vielmehr als Bestandteil seiner Persönlichkeit: einer flexiblen Persönlichkeit.

154 Wie Neckel (2000a: 41) anmerkt, hat sich das nach außen hin gerichtete Radargerät mit der Durchsetzung der neoliberalen Gouvernementalität gewissermaßen zunächst nach innen gewendet. Hier fungiert es als Monitor, der auf die permanente Kontrolle der authentischen Selbsterfahrung gerichtet ist. „An die Stelle der Außenleitung ist die ewige Suche danach getreten, was das eigene Ich denn in Wirklichkeit ist" (ebd.). Mit Blick auf Fromms Feststellung bezüglich des Marketing-Charakters, der zufolge „[d]er Mensch dieses Typus [...] nicht mal ein Ich [hat]" (Fromm 2007: 181), kann diese Suche nach dem authentisch erfahrenen Ich (oder besser: dessen „Selbstproblematisierung" (Duttweiler 2007: 14)) als durchaus funktionale Anpassungsstrategie des Neoliberalismus gedeutet werden. Allerdings verschiebt sich dieses Selbstverhältnis von der Suche nach dem authentischen Ich tendenziell in Richtung des Trainings eines *funktionalen* Ichs, was sich nicht zuletzt an der Fülle von lebensweltlich orientierter Erfolgsratgeber-Literatur zeigt (vgl. Neckel 2000a: 44).

155 Dass die Eigenschaften des Bluffens und Verstellens innerhalb der Rationalitätsordnung der Enterprise Culture nicht mehr als unmoralisch gedeutet werden und überdies zu einer vielerorts notwendigen kreativen Leistung avancieren, zeigt sich besonders deutlich im Bereich der Kulturindustrie, die – mit den Worten Horkheimers/Adornos (2008: 128) gesprochen – unter dem Deckmantel der „Aufklärung" einen „Massenbetrug" betreibt. Neben dem nunmehr „legitime[n] Schwindel von Reisebüros, Sonnenbanken, Werbung, Boutiquen, Beratung und Unterhaltung" (Neckel 2000b: 63) veranschaulichen auch das zum „Volkssport" mutierte „eigene Abfassen von Zeugnissen" (ebd.: 64) oder die sukzessive „Veralltäglichung der früheren Notlügen" (ebd.: 61), dass das Täuschen innerhalb der Enterprise Culture nicht mehr als unmoralisch gesehen werden kann. Weil es vielmehr einen konstitutiven Bestandteil des Wettbewerbsmarktes verkörpert und demnach die Entfaltung der marktlichen Prozesse in ihrer derzeitigen (!) Gestalt unter-

Enterprise Culture als ein ethisch-moralisches Leitbild heroisierte Marketing-Charakter betreibt demnach fortwährend eine künstliche Aufblähung und Zurschaustellung des eigenen (Fassaden-)Ichs, eine Inszenierung persönlicher Fähigkeiten, die im proklamierten Maße i.d.R. de facto nicht vorhanden sind (vgl. Neckel 2000b).

In ihrem neuen Mantel der Gemeinwohlförderlichkeit sind folglich zahlreiche unternehmerische Denk- und Verhaltensweisen zum Ausdruck sozialer Verantwortungsübernahme avanciert (s.o.). Eine erfolgreiche Selbstmodulation zum Entrepreneur ist demnach auch keineswegs als ausschließlich private oder gar freiwillige Angelegenheit anzusehen, sondern erfährt mit ihrer gesellschaftlichen Aufwertung zu einer unabwendbaren Notwendigkeit für das Gemeinwohl vielmehr den Charakter einer allgemein verbindlichen, moralischen Pflicht (vgl. Habermann 1993: 31f.; Lessenich 2003b: 86f.; Neckel 2008b: 35f.).

Wenn die Regierung unternehmerischer Subjekte das von Brecht (2004: 64) erhobene Diktum, nach dem erst das Fressen kommt und dann die Moral, in seiner ursprünglichen Bedeutung dahin gehend entwertet, dass eben dieses Fressen selbst zur Moral wird und trotzdem zuerst kommt, so impliziert dies keine gänzliche Verwerfung des Fressens an sich. Denn mit der Umcodierung moralischer Kategorien in die Chiffren des Ökonomischen entsteht umgekehrt auch ein neues epistemologisches Feld des Unmoralischen, also des Fressens. Als ‚unmoralisch', aber auch als ‚irrational', gelten demnach diejenigen Denk- und Verhaltensweisen, die eben jener gemeinwohlförderlichen erfolgreichen Selbstunternehmung diametral entgegenstehen – und die insofern als gemeinwohlschädlich verbucht werden müssen – sowie diejenigen Individuen, die ihre neuen Freiheiten nicht im Sinne der politischen Programmatik des Unternehmerischen an *sich selbst verwirklichen.*

> „Mangelnde oder fehlende Eigenverantwortung steht nicht nur für die Unfähigkeit des einzelnen, von seiner Freiheit rationalen Gebrauch zu machen, sondern darüber hinaus für die Weigerung, gesellschaftlichen Bedürfnissen gerecht zu werden, sozialen Imperativen zu gehorchen" (Lessenich 2003b: 87).

---

stützt – denn das Bluffen soll letztlich die Wahrscheinlichkeit eines erfolgreichen Verkaufs von Produkten, Dienstleistungen und der eigenen Person erhöhen –, ist das Täuschen zu einer Selbsttechnologie, zu einer „gnadenlose[n] Konkurrenzstrategie" (ebd.: 62), avanciert. ‚*Performance*' lautet die beschönigende Verhaltensanforderung, die auch innerhalb von Unternehmen, insbesondere Dienstleistungsunternehmen, zunehmend eingefordert wird (neben Neckel 2000b siehe auch Horn 2002; Legnaro 2004; mit Blick auf die oberflächliche Darstellung und Manipulierung von Gefühlen siehe Hochschild 2006). Allerdings sei hier noch einmal betont, dass das Täuschen nur dann seiner unmoralischen Deutung entledigt wird, wenn es die marktwirtschaftlichen Prozesse nicht stört.

Ob die unterlassene ‚Hilfeleistung' der Betroffenen gegenüber der Gesellschaft und – wie sich noch zeigen wird – nicht zuletzt auch gegenüber sich selbst in ihrem prinzipiellen Unwillen oder in ihrer offensichtlichen Unfähigkeit zu suchen ist, spielt für das moralische Urteil häufig keine Rolle:[156] Während temporär begrenzte, individuelle Misserfolge im Berufsleben bspw. häufig zwar als moralisch verdächtig, nicht aber unbedingt als unmoralisch angesehen werden, gilt (vor allem langandauernde) Erwerbslosigkeit im Neoliberalismus generell als moralisches Versagen, ganz gleich, ob diese durch die fehlende Bereitschaft zur Erwerbstätigkeit, ein schlichtes Unvermögen oder durch mangelnde Alternativen auf dem Arbeitsmarkt verursacht wurde (vgl. ebd.: 86f.; Ulrich 2008: 185; Legnaro/Birenheide 2008: 22f.).

Diese Blindheit gegenüber dem Können und dem Wollen lässt sich einerseits darin begründen, dass innerhalb der neoliberalen Wissensordnung, wie gezeigt, prinzipiell jedem das Potential zu einer erfolgreichen Selbstunternehmung unterstellt wird. Wer demnach in eine missliche Lebenssituation gerät, hätte eine konsequentere Arbeit am eigenen Selbst, den sozialen Beziehungen usw. leisten müssen, er hätte seine persönlichen Unzulänglichkeiten (ggf. mit Unterstützung durch entsprechende Experten) erkennen und beseitigen, und die auf dem Wettbewerbsmarkt gefragten Humankapitalien ausbauen müssen; und wer das eigene Scheitern zu einem länger andauernden, sich verfestigenden Zustand werden lässt (so die Langzeitarbeitslosen), dem muss (aus moralischem wie ökonomischem Verantwortungsbewusstsein) offensichtlich durch eine verstärkte Fremdführung ‚abgeholfen' werden. – Es kann also nur eine Frage des Wollens sein (vgl. Lessenich 2003b u. 2003c).

Zum anderen ist das moralische Tribunal der Enterprise Culture der Wettbewerbsmarkt, für dessen Urteil allein das Ergebnis zählt (und nicht dessen Zustandekommen) und dieses muss ökonomisch rentabel sein. Waren es mit dem Eintritt in die bürgerliche Gesellschaft noch die erbrachten Leistungen, die als entscheidendes Kriterium für die moralische Bewertung einer Handlung, Lebenslage und letztlich auch des Menschen selbst fungierten, so wird eben dieses Leistungsprinzip von der neoliberalen Rationalität größtenteils durch eine strikte marktwirtschaftliche *Erfolgsorientierung* ersetzt. Wenn aber gesellschaftliche Anerkennung (und soziale Statuspositionen) im Wesentlichen vom ‚blinden' Markterfolg abhängen und wenn umgekehrt Misserfolge gesellschaftliche Missachtung nach sich ziehen, so befördert dies mitunter die moralische Einbettung kompetitiver Handlungs- und Denkstrukturen: Denn für die Höhe der Honorierung des Markterfolges spielt es keine Rolle, ob

[156] Die moralische Degradierung von marktfernen (und damit gemeinwohlschädlichen) Subjekten bzw. Verhaltensweisen bedeutet jedoch nicht, dass die Betroffenen keine unternehmerische Selbstregierung betreiben würden, sondern bezieht sich nur auf die nicht vorweisbaren Erfolge einer solchen Selbstführungsanstrengung bzw. auf die Misserfolge hierbei.

dieser durch reines Glück, die Verdrängung der Konkurrenz, persönliche Risikobereitschaft, günstige Gelegenheitsstrukturen, positive Askriptionen oder tatsächlich durch eigene Anstrengungen erreicht worden ist. Während also diejenigen, die Erfolge vorweisen können, weder aus moralischer Sicht noch in der Realisierung dieser Erfolge notwendigerweise auch individuelle Leistungen erbracht haben müssen, wird – wie in Kapitel 4 zu zeigen ist – von denjenigen, die sich im generalisierten Wettbewerb nicht erfolgreich durchsetzen konnten und auf der Verliererseite[157] verharren, ein hohes Maß an Eigen*leistungen* zur Verbesserung ihrer individuellen Situation eingeklagt (vgl. Neckel 2008d: 67f.; Neckel/Dröge 2008: 89–93).[158]

Ob es sich nun um ‚Gewinner' oder ‚Verlierer' handelt, hier wie dort zielt die Enterprise Culture des Neoliberalismus auf die Fabrizierung moralisch-verantwortungsbewusster Subjekte, die, wie am Beispiel der aktivierenden Arbeitsmarktpolitik ausführlicher zu zeigen ist, gegenüber sich selbst, der (Unternehmens-)Gesellschaft und letztlich auch gegenüber dem Wettbewerbsmarkt die ihnen zugeschriebene Verantwortung selbst*bewusst* und im Sinne der neoliberalen Rationalitätsstandards verwirklichen. Moralisches Verantwortungsbewusstsein ist innerhalb der neoliberalen Rationalitätsordnung folglich untrennbar gebunden an ein Kosten-Nutzen kalkulierendes, konkurrenzorientiertes wie auch innovatives Handeln, Denken und Fühlen. Damit verkörpert der zu fabrizierende kompetitive Entrepreneur eine vermeintlich glückliche Verbindung einer ökonomisch-rationalen und moralisch-verantwortlichen Subjektform (vgl. Lemke 2008: 55; Lessenich 2003b: 86f.). Welche Technologien des Regierens Anwendung finden (sollen), um ein solches Subjekt zu erzeugen, soll im Folgenden beschrieben werden.

3.4.3 Die Qual der Wahl: Technologien der Selbstmobilisierung

> „Die böse Liebe des Volks zu dem, was man ihm antut, eilt der Klugheit der Instanzen noch voraus" (Horkheimer/Adorno 2008: 142).

Äußere Anreizstrukturen, wie der „Mythos des Erfolgs" (ebd.) oder die Aussicht auf Selbstverwirklichung, beschreiben eine elementare Funktionsgrund-

---

157 Die Enterprise Culture ist zugleich eine Gewinner-Verlierer-Kultur. Dies ist mitunter auch darin zu begründen, dass Erfolg unter Bedingungen des generalisierten Wettbewerbsmarktes eine relationale Kategorie darstellt und sich insofern immer in Abhängigkeit von den unterlegenen Mitkonkurrenten bemisst. Zu dieser Thematik siehe auch Kap. 5.2 sowie Neckel 2008: Kap. IV.

158 Der moralische Wandel spiegelt sich nicht zuletzt auf der semantischen Ebene wieder: Folgt man Neckel (2008g: 173f.), so ist eine „ausufernde Gewinner-Verlierer-Semantik [...] vielfach an jene Stelle getreten, an der zuvor Ausdrücke wie ‚Benachteiligte' oder ‚sozial Schwache' gestanden haben" (ebd.: 173).

lage von sog. „Technologien der Selbstmobilisierung" (Krasmann 2000: 199). Wie der Name bereits vermuten lässt, handelt es sich dabei um spezifisch neoliberale Regierungspraktiken, die darauf zielen, möglichst ohne die direkte Ausübung von äußeren Zwängen die Individuen zu einer freiwilligen, zweckgerichteten Mobilisierung und Aktivierung entsprechender Selbstlenkungskapazitäten zu bewegen. Regiert wird demnach sowohl über (eine artifizielle) Freiheit als auch aus der Distanz, wodurch sich die Technologien der Selbstmobilisierung als eine besondere Form von Freiheitstechnologien erweisen.

Darüber hinaus beruhen diese politischen Technologien auf (vermeintlichen) äußerlichen Sachzwängen, die sich ebenso wie die äußeren Anreize infolge von gouvernementalen Prozessen der Naturalisierung bzw. der Produktion und Durchsetzung ‚universeller' Wahrheiten herausgebildet haben (vgl. ebd.: 198f.; Krasmann 1999: 112f.). So tritt zur Fabrizierung unternehmerischer Subjekte bspw. als Pendant zum ‚erstrebenswerten' Erfolgsmythos der scheinbar unhintergehbare Zwang, ökonomisch erfolgreich zu sein, denn:

> „Wer sich in seiner Lebensführung den Bedingungen kapitalistischen Erfolges nicht anpaßt, geht unter oder kommt nicht hoch" (Weber 1988: 56).[159]

Obgleich das neoliberale „Regieren auf Distanz" (Miller/Rose 1994: 69) notwendigerweise auf das ‚autonome' Subjekt angewiesen ist, um überhaupt dessen Selbstführung anleiten zu können, so wird unter anderem durch den Rückgriff auf die gouvernemental ‚erfundenen' äußerlichen Anreize und auf die mit der gesellschaftlichen Marginalisierung, wenn nicht gar mit Exklusion mahnenden Zwangläufigkeiten immer auch „die Eingepasstheit solcher Selbstregierung reguliert und kontrolliert" (Legnaro/Birenheide 2008: 27).[160] Im Unterschied zu den normativ-disziplinierenden Verfahren des 18. und 19. Jahrhunderts, den sog. „Technologien der Selbstdisziplinierung" (Krasmann 2000: 199), die ebenfalls die Selbststeuerungskapazitäten der betroffenen Indi-

---

159 Wie die Zitate von Max Weber (1988 [1904/05]) und Horkheimer/Adorno (2008 [1947]) verdeutlichen, existierten die Technologien der Selbstmobilisierung bereits vor der zweiten Hälfte des 20. Jahrhunderts, also vor der Ausbreitung und dem späteren Siegeszug des Neoliberalismus. Krasmann (2000: 198f.) verweist darauf, dass sich die Technologien der Selbstmobilisierung mit der Konstituierung der bürgerlichen Gesellschaft herausbildeten. Dass sie gerade mit dem Eintritt in die bürgerliche Gesellschaft zunehmend Anwendung fanden, ist vor dem Hintergrund der hierbei einsetzenden Freisetzungsprozesse der Menschen aus traditionellen Sozialbindungen durchaus funktional für die gouvernementale Ordnung, beziehen sich die Technologien der Selbstmobilisierung doch gerade auf das ‚autonome' Subjekt (s.u.).

160 Was bereits hier deutlich wird, ist die Art und Weise der Fabrizierung von Freiheit durch die Erzeugung eines gouvernementalen Möglichkeitsfeldes (s.u.). Greifen die Technologien der Selbstmobilisierung jedoch nicht (mehr), so schreckt die neoliberale Gouvernementalität, wie noch zu zeigen ist, nicht vor der Anwendung der Machttechnologien der Souveränität und der Disziplin zurück.

viduen zu lenken versuchen, zielen Technologien der Selbstmobilisierung jedoch nicht auf die Internalisierung von statischen Normen und Wertvorstellungen, als vielmehr auf eine permanente, eigenständig und willentlich vollzogene Anpassung der Individuen an die dynamischen Anforderungen des Wettbewerbsmarktes (vgl. ebd.; s.u.). Vor diesem Hintergrund können Technologien der Selbstmobilisierung als eben jene „Kontrollformen mit freiheitlichem Aussehen" (Deleuze 1993a: 255) beschrieben werden, die maximale Kontrolleffekte bei gleichzeitig minimalem Kontrollaufwand zu realisieren bestrebt sind.

Zu ihrem ‚freiheitlichen Aussehen' gelangen die neoliberalen Regierungsprozeduren, wie angedeutet, im Wesentlichen durch die Betonung der klassisch liberalen Werte von Freiheit und Individualismus, die in der frühen bürgerlichen Gesellschaft ihren Ausdruck in Prozessen der Entbettung der Menschen aus den feudalgesellschaftlichen Ständen, der Enttraditionalisierung und im damit einhergehenden sukzessiven Aufbrechen an Wahlmöglichkeiten fanden. Der Neoliberalismus radikalisiert das liberale Autonomie- bzw. Emanzipationsversprechen dahingehend, dass er die Individuen nunmehr von sämtlichen, in der bürgerlichen Gesellschaft noch vorhandenen, verbindlichen gemeinschaftlichen Beziehungen (z.B. Familie, Klasse, Dorf, Nation), Traditionen (z.B. der Ehegestaltung), Bindungen (z.B. die binärcodierten und vor allem Frauen einschränkenden Geschlechtsrollen) und damit auch von jeglichen verpflichtenden Identitätszugehörigkeiten und Sinnmustern frei spricht und sie zu „Architekt[en] und Baumeister[innen] des eigenen Lebensgehäuses" (Keupp et al. 2008: 55) erklärt.[161] Das neoliberale Möglichkeitsfeld, das diesen Auszug aus dem Weber'schen „Gehäuse der Hörigkeit" zu versprechen suggeriert, ist demnach seinem Anspruch nach gekennzeichnet durch den Ausbau einer prinzipiell grenzenlosen Fülle neuer Handlungs- und Entscheidungsoptionen, die den „Hom[ines] eligens" (Bauman 2009: 82) vermeintlich unerschöpfliche Möglichkeiten zur Selbstverwirklichung bereitstellen, freilich unter der Voraussetzung – und hierin sind Kontrollmodus und Antinomie gleichermaßen begründet –, dass sich all dies im Rahmen der (gemeinwohldienlichen) Mechanismen des Wettbewerbsmarktes vollzieht. Nichtsdestotrotz erscheint die am tayloristisch-fordistischen Kapitalismus vorgetragene Kritik, die sich seit den 1960er und 1970er Jahren in Authentizitäts-, Emanzipations- und Autonomieforderungen äußerte, mit der Einrichtung dieser „künstlich arrangierten Freiheit" (Lemke et al. 2000: 15) eines

[161] Ganz allgemein „kann Autonomie als das Versprechen verstanden werden, die eigenen Ziele, Werte, Paradigmen und Praktiken des guten Lebens weitestmöglich unabhängig von äußerem Druck und externen Einschränkungen bestimmen zu können" (Rosa 2013: 117). Freilich handelt es sich bei dieser Umschreibung des Autonomieversprechens um eine Minimaldefinition, die für die Argumentation der vorliegenden Arbeit jedoch als ausreichend betrachtet wird.

posttayloristisch-neoliberalen Kapitalismus zunächst ihrer wesentlichen Argumente beraubt (vgl. Bauman 2009: 82; Boltanski/Chiapello 2006: 449, 457-472; Eickelpasch/Rademacher 2010: Kap. I).[162]

Werden die Individuen im Neoliberalismus insofern als autonome Subjekte angerufen, so folgt daraus, wie angedeutet, keineswegs ihre Befreiung von gesellschaftlichen Zwängen. Im Gegenteil wird der verkündete Autonomiegewinn durch den Ausbau einer ganzen Reihe von mehr oder weniger unkenntlich gemachten gouvernementalen Kontrollmechanismen auf zunächst unmerkliche Weise ad absurdum geführt und mutiert damit zum *Regierungsinstrument* par excellence:

Dabei zielen die Technologien der Freiheit bzw. der Selbstmobilisierung zunächst darauf, das Wissen um die proklamierte individuelle Freiheit und um die prinzipielle Gestaltungsoffenheit der Welt in die Subjekte selbst hineinzuverlagern, um sie so dazu zu veranlassen, ihre *gesamte* Existenz (und das Leben ihrer Mitmenschen) als Ausdruck selbstbestimmter, lukrativer Wahlentscheidungen, und damit als selbst zu verantwortendes Handlungsergebnis persönlicher Leistungen zu begreifen. Weil sich ein unternehmerisches Selbst in einem wesentlichen Maße durch seine (Innovation generierende) Fähigkeit zur Bearbeitung und flexiblen Anpassung an die vom Wettbewerbsmarkt produzierten Unsicherheiten, Zufälle und Widersprüchlichkeiten auszeichnet, geht es weniger darum, das Bild eines kohärenten, planmäßig beeinflussbaren Lebensverlaufes bzw. Selbst zu inszenieren. Vielmehr gilt es, ein Kontingenzbewusstsein zu erzeugen, d.h. vor allem die Vorstellung einer sich unausweichlich *verändernden Welt* zu naturalisieren, einer Welt, deren einzig Beständiges der Wandel selbst ist und deren einzige Gewissheit die Ungewissheit darstellt.[163] Auch hierbei verzichtet die neoliberale Gouvernementalität weitgehend auf direkte Zwänge: Neben den scheinbar unhinterfragbaren Marktprozessen selbst sind es vor allem die im Lichte der Freiheit strahlende Pluralisierung von Alternativen und die Vervielfältigung von (wettbewerbsmarktbasierten) sinn- und orientierungsstiftenden Wahrheiten, welche ein Bewusstsein um die erhöhte Kontingenz zu generieren versprechen. Das eigene Leben, die Weltanschauung und die persönliche Identität sollen so je als *Abfolge unterschiedlicher, selbst gewählter Projekte* erscheinen, die man durch eigene Anstrengungen in die gewünschte und in die existenziell notwendige Richtung modellieren kann – und *muss*. Denn die Konstitution des Einzelnen als Souverän seiner gesamten Existenz, als Produzenten und Manager seines persönlichen Humankapitals und seiner Identität, setzt unter Bedingungen eines generalisierten Wettbewerbsmarktes unweigerlich eben jenes aktive, eigeninitiative,

---

162 Wie in Kapitel 3.2.2 u. 3.4.1 beschrieben, bezeichnet der Wettbewerbsmarkt den Referenzpunkt des vorstrukturierten Möglichkeitsfeldes des Neoliberalismus.

163 Man könnte noch hinzufügen, dass die Notwendigkeit, sich zu *entscheiden* als unhintergehbare Gewissheit konstituiert wird (vgl. Duttweiler 2007: 58).

selbstreflexive, markteingepasste Subjekt voraus, als das man immer schon adressiert wird und zu dem man doch erst noch werden soll. Die Erlangung einer (vermeintlich) *autonomen Subjektivität* ist damit untrennbar gekoppelt an die Nutzung der künstlich geschaffenen, handlungsstrukturierenden Freiräume, an die Unterwerfung unter die moralisch eingefärbten Imperative eines generalisierten Unternehmertums (vgl. Berger 1999: 95f.; Duttweiler 2007: 56ff., 72f.; Masschelein/Simons 2012: 28ff.; Pieper 2003: 152).

> „Selbstbeherrschung, psychische und affektive Flexibilität, Handlungsfähigkeit: Jeder muss sich beständig an eine Welt anpassen, die eben ihre Beständigkeit verliert, an eine instabile, provisorische Welt mit hin und her verlaufenden Strömungen und Bahnen. Die Klarheit des sozialen und politischen Spiels hat sich verloren. Diese institutionellen Transformationen vermitteln den Eindruck, dass jeder, auch der Einfachste und Zerbrechlichste, die Aufgabe, *alles zu wählen* und *alles zu entscheiden*, auf sich nehmen muss" (Ehrenberg 2008: 247).

Ob und in welchem Maße die Individuen von der gouvernemental regulierten Freiheit Gebrauch machen, ist damit, anders als es die neoliberale Wissensordnung darzustellen versucht, keineswegs als eine Frage der Freiwilligkeit zu begreifen und genau hier tritt der antinomische Charakter der neoliberalen ‚Regierung durch Freiheit und Freiwilligkeit' zutage (siehe auch Kap. 5). Denn die Autonomisierung des Selbst stellt, wie anhand der Humankapitaltheorie angedeutet, in Kombination mit der als-ob-Unterstellung eines zur erfolgreichen Selbstunternehmung befähigten Subjektes eine elementare Rechtfertigungsgrundlage für den Einsatz weitreichender *Responsibilisierungsstrategien* dar: Legitimiert wird damit die im Kontext unternehmerischer Selbstführung notwendige Verlagerung von ehemals gesellschaftlich (bzw. staatlich) wahrgenommenen Verpflichtungen auf die befreiten resp. zur Selbstunternehmung freien Subjekte (und Communities) selbst, die nunmehr für sämtliche getroffene Entscheidungen und für deren (kontingente) Konsequenzen zur Verantwortung gezogen werden können (vgl. Krasmann 2000: 198fff.; Lessenich 2009: 163f.).[164]

Der Wegfall der normativ verbindlichen Existenzweisen und Sinnmuster ist demnach begleitet von einer umfassenden Privatisierung, Dezentralisierung und Subsidiarisierung von Verantwortlichkeiten, die es den ‚autonomen' Individuen unmöglich machen, sich im Falle von misslichen Lebenssituationen (Armut, Krankheit usw.) als passive Opfer gesellschaftlicher Bedingungen darstellen zu können. Individuelle Problemlagen müssen damit als selbstverschuldetes Scheitern verbucht werden, das – zumindest nach der inneren Programmlogik des Neoliberalismus – durch mehr persönliche Anstrengun-

[164] Nach Ehrenberg (2008: 244) stellt der Appell an die Individuen, sich dem Subjektideal des unternehmerischen Selbst zu unterwerfen, eine Problemlösungsstrategie für die hier noch zu durchleuchtende Krise des staatlichen Handelns dar. Siehe dazu Kap. 4.1.

gen oder durchdachtere (investigative) Entscheidungen hätte vermieden werden können und das folglich eine konsequentere Arbeit am eigenen Selbst nahelegt. Die Richtung für die notwendigen Selbstmodulationen und demnach, in welches persönliche Kapital investiert werden muss, zeigt hierbei allein der Wettbewerbsmarkt an, der nach wie vor als oberster Richter über Erfolg und Misserfolg entscheidet. Weil dieser als dynamischer, exzessiver und fragiler Prozess jedoch durch einen beständigen und rasanten Wandel gekennzeichnet ist, kann die Wahrheit, die er dem gescheiterten Subjekt mitgeteilt hat, innerhalb kurzer Zeit schon wieder ihre wegweisende Funktion eingebüßt haben (vgl. Krasmann 2000: 201; Pieper 2003: 146f.).

Abhilfe schafft eine heterogene Fülle an mit der neoliberalen Rationalitätsordnung verbrüderten und verschwesterten „ExpertInnen der Subjektivität" (Rose 2000a: 23), die für jede Lebenslage und für jede soziale Gruppe ein breites Spektrum an heilversprechenden Ratschlägen parat hat.

> Die „Subjektivierungsregisseure [...] verleihen den Programmen Autorität, sie definieren die Aufgaben, vermitteln die Technologien zu ihrer Lösung, sie motivieren und sanktionieren, sie geben Feedbacks und evaluieren schließlich die Ergebnisse" (Bröckling 2007: 41).

Ihre Beratung bezeichnet demnach eine elementare Regierungstechnologie für eine (freiwillige) Übernahme der unternehmerischen Subjektivität: ein „Scharnier zwischen Selbst- und Fremdführung" (Duttweiler 2004: 28). Indem sie Fragen nach einer glücklichen, gesunden und sinnvollen Existenz in technologische Probleme transformieren, die durch die Befolgung ihres Wissens gelöst werden können, unterstellen sie immer schon ein Subjekt, das prinzipiell alles – auch seine eigene Emotionalität – steuern kann (und muss).[165] Wer nicht hinreichend an sich arbeitet, so lautet die Botschaft, wird zum Reproduzenten seiner eigenen Risiken (und jener der Unternehmensgesellschaft). Denn mit der Autonomisierung und Responsibilisierung der Menschen und dem vermeintlich alternativlosen „Regime des flexiblen Kapitalismus" (Sennett 2010), der eine wachsende (teils ‚nur' gefühlte) soziale und ökonomische Prekarisierung begünstigt,[166] lässt die neoliberale Ratio auch ein beständig-aktives individuelles *Risikomanagement* als einen unausweichlichen Sachzwang erscheinen. Nicht nur für den Staat gilt, dass vorbeugen besser als heilen ist, sondern auch

---

165 Allerdings nehmen diese Expertinnen dem Individuum weder die Verwirklichung ihrer Ratschläge noch die Entscheidung der Wahl ab, was nicht zuletzt darin zu begründen ist, dass das unterschiedliche Expertenwissen teilweise gegensätzliche Wahrheiten generiert (vgl. Duttweiler 2004). In Kapitel 4.1 soll die Frage nach dem Expertenapparat noch exemplarisch erörtert werden.

166 Flexibilität und Prekarität sind eng miteinander verflochten: Während Flexibilität prekäre und prekarisierte Verhältnisse erzwingt, stellt die Prekarisierung umgekehrt eine elementare Voraussetzung für Flexibilität dar (vgl. Legnaro/Birenheide 2008: 13).

die Individuen haben sich aus ‚rationalen' und moralischen Gründen um ausreichend Präventionsmaßnahmen und um das hierfür vorausgesetzte (sich stets wandelnde) Risikowissen zu bemühen.

In dem Maße jedoch, in dem jedes (Wahl-)Handeln zunehmend *riskant* wird, zugleich aber kein Handeln mehr möglich und kein Bestandteil des eigenen Lebens mehr denkbar ist ohne eine vorausgehende Entscheidung,[167] wird das Individuum in einen Zustand permanenter Ungewissheit versetzt, der zur Quelle von Versagens- und Existenzängsten avancieren kann und der auf diese Weise einen Sog unternehmerischer Selbstmobilisierung erzeugen soll.[168] Besonders für diejenigen, die nicht ausreichend in der Lage oder – aus der Brille neoliberaler Programmlogik betrachtet – die nicht willens genug sind, immer wieder von Neuem markteingepasste Erfolge vorzuweisen und sich an die Imperative der Enterprise Culture anzupassen, die also *nicht frei sein wollen*, können sich die versprochene *Gestaltungsmacht* und die Handlungs- und Wahlfreiheit rasch in eine *Gestaltungsohnmacht*, Handlungszwänge und Entscheidungszumutungen umkehren (vgl. Duttweiler 2007: 58, 72f.; Lemke et al. 2000: 30; Pieper 2003: 147). Aufgestoßen wird auf diese Weise das (immer einen Spalt offenstehende) Tor in die stets drohende Abwärtsspirale von „Prekarität, Abstieg, Ausgrenzung" (Castel/Dörre 2009).

---

167 Obgleich innerhalb der neoliberalen Wissensordnung potentiell alles als Gegenstand einer ‚freien' Entscheidung konstituiert wird, so bildet, wie erwähnt, die Notwendigkeit der Entscheidung selbst eine Ausnahme dieses zwanglosen Zwangs zur ‚freien' Entscheidung und steht nicht zur Disposition (vgl. Duttweiler 2007: 58).

168 Die sich durch das gesamte gouvernementale Projekt des Neoliberalismus ziehenden „‚Autonomisierung' und ‚Verantwortlich-Machung' des Selbst" (Rose 2000a: 15) bezeichnen vor diesem Hintergrund nicht mehr die Antithese politischer Macht; sie sind ganz im Gegenteil zu elementaren Zielen *und* Instrumenten für die Regierung unternehmerischer Subjekte – für eine Führung *durch* Selbstführung – geworden (vgl. ebd.: 10, 13).

4 Die Regierung von Langzeitarbeitslosen

4.1 Der aktivierende Sozialstaat

Auf die Auffangmechanismen des „Vorsorgestaates" (Ewald 1993) kann sich der Einzelne in solchen misslichen Lebenslagen jedoch kaum mehr verlassen, da dieser seit Mitte der 1970er Jahre selbst zum Objekt umfassender Problematisierungen avanciert ist:[169] Galten die Bändigung, Korrektur und die Kompensation der destruktiven Wirkungen der Marktwirtschaft auf das Soziale innerhalb der überkommenen wohlfahrtsstaatlichen Programmatik noch als nahezu unbestrittene Ziele entsprechender Maßnahmen, so werden sie mit der Konstitution der neoliberalen Wissensordnung als völlig ungeeignet, wenn nicht gar als absurd etikettiert: Weil die wettbewerbsorientierte Marktwirtschaft an sich als moralisches und Moral generierendes Unternehmen begriffen wird, weil sie also in hohem Maße gemeinwohlförderliche Effekte produziert und weil sie darüber hinaus selbst keinerlei Fehler hat, wird die bisherige Sozialpolitik nicht nur in Hinblick auf ihre Notwendigkeit disqualifiziert – denn warum sollte man etwas korrigieren, das an und für sich makellos ist –, sondern muss aufgrund ihrer hemmenden Wirkung für die optimale Entfaltung ökonomischer Prozesse vielmehr auch als *kontraproduktiv* für das gesellschaftliche Wohl begriffen werden (vgl. Homann 2006: 19fff.; Lessenich 2009: 158fff.).

Vor dem Hintergrund, dass die neue „Ordnung der Dinge" (Foucault 1974) einen radikal reformulierten Begriff von Sozialstaatlichkeit hervorbringt, kann der Neoliberalismus nicht auf einen Abbau sozialstaatlicher Leistungen reduziert werden. Ganz im Gegenteil gilt staatliche Sozialpolitik nach wie vor als unverzichtbare gesellschaftliche Notwendigkeit. Der inneren Programmlo-

[169] Wie in Kapitel 2.4.2 dargelegt, sind Problematisierungen dieser Art konstitutiv für die gouvernementale Rationalitätsordnung, da sie die Durchsetzung der eigenen (namentlich neoliberalen) Desiderate umso sinnvoller, plausibler wie auch notwendiger, kurz: als alternativlos erscheinen lassen. Das notwendige (wissenschaftliche) Wissen für derartige Problematisierungen wird zudem durch politische Technologien produziert. Dies wird anhand des beschäftigungsorientierten Fallmanagements deutlich.

gik der neoliberalen Gouvernementalität folgend, kann sich Sozialpolitik jedoch nicht mehr am Kriterium einer möglichst geringen sozialen Ungleichheit orientieren, sondern einzig an der Funktionsfähigkeit des gemeinwohldienlichen Wettbewerbsmarktes (vgl. Gertenbach 2010: 134f.; Homann 2006: 19fff.).[170] Einer staatlichen Politik, die sich dem Wohlergehen ihrer Bevölkerung verpflichtet fühlt, bleibt nach dieser Logik nichts anderes übrig, als sämtliche „Maßnahmen, die nicht den Marktprozess fördern, sondern ihn behindern, [...] grundsätzlich abzulehnen" (Homann 2006: 22).

Der Wohlfahrtsstaat keynesianischer Prägung erscheint damit als ein dem „Allzuständigkeitswahn" (Lessenich 2009: 156) verfallender, „wuchernder, gieriger, unersättlicher Leviathan" (ebd.), dessen weitgefasste Fürsorglichkeit das unverzichtbare eigeninitiative und selbstverantwortliche Handeln verhindert und stattdessen ‚unmoralische' Denk- und Verhaltensweisen, wie Faulheit oder Forderungsmentalitäten – und nicht zuletzt immense Kosten – produziert (vgl. ebd.).[171] Was wäre da naheliegender und gerechtfertigter, ja geradezu zwangsläufiger, als eine radikale Reorganisation des Sozialstaates nach dem Vorbild des neoliberalen Staates, der doch gerade *für den Wettbewerbsmarkt* und damit *für das Gemeinwohl* regieren soll, vorzunehmen?[172] Es ist der

---

170 Soziale Ungleichheit wird innerhalb der neoliberalen Wissensordnung eine gesellschaftliche und marktwirtschaftliche Regulationsfunktion zugeschrieben (vgl. Foucault 2004b: 202f.). Ihre konstitutive Funktion betont auch Hayek: „Ungleichheit ist nicht bedauerlich, sondern höchst erfreulich. Sie ist einfach nötig. Leider Gottes ist das Sozialprodukt nur da, weil Menschen nach ihrer Produktivität entlohnt und dorthin gelockt werden, wo sie am meisten leisten. Gerade die Unterschiede in der Entlohnung sind es, die den einzelnen dazu bringen, das zu tun, was das Sozialprodukt erst entstehen läßt" (Hayek 1981: 37f., zit. n. Gertenbach 2010: 141).

171 Was dem Sozialstaat aus dieser Perspektive unweigerlich abgesprochen werden muss, ist seine Kompetenz, einen umfassenden Schutz des Individuums vor möglichen Lebensrisiken noch gewährleisten zu können. Weil missliche Lebenslagen auf das undurchdachte, irrationale und unmoralische Verhalten der Betroffenen zurückzuführen sind und weil derartige irrationale Verhaltenstendenzen durch die allumfassende wohlfahrtsstaatliche Fürsorglichkeit noch verschärft und z.T. erst geschaffen werden, offenbart sich der keynesianische Wohlfahrtsstaat fernerhin geradezu als Gefahr für die Individuen und damit für die Allgemeinheit. Exemplarisch für diese konstitutive Problematisierung sei an dieser Stelle auf die letzte Regierungserklärung (29.10.2002) des ehemaligen Bundeskanzlers Schröder (2002a: 20) verwiesen: „Der allgegenwärtige Wohlfahrtsstaat, der den Menschen die Entscheidungen abnimmt und sie durch immer mehr Bevormundung zu ihrem Glück zwingen will, ist nicht nur unbezahlbar, er ist am Ende auch ineffizient und inhuman. Deshalb fördern wir die Eigenverantwortung und die Kräfte zur Selbstorganisation unserer Gesellschaft."

172 Die neoliberale Wissensordnung schafft sich also auch hinsichtlich des Staatsmodells durch die Problematisierung des ‚Alten' die Bedingungen für die Durchsetzung des favorisierten ‚Neuen', d.h. für die Durchsetzung einer Realität, die sie als bereits existierend unterstellt.

aktivierende Sozialstaat, der sich nahezu passgenau in die politische Programmatik und die darin enthaltene Rechtfertigungsordnung neoliberaler Gouvernementalität einfügt und „sie zugleich jedoch auch als solche durchsetzt, forttreibt und weiterentwickelt" (Legnaro/Birenheide 2008: 35).

> „Aktivierung, Selbstverantwortung und Eigeninitiative sind zu Chiffren gegenwärtiger Transformationsprozesse geworden. Als Appelle an Bürgerinnen und Bürger bilden sie das Rauschen der Diskurse, das den Abbau des Wohlfahrtsstaates und die Umstrukturierungen des Sozialhilfe-, Renten- und Gesundheitssystems sowie die Neustrukturierung von Hochschulen, öffentlichen Verwaltungen und Institutionen Sozialer Arbeit begleitet" (Pieper 2007: 93).

Für die Sozialversicherungssysteme bedeutet die Generalisierung der ökonomischen Form des Wettbewerbsmarktes demnach, dass sie vorrangig als marktförmige Gebilde verstanden werden müssen, die primär den betriebswirtschaftlichen Logiken von Effizienzmaximierung und Kostenminimierung folgen und damit eben jenen vitalpolitischen Zielsetzungen ihre Hoheitsstellung streitig machen. Sozialausgaben werden folglich primär als Investitionen in das Humankapital der Betroffenen begriffen, deren vorrangiges Ziel in der Anpassung an die Anforderungen des globalisierten Wettbewerbsmarktes und insofern in der Herstellung und dauerhaften Aufrechterhaltung zukunftsfähiger Erwerbsfähigkeit besteht (vgl. ebd.: 102; Bührmann 2007b: 68).

So findet sich bereits auf der semantischen Ebene eine ganze Fülle an Umetikettierungen, welche die in die Sozialpolitik inkorporierte Logik des Ökonomischen zwar nicht maskieren, sie aber in das strahlende Licht von Kunden-Ideologie, Gemeinwohldienlichkeit, Multioptionalität und Wahlfreiheit rücken:[173] Aus ‚Anspruchsberechtigten' werden ‚Kunden' und ‚Kundinnen', die sich weniger an starre ‚Verwaltungsämter', sondern vielmehr an die zahlreichen ‚Servicestellen' der entsprechenden ‚dienstleistenden Unternehmen' wenden können und die hier eine Fülle an wahr-sagenden resp. heilversprechenden Beratungs- und Betreuungsangeboten zu erwarten haben. Wem die (brüchig gewordenen) sozialstaatlichen Leistungen zur Absicherung gegen die immer stärker wahrgenommenen sozialen Risiken nicht (mehr) genügen, kann sich, sofern er oder sie finanziell ausreichend *vorgesorgt* hat, für entsprechende Prämien an die unzähligen privaten Versicherungsinstitutionen wenden.[174]

---

[173] Wie dargestellt, versöhnt die neoliberale Programmlogik marktwirtschaftliche Verhaltensweisen mit dem Gemeinwohl und zwar auf eine Weise, in der das Gemeinwohl ohne die optimale Entfaltung des Wettbewerbsmarktes überhaupt nicht erst erreicht werden könnte. Demnach ist es auch völlig rational (und moralisch), wenn ökonomischen Zwecken gegenüber vitalpolitischen Zielsetzungen der Vorrang eingeräumt wird, da sich letztere erst durch die Durchsetzung ersterer ermöglichen lassen.

[174] Der Trend zur Privatisierung von Versicherungsleistungen, also die Zunahme von privaten Versicherungsunternehmen seit Ende des 20. Jahrhunderts, kann als Ausdruck der neoliberale Wissensordnung gedeutet werden: Denn wie erwähnt, hängen einerseits

Suggeriert wird auf diese Weise, dass sowohl die Wahl für eines der vorgegebenen (Risiko-)Angebote als auch die lebenspraktische Umsetzung des dort vermittelten Expertenwissens das Resultat einer (mehr oder weniger) freien und in eigener Verantwortung getroffenen Entscheidung darstellen würden (vgl. Legnaro/Birenheide 2008: 47ff., 61; Pieper 2003: 150ff.).

In den Hintergrund hingegen geraten dabei leicht der aus der Responsibilisierung der Menschen hervorgehende Druck, die (negativen) Folgen für ein nicht in Anspruch genommenes Risiko-Angebot selbst tragen zu müssen, ebenso wie die „Eindimensionalität" (Marcuse 2008) der Handlungs- und Entscheidungsfreiheit des Individuums, welche aus der proklamierten Freiheit eine als (innere) Unterwerfung unter die neoliberalen Imperative verstandene Unfreiheit werden lässt. Wenn sich die Krankenversicherte bspw. zwischen einem Sportkurs (gegen die früher oder später sich als für den Staat äußerst kostenintensiv herausstellende Fettleibigkeit) und einem Kurs zur Bewältigung des durch die Bedingungen des konkurrenzbasierten „flexiblen Kapitalismus" (Sennett 2010) erst ausgelösten erhöhten Stresses entscheiden kann, so wählt sie – nicht zuletzt unter dem Druck der Gefahr eines selbstverschuldeten ‚Scheiterns'[175] – lediglich zwischen bereits im Voraus festgelegen, der neoliberalen Ratio entsprechenden Alternativen, die insofern einzig der Verewigung und Intensivierung der gouvernementalen Ordnung und dem ihr eigentümlichen Aktivierungsprogramm dienen (vgl. Schmidt-Semisch 2004; siehe auch Marcuse 2008: 27fff., 55).

---

die Leistungen von der vormals gezahlten Prämie ab und nicht etwa von der individuellen Bedürftigkeit, was darauf verweist, dass die Risiken, gegen die sich der Einzelne hier versichern kann, primär anhand ökonomischer Kriterien bewertet werden. Zum anderen drückt sich in der Privatisierung der Versicherungsleistungen aber auch der Preis für die beschriebenen Prozesse der Individualisierung und Autonomisierung des Menschen aus, der als nunmehr ‚entbettetes' Individuum zum „Risikoträger" (Castel 2005: 90) mutiert, frei entscheiden kann (und muss), ob und wie er sich zusätzlich selbst versichert und der letztlich die Verantwortung für seine Entscheidung zu tragen hat (vgl. ebd.: 89ff.; Schmidt-Semisch 2004: 223ff.). Folgt man Castel (2005: 90f.), so „besteht ein enger Zusammenhang zwischen der Risikoexplosion, der Hyperindividualisierung im Alltagsleben und der Privatisierung der Versicherungsleistungen." Zudem tragen die privaten Versicherungsunternehmen zur Aufrechterhaltung und zu einer verbesserten Entfaltung der marktwirtschaftlichen Prozesse bei.

175 ‚Scheitern' wird in diesem Zusammenhang verstanden als ‚Krankwerden'. Denn wie in Kapitel 3.4.1 dargelegt, ist der Einzelne auch für seine Gesundheit selbst verantwortlich. Krankheiten werden prinzipiell als eine Frage des angemessenen individuellen Risikomanagements begriffen, sind also durch die Anhäufung eines umfassenden Risikowissens und die Realisierung entsprechender Präventionsmaßnahmen vermeidbar. Weil dem Individuum gemäß der neoliberalen Wissensordnung prinzipiell alle Möglichkeiten offen stehen, ein entsprechendes Risikomanagement zu betreiben, kann es auch dafür verantwortlich gemacht werden, seine Freiheit nicht ‚rational' genutzt zu haben (vgl. Schmidt-Semisch 2004: 224f.).

Diese „Anpassung des Menschen an vorgegebene und selbst nicht mehr problematisierte (Produktions-)Bedingungen" (Schmieder 1984: 114) wird in einem nicht unwesentlichen Maße durch die Konstruktion und Regierung von Risiken vorangetrieben. Diese sind keineswegs auf empirische Tatsachen zu reduzieren, die ausschließlich ‚gefunden' bzw. subjektiv wahrgenommen werden, sondern sind, wie dargestellt, vielmehr Ausdruck der neoliberalen Rationalität: Risiken verkörpern eine Form der sozialen Problematisierung vielfältiger individueller Gefährdungspotentiale, die mit Hilfe von gouvernemental eingepassten Kalkulationsverfahren, wie der Wahrscheinlichkeitsrechnung oder der Statistik, erst als solche ‚erfunden' werden, was zugleich die Unterscheidung zwischen ‚gefährdeten' und ‚gefährlichen' Individuen und sozialen Gruppen ermöglicht.[176] Eben diese Produktion von Risiken vollzieht sich unter anderem durch die mannigfaltigen Versicherungen, da sie bestimmte Ereignisse erst als mögliche Risiken offenlegen (also problematisieren) und – indem sie zumindest finanziellen Ausgleich für einen potentiellen Verlust versprechen – sich selbst als naheliegende Lösung für die teils eigens ans Licht gebrachten Probleme präsentieren (vgl. Ewald 1993: 207–222; Lemke et al. 2000: 21f.; siehe auch Kap. 2.4).[177]

Wo das zuvor Unversicherbare versicherbar gemacht wird, wird es zugleich regierbar, denn die Konstruktion von Risiken bedeutet nichts anderes, als „eine Art und Weise, bestimmte Elemente der Realität zu zerlegen, neu zusammenzusetzen und zu ordnen" (Ewald 1993: 210), also ein Möglichkeitsfeld für das Handeln, Denken und Fühlen der Individuen zu erzeugen und zu strukturieren: ein „Führen der Führungen" (Foucault 1999: 193). Als eine Praxis der neoliberalen Rationalität können Versicherungen als „Technologie[n] des Risikos" (Ewald 1993: 207) verstanden werden. Sie erzeugen somit nicht nur ein Bewusstsein für die prinzipiell grenzenlosen Risiken, sondern versuchen überdies die gouvernemental eingepassten Selbstführungskräfte der jeweils ‚gefährdeten' sozialen Gruppen und Individuen durch die sozialtechnologisch gewährleistete Offenbarung und Produktion von mutmaßlichen Sachzwängen (d.h. den unvermeidlichen, aber beherrschbaren Risiken) zu

---

176 Demnach gibt es an und für sich kein Risiko, während umgekehrt prinzipiell alles zu einem Risiko mutieren kann, denn „alles hängt ab von der Art und Weise, in der man die Gefahr analysiert, das Ereignis betrachtet" (Ewald 1993: 210). Mit Blick auf die beschriebene neoliberale Wissensordnung lässt sich schlussfolgern, dass diejenigen Gegebenheiten als Risiken problematisiert werden, welche die Prozesse des Wettbewerbsmarktes an ihrer Aufrechterhaltung und optimalen Entfaltung behindern, wobei auch alles, was nicht marktförderlich ist, ohne dabei gleich eine hemmende Wirkung zu generieren, als Risiko denkbar wäre (vgl. ebd.: 210ff.; Gertenbach 2010: 142–146).

177 So machen Versicherungen die Menschen bereits durch ihre bloße Existenz auf ein entsprechendes (stets ‚erfundenes') Risiko aufmerksam; denn warum sollte man sich gegen eine Gegebenheit versichern, die kein potentielles Risiko verkörpert?

aktivieren und mobilisieren:[178] Weil der versprochene finanzielle Ausgleich i.d.R. keineswegs den subjektiv empfundenen Verlust zu kompensieren vermag (vor allem bei Tod, schwerer, irreparabler Verletzung usw.), weil es zudem kaum möglich ist, gegen alle, stets zunehmenden Risiken ausreichend abgesichert zu sein und weil letztlich eine ganze Fülle an Versicherungen das zum eigenverantwortlichen, autonomen Handeln verpflichtete Subjekt im Falle eines Scheiterns gerade nicht von entsprechenden Gegenleistungen freispricht und es vielmehr auf dessen Selbstverschulden hinweist,[179] erscheint es generell als vernünftiger, ein umfassendes Risikomanagement zu betreiben. Gouvernemental angestrebt wird demnach fernerhin eine Individualisierung der Technologie des Risikos, die jedoch – entgegen des vermittelten Eindrucks – weniger als eine Frage der Freiwilligkeit zu begreifen ist, sondern von den befreiten und verantwortlich-gemachten Betroffenen als Preis für ihre Autonomisierung eingeklagt wird.[180]

---

178 Mit Blick auf die zunehmende Privatisierung von Versicherungsleistungen sei überdies auf die in Kapitel 3.4.3 behandelten Anreizstrukturen zur Regierung unternehmerischer Subjekte verwiesen, die sich im Falle der Versicherungen auf das Versprechen des finanziellen Ausgleiches beim Eintreten der entsprechenden Gefahren und auf das damit verbundene entlastende Sicherheitsgefühl beziehen (vgl. Ewald 1993: 217ff.): Weil private Versicherungen erhöhte Zahlungen voraussetzen und weil zugleich die versicherbaren Risiken (und das Sicherheitsbedürfnis der Menschen) immer mehr zunehmen, ist die Anpassung an die Produktionsbedingungen nur ‚rational'. Denn nur wer über ein ausreichendes Einkommen verfügt, kann sich zusätzlich gegen die unzähligen Risiken absichern. Weil die Führung der Menschen durch die Erzeugung von Angst, d.h. durch ein „Regieren mittels Unsicherheit" (Legnaro/Birenheide 2008), ein konstitutives Merkmal neoliberaler Gouvernementalität ist, darf das versicherungstechnologisch zu erzeugende Sicherheitsgefühl sein Pendant der Risikofurcht nie gänzlich ausmerzen. Erzeugt werden muss demnach eine Balance zwischen einem Regieren durch Anreizstrukturen und der Mobilisierung der Selbststeuerungsfähigkeiten durch die Furcht vor dem Risiko.

179 Kapitel 4.4 wird in Bezug auf die Regierung von Langzeitarbeitslosen zeigen, auf welche Art und Weise die Individuen trotz sozialstaatlicher (Arbeitslosen-)Versicherung im Falle des Eintretens eines Risikos (Erwerbslosigkeit) verantwortlich gemacht, und zu entsprechenden Gegenleistungen aufgefordert werden können. Aber auch private Versicherungsbetriebe schrecken keineswegs davor zurück, im Falle des tatsächlichen Eintretens eines Risikos die versprochenen Leistungen nicht zu erbringen. Als wirtschaftende Unternehmen sind Privatversicherungen insbesondere bei höheren Geldsummen darauf aus, den Verlust als Resultat eines individuellen Selbstverschuldens zu konstatieren, welches nicht in den Bereich der Versicherung fällt. Das – trotz Versicherung – schuldig gesprochene Subjekt hätte schlicht anders handeln müssen, was zeigt, dass die folgenreichen gouvernementalen Responsibilisierungsstrategien selbst dort wirksam werden können, wo sich das Individuum vorausschauend versichert hat. Siehe dazu Lütgert et al. 2012.

180 Anstelle von einem in den Händen der Versicherungen liegenden Monopol der Technologie des Risikos auszugehen, muss damit die Heterogenität der Risikotechnologien

Wenn sich eine Fülle an potentiellen Risiken aus der gouvernementalen Wissensordnung des Neoliberalismus ableitet, so ist der Fluchtpunkt ihrer Vorbeugung stets in der Übernahme der unternehmerischen Denk- und Verhaltensweisen zu suchen, was auf eine antinomische Anforderungsstruktur hinweist: Einerseits hat das Subjekt das eigene Handeln und sämtliche Entscheidungen in Hinblick auf potentielle Risiken fortwährend zu berechnen, zu rationalisieren und vorausschauend zu planen, andererseits darf diese Risikoprävention die innovativen, profitversprechenden und damit marktförderlichen Aktivitäten jedoch nicht unterminieren und diese beruhen gerade auf der wagemutigen Übernahme von Ungewissheit, also im Eingehen von Risiken (vgl. ebd.: 217–221; Gertenbach 2010: 143ff.; Schmidt-Semisch 2004).

Antinomische Anforderungen, die Furcht vor den allgegenwärtigen aber stets ‚erfundenen' Risiken sowie die damit verbundene Drohung des selbstverschuldeten Scheiterns und letztlich die Verheißungen von Gemeinwohldienlichkeit, Multioptionalität und Wahlfreiheit sollen folglich auch auf sozialpolitischer Ebene einem Regierungsmodus zum Triumpf verhelfen, in dessen Mittelpunkt „der tendenzielle Übergang von der öffentlichen zur privaten Sicherheit, vom kollektiven zum individuellen Risikomanagement, von der Sozialversicherung zur Eigenverantwortung, von der Staatsversorgung zur Selbstsorge [steht]" (Lessenich 2008: 82).

Das wissenschaftliche und legitimatorische Fundament für diese angestrebte Transformation von einer aktiven hin zu einer neoliberal gewendeten, (die unternehmerischen Fähigkeiten) aktivierenden Politik liefert ein umfangreicher Expertenapparat, zu dem neben den Versicherern und weiteren Mitarbeiterinnen der sozialstaatlichen ‚Servicestellen' bspw. die wahr-sagenden ‚Coaches' in den angebotenen Kursen oder Vertreterinnen aus unterschiedlichsten Wissenschaftszweigen zählen.[181] Als integrativer Bestandteil der neoliberalen

konstatiert werden. Mit Blick auf die parallele Individualisierung der Risikotechnologien wird zudem deutlich, dass das Risiko gleichermaßen eine individualisierende und eine totalisierende Dimension in sich trägt: Denn einerseits hat jedes Individuum eigenverantwortlich für ein ausreichendes Risikomanagement Sorge zu tragen, andererseits kann prinzipiell jeder gesellschaftliche Bereich als Risiko wahrgenommen werden, wobei stets Risikogruppen gebildet und einer standardisierten ‚Behandlung' unterzogen werden (vgl. Gertenbach 2010: 144f.).

181 Für die Regierung unternehmerischer Subjekte sind insbesondere diejenigen wissenschaftlichen Forschungsansätze relevant, die sich auf die im Sinne der neoliberalen Wissensordnung konzipierten sozialtechnologischen Analyse-, Evaluations- und/oder Testverfahren stützen und die „unter Beibehaltung vorgegebener (ökonomischer) Zwecke regelhaft einsetzbare Mittel zur Lösung sozialer Probleme entwickeln und bereitstellen – zumeist als Auftragsforschung und immer praxisorientiert" (Schmieder 1984: 109). Weil nicht das an der neoliberalen Ratio orientierte System an sich hinterfragt wird, sondern lediglich nach Ansätzen für die Lösung oder für das *Management* der entspre-

Regierungsprogrammatik artikulieren diese „ExpertInnen der Subjektivität" (Rose 2000a: 23) ein Wissen, welches sich weitgehend in die gouvernementale Rationalitätsordnung einfügt. Verbunden werden die axiomatische as-if-Annahme eines zur erfolgreichen Selbstunternehmung befähigten Subjektes und das Versprechen, eben dieses Subjekt durch die Befolgung der entsprechenden Ratschläge auch tatsächlich werden zu können.

Dabei ist es vor allem der spezifische Charakter des Expertenwissens, dem die Ratschläge einen wesentlichen Teil ihrer Anziehungskraft zu verdanken haben und der den Expertenapparat erst zu einer „Kontrollform[...] mit freiheitlichem Aussehen" (Deleuze 1993a: 255) werden lässt: Orientierung bietende Objektivität[182], der Dienst am (neoliberal interpretierten) gesellschaftlichen Gemeinwohl und damit an der ökonomischen Prosperität *und* das Versprechen auf individuelle Glückseligkeit, Wohlfahrt und Selbstverwirklichung fallen in diesem Wissen bzw. durch seine lebenspraktische Umsetzung zusammen, bedingen einander gar.[183] Wer glücklich sein will, werden oder bleiben möchte[184] und dazu noch etwas für die Gesellschaft und für eine optimale Entfaltung der marktwirtschaftlichen Prozesse tun möchte, dem sei es demnach geraten, früh genug mit den im Expertenwissen vermittelten entsprechenden Selbstmodulationen hin zu einer unternehmerischen (und darin inbegriffen: unaufhörlich aktiven) Lebensweise zu beginnen – sowohl körper-

---

chenden, von den systemischen Funktionslogiken erst erzeugten, sozialen Probleme geforscht wird, kann das Expertenwesen als ein sozialtechnologisches Instrument „wissenschaftlich betriebener Steuerung und Kontrolle von Gesellschaft und Individuen, und zwar in allen Lebensbereichen" (ebd.), identifiziert werden. Allerdings werden hierbei immer auch Brüche, Verfehlungen und viele weitere unintendierte Effekte produziert.

182 Nach Rose (2000a: 13) vertreten die Expertinnen der Subjektivität neben der Wissenschaftlichkeit auch den Anspruch auf Neutralität. Weil die im Kontext der aktivierenden Sozialpolitik behandelten Expertinnen jedoch z. T. auf ein Engstes mit dem sozialadministrativen Apparat verflochten sind und nicht selten auch als dessen integrative Bestandteile identifiziert werden können, soll der Aspekt der Neutralität in diesem Zusammenhang nicht vertreten werden.

183 Folglich trägt das Expertenwissen, wie schon das Wissen des christlichen Pastors, sowohl eine totalisierende als auch eine radikal individualisierende Dimension in sich. Wie noch zu zeigen sein wird, erweist sich dieses das gesamte neoliberale Projekt durchziehende Glücksversprechen jedoch als Betrug an den zur Aktivität, Eigenverantwortlichkeit und Autonomie angerufenen Individuen.

184 Vor dem Hintergrund, dass man der neoliberalen Ratio zufolge nie genug von etwas haben kann (also auch nicht vom Glück) und in kontrollgesellschaftlicher Manier nie mit etwas fertig wird (mit der Arbeit am eigenen Glück), wäre wohl eher nur die Formulierung des ‚glücklich Werdens' angemessen, wohingegen das ‚Sein' und das ‚Bleiben' aus Gründen der systemischen Logik von vornherein ausgeschlossen werden müssten.

lich als auch mental.[185] Indem der Expertenapparat das gouvernementale Wissen als objektiv und als unverzichtbar für die individuelle und kollektive Wohlfahrt initiiert, schafft er also handlungs- und denkanleitende Anreizstrukturen, welche die angerufenen Subjekte zu eben jener freiwilligen (inneren) Adaption der neoliberalen Wissensordnung und damit der ihr immanenten Sinnmuster, moralischen Desiderate und Präferenzstrukturen bewegen sollen (vgl. Rose 2000a; Pieper 2003: 152; Lessenich 2008: 83f., 120–128).[186]

Zugleich erzeugt dieses vermeintlich objektive Wissen um das jedem Einzelnen prinzipiell innewohnende Potential einer erfolgreichen Selbstunternehmung und um die sich hieraus ableitende, unverzichtbare *dreifache* Sorge der Subjekte gegenüber der Gesellschaft, einer nach dem Wettbewerbsprinzip funktionierenden Marktwirtschaft und gegenüber sich selbst ein elementares Rechtfertigungsnarrativ für die Verlagerung von zunehmend staatlichen Verantwortlichkeiten und Steuerungsaufgaben (z.B. Vorsorge- bzw. Risikomanagement) auf die Ebene der Individuen (und Communities):[187] Als dreifach verantwortliche Subjekte sind sie es nun, von denen im Namen des Gemeinwohls legitimerweise eingeklagt werden kann, das Vakuum (stets vorausschauend) zu füllen, welches sich mit dem vermeintlich alternativlosen Rückzug des Sozialstaates gebildet hat; – wie dargelegt, stets im Rahmen eines mehr oder weniger ausgeprägten Handlungs- und Entscheidungsfreiraums, dessen Eindimensionalität sich mindestens im zwanglosen Zwang der markteingepassten Aktivierung der Selbststeuerungspotentiale reproduziert.

Ob es sich um ältere Menschen[188] oder um Kinder handelt, um Arbeitslose oder den erwerbstätigen Teil der Bevölkerung – keiner bleibt von den (sozial-

---

185 Oder besser: vor allem mental, denn die rein physische Ausrichtung der Lebensweise an den Kriterien des Unternehmertums bedarf, wie ausgeführt, um möglichst kontinuierlich durchgehalten zu werden, unweigerlich der inneren Überzeugung von der moralischen Richtigkeit, gesellschaftlichen Notwendigkeit, persönlichen Vorteilhaftigkeit und prinzipiellen Alternativlosigkeit des eigenen Handelns.

186 Dass auch die Expertinnen der Subjektivität u.U. auf souveränitäts- und disziplinargesellschaftliche Instrumente zurückgreifen müssen, soll am Beispiel des Fallmanagements von Langzeitarbeitslosen illustriert werden.

187 Lessenich spricht in diesem Zusammenhang von einer doppelten Verantwortlichkeit der Subjekte gegenüber sich selbst und der Gesellschaft (vgl. Lessenich 2008: 82f. u. 2009: 163f., 166). Weil die Verantwortlichkeit der Subjekte gegenüber der Gesellschaft gemäß der neoliberalen Programmlogik unweigerlich auch eine individuelle Verantwortung gegenüber dem Wettbewerbsmarkt einschließt, der als bestes Mittel zur Verwirklichung des gesellschaftlichen Gemeinwohls konzipiert ist und zugleich existenziell auf das unternehmerische Handeln der Subjekte angewiesen ist, soll hier von einer dreifachen Sorge bzw. Verantwortlichkeit der Subjekte gesprochen werden.

188 Wie allen anderen, wird auch den älteren Menschen das Potential zu einer erfolgreichen Aktivierung ihrer Selbststeuerungsfähigkeiten unterstellt. Aktives Altern avanciert damit zur gesellschaftlich eingeklagten Norm und ist stets gekoppelt an das Leitbild des unternehmerischen Selbst. Als konstitutiver Bestandteil der neoliberalen Gouvernemen-

staatlichen) Anrufungen des aktiv-unternehmerischen Selbst verschont, jeder ist explizit (!) aufgefordert, das eigene Humankapital im Dienste der Marktgesellschaft produktiv und ein Leben lang einzusetzen, ein eigenverantwortliches Risikomanagement zu betreiben und die Konsequenzen für (nicht) getroffene Entscheidungen und Handlungen zu tragen. Diese Verlagerung der dreifachen Sorge resp. Verantwortlichkeit an die Individuen und Communities ermöglicht es der neoliberalen Ratio letztlich auch auf der programmatischen Ebene des Sozialstaates jenes Kausalitätsverhältnis als eine unhinterfragbare Wahrheit zu implementieren, demzufolge gesellschaftliche Anerkennung für persönliche Anstrengungen und für die Person selbst nur dann als angebracht und gerechtfertigt erscheint, wenn sowohl die erbrachten Leistungen als auch das Subjekt den Kriterien der Marktförmigkeit und Marktdienlichkeit gerecht werden, was immer auch die Nötigung zur Demonstration von sichtbaren Erfolgen impliziert.

Jeder, der aus der marktförmigen wie auch -dienlichen Logik herausfällt, avanciert nicht nur zum schuldigen Subjekt,[189] sondern auch zum marktgesellschaftlichen Risiko, welches einer entsprechenden Risikogruppe zuzuordnen ist und das notgedrungen zur Projektionsfläche einer Fülle an disziplinär gefärbten, korrigierenden staatlichen Eingriffen werden *muss* (vgl. Gertenbach 2010: 144f.; Lessenich 2008: 82fff., 116–121): Denn ebenso wie die nicht-marktförmigen Subjekte als eine inakzeptable (vor allem finanziell begründete) Schädigung des Gemeinwohls begriffen werden, verkörpern sie in ihrer Existenzweise eine grundsätzliche Infragestellung der sozialen Normen der Enterprise Culture, verweisen auf das radikal Andere, und sind damit eine offensichtliche Bedrohung für die sozialstaatlich sicherzustellende Integrität

---

talität präsentiert sich die politische Programmatik der Altersaktivierung jedoch nicht nur als eine unabwendbare Notwendigkeit und als gemeinwohlförderliche Pflicht älterer Menschen, sondern vor allem als eine erstrebenswerte Chance und als persönliches Recht. Und wieder sind es Experten der Subjektivität, die (mit Hilfe weiterer Sozialtechniken) das Plausibilität erzeugende, wissenschaftliche und legitimatorische Wissen für die Versöhnung von kollektivem und individuellem Wohlergehen und für die entsprechenden sozialpolitischen Reformen bereitstellen. Ob Alan Walker (2002) auf wissenschaftlich-politischer Ebene oder der selbst aktiv gealterte Karl Hecht (2011) als Vertreter der zahlreichen wahrheitsproduzierenden Lebensratgeber: „Ein Leben lang die ‚Tugend der Jugend' zu erhalten, geistig und körperlich" (Hecht 2011: Buchdeckel) wird von Experten der unterschiedlichsten gesellschaftlichen Bereiche als universelle, glücksstiftende Wahrheit präsentiert, nach der alle (!) Menschen ein ‚Leben lang' streben sollten (vgl. Lessenich 2008: 108–117).

189 Folglich vollzieht sich mit der aktivierungsstaatlichen Verlagerung politischer Steuerungsanforderungen an die Subjekte bzw. Communities auch im Bereich der Sozialpolitik die der neoliberalen Programmlogik eigentümliche Umkehrung der Schuldverhältnisse, die zugleich Ausdruck der „neosozialen Moralökonomie" (Lessenich 2008: 119) ist (vgl. ebd.).

der Unternehmensgesellschaft, ein Risiko für die Stabilität der neoliberalen Gouvernementalität an sich.

Als Risiken sind marktferne Anti-Subjekte daher nicht nur für die ökonomischen Prozesse und für die Gesellschaft zu betrachten, sondern vor allem für sich selbst: Durch ihr offensichtliches Scheitern an der markteingepassten Selbstaktivierung und -unternehmung – und folglich an ihrer gesellschaftlichen Inklusion – erscheinen sie selbst als die Initiatoren des Risikos ihrer eigenen Exklusion aus der Marktgesellschaft und damit als Initiatoren des Risikos ihrer gesellschaftlichen Entkopplung, eines Risikos ihrer gesamten Existenz. Häufig werden sie nicht einmal mehr für das fortschreitende ökonomische Wachstum benötigt, was sicherheitstechnologisch betrachtet ein Grund für eine Führung durch Nicht-Führung – also durch Disziplin und Zwang – wäre.[190] In Hinblick auf ihre marktgesellschaftliche ‚Nutzlosigkeit' und die gesellschaftliche Beunruhigung, die sie aufgrund ihrer Unangepasstheit produzieren, können das existenzielle Risiko und der sukzessive gesellschaftliche Ausschluss der als bedrohlich stilisierten Individuen und Risikogruppen auf der anderen Seite als gouvernementale Problemlösungsstrategien angesehen werden: Die „Überflüssige[n] in der Überflussgesellschaft" (Vogel 2008) werden den restlichen Bevölkerungsteilen als Verkörperung eines prinzipiell jedem drohenden Abdriftens in die „Zone der Entkopplung" (Castel 2000) vorgeführt, um auf diese Weise zu einer permanenten Anpassung an die Bedingungen des Marktes zu verleiten (vgl. ebd.: 359ff., 365ff.; Rinn 2009: 151, 175fff.).

Eine unverzichtbare Rolle spielen in diesem Zusammenhang wissensbasierte Technologien des Regierens. Sie sind es, die das notwendige Wissen über die Mangelhaftigkeit, Unfähigkeit zur Verantwortungsübernahme oder gar über die Nutzlosigkeit der betroffenen Individuen erst hervorbringen und die auf diese Weise den aktivierungsprogrammatischen Umbau des Sozialstaates eine Legitimationsgrundlage verschaffen, weitere Maßnahmen rechtfertigen und sogar die Richtung, in die sich die sozialstaatliche Transformation bewegt, entscheidend mitbestimmen (vgl. Bohlender 2012b: 163f.). Wie dies geschieht und wie eng Machttechniken und Wissensformen miteinander verflochten sind, wird sich in den folgenden Kapiteln am Beispiel der Regierung von Langzeitarbeitslosen zeigen.

---

190 Folgt man Castel (2000: 19), so sind diese Gruppen der ‚Nutzlosen', ‚Überzähligen' oder ‚Überflüssigen' „nicht einmal ausgebeutet, denn, um dies zu sein, müßten sie in gesellschaftliche Werte konvertierbare Kompetenzen besitzen."

4.2 Aktivierende Arbeitsmarktpolitik und die „Gesetze für moderne Dienstleistungen am Arbeitsmarkt"

> „Wer arbeiten kann, aber nicht will, der kann nicht mit Solidarität rechnen. Es gibt kein Recht auf Faulheit in unserer Gesellschaft" (Schröder 2001 zit. n. Kaufmann 2013: 123).[191]

Das Klischee von ‚faulen Arbeitslosen', die sich in der ‚sozialen Hängematte' oder in „solidarisch finanzierte[n] Ruhezonen" (Streeck 1998: 41) bereitwillig eingerichtet haben und die als Nutznießer einer vermeintlich „klientelistische[n] Subventionierung von Konsum" (ebd.) keinerlei Interesse mehr daran haben, sich überhaupt noch einmal langfristig in den ersten Arbeitsmarkt integrieren zu lassen, wurde innerhalb der Geschichte der Bundesrepublik Deutschland immer wieder zum Zwecke von (politischen) Macht- und Verteilungskämpfen konkurrierender sozialer, ökonomischer und politischer Interessensgruppen instrumentalisiert und aufgefrischt. Umgekehrt hatte bereits in den frühen 1930er Jahren die Marienthal-Studie[192] dargelegt, dass ein zu langes ‚Ausruhen' in der ‚sozialen Hängematte' auch nachhaltige *psychosoziale* Schäden für die Betroffenen selbst mit sich ziehen würde; ein Wissen, das infolge von Faschismus, New Deal und dem Krieg irrelevant wurde – Arbeitslosigkeit wurde nicht breit problematisiert, weil es sie kaum gab – und das mit wachsenden Arbeitslosenzahlen in den 1970er/80er Jahren zunehmend wieder in den Fokus der (sozialpolitischen) Aufmerksamkeit geriet (vgl. Bohlender 2012b: 149–156; Lessenich 2003c). So ist es kaum verwunderlich, dass die im Geiste der neoliberalen Gouvernementalität stehende sozialstaatliche Aktivierungsprogrammatik ihre gegenwärtige Zuspitzung im Bereich der Arbeitsmarktpolitik findet. Die in den Jahren 2002 und 2003 unter der rot-grünen Bundesregierung verabschiedeten und zwischen 2003 und 2005 in Kraft getre-

---

[191] Diese Äußerung stammt aus einem in der Bild-Zeitung veröffentlichten Interview mit Schröder (2001), der damit auf folgende Frage antwortete: „Es gibt knapp 4 Millionen Arbeitslose und fast 600.000 offene Stellen – was stimmt da auf dem Arbeitsmarkt nicht?" (Bild 2001, zit. n. Kaufmann 2013: 123)

[192] Die Marienthal-Studie wurde 1931/32 im österreichischen Ort Marienthal durchgeführt, der durch eine Fabrikschließung von Langzeitarbeitslosigkeit heimgesucht wurde. Die Forschenden richteten ihr Interesse dabei auf die subjektive Ebene und auf die Frage nach dem Zusammenhang von Langzeitarbeitslosigkeit und der *psychosozialen Gesundheit* der Betroffenen. Erhoben wurde ein *detailliertes Wissen* über die Verhaltensweisen, den Tagesablauf, die psychosozialen Dispositionen usw., die sich infolge der Erfahrung der Langzeitarbeitslosigkeit bei den betroffenen Erwerbslosen selbst und bei den Familien herausbildeten. Grob skizziert war das Ergebnis der Studie, dass Langzeitarbeitslosigkeit zu psychosozialer Deprivation, Verarmung und Erschöpfung führen würde. Obgleich die Betroffenen aus Sicht der Forschenden hierfür nicht zur Verantwortung gezogen werden konnten, wurde der Erwerbslose doch aufgrund seiner psychosozialen Verfasstheit, seiner Eistellungen und Lebensführung als Erklärung für die andauernde Arbeitslosigkeit herangezogen. Siehe dazu Bohlender 2012a u. 2012b.

tenen vier Hartz-‚Gesetze für moderne Dienstleistungen am Arbeitsmarkt' gelten als „die größte Arbeitsmarktreform seit Bestehen der Bundesrepublik" (Schröder 2002a: 5).

Aus gouvernementalitätstheoretischer Perspektive können sie als quasi-souveräne Regierungsinstrumente analysiert werden, die eine Fülle an weiteren verschiedenen Machttechniken gesetzlich festschreiben (siehe auch Kap. 2.4.3). Dabei ist es insbesondere das im neuen Sozialgesetzbuch II (SBG II) verankerte ‚Vierte Gesetz für moderne Dienstleistungen am Arbeitsmarkt' (‚Hartz-IV-Gesetz'), das von elementarer Bedeutung für die Regierung von Langzeitarbeitslosen ist: Indem es die lohnabhängige Arbeitslosenhilfe abschaffte und mit der steuerfinanzierten Sozialhilfe zur sog. „Grundsicherung für Arbeitsuchende" (SGB II) – d.h. zum einheitlichen, an der Sozialhilfe orientiertem Arbeitslosengeld II (ALG II) oder ‚Hartz IV' – zusammenlegte, initiierte es die Erschaffung einer Subjektkategorie, die es in dieser Form zuvor nicht gegeben hatte: ‚Erfunden' wurde der „erwerbsfähige Leistungsberechtigte" (§ 7 SGB II)[193] (‚eLb')[194] – im öffentlichen Bewusstsein wohl eher bekannt als ‚Hartz-IV-Empfänger' –, der als Prototyp für das im vorigen Kapitel beschriebene marktferne Anti-Subjekt gesehen werden kann (vgl. Butterwegge 2006: 189–194; Heiter 2008: 66; Fickinger 2005: 11).

4.3 Einleitende Bemerkungen: „Erziehung zur Marktlichkeit"[195]

Als Anti-Subjekt der Enterprise Culture kann die ‚Hartz-IV-Empfängerin' einerseits deswegen gesehen werden, weil sie in der programmatischen Wunschvorstellung durch ihre bloße Existenz mannigfaltige gouvernementale

---

193 Eine Definition der zur Kategorie der erwerbsfähigen Leistungsberechtigten zuzurechnenden Personen findet sich in § 7 SGB II. Bis zum Jahre 2011 wurde der Begriff des ‚erwerbsfähigen Hilfebedürftigen' im SGB II und IV verwendet. Die begriffliche Umetikettierung soll sie hier als ein Indiz für die der aktivierenden Sozial- und Arbeitsmarktpolitik zugrundeliegende Kunden-Ideologie gedeutet werden: Wie der Kunde im Supermarkt wird der erwerbslose ‚Kunde' der BA als eine Subjektfigur konzipiert, die bestimmte Ansprüche stellt und zu Leistungen berechtigt ist (vgl. Legnaro 2012). „Wenn dies einerseits ein Upgrading des Status zu verheißen scheint, so schraubt es andererseits mit der Leistungsberechtigung auch die Erwartungen höher, denn Leistungen berechtigen zu Gegenleistungen. Dem Duktus der Aktivierung entspricht also die Neuformulierung sogar weitaus eher: dem Hilfebedürftigen ist eine Form der Passivität schon semantisch eingeschrieben, während der Leistungsberechtigte zwar als Rechtssubjekt auftreten darf, gerade aus diesem Status aber auch seine Verpflichtungen gewinnt" (ebd.).

194 Die in der vorliegenden Arbeit verwendete Abkürzung ‚eLb' für ‚erwerbsfähige Leistungsberechtigte' ist von der Agentur für Arbeit (2011) übernommen.

195 Diese Formulierung ist von Nullmeier (2004: 495) übernommen.

Effekte auch auf diejenigen ausübt, die (noch) nicht zum Kreis der unmittelbar Betroffenen des ALG-II-Regimes gehören.[196] Zum anderen bildet sie aber auch die Projektionsfläche einer ganzen Fülle an politischen Technologien, die beständig ein Wissen über sie hervorbringen, das, wie im Folgenden zu zeigen sein wird, ihre Langzeitarbeitslosigkeit als das Resultat ihrer persönlichen, selbstverursachten Unzulänglichkeit und Passivität objektiviert und das damit eine Re-Subjektivierung von Langzeitarbeitslosigkeit initiiert.[197] Auf diese Weise verschaffen die wissensbasierten Sozialtechnologien der aktivierungsprogrammatischen Problematisierung von selbstverschuldeter Passivität ein scheinbar unhinterfragbares Fundament und rechtfertigen folglich den Einsatz einer Fülle an hieran anknüpfenden reaktivierenden Maßnahmen (vgl. Bohlender 2012a u. 2012b).

> „Alle Formen von Workfare stigmatisieren die Arbeitslosen als Versager und Faulenzer, die von der Gesellschaft berechtigterweise und zu deren eigenem Besten zur Arbeit zu zwingen sind. Die Gesellschaft überzeugt sich so selbst von der Ursache der Arbeitslosigkeit: Diese Ursache seien die Arbeitslosen selbst. Sie besäßen weder die Qualifikationen noch die sozialen Kompetenzen, noch den notwendigen Willen, um einen Arbeitsplatz zu erhalten. Man könne sie folglich nur mit den niedrigsten Aufgaben beschäftigen" (Gorz 2000: 114).

Was Gorz als ‚niedrigste Aufgaben' bezeichnet, trägt im ALG-II-Regime den Namen der „zumutbare[n] Arbeitsgelegenheit" (§ 2 Abs. 1 SGB II), ohne sich dabei notwendigerweise auf eine längerfristige Integration in den *ersten* Arbeitsmarkt zu beziehen. Die im SGB II verankerte Aufforderung, jede noch so „zumutbare Maßnahme zur Eingliederung in Arbeit" (§ 31 Abs. 1 Nr. 3 SGB II) anzunehmen, kann vielmehr als fester Bestandteil einer umfassenden gouvernementalen Prüfungsprozedur der Arbeitsfähigkeit und -bereitschaft der Erwerbslosen identifiziert werden. Grundsätzlich zielen die neoliberal orientierten Hartz-Gesetze gerade nicht primär auf die dauerhafte Wiedereingliederung in stabile Beschäftigungsverhältnisse, sondern auf die psychische (Um-)Formung der Betroffenen im Sinne der Norm der Beschäftigungs*fähigkeit,* auf eine „Erziehung zur Marktlichkeit" (Nullmeier 2004: 495)[198], deren erster Schritt die Durchsetzung von Arbeitswilligkeit ist (vgl. Segbers 2009:

---

196 Um den Rahmen der vorliegenden Arbeit nicht zu sprengen, kann das „Regieren aus der Ferne" (Legnaro/Birenheide 2008: 80) in der Analyse nicht weiter berücksichtigt werden.

197 Langzeitarbeitslosigkeit wurde bereits vor den Hartz-IV-Gesetzen immer mal wieder auf die Betroffenen selbst zurückgeführt, daher ist hier die Rede von einer ‚Re-Subjektivierung' von Langzeitarbeitslosigkeit. Siehe dazu Bohlender 2012a u. 2012b.

198 So heißt es im ‚Bericht 2005 der Bundesregierung zur Wirksamkeit moderner Dienstleistungen am Arbeitsmarkt' des Bundesministeriums für Arbeit und Soziales (BMAS): „Die Bundesagentur ist im Rahmen ihrer Reform im Begriff, ihre Kundinnen und Kunden umzuerziehen" (BMAS 2006: 89).

26). An die Stelle der dauerhaften und teils bedingungslosen Alimentierung derjenigen, die im Wettbewerbsmarkt gescheitert sind, tritt demnach auch im Bereich der Arbeitsmarktpolitik das heilversprechende Ziel, „die Herausgefallenen zu befähigen, sich (wieder) in die gesellschaftliche Interaktion zu integrieren, sie (wieder) produktiv zu machen" (Homann 2006: 22).

4.4 Zwischen Prävention und Management von Risiken: Beschäftigungsorientiertes Fallmanagement

Auf institutioneller Ebene erfolgt die Wiederherstellung der Beschäftigungsfähigkeit und damit inbegriffen der persönlichen Arbeitswilligkeit des ‚Kunden' im Rahmen des sog. *„beschäftigungsorientierten Fallmanagements"* (Fachkonzept 2004), „eine[r] spezifische[n] *Leistungs- und Wahrheitsprozedur*, die der Klient unter ständiger Beobachtung, Kommunikation, Einschätzung und Kontrolle eines Fallmanagers stufenweise durchlaufen muss" (Bohlender 2012b: 158). Als ein „Instrument der Risikofrüherkennung von langfristiger Arbeitslosigkeit" (Allex/Eberle 2006: 50) verkörpert das beschäftigungsorientierte Fallmanagement, wie die Versicherung, eine politische Technologie des Risikos, genauer: eine Präventionstechnik, die der Vorbeugung einer dauerhaften (psychosozialen) Verfestigung von Langzeitarbeitslosigkeit und damit der Reintegration in den Arbeitsmarkt dient (siehe auch Bröckling 2004a).

Zugleich kann hierunter eine Dienstleistung verstanden werden, die sich an eine spezifische Kundengruppe richtet: Übernommen wird i.d.R. nur derjenige, der mindestens *„drei abgrenzbare schwerwiegende Vermittlungshemmnisse aufweist, die in seiner Person und/oder Bedarfsgemeinschaft begründet sind"* (Fachkonzept 2004: 12). Mit der Aufnahme in das Fallmanagement wird man also zum „Defizit-Wesen" (Legnaro/Birenheide 2008: 77). Daher ist es kaum verwunderlich, dass es im Rahmen dieser Regierungsprozedur zunächst um die Offenlegung und Beseitigung der unterstellten, einer dauerhaften, erfolgreichen Vermittlung in Erwerbsarbeit im Wege stehenden und bis in die Tiefenschichten der Emotionalität reichenden persönlichen Unzulänglichkeiten des Betroffenen geht. In diesen Zusammenhang greift eine spezifisch gouvernementale Managementlogik: Die problematisierten Vermittlungshemmnisse werden nicht von der sog. Fallmanagerin unmittelbar beseitigt. Vielmehr gilt es, durch die Schaffung und Strukturierung von Rahmenbedingungen und vor allem durch die Einbeziehung des ‚Klienten' in dessen Reintegrationsprozess in Arbeit diesen selbst zur Lösung seines ‚Problems' zu aktivieren und zu mobilisieren. Dass unter diesem Risikomanagement auch etwas völlig anderes gemeint sein kann, wird sich im Folgenden noch zeigen (vgl. ebd.: 19f.; Fachkonzept 2004: 7, 10ff.; Bohlender 2012a: 563).[199]

4.4.1 Partizipation und Beratung: Das Arbeitsbündnis

Nach einer erfolgreichen Zugangsprüfung gilt es im nächsten Schritt, ein ‚Arbeitsbündnis' zwischen dem Fallmanager und der ‚Klientin' herzustellen. Dabei soll, ganz im Sinne des psychoanalytischen Therapiewesens, aus dem der Begriff des ‚Arbeitsbündnisses' stammt, eine spezifische, möglichst konfliktfreie Beziehungsform etabliert werden, deren proklamierte *Grundpfeiler* gegenseitiges Vertrauen, Kooperation und die Bereitschaft wie auch Zuversicht zur eigenverantwortlichen Problemlösung darstellen.[200] Das Arbeitsbündnis beschreibt demnach den Versuch der Errichtung einer Fassade von Freiwilligkeit und einem hohen Maß an selbstbestimmten, kooperativen und selbstverantwortlichem Handeln, wodurch die stets präsente Sanktionsgewalt in den Hintergrund treten und die eigentliche Machtbeziehung als Vertrauensverhältnis erscheinen soll.[201] Dabei wird eine Transformation des ‚Falls' in einen ‚Ratsuchenden' vollzogen. Was sich in institutionalisierter Form somit implizit reproduziert, ist die Stigmatisierung der Erwerbslosen als ein mental- bzw. willenskrankes Subjekt, das sich zur Transformation seiner pathologischen (und höchst unmoralischen) Identitäts- oder Persönlichkeitsmerkmale unweigerlich der wegweisenden Beratung eines Therapeuten – des Fallmanagers – und entsprechenden gouvernementalen Rehabilitationsmaßnahmen zu unterwerfen hat. Um eine grobe Bestimmung und Eingrenzung ihrer individuellen Problemlagen vornehmen zu können, wird bspw. von der Erwerbslosen der nahezu uneingeschränkte Wille zu einer umfassenden Selbstoffenbarung gegenüber ihrem persönlichen Fallmanager vorausgesetzt, wie dies in

---

199 Bestimmte Maßnahmen des beschäftigungsorientierten Fallmanagements drücken zudem eine Kriminalisierung der Erwerbslosen aus. An bedeutenden Stellen der folgenden Analyse des Fallmanagements wird in Fußnoten hierauf verwiesen. Zur allgemeinen Problematik der Kriminalisierung von Arbeitslosen oder eher: der (subtileren) Problematisierung von Arbeitslosen als Kriminelle, die im Übrigen keineswegs erst mit der aktivierungsprogrammatischen Reorganisation der Arbeitsmarktpolitik zu verzeichnen gewesen ist, siehe z.B. Rentschler 2004; Rinn 2009; Wacquant 2008 u. 2009.

200 Als integraler Bestandteil des beschäftigungsorientierten Fallmanagements zielt das Arbeitsbündnis primär auf die Beseitigung der persönlichen Vermittlungshemmnisse des ‚eLb' und folglich auf die Herstellung und Aufrechterhaltung seiner Beschäftigungsfähigkeit.

201 Zu der auf diesem Wege einzuleitenden „totalen Mobilmachung" (Bröckling 2000) der Leistungsbereitschaft der Erwerbslosen siehe Kap. 4.4.4, welches sich noch einmal explizit mit der gouvernementalen Regierungstechnologie des Empowerments befassen wird.

der Psychoanalyse auch seitens der Patientin gegenüber ihres Therapeuten üblich ist. Und wie der Therapeut, hat der Fallmanager die Bedingungen so zu strukturieren, dass sie zur Selbstoffenbarung befähigen und ermutigen, um auf dieser Grundlage früher oder später eine Zielvereinbarung schließen zu können (vgl. Bohlender 2012b: 159; Fachkonzept 2004: 14–19).[202]

Dabei beschreibt das angestrebte Enthüllen der mutmaßlichen individuellen Probleme, Hemmnisse und Unzulänglichkeiten, aber auch von vorhandenen bekannten Kompetenzen, zugleich einen Schritt zur Überprüfung der bedingungslosen (und kosteneinsparenden) Selbstunterwerfung der Erwerbslosen; denn es „ist schon Teil einer Selbstreflexion, die die Beschäftigungsfähigkeit herstellt und dauerhaft aufrechterhält" (Bohlender 2012b: 159). Weil diese Selbstoffenbarung und Selbstreflexion umgekehrt auch *Wahrheiten* über die Betroffene hervorbringen, die dieser zuvor nicht bewusst gewesen sind, kann das Arbeitsbündnis als *neopastorales Regierungsinstrument* zur Produktion verborgener Wahrheiten und hieran anschließenden Subjektivierungsprozessen identifiziert werden.[203] Der Fallmanager, der die Selbstenthüllungen unter anderem im Dialog mit seiner ‚Kundin' – d.h. auch durch gezielte, den Gesprächsinhalt lenkende Präzisierungsfragen – wahrscheinlicher machen soll, mutiert zum neopastoralen „Meister der Wahrheit" (Foucault 2003c: 710), der so die Subjekte zurück in den *heilversprechenden* Arbeitsmarkt zu führen hat: Genauer gesagt handelt es sich um eben jenes gouvernementale „Führen der Führungen" (Foucault 1999: 193), um ein sanftes Einwirken auf gegenwärtiges oder zukünftiges, mögliches oder tatsächliches Handeln, Denken und Fühlen der Erwerbslosen, um diese zu einer freiwilligen Selbstregierung zu mobilisieren.

Dennoch kann der Fallmanager seiner „Unterrichtsaufgabe" (Foucault 2004a: 262), also seiner wahrheitsgenerierenden und handlungsanleitenden Beratungsfunktion, nur in dem Maße gerecht werden, in dem die betroffene ‚Klientin' zur Beteiligung an einer gemeinsamen Erörterung und Behebung ihrer individuellen Unzulänglichkeiten gewillt ist und in dem sie die entsprechenden Verhaltens- und Denkweisen auch als defizitär anerkennt. Ganz im Sinne der neoliberalen Gouvernementalität wird das aktive, partizipative, die

---

202 Kapitel 4.4.5 wird sich noch ausführlicher mit der gouvernementalen Bedeutung von Zielvereinbarungen befassen. An dieser Stelle sei jedoch darauf hingewiesen, dass es sich bei einer Zielvereinbarung um eine relevante Regierungstechnologie handelt, die in zahlreichen gesellschaftlichen Bereichen zum Einsatz kommt und insbesondere in postfordistisch organisierten Unternehmen eine bedeutsame Rolle zur Führung der Mitarbeiterinnen, Zulieferer usw. spielt (siehe dazu Legnaro/Birenheide 2008: Kap. III.2.3; Opitz 2004: 123fff.; Bröckling 2007: 131f.; Marrs 2010; Dörre 2009a: 60ff.).

203 So gibt die Selbstöffnung bspw. bereits ansatzweise Aufschluss über mögliche fehlerhafte Selbsteinschätzungen der ‚Klientin', an die eine Reihe weiterer wahrheitskorrigierende und -produzierende Technologien der Regierung und der Disziplin anknüpfen können.

persönliche Schuld anerkennende Subjekt zur unverzichtbaren Voraussetzung für die Sicherstellung des gesamten Arbeitsbündnisses deklariert. In der Notwendigkeit dieser *„Führung durch Freiheit, Freiwilligkeit und Kooperation"* (Bohlender 2012b: 162) unterscheidet sich auch das Arbeitsbündnis von der Beziehung des christlichen Pastors zu seiner Herde und den einzelnen Schafen. Denn wenn die Regierten scheinbar aus ihrem subjektiven Willen heraus in (mutmaßlicher) *Zusammenarbeit* mit ihrem Fallmanager die Herstellung und Aufrechterhaltung ihrer Beschäftigungsfähigkeit zu realisieren versuchen und eine derart ausgerichtete Selbstkontrolle vorweisen, dass sie fernerhin *eigeninitiativ* nach möglichen persönlichen Vermittlungshemmnissen fahnden, so übersteigt dies die Form des *absoluten* Gehorsams, der selbstzweckartig von jedem einzelnen Schaf gegenüber dem christlichen Hirten eingefordert wird.[204]

Verweigert die Erwerbslose jedoch ihre Kooperation und kann auch nicht durch eine sanfte Überzeugungskunst oder durch die mahnende Androhung von Sanktionen infolge einer Nichtbeteiligung umgestimmt werden, so kann sie zu ihrer *Mitwirkungspflicht* und Einpassung gezwungen werden, was jedoch eine gänzliche Dementierung der aufgebauten Fassade der freiwilligen, vertrauensbasierten Zusammenarbeit und des Aktivierungsprojektes als solchem bedeuten würde. Vor dem Hintergrund, dass im gesamten Fachkonzept immer wieder auf die Notwendigkeit der freiwilligen, aktiven Mitarbeit am Integrationsprozess verwiesen wird und weil zur Herstellung eben dieser willentlich vollzogenen, markteingepassten Arbeit am eigenen Selbst unterschiedliche Empfehlungen vorgeschlagen werden, kann festgehalten werden, dass die gouvernementale Prozedur des Fallmanagements ein beschäftigungsfähiges (und damit unternehmerisches) Subjekt herzustellen bestrebt ist, das immer schon vorausgesetzt wird (vgl. Bohlender 2012b: 159fff.; Fachkonzept 2004: 14–19 u. Anlage 3; Foucault 2004a: Vorl. 22.2.78; Legnaro/Birenheide 2008: 72f.).

204 Mit Blick auf das tatsächliche Machtverhältnis zwischen Fallmanager und Erwerbslosen wird der das christliche Pastorat kennzeichnende Gehorsam auch von den Erwerbslosen gegenüber ihrem Fallmanager und gegenüber dem Prozess des Fallmanagements als solchem eingefordert. Auch der Fallmanager trägt die Verantwortung für seine ‚Fälle' und hat dafür Sorge zu tragen, dass möglichst viele Integrationsfortschritte machen und letztlich eine Wiedereingliederung in den Arbeitsmarkt erreichen. Im Gegensatz zur Vorstellung des pastoralen Gehorsams geht es im Fallmanagement jedoch gerade nicht um die völlige Entsagung des eigenen Willens. Vielmehr soll eine Transformation des eigenen Willens (bzw. der Subjektivität) vollzogen werden. Die Erwerbslosen sollen, wie dargelegt, willentlich an der Herstellung und Aufrechterhaltung ihrer Beschäftigungsfähigkeit mitwirken, da dies innerhalb der Programmlogik des Neoliberalismus als umso effizienter und effektiver zur Durchsetzung der gouvernementalen Ziele betrachtet wird.

4.4.2 Evaluation und Test: Aktivierendes Assessment

Die nächste Stufe der im Rahmen des beschäftigungsorientierten Fallmanagements zu vollziehenden Integrationsplanung beinhaltet ein vertieftes Profiling und eine aktivierende Anamnese, die im Konzept des ‚aktivierenden Assessments' zusammengefasst werden. Wie die Begrifflichkeiten bereits vermuten lassen, geht es hierbei um eine vertiefte, systematische und vielschichtige Analyse und Bewertung der arbeitsmarktrelevanten und sozialen Situation *eines jeden Einzelfalls* (vgl. Bohlender 2012a: 562f.; Göckler 2012: 73; Fachkonzept 2004: 19ff. u. Anlage 2 u. Anlage 8).

Zu diesem Zweck erstellt die Fallmanagerin in vermeintlicher Kooperation mit ihrem ‚Bündnispartner', dem betroffenen ‚eLb', zunächst ein *‚ganzheitlich' ausgerichtetes, individuelles Profil*, verstanden als „eine mehrdimensionale Prüfung der Stärken und Schwächen in Bezug auf die Beschäftigungsfähigkeit (‚employability')" (Fachkonzept 2004, Anlage 2). Letztere ist ihrem Inhalt nach keineswegs statisch aufzufassen, sondern ergibt sich aus den Anforderungen des (regionalen) Arbeitsmarktes, die mithilfe unterschiedlicher sicherheitstechnologischer Methoden dokumentiert werden. Inhaltlich betrachtet beschreibt die *Norm der Beschäftigungsfähigkeit* damit weniger eine im Sinne der Disziplinarmacht zu verstehende präskriptive Verhaltensregel bzw. ein vorab bestimmter, unveränderlicher Katalog von Idealen, als vielmehr eine Antwort auf die arbeitsmarktliche Realität.[205] Hieraus folgt, dass die Norm der Beschäftigungsfähigkeit der Regierungsmacht zugeordnet werden kann. Weil sie inhaltlich stets offen, flexibel und relational zu bestimmen ist, sind die Erwerbslosen – wollen sie sich der Norm annähern – zu permanenten und unabschließbaren Anpassungsleistungen gezwungen. Noch weiter: Da sich die zu identifizierenden Stärken und Schwächen der ‚Klienten' aus der Beschäftigungsfähigkeit und folglich aus den Anforderungen des Arbeitsmarktes ableiten, kann darauf geschlossen werden, dass als ‚Stärken' nur diejenigen Eigenschaften und Fähigkeiten gemessen und bewertet werden, die ökonomisch verwertbar sind. Umgekehrt müssten als ‚Schwächen' resp. Vermittlungshemmnisse sämtliche Verhaltens-, Denk- und Gefühlsstrukturen identifiziert werden, die eine eklatante Abweichung von den Anforderungen des wettbewerbsbasierten und flexiblen Arbeitsmarktes markieren und die demnach der Ethik des unternehmerischen Selbst diametral entgegen stehen.[206] Dem Er-

---

[205] Allerdings sei hier darauf verwiesen, dass Beschäftigungsfähigkeit an sich – d.h. unabhängig von ihrem Inhalt – ein im Vorfeld proklamiertes Ideal bzw. Ziel des Fallmanagements darstellt und von diesem Gesichtspunkt aus betrachtet auch im Sinne der disziplinären Normierung verstanden werden kann (siehe auch Rinn 2009: 196f.).

[206] Denn in den (hier individuell begründeten) vermittlungshemmenden Merkmalen resp. Schwächen „drücken sich die Diskrepanzen zwischen arbeitsmarktlichen Anforderungen und individuellen Profilen aus" (Fachkonzept 2004, Anlage 2). Damit kann auch nicht von einem starren Katalog an Vermittlungshemmnissen ausgegangen werden,

werbslosen wird folglich ein *auf seine ganze Person bezogener Wert* zugeschrieben, der sich einzig aus dem Kriterium seiner Marktgängigkeit ableitet. Wenn hier also der (neoliberal gewendete) Homo oeconomicus das alleinige Interpretations- und Bewertungskriterium jedweder Verhaltensweisen und Lebensformen des ‚eLb' darstellt, so zeigt sich, dass sich die Ratio des US-amerikanischen Neoliberalismus in die Regierungstechnik der Erstellung des Stärken-Schwächen-Profils eingeschrieben hat.

Durch die mutmaßliche Ermöglichung einer noch umfassenderen individuellen Betrachtung und Beurteilung der Arbeitslosen präsentiert sich das Profiling als eine weitere Maßnahme zur Prävention von Langzeitarbeitslosigkeit, als ein Instrument, das sowohl dem gemeinwohldienlichen (wettbewerbsbasierten) Arbeitsmarkt als auch der steuerzahlenden Solidargemeinschaft und schließlich der (noch) deprivierten ‚Klientin' zu Gute kommt (vgl. Fachkonzept 2004: 19ff. u. Anlage 2; Bohlender 2012a: 562f.).

Als relevantes, wie auch freiheitlich aussehendes Rechtfertigungsnarrativ für diese im Rahmen des beschäftigungsorientierten Fallmanagements durchzuführende „ganzheitliche Betrachtung der gesamten Lebenssituation und der Lebenslage" (Fachkonzept 2004: 18) der Betroffenen, wird der „Grundsatz des Förderns" (§14 SGB II) herangezogen, demzufolge das Dienstleistungsunternehmen BA gegenüber seiner ‚Kundin' eine umfassende Unterstützung und Betreuung bei der Eingliederung in Arbeit zu leisten hat (vgl. Deutscher Bundestag 2003: 54).[207] Denn wo eine umfassende Unterstützung ‚angeboten' und Risikoprävention geleistet werden sollen, bedarf es einer mindestens ebenso umfassenden Kenntnis der noch verborgenen Hemmnisse, Unzulänglichkeiten sowie Probleme der betroffenen Person und ihrer Kompetenzen, Stärken und Entwicklungspotentiale. Weil diese grundsätzlich in jedem noch so kleinen (persönlichen oder sozialen) Detail begründet sein können, inkorporiert das heilversprechende Profiling zugleich Elemente der allwissenden und penibel kontrollierenden Disziplinarmacht und verschärft damit den zwanglosen Zwang zur Selbstoffenbarung.

---

was auch in Anlage 2 des Fachkonzepts, die unter anderem das Profiling und Vermittlungshemmnisse thematisiert, betont wird (vgl. ebd.).

207 In der Begründung des Gesetzentwurfs zu § 14 SGB II heißt es wörtlich: „Die Vorschrift knüpft an die Aussagen zur Förderung des Erwerbsfähigen, insbesondere zur Eigenverantwortung, an und stellt klar, dass der Erwerbsfähige von der Agentur für Arbeit umfassend zu unterstützen ist. Dies bedeutet mehr als das Beraten und Vermitteln. Die Agentur für Arbeit hat alle Einflussfaktoren für die berufliche Eingliederung zu berücksichtigen und alle erforderliche Unterstützung zu geben, die sich mit den Grundsätzen der Sparsamkeit und Wirtschaftlichkeit vereinbaren lässt. Hierzu gehört bei Bedarf auch die intensive Betreuung. Die Zuordnung nach Möglichkeit nur eines Ansprechpartners soll ein kompetentes Fallmanagement sicherstellen, ein Vertrauensverhältnis zwischen dem Erwerbsfähigen und dem Mitarbeiter der Agentur für Arbeit fördern und der Effizienz der Betreuung des Erwerbsfähigen dienen" (Deutscher Bundestag 2003: 54).

Und in der Tat kennt das Fachkonzept prinzipiell keine persönliche Information über den Arbeitslosen, die nicht in den Datenpool aufgenommen werden könnte: Ob es sich um die materielle Situation des Betroffenen handelt, um vergangene Tätigkeiten, seine (beruflichen) Qualifikationen, soziale Netzwerke, Bedürfnisse und emotionale Empfindungen oder um die Essgewohnheiten und das Gesundheitsbewusstsein, alles, wo arbeitsmarktbezogene Chancen oder Risiken resp. Hemmnisse zu vermuten wären, also *alles*, was für die Herstellung von Beschäftigungsfähigkeit von Belang sein könnte, wird inventarisiert. – „Wer vorbeugen will, weiß nie genug" (Bröckling 2004a: 211). Im Fachkonzept werden daher folgende Datenerhebungskategorien vorgeschlagen: Leistungsbegründende *Stammdaten*[208], *Ressourcendaten*[209], *Persönlichkeitsdaten*[210], Vermittlungshemmnisse signalisierende *Gesundheitsdaten*[211], *berufsbiografische Daten*[212], Daten zur *Selbsteinschätzung*[213] und *Perspektivpfade*[214] (vgl. Fachkonzept 2004: 21f.; Legnaro/Birenheide 2008: 77).

---

208 Z.B. Familienzusammensetzung, Erwerbsstatus, Alter (vgl. Fachkonzept 2004: 21).

209 Ressourcendaten lassen sich untergliedern in Ressourcen, die entweder aus dem Betroffenen abgeleitet werden können und dabei eine stabilisierende Wirkung auf dessen Verhalten und Überzeugungen haben, oder die das soziale Umfeld des ‚eLb' darstellen, wie die Familienkonstellation, freundschaftliche und nachbarschaftliche Kontakte, Vereinszugehörigkeit usw. (wobei deren Beziehungsstärke gemeinsam mit dem Fallmanager jeweils zu beurteilen ist). Letztlich zählen auch materielle Ressourcen zu dieser Kategorie, wie bspw. die Wohn- und Einkommenssituation oder die Verfügbarkeit eines PKWs (vgl. Fachkonzept 2004: 21; Göckler 2012: 75f.).

210 Wichtige Eigenschaften und Merkmale für die Erwerbsorientierung der Arbeitsuchenden, wie Selbstbild, Belastbarkeit, Leistungsbereitschaft, Fähigkeit zur Selbstmobilisierung. Daneben können auch Daten darüber erhoben werden, wie sich die persönliche Biographie und/oder das familiäre Umfeld auf das bisherige subjektive Erleben von Erwerbsarbeit ausgewirkt haben bzw. mit diesem in Zusammenhang gebracht werden (vgl. Fachkonzept 2004: 22; Göckler 2012: 76).

211 Z.B. gesundheitlicher Zustand, Häufigkeit von Arztbesuchen (vgl. Fachkonzept 2004: 22). Wie Göckler bemerkt, müssen Krankheiten auch unter der Fragestellung einer möglichen „‚Flucht' vor den Anforderungen" (Göckler 2012: 76) analysiert werden.

212 Z.B. Bildungs- und Berufsdaten, Zusatzqualifikationen, IT-Kenntnisse, beruflich verwertbare Interessen und Hobbys, Sprachenkompetenz, regionale Mobilität (vgl. Fachkonzept 2004: 22).

213 Daten zur Selbstwahrnehmung (vor allem zur eigenen Eigeneinschätzung der beruflichen Fähigkeiten) zielen in diesem Kontext darauf, einen Abgleich zwischen der Selbstwahrnehmung des betroffenen ‚eLb' und der Einschätzung der Fallmanagerin zu gewinnen, um ggf. auf dieser Grundlage weitere Integrationsmaßnahmen zu planen (vgl. Fachkonzept 2004: 22; s.u.).

214 Diese Datenkategorie bezieht sich auf geplante berufliche Perspektiven der Betroffenen und erzeugt (als Kern von Empowerment) die Voraussetzungen für ihre aktive Mitarbeit (vgl. Fachkonzept 2004: 22).

Um das für diese „umfassendste Datensammlung nach der letzten Volkszählung" (Allex/Eberle 2006: 60) notwendige detaillierte Präventionswissen über vorhandene Vermittlungshemmnisse, persönliche Kompetenzen, Ressourcen und über die Erwerbslose und ihre „Wahrheit der Innerlichkeit" (Foucault 2004a: 267) selbst zu erhalten, sieht das Fachkonzept eine Fülle gouvernementaler und disziplinargesellschaftlicher Analyse-, Reflexions- und Beurteilungstechnologien vor: Neben kommunikativen Sozialtechniken, wie strukturierten Interviews oder der Befragung, kann der Fallmanager wahrheitsgenerierende Daten, Informationen und Eindrücke über seine ‚Klientin' vermittels unterschiedlicher standardisierter Testverfahren, der Beobachtung nonverbalen Verhaltens, Dokumentenanalysen oder durch Verfahren zur Selbsteinschätzung[215] gewinnen (vgl. Fachkonzept 2004: 19f.). All diesen Sozialtechnologien ist gemein, dass sie nicht nur Informationen über die Betroffenen generieren, sondern darüber hinaus immer auch spezifische Wirklichkeitsfelder erst konstruieren. Über das im Vorfeld festgelegte analytische Raster (z.B. das Fragengerüst) transportieren sie Wert- und Normvorstellungen, Sollvorgaben und damit Machtstrukturen und beeinflussen so die Ergebnisse in eine bestimmte Richtung noch vor ihrer Auswertung. Zugleich soll die Anwendung mehrerer, größtenteils wissenschaftlich abgesicherter Mess- und Evaluationsverfahren, die insgesamt auf die Erforschung und Bewertung der verschiedensten Aspekte des Betroffenen ausgerichtet sind, dem hieraus gewonnenen individuellen Stärken-Schwächen-Profil eine unhinterfragbare Objektivität verleihen.

Letztlich unterliegt das Spektrum dieser psychognostischen und psychotechnischen Evaluations- resp. Führungsprozeduren[216] – ganz im Sinne des neoliberalen, an ökonomischen Effizienzkriterien orientierten Qualitätsimperativs[217] – stetigen Optimierungsversuchen, die regelmäßig neue gouvernementale und disziplinäre Techniken des Profilings hervorbringen. Sie alle legitimieren sich demnach durch das Versprechen der Effizienzsteigerung des Profilings, sie alle suggerieren ein *noch höheres* Maß an Objektivität des individuellen Profils und damit eine *noch effektivere* Unterstützung der Maßnahmen-

---

215 Die Datengewinnung zur Selbstwahrnehmung des ‚eLb' erfolgt insbesondere mit Hilfe von Fragebögen zu den relevanten Bereichen der Sozialanamnese (vgl. Fachkonzept 2004: 22; Göckler 2012: 83). In diesem Kontext steht auch die im Folgenden noch zu behandelnde Regierungstechnologie des ABC-Tests.

216 In Anlehnung an Schmieder (1984: 112) sollen die Begriffe der ‚Psychognostik' und der hierauf aufbauenden ‚Psychotechnik' als auf die Psyche der zu regierenden Individuen ausgerichtete Sozialtechnologien verstanden werden. Schmieder bezieht sich in diesem Zusammenhang auf Stern (1903), der die Psychognostik als Menschenkenntnis und die Psychotechnik als Menschenbehandlung definiert.

217 Zum gouvernementalen Telos der permanenten Qualitätsoptimierung siehe Bröckling 2007: Kap. 4.3.

planung und der Eingliederung in Arbeit (siehe auch Bröckling 2007: Kap. 4.3; Schmieder 1984).

Fallbeispiel ABC-Messung

Exemplarisch sei hier auf die sog. ABC-Messung (**A**ttitudes, **B**alance, **C**ompetences)[218] verwiesen, eine auf die Erforschung und Offenlegung der *inneren* Wahrheit der Subjekte ausgerichtete psychognostische Sozialtechnologie, die seit 2009 in zunehmend deutschen Job- und Sozialcentren der Arbeitsagenturen zum Einsatz kommt.[219] Um ein bleibendes Wissen über die persönlichen Einstellungen, das emotionale Gleichgewicht[220] und über die sozialen wie auch psychosozialen Kompetenzen des Betroffenen zu erhalten – insbesondere über diejenigen, die im Rahmen der vorigen Beratungsgespräche noch verborgen geblieben sind –, wird auf einen Online-Fragebogen zurückgegriffen, der rund 240 Fragen umfasst.[221] Dabei hat der Erwerbslose Aussagen, wie ‚In Diskussionen führe ich gern das Wort', ‚Ich gehe Streit aus dem Weg' oder ‚Ich mag Pflanzen' mit den Antwortalternativen ‚Trifft zu' oder ‚Trifft nicht zu' zu bewerten. Die Ergebnisse werden mit Hilfe einer entsprechenden Software ausgewertet und zu einem individuellen Persönlichkeitsprofil zusammengefasst, welches die (sozial-)psychologischen Stärken und Schwächen des ‚eLb' offenlegt und demnach den Grad seiner Normabweichung zu objektivieren suggeriert.

---

218 Die ABC-Messung wurde vor 15 Jahren von dem niederländischen Unternehmen L & D Support BV entwickelt. Die Testfragebögen werden in den deutschen Jobcentern nicht nur in Deutsch ausgelegt, sondern stehen auch in den Sprachen Englisch, Niederländisch, Russisch und Türkisch zur Verfügung (vgl. Eingliederungsbericht Kreis Nordfriesland 2009: 65; Bohlender 2012b: 141).

219 Nach Kreutzträger (2011) wurde die ABC-Messung im April 2011 bereits in rund 20 deutschen Kreisen eingesetzt, unter anderem in Osnabrück, Nordfriesland, Verden, dem Emsland, aber auch in Süddeutschland, wie es bspw. aus einem Infoblatt des Jobcenters Stuttgart (2010) hervorgeht.

220 Zum emotionalen Gleichgewicht (‚Balance') heißt es im Eingliederungsbericht 2008 des Kreises Nordfriesland (2009: 65): „Es wird die Balance zwischen ‚Stabilität', ‚Bedürfnissen' und ‚Ängsten' betrachtet."

221 Problematisch für die Analyse der ABC-Messung ist, dass der Fragebogen nicht einsehbar ist. Da die Ziele der Identifizierung von Vermittlungshemmnissen und der so effektiver zu erreichenden Wiedereingliederung in Arbeit, die notwendigerweise die Herstellung von Beschäftigungsfähigkeit voraussetzt, auf ein an den Erfordernissen des Wettbewerbsmarkts orientierten Fragekatalog und Auswertungsverfahren schließen lassen und weil darüber hinaus einige wenige wissenschaftliche (insbesondere Bohlender 2012a u. 2012b) und sozialadministrative Textdokumente existieren, kann die ABC-Messung dennoch als Fallbeispiel herangezogen werden.

Auf der Grundlage des wahrheitsoffenbarenden Ergebnisberichtes kann die Fallmanagerin einen doppelten Abgleich zwischen subjektiver und objektiver Beurteilung vornehmen: Sowohl die Eigeneinschätzung des ‚Kunden' als auch dessen Fremdeinschätzung durch die Fallmanagerin können nunmehr mit dem wahren Selbst des Arbeitslosen abgeglichen werden. Während der Fallmanagerin auf diese Weise ihre eigenen (zu korrigierenden) Defizite hinsichtlich ihrer Urteilsfähigkeit und ggf. auch ihrer kommunikativen Kompetenzen vor Augen geführt werden, offenbaren sich dem Erwerbslosen durch hervortretende Diskrepanzen zwischen seiner Selbsteinschätzung und dem Testergebnis die in seinem Innersten verborgenen Mängel und Unzulänglichkeiten. Auch die von ihm bereits vermuteten Defizite seiner *soft skills* werden durch die wissenschaftlich abgesicherte und damit unhinterfragbare ABC-Messung zu einer unleugbaren Wahrheit seiner selbst objektiviert (vgl. Kreutzträger 2011; Bohlender 2012a: 557f.).

Diese Offenlegung der gesamten Innerlichkeit des Erwerbslosen vollzieht sich im Rahmen eines persönlichen Gespräches mit der Fallmanagerin.[222] Ganz im Sinne der vertrauensvollen Kooperationsbeziehung des Arbeitsbündnisses wird hier insbesondere der Abgleich in einer vermeintlichen partnerschaftlichen Zusammenarbeit fortgesetzt: Gemeinsam sollen entlarvte Auffällig- und Widersprüchlichkeiten zwischen den vorherigen Fremd- und Selbsteinschätzungen und dem Testergebnis erörtert, kritisch hinterfragt und ggf. korrigiert werden, um auf diese Weise eine *noch präzisere* Diagnose und Prognose über den Grad der Reintegrationsfähigkeit (oder eher: über die ökonomische Verwertbarkeit) des ‚eLb' stellen zu können (vgl. Eingliederungsbericht Kreis Nordfriesland 2010: 11).

Letztlich dient diese sich auf die Tiefenschichten der Subjektivität beziehende „Verbalisierung des Sündenbekenntnisses" (Foucault 2005h: 156) als eine treibende Kraft für die anvisierten Prozesse der Selbstreflexion und als ein den ABC-Test ergänzendes Instrument zu einer vertieften Offenbarung und Produktion eben jener inneren Wahrheit des Arbeitslosen.[223] Am Ende der

---

222 Das auf der Grundlage des Ergebnisberichtes erfolgende persönliche Gespräch wird im Eingliederungsbericht 2008 des Kreises Nordfriesland (2009: 65) als Hauptaufgabe der ABC-Messung dargestellt.

223 Während die schriftliche ABC-Messung hier zunächst als psychognostische Führungsprozedur gedeutet wurde, kann dieser zweite, auf dem Test unweigerlich aufbauende Teil der ABC-Analyse als psychotechnisches Regierungsinstrument gesehen werden. Denn eine umfassende Beeinflussung des Handelns, Fühlens und des Denkens des Betroffenen kann (muss aber nicht) erst in dem Maße einsetzen, wie der Getestete auch über die ihm noch unbekannte Wahrheit der Innerlichkeit Bescheid weiß. Der Test alleine, ohne eine hieran anknüpfende „sprachliche Manifestation der Wahrheit" (Foucault 2005h: 158) durch das (im Übrigen auch zu einer weiteren Selbstoffenbarung nötigende) Gespräch, könnte höchstens gouvernementale Effekte dadurch erzeugen, dass das Wissen über ein bevorstehendes Testverfahren der persönlichen Eigenschaften,

Regierungsprozedur steht schließlich die Selbstpositionierung des Betroffenen durch die Anerkennung der eigenen psychosozialen Wahrheit (vgl. Bohlender 2012a: 558; Foucault 2003c: 710f.).

Die Kommunikation der Testergebnisse kann fernerhin als ein Regierungsinstrument zur Feedback-Kontrolle gesehen werden: Einerseits ermöglicht es das persönliche Gespräch der Fallmanagerin, die Selbstkontrolle des Getesteten und den Grad seiner inneren Unterwerfung unter die Zwecke des Fallmanagements zu überprüfen. Andererseits kann der betroffene Erwerbslose erst durch die Mitteilung seiner Beurteilung eine entsprechend korrigierende „psychopolitische" (Rau 2010) Arbeit am eigenen Selbst vornehmen und seine gesamte Innerlichkeit dahingehend modellieren, dass die diagnostizierten Schwachstellen beseitigt und Stärken gestützt werden. Nach Bröckling (2007: 239) ist es eben diese feedbackgeleitete Selbstführung, die dem „Führen der Führungen" (Foucault 1999: 193) seine Gestalt der gouvernementalen Steuerung verleiht.

Obgleich die Testergebnisse auch ungeahnte ‚Fähigkeiten' hervorbringen, an welche Programme des Empowerments anzusetzen haben, so ist doch zu vermuten, dass sich diese anzuerkennende Wahrheit vorwiegend aus einer Fülle an Mängeln und Unzulänglichkeiten konstituiert. Denn wenn das beschäftigungsorientierte Fallmanagement dem Anspruch nach primär auf die Ausmerzung der selbstverschuldeten Vermittlungshemmnisse abzielt, wie sie bereits durch die Übernahmedefinition unterstellt werden, kann schlussgefolgert werden, dass der Fragebogen der ABC-Messung so konzipiert ist, dass vor allem die als Defizite definierten (arbeits-)marktfernen bzw. -konträren Eigenschaften aufgedeckt werden. Hierauf verweist auch der „Leitgedanke[...] der Prävention" (Fachkonzept 2004, Anlage 2) von Langzeitarbeitslosigkeit: Bei grundsätzlich allen auf die Vorbeugung potentieller Abweichungen von Sollwerten ausgerichteten Risikotechnologien „generalisiert der präventive Blick den Verdacht und sucht Indizien aufzuspüren, die auf künftige Übel hindeuten und an denen die vorbeugenden Maßnahmen ansetzen können" (Bröckling 2004a: 211).

Weil dieser ‚präventive Blick' innerhalb des beschäftigungsorientierten Fallmanagements ganzheitlich ausgerichtet ist und die ABC-Messung folglich die gesamte Innerlichkeit des Erwerbslosen nach potentiellen Risikosignalen durchforstet, scheint es unmöglich, im Ergebnisbericht keine persönlichen Defekte zugeschrieben zu bekommen. Hinzu kommt, dass die als marktkonträre oder -ferne soft skills verstandenen Vermittlungshemmnisse stets auch eine Negation oder unzureichende Ausprägung all derjenigen Einstellungen, Gewohnheiten, Emotionen, Verhaltenseigenschaften und (sozial-)psycho-

---

(psycho-)sozialen Kompetenzen usw. einen Anlass für eine reflexive Selbstproblematisierung eben dieser inneren Merkmale gibt (was aber ebenso wenig geschehen muss, wie eine hieran anknüpfende Veränderung des Verhaltens, Denkens oder Empfindens).

logischen Kompetenzen verkörpern, denen innerhalb der wettbewerbsmarktorientierten Enterprise Culture der Status des ‚Erstrebenswerten' angeheftet wird (s.o.).[224] Weil die Denk-, Verhaltens- und Gefühlsstrukturen des unternehmerischen Selbst prinzipiell unerreichbar sind und zudem eine permanente, auf Wachstum resp. Optimierung ausgerichtete Arbeit am eigenen Selbst erfordern, stellt es eine strukturbedingte (wie auch konstitutive) Unmöglichkeit dar, ihnen gerecht zu werden. Die permanente und unabschließbare Arbeit am eigenen Selbst ergibt sich nicht zuletzt daraus, dass die Norm der Beschäftigungsfähigkeit, wie dargelegt, inhaltlich offen und flexibel ist.[225] Zusammengenommen legt dies die Vermutung nahe, dass der Test so konzipiert ist, dass er ein ‚gutes' Ergebnis von vornherein ausschließt.

Betrachtet man die ABC-Messung selbst, verweist hierauf einerseits die Tatsache, dass ein inneres Gleichgewicht, ein geringes Stressempfinden sowie keine Versagens- oder Zukunftsängste, ‚zu viel' Lebensfreude oder eine ‚zu positive' Lebenseinstellung als ‚unzureichende' Fähigkeit zur Selbstreflexion und Selbstbewertung im Testbericht beurteilt werden. Andererseits kann auf ähnliche, zur Regierung von Langzeitarbeitslosen angewendete, psychognostische Sozialtechniken verwiesen werden, wie den ‚Stresstest-Fragebogen'.[226] Weite Teile der 99 Fragen – die alle beantwortet werden müssen – sind so konzipiert, dass sie „keine Ausweichmöglichkeiten hin zu einer korrekten Antwort [bieten]" (Allex/Eberle 2006: 62) oder dem Erwerbslosen von vornherein individuell nicht notwendigerweise zutreffende ‚defizitäre' Eigenschaften unterstellen.[227] Neben den negativen Zuschreibungen enthält der Stresstest

224 So werden in der ABC-Messung bspw. diejenigen Personen, die sich als machtlose Opfer ihrer Umwelt begreifen, als auffällig eingestuft (vgl. Bohlender 2012a: 558). Das folgenreiche Vermittlungshemmnis könnte demnach in der auf Passivität und Ohnmachtsgefühlen ausgerichteten Lebenseinstellung zu verorten sein. Diese Bewertung lässt sich darin begründen, dass die arbeitsmarktlichen Bedingungen ein aktives Subjekt voraussetzen. An dieser Stelle soll darauf hingewiesen sein, dass die Grenzen zwischen den hier identifizierten marktfernen und marktkonträren Vermittlungshemmnissen fließend sind. So kann bspw. eine festgestellte Ohnmachtserfahrung des sich als Opfer sozialer Umstände sehenden passiven Subjektes auch auf eine mangelhafte Fähigkeit zur Selbstreflexion zurückgeführt werden.

225 Darüber hinaus stehen Langzeitarbeitslose, wie dargestellt, allein wegen der (anhaltenden) Erwerbslosigkeit unter dem Generalverdacht der individuellen Unzulänglichkeit, der mit ihrer (in weiten Teilen über die Regierungstechnologie der Kommunikationsmedien transportierten) Stigmatisierung des moralischen Versagertums einhergeht.

226 Es stehen fünf Antwortalternativen zur Verfügung, bei denen der getestete Erwerbslose den Grad des Zutreffens einer Aussage festzulegen hat: Die Aussage kann demnach ‚nie', ‚selten', ‚manchmal', ‚häufig' oder ‚immer' zutreffen. Allerdings ergeben die Fragen häufig keinen logischen Sinn im Zusammenhang mit den Antwortalternativen (vgl. Allex/Eberle 2006: 62).

fernerhin Kontrollfragen, welche auf die Überprüfung der Wahrhaftigkeit der Antworten des ‚Kunden' (und damit seiner selbst) hinzielen (vgl. ebd.: 62f.).[228]

Es scheint, als würde die ABC-Messung auf die wissenschaftliche Untermauerung der Konstruktion eines unzulänglichen, mangelhaften Subjektes hinzielen und mehr noch: auf das *schuldige Subjekt.* Denn die Objektivierung der (sozial-)psychologischen Defizite des Getesteten ist zugleich eine ultimative Beweiserbringung seiner Schuldhaftigkeit.

Festzuhalten bleibt, dass die ABC-Messung als eine individualisierende und totalisierende Technologie der inneren Wahrheit der Erwerbslosen zu betrachten ist, in der sich die althergebrachten Methoden der Disziplinarmacht mit spezifischen Regierungstechniken kreuzen. Wie bei der Disziplinarmacht durchdringt und zergliedert die ABC-Messung die gesamte Innerlichkeit des Betroffenen, dokumentiert die Feinheiten seiner psychosozialen Konstitution, registriert (dem Anspruch nach) jede noch so profan wirkende Auffälligkeit (‚ich mag Pflanzen') und transformiert den Erwerbslosen in seiner psychosozialen Individualität zu einem beschreib- und analysierbaren *Fall.* Dieser ist (während der Beantwortung der Testfragen) „Objekt einer Information, niemals Subjekt in einer Kommunikation" (Foucault 1994: 257) und verhilft der ABC-Messung auf diese Weise zu einer allwissenden Technologie der Macht zu werden. Und weiter: Obgleich die (formell) überwachende (und strafende) Instanz aufgrund ihrer personifizierten Form der Fallmanagerin für den ‚eLb' nicht unsichtbar ist, besteht für den Arbeitslosen dennoch eine stetige Unsicherheit darüber, wie weit die Kenntnis seiner Fallmanagerin über seine individuelle Lebensführung reicht, welche Informationen über ihn angehäuft und registriert wurden und woher diese Informationen bezogen werden. Aus diesem Grund muss der Erwerbslose damit rechnen, dass prinzipiell jede abweichende Verhaltensweise von der Fallmanagerin registriert und – wie noch zu zeigen ist – sanktioniert wird (vgl. Rinn 2009: 195f.).

Die Auswertung der gesammelten Daten scheint jedoch – anders als bei der Disziplinarmacht – nicht an einer präskriptiven Norm orientiert zu sein,

---

[227] So gibt es bspw. eine Frage zum persönlichen Alkoholkonsum, die es in Kombination mit vorgegebenen Antwortmöglichkeiten von vornherein ausschließt, dass jemand überhaupt keinen Alkohol zu sich nimmt: Wird die Frage *„Ich habe zeitweise versucht, gar keinen Alkohol zu trinken"* (Allex/Eberle 2006: 62) mit *‚trifft immer zu'* beantwortet, kann dies so interpretiert werden, dass die betroffene Person zwar immer wieder versucht, mit dem Trinken aufzuhören, dabei jedoch erfolglos bleibt. Umgekehrt lässt die Antwort *‚trifft nie zu'* darauf schließen, dass es die Person nicht einmal versuchen würde, auf Alkohol zu verzichten (vgl. ebd.). Zu weiteren *unzulänglichen Fragen* (!) siehe Allex/Eberle 2006: 62ff..

[228] Geprüft wird, so die Autoren, „ob jemand den Fragebogen unkonzentriert, schlampig oder bewusst falsch ausfüllt" (Allex/Eberle 2006: 63).

als vielmehr am empirisch Normalen (Regierungsmacht). Einen Hinweis hierfür liefert die oben erwähnte Tatsache, dass ein inneres Gleichgewicht, keine Versagens- oder Zukunftsängste sowie eine ,zu positive' Lebenseinstellung als ,unzureichende' Fähigkeit zur Selbstreflexion und Selbstbewertung im Testbericht bewertet werden; also alles Eigenschaften, die den marktgesellschaftlich idealisierten und stets optimistischen Selbstunternehmer auszeichnen. Betrachtet man die ABC-Messung im Kontext des gesamten Fallmanagementprozesses, so fügt sie sich überdies in den gouvernementalen Modus einer *kontinuierlichen und unbegrenzten Kontrolle der Selbstkontrolle* der regierten ,Kundinnen' ein, die – mit Deleuze (1993a: 255) gesprochen – ihr freiheitliches Aussehen gerade dadurch erhält, dass sie sich als eine *zum Wohle der Betroffenen* erbrachte Dienstleistung präsentiert.[229]

Was mit der Analyse der ABC-Messung nicht beantwortet werden kann, ist die Frage nach der moralischen Degradierung der Getesteten. Auf den ersten Blick scheinen sich moralische Elemente hier nicht zu reproduzieren. Zieht man allerdings die in Kapitel 3.4.2 beschriebene *Umdeutung* von moralischen Kategorien selbst in die Überlegungen mit ein, wonach sich der Bereich des Unmoralischen zunehmend der ökonomisch verstandenen Unzulänglichkeit annähert, könnte die Frage nach einer moralischen Degradierung der Langzeitarbeitslosen durch die Technologien der Wissensproduktion bejaht werden. Dennoch soll an dieser Stelle keine Schlussfolgerung gezogen werden, da hierfür umfassendere Analysen der unterschiedlichen Machttechnologien notwendig wären.

Was sich über die vollzogene Offenlegung und Produktion der ,vermittlungshemmenden' psychosozialen Eigenschaften jedoch ganz deutlich reproduziert, ist die Zuschreibung einer (zumindest in den ,diagnostizierten' Aspekten) als ,pathologisch' deklarierten Innerlichkeit, also eben jener Erkrankung des Aktivitätspotentials und der Willensfähigkeit. Denn die durch den „Psycho-Test" (Kreutzträger 2011) gewonnene Diagnose des empirischen Ist-Zustandes der Innerlichkeit des Betroffenen ist – wie bei grundsätzlich allen gouvernementalen Testverfahren des Neoliberalismus – stets gekoppelt an die normative aber gleichermaßen inhaltlich offene und sachzwangartige Soll-Vorgabe der Marktkompatibilität resp. der Beschäftigungsfähigkeit:

> „Die Testergebnisse stehen nicht für sich, sondern sie liefern Informationen für die Auswahl (und Aussonderung) von Menschen und Material, für präventive, therapeutische, pädagogische und andere Interventionen und schließlich auch für die Arbeit an sich, für die Selbstkontrolle und Optimierung des individuellen Verhaltens" (Lemke 2004: 267).

---

229 Die disziplinargesellschaftliche Prüfung hingegen überwacht die Ergebnisse und weniger den gesamten Verlauf (vgl. Lemke 2004: 264f.).

Diese gewonnen Informationen dienen nicht zuletzt einer entindividualisierenden, am Grad der ökonomischen Verwertbarkeit orientierten Kategorisierung der ‚Kunden'. Dies wird im folgenden Kapitel erörtert.

4.4.3 Qualitätsmanagement, Controlling und Monitoring: Die Betreuungsstufen

Die sozialtechnologisch (bzw. psychognostisch) bewerkstelligte Wahrheitsgenerierung durch die entsprechenden Profiling-Instrumente hat also noch eine weitere Funktion: Eine im Dienste der Kapitalinteressen stehende Überprüfung des Grades der ökonomischen Verwertbarkeit der erwerbslosen ‚Kundin', eine ganzheitlich ausgerichtete, bis in die Tiefenschichten der Innerlichkeit reichende Evaluation ihrer ‚Qualität', die sich am Gütekriterium der als Beschäftigungsfähigkeit ausgedrückten Marktgängigkeit misst (vgl. Allex/Eberle: 2006: 56; Michel-Schwartze 2010: 328).[230] Dies zeigt sich unter anderem darin, dass der Arbeitslose auf der Grundlage seines persönlichen Chancen- und Risikoprofils jeweils für eine bestimmte Zeit in eine von fünf unterschiedlichen, am Kriterium der arbeitsmarktlichen Integrationsnähe resp. Beschäftigungsfähigkeit ausgerichteten ‚Betreuungsstufen' eingeteilt wird.[231]

---

[230] Im Fachkonzept ist explizit die Rede von der Notwendigkeit der Dokumentation und damit auch der Beurteilung der ‚Qualität' des individuellen ‚Falls': „Zur Beurteilung des Erfolgs von Fallmanagement ist es [...] zwingend, die ‚Eingangsqualität' der Fälle festzuhalten, das heißt die Problemlagen, die sich in der Praxis als Vermittlungshemmnisse erweisen" (Fachkonzept 2004: 35).

[231] Hier sei angemerkt, dass die erstmalige Segmentierung der Arbeitslosen in eine Kundengruppe oder Betreuungsstufe bereits nach dem ersten Profiling zu erfolgen hat, welches i.d.R. vor der Übernahme in das beschäftigungsorientierte Fallmanagement vollzogen wird. Weil ‚Qualitätsmanagement' unter den Bedingungen flexibler, dynamischer Märkte prinzipiell unabschließbar ist – Bröckling (2007: 218) betont bspw. in Anlehnung an Oess (1994: 201), dass Qualität ein nie endender Prozess und kein irgendwann erreichtes Ziel sei –, wird die Zuordnung zu einer der Gruppen bzw. Stufen jedoch regelmäßig (also auch im Rahmen des Fallmanagements) wiederholt (s.u.). Dem Verständnis halber sei hinzugefügt, dass die (ebenfalls am Grad der Marktnähe resp. Beschäftigungsfähigkeit orientierte) Einteilung in eine Kundengruppe zumeist von der BA vorgenommen wird, die zwischen Marktkunden, Beratungskunden-Aktivieren, Beratungskunden-Fördern und Betreuungskunden hierarchisiert. In das beschäftigungsorientierte Fallmanagement werden i.d.R. nur Betreuungskunden (mit multiplen Vermittlungshemmnissen) aufgenommen (vgl. Fachkonzept 2004: 7 u. Anlage 6 u. Anlage 8). In den Jobcentern erfolgt auf der Grundlage dieser Klassifizierung i.d.R. eine weitere, vertiefte Einteilung in die Betreuungsstufen, wobei diese Segmentierung die für die Integrationsfähigkeit als ‚relevant' deklarierten Eigenschaften des Erwerbslosen in ein hierarchisches System, bestehend aus drei Schlüsselgruppen, einzuordnen versucht. Die Schlüsselkategorien, denen die im Profiling festgestellten individuellen Merkmale zuzuordnen

Mit der dem Anspruch nach „passgenaue[n] Zuordnung" (BA 2007: 5) zu einer der Kategorien – Integrationsfern: Betreuungs- und Hilfsbedarf (IF), Stabilisierungsbedarf (IG), Förderbedarf (IK), Integrationsnah (IN) und Integriert, aber weiterhin hilfsbedürftig (I) – wird dem Betroffenen folglich das Qualitätssiegel auf dem (Arbeits-)Markt verliehen (vgl. ebd.: 12f.; siehe auch Bröckling 2007: 216):[232] „Beschäftigungsfähige Erwerbslose werden kostengünstig für die Unternehmen vorsortiert in verwertbare, weniger verwertbare und nicht verwertbare Arbeitskräfte" (Allex/Eberle 2006: 56).

Wer einmal ein vergleichsweise ‚gutes' Siegel erhalten hat, wem also durch die Zuordnung in eine marktnahe Stufe eine hohe Qualität attestiert wurde, kann sich jedoch keineswegs auf seinem ‚Erfolg' ausruhen, sondern hat in eigener Verantwortung dafür Sorge zu tragen, die persönliche Qualität aufrechtzuerhalten und zu verbessern. Dies zwingt jedoch zu einer *permanenten* Selbstoptimierung. Denn unter den Bedingungen flexibler, dynamischer Märkte kann Qualität nicht mehr als Ziel konzipiert sein, sondern muss vielmehr als unabschließbarer Prozess ‚gedacht' werden, der eine kontinuierliche, auf der flexiblen Anpassung an die Anforderungen des Wettbewerbsmarktes beruhende (und damit der Ethik des Unternehmertums entsprechende) Arbeit am eigenen Selbst abverlangt. ‚Fehlinvestitionen' in das persönliche Humankapital oder Phasen der ‚Passivität', d.h. auch eine ausbleibende Anpassung an veränderte (u.U. nicht registrierte) Marktanforderungen, können folglich rasch zu einer gänzlichen Diskreditierung der individuellen ‚Qualität' beitragen.[233] Aus diesem Grund hat die persönliche Fallmanagerin die Angemes-

---

sind, sind die ‚Leistungsfähigkeit' (1. Priorität), ‚Motivation und Rahmenbedingungen für die Integrationsarbeit' (2. Priorität) und die ‚Qualifikation' (3. Priorität) (vgl. BA 2007: 9; Michel-Schwartze 2010: 329–333). Das System der Betreuungsstufen wurde im Jahre 2009 durch das sog. 4-Phasen-Modell der Integrationsarbeit ersetzt. Dieses weist vom Prinzip her dieselbe Grundstruktur auf, wie das System der Betreuungsstufen (vgl. BA 2013). Zum 4-Phasen-Modell siehe Gfrerer/Schmieder 2014: 35f..

232 Zu einer näheren inhaltlichen Definition der Gruppen siehe BA 2007: 13f..

233 Der Begriff der ‚Diskreditierung' soll verdeutlichen, dass die Fähigkeiten (oder das Humankapital) des Einzelnen keineswegs aufgehoben werden müssen. Die sich ständig wandelnden Marktanforderungen bergen jedoch die Gefahr, dass diese Fähigkeiten an ihrer ökonomischen Verwertbarkeit einbüßen und damit nicht mehr als ‚Qualität' gemessen und gedeutet werden. Wie Bröckling (2007: 241) kritisch anmerkt, sind Evaluationssysteme, weil bestimmte Maßstäbe vor dem Messen festgelegt werden müssen, „blind für das Neue. [...] Der Leistungsvergleich stärkt gerade nicht die innovativen Kräfte, nach denen man angeblich doch so händeringend sucht. Kreativität ist nicht evaluierbar." Wie im postfordistischen Unternehmen werden auch im Falle der Sozialtechnologien des beschäftigungsorientierten Fallmanagements all diejenigen, die gegen den Strom des Imperatives der ökonomischen Verwertbarkeit schwimmen, stets auf den ‚unteren' Beschäftigungsstufen landen. Selbst wenn die festgelegten Maßstäbe regelmäßig an die Marktanforderungen angepasst werden, bleibt diese Blindheit strukturell aufrechterhalten: Denn was gemessen wird, ist einzig das ökonomisch Rentable; alles, was

senheit der Zuordnung zu einer Betreuungsstufe und demnach die individuelle Beschäftigungsfähigkeit, die Auskunft über die ‚Qualität' des Arbeitslosen zu geben suggeriert, durch regelmäßig wiederholte Profilanalysen zu überprüfen.[234] Damit wird jedoch nichts anderes getestet, als die Selbstkontrolle des Erwerbslosen, als die Verinnerlichung des Qualitätsimperativs und die (innere) Unterwerfung unter die gouvernementale Rationalitätsordnung des Neoliberalismus (vgl. BA 2007: 3, 8; Bröckling 2007: Kap. 4.3; Lemke 2004).

> „An die Stelle der Zäsur der Prüfung, die den Abschluss eines Entwicklungsschritts innerhalb eines vorgezeichneten Verlaufsschemas markiert, tritt ein auf Dauer gestelltes Kontrollverfahren, in dem immer wieder neu verglichen, abgestuft und aufgewertet wird" (Lemke 2004: 266).

Auf- und Abstufungen sind auch im System der Betreuungsstufen vorgesehen: Bei diagnostizierten Integrationsfort- oder Integrationsrückschritten der ‚Klientin' erfolgt ein Wechsel in die entsprechende Betreuungsstufe. Nicht nur dem Stufensystem, sondern dem gesamten beschäftigungsorientierten Fallmanagement ist der neoliberale Flexibilitätsimperativ eingeschrieben.[235]

Eine flexible Leistungs- und Prozesssteuerung verlangt nach eben jenem flexiblen Selbst, wie es Voraussetzung für die optimale Entfaltung der ökonomischen Prozesse des Wettbewerbsmarktes ist: Weil der Stufenzugehörigkeit die Funktion eines Wahrheitsgenerators über die „tatsächliche Bedarfssituation" (Fachkonzept 2004: 10) zugesprochen wird, erscheint es als eine nur plausible Konsequenz, dass an jede Stufe die jeweils als angemessen definierten und damit unterschiedlichen Zugangsmöglichkeiten zu Betreuungs- und Unterstützungsleistungen gebunden sind. Dies impliziert, dass die Erwerbslose mit jedem Wechsel in eine neue Stufe immer auch mit einem quantitativ und qualitativ andersartigen Anforderungsprofil konfrontiert wird und damit stets in eigener Verantwortung ein mehr oder weniger hohes Maß an flexibler Anpassungsarbeit zu leisten hat. Mit der Etablierung des Stufensystems wird folglich ein künstliches Setting erzeugt, welches auf subtile Weise zur Einübung und Erzeugung einer erhöhten Akzeptanz der marktlich geforderten Flexibilität beitragen soll.

---

sich nicht in die Systemlogik der ökonomische Verwertbarkeit einfügen lässt, wird nicht als ‚Stärke' (also als Qualität) oder überhaupt nicht erfasst. Zum *Telos der Qualität* und unterschiedlichen, auf Selbstoptimierung ausgerichteten gouvernementalen Führungsstrategien bzw. -techniken siehe Bröckling 2007: Kap. 4.3.

[234] Hierin liegt ein Axiom aller politischen Technologien des Qualitätsmanagements: „Kontinuierliche Qualitätsverbesserung verlangt kontinuierliche Leistungsmessung" (Bröckling 2007: 233).

[235] Dass der Flexibilitätsimperativ als integraler Bestandteil des beschäftigungsorientierten Fallmanagements gesehen werden muss, zeigt sich auch in Hinblick auf Kapitel 4.4.5.

Da eine solche *Performance* – hier verstanden als ‚Leistung' – auf die authentisch wirkende, aber doch simulierte Bewältigung künftiger Aufgaben zielt, ist es kaum verwunderlich, dass ein Wechsel zwischen zwei Betreuungsstufen keineswegs unmittelbar an die bisherige Stufe anknüpfen muss. Wie die Erwerbstätigen auf den realen Wettbewerbsmärkten sowohl durch die permanente Gefahr eines fundamentalen Scheiterns als auch durch die verheißungsvolle Möglichkeit eines Anerkennung versprechenden Markterfolges zur unternehmerischen Selbstoptimierung mobilisiert werden sollen, kann auch der Erwerbslose ebenso einen rasanten ‚Aufstieg' erfahren, wie er radikal in die ‚unterste' Stufe der ‚Betreuungshierarchie' stürzen kann (vgl. BA 2007: 3, 8, 12; Bröckling 2007: 239; Legnaro 2004: 206f.; Lemke 2004: 265f.). Wer bspw. in einer vergleichsweise marktnahen Stufe eingeordnet ist, aufgrund eines nicht erreichten und wegen mangelnder arbeitsmarktlicher Alternativen für seine berufliche Qualifikation faktisch nicht zu erreichenden ‚vereinbarten' Ziels (vgl. Kap. 4.4.5) seine Motivation verliert, derjenige wird voraussichtlich in der (an die individuelle Niederlage anknüpfende) Überprüfung seiner Betreuungsstufe zu einem ‚integrationsfernen' Fall erklärt: Was das Beurteilungssystem erfasst und misst, sind nicht die marktlichen ‚Missstände', welche die vorhandene Qualifikation diskreditieren, bestimmte Verhaltensweisen aufoktroyieren und bei einer Nichtanpassung an das ökonomische Diktat zu individuellen ‚Niederlagen' führen. Damit scheint die Annahme über den an und für sich makellosen Markt auch in das beschäftigungsorientierte Fallmanagement Einzug gefunden zu haben. Stets ist es das Individuum selbst, welches als (vermeintlicher) Souverän seiner Handlungen und Entscheidungen als Ursache seiner Unzulänglichkeit identifiziert und zur Verantwortung gezogen wird; die Re-Subjektivierung der Arbeitslosigkeit reproduziert sich im Stufensystem fort.

Überdies ist die Konstruktion der Subjektform des unzulänglichen und mangelhaften Erwerbslosen sowohl auf der semantischen als auch auf der strukturellen oder systemischen Ebene zu verzeichnen: Jede der fünf Stufen zeigt in ihrer Semantik in unterschiedlich hohem Maße vorhandene Defizite an, stets ist man immer noch betreuungs-, hilfs-, förderungs- oder stabilisierungsbedürftig (vgl. Michel-Schwartze 2010: 333). Und ganz im Sinne der neoliberalen Rationalitätsordnung ist dem Bedarfsstufensystem die strukturelle Unmöglichkeit eingeschrieben, ein Maß der ‚Integration' zu erreichen, welches dem Betroffenen von der Zuschreibung des „Defizit-Wesen[s]" (Legnaro/Birenheide 2008: 77) befreit und zu einem makellosen oder zumindest zu einem gesellschaftlich anerkannten, respektablen und damit würdigem Selbst erklärt.[236]

---

[236] Diese Konstruktion der Langzeitarbeitslosen als „die Unzulänglichen" (Bohlender 2012a) erscheint als Teil eines während des gesamten Fallmanagements betriebenen „Degradierungszeremoniell[s]" (Legnaro/Birenheide 2008: 75), in dessen Rahmen die

Trotz und teilweise auch gerade wegen dieser systemimmanenten Aussichtslosigkeit, je den idealisierten (und flexiblen) Soll-Zustand zu erreichen, tragen die unterschiedlichen Evaluations- und Testverfahren und die hierauf gründende Klassifizierung der Betroffenen in ein vorgegebenes – und damit von Machtstrukturen durchzogenes – analytisches Raster das Potential zur Erzeugung wirkungsmächtiger gouvernementaler Effekte in sich: Wenn Qualität einen prinzipiell unabschließbaren Prozess bezeichnet, der eine permanente, am Referenzsystem des Marktes orientierte Arbeit am eigenen Selbst erfordert, so ist es die (semantische) Konstitution des hierarchischen Systems der Betreuungsstufen, welche diese sachzwangartige Notwendigkeit der Marktanpassung materialisiert und der ‚Kundin' als eine unleugbare Wahrheit vor Augen führt. Hinzu kommt das vermeintlich passgenaue[237] und umfassende ‚Unterstützungsangebot' bei der Herstellung ihrer Integrationsfähigkeit und der Eingliederung in den Arbeitsmarkt, das der Erwerbslosen jede Möglichkeit nimmt, sich im Falle eines ‚Scheiterns' als Opfer ihrer Umwelt zu begreifen. Eine andauernde Stagnation in einer Stufe infolge einer ausbleibenden Verbesserung der persönlichen ‚Qualität' muss damit einzig auf die unzureichenden Anstrengungen der entsprechenden Selbstoptimierung der ‚Klientin' zurückgeführt werden. Das Stufensystem und die (dem Anspruch nach) hierdurch gewährleistete passgenaue Betreuungsqualität transportieren folglich eben jene gouvernementale Responsibilisierungsstrategie, welche eine umfassende Verlagerung der Verantwortungsstrukturen auf die Regierten vornimmt und auf diese Weise jegliches individuelles ‚Scheitern' der Erwerbslosen als selbstverschuldet ausweisen kann (vgl. BA 2007: 1f., 12ff.; Legnaro/Birenheide 2008: 78f.; siehe auch Kap. 4.4.4).

Auch die *Vergleichsmöglichkeiten* zwischen ‚vereinbarten' (Teil-)Zielen und dem tatsächlichen Erfüllungsgrad (siehe auch Kap. 4.4.5), zwischen aktuellen ‚(Miss-)Erfolgsbilanzen' und früheren Ergebnissen der (teilweise partiell durchgeführten) Profilanalyse oder zwischen der gegenwärtigen Stufenzugehörigkeit und früheren Zuteilungen, können als mahnende Anreizstrukturen identifiziert werden. Installiert werden wahrheitsgenerierende Rückkopplungsschleifen, „die dem Einzelnen Normabweichungen signalisieren, die erforderlichen Adaptionsleistungen jedoch in seine eigene Verantwortung stellen" (Bröckling 2007: 239). Die Implementierung von Vergleichsmöglichkeiten kann demnach als eine gouvernementale Strategie gesehen werden, die

---

‚eLb' fortwährend dazu genötigt werden, mit ihrem persönlichen Fallmanager um ihre Hilfsbedürftigkeit resp. Leistungsberechtigung zu verhandeln (vgl. ebd.: 75ff.).

[237] Der Anspruch auf Passgenauigkeit rechtfertigt sich unter anderem durch das mit wissenschaftlichen Sozialtechnologien durchgeführte Profiling, welches die (spätere) Grundlage für die Zuordnung zu einer Betreuungsstufe bildet. Allerdings widerspricht die proklamierte Passgenauigkeit (individualisierende Dimension) ihrer Verknüpfung mit den standardisierten Kategorien der Betreuungsstufen (totalisierende Dimension).

der Aktivierung einer verstärkten Selbstkontrolle und eines umfassenden, dem Imperativ einer permanenten Leistungsverbesserung unterliegenden Selbstmanagements der Betroffenen dient (vgl. ebd.: 239–246).

Die unterschiedlichen Führungsinstrumente richten sich jedoch keineswegs ausschließlich an die Erwerbslosen. Auch die Fallmanagerinnen sollen das Management ihrer ‚Fälle' mithilfe der mannigfaltigen Führungstechnologien entsprechend rationalisieren. Betrieben wird ein permanentes und von einem „unermüdliche[n] Wille[n] zum Wissen" (Bröckling 2007: 234) gekennzeichnetes *Monitoring*, das nicht nur alle denkbaren Daten des ‚eLb' erfasst, statistisch auswertet, mit der Norm der Beschäftigungs- resp. Integrationsfähigkeit abgleicht, sondern das zudem durch die hierauf aufbauende Zuordnung zu einer Betreuungsstufe mögliche ‚Fehlentwicklungen' erkennen kann, bevor sie überhaupt eintreten konnten (vgl. Krasmann 2004): Weil die Zugehörigkeit zu einer der Betreuungsstufen die Integrationschancen bzw. -fähigkeit des ‚Einzelfalls' widerspiegeln soll, suggeriert sie zugleich, Aufschluss zu geben über den Umfang des notwendigen persönlichen Betreuungs- und Unterstützungsbedarfs. Demnach ist sie sowohl ein (Risiko-)Indikator für den prospektiven Kosten- und Zeitaufwand, der mit dem Betroffenen verbunden ist als auch ein elementarer Orientierungs- wenn nicht gar Ausgangspunkt für die weitere ‚passgenaue' Maßnahmenplanung zur Herstellung der individuellen Beschäftigungsfähigkeit. Ganz im Sinne der gouvernementalen Sicherheitstechnologien bestimmt die Stufenzugehörigkeit nichts anderes als den Risikograd, den der Einzelne für das Jobcenter selbst bedeutet (vgl. BA 2007; Legnaro/Birenheide 2008: 63, 66f.).[238]

Wie die BA bzw. die Jobcenter gegenüber dem Bundesministerium für Arbeit und Soziales (BMAS) und wie die Erwerbslose gegenüber ihrem Fallmanager, trägt auch der Fallmanager selbst die volle „Fallverantwortung" (Fachkonzept 2004: 29) gegenüber seinem Arbeitgeber. Auch er ist auf ein Kosten-Nutzen-Kriterien unterliegendes Qualitätsmanagement verpflichtet, hat Ziele und Teilziele festzulegen (z.B. Quotenziele hinsichtlich der Eingliederung, Aktivierung) und wird im Rahmen eines umfassenden Controllingsystems hinsichtlich des Erfüllungsgrades, also der erbrachten und nicht erbrachten Leistungen, von dem entsprechenden Jobcenter (bzw. dem BMAS) regelmäßig überprüft.

In Konsequenz dieser *Ergebniskontrolle* stellen sich jedoch – ganz anders als es der Begriff der ‚Betreuungsstufe' vermuten ließe – nicht selten sog. „Creaming-*Effekte*" (BMAS 2006: 98) ein: Der Fallmanager ‚investiert' die ihm zur Verfügung stehenden, begrenzten finanziellen und zeitlichen Ressourcen

[238] Somit kann das Profiling auch als Instrument zur Prüfung des vom ‚gescannten' ‚eLb' ausgehenden Risikos für das Jobcenter verstanden werden (vgl. Legnaro/Birenheide 2008: 63).

nicht primär in die ‚marktfernen' Erwerbslosen, denen durch ihre Stufenzuordnung doch gerade ein hoher Bedarf an Betreuungs- und Unterstützungsleistungen diagnostiziert worden ist. Vielmehr richten sich seine Bemühungen auf die marktnahen, also ‚leicht' vermittelbaren, de facto keine oder nur wenig Förderung benötigenden und damit einen zeitnahen Erfolg versprechenden ‚Fälle'. Diese Creamig-Effekte verweisen nicht zuletzt auf die sicherheitstechnologisch initiierte Ausschließung von denjenigen Erwerbslosen, denen durch ihre Zuordnung zu einer entsprechenden Risikogruppe eine derart geringe ökonomische Verwertbarkeit attestiert worden ist, dass die Option der Nicht-Führung zu einer rationalen Problemlösungsstrategie avanciert. Die Regierungstechnik des Betreuungsstufensystems erfährt in diesem Fall eine Umdeutung ihrer proklamierten Zwecksetzung: Anstatt der Prävention von Langzeitarbeitslosigkeit zu dienen, mutiert sie zum Instrument eines *Managements* der nicht in die gouvernementale Ordnung intelligiblen, jenseits des unternehmerischen Subjetideals zu verortenden, schwer vermittelbaren und damit kostenintensiven ‚Fälle' (siehe auch Kap. 5.1.5). Diese gilt es folglich lediglich

> „handhabbar zu machen, [...] strukturell einzufügen und einzupassen und nach gegebenen Kriterien übersichtlich und konturiert darzustellen" (Legnaro/Birenheide 2008: 19f.).

Schlussendlich kann die Kategorisierung der Menschen in die Betreuungsstufen als ein Ausdruck der am Referenzsystem des Marktes ausgerichteten, d.h. ‚qualitätsbezogenen', Hierarchisierung der Erwerbslosen gedeutet werden, als eine weitere Facette eben jener immer mehr wohlfahrtspolitische Bereiche ergreifenden, betriebswirtschaftlichen Effizienzorientierung: Einer ‚Ökonomisierung der Sozialpolitik' (vgl. ebd.: 67f.; Fachkonzept 2004, Anlage 8; Bescherer et al. 2008: 18).

4.4.4 Empowerment: Zur totalen Mobilmachung

Nicht nur das Versprechen der auf die *individuelle Bedarfslage* ausgerichteten Beratungs- und Betreuungsleistungen wird durch seine Unterordnung unter den Primat des Wettbewerbsmarktes und durch die entindividualisierende Betreuungshierarchie seines emanzipatorischen Potentials beraubt. Auch die im Fachkonzept vorgesehene Hilfe zur Selbstermächtigung der ‚eLb' (Empowerment), welche ursprünglich im Rahmen der Bürgerrechtsbewegung der 1950er und 1960er Jahre in den Vereinigten Staaten Amerikas zur Stärkung sozial benachteiligter Gruppierungen vorgesehen war,[239] erhält ihre Berechti-

---

[239] Erstmals verwendete Babara Solomon (1976) den Begriff des ‚Empowerments' in ihrem Handbuch für die Sozialarbeit „Black Empowerment. Social Work in Oppressed Communities". Dennoch war der Empowerment-*Gedanke* bereits vor den 1970er Jahren von

gung primär, um zu einer höheren Effektivität und Effizienz des Fallmanagementprozesses beizutragen.[240] In diesem Sinne wird auf die (vermeintlich) kostengünstige Regierungsstrategie der Responsibilisierung zurückgegriffen, die zugleich die spezifisch neoliberale Management-Narration zum Ausdruck bringt: Anstatt die Probleme der Erwerbslosen zu lösen, gilt es vielmehr, ihre individuelle Problemlösungs*kompetenz* zu fördern, um sie auf diese Weise zu bemächtigen, selbst, und zwar in voller Eigenverantwortung, aktiv zu werden.[241] Ihre sich in der Langzeitarbeitslosigkeit äußernde Passivität wird hingegen, wie dies generell bei Empowerment-Ansätzen der Fall ist, mit einem prinzipiellen (und letzten Endes selbst zu verantwortenden[242]) Mangel an Macht begründet, der als Quelle von Hoffnungslosigkeit und Ohnmachtsgefühlen eben jenes psychosozial deprivierte, beschäftigungsunfähige Subjekt erst erzeugt und den es insofern zwangsweise zu überwinden gilt.[243] Zwar hat sich diese Überwindung der Machtlosigkeit gerade nicht durch eine umfassende Analyse der persönlichen Schwächen zu vollziehen, was den Eindruck erweckt, dass das Empowerment das zuvor konstruierte unzulängliche Subjekt auflösen würde. Doch ganz im Gegenteil reproduziert sich die Konstruktion eines unzulänglichen, deprivierten Subjektes, wie angedeutet, bereits im

entscheidender Bedeutung für unterschiedliche Bürgerrechtsbewegungen, so insbesondere für den Emanzipationskampf der Afroamerikaner im Rahmen des US-amerikanischen Civil Rights Movements (vgl. Bröckling 2007: 185, 189).

240 Das Empowerment stellt allerdings keine eigene Stufe innerhalb des beschäftigungsorientierten Fallmanagements dar, sondern ist vielmehr eine politische Technologie, die sich durch den gesamten Prozess des Fallmanagements zieht.

241 Empowerment beruht folglich auf nichts anderem, als der bereits beschriebenen als-ob-Aktivitäts- bzw. Rationalitätsunterstellung, die als eigentümliche Komponente der neoliberalen Gouvernementalität identifiziert werden konnte. Wie sich im Verlaufe des Textes zeigen wird, begründen die Vertreter des Empowerment-Ansatzes sowohl Passivität als auch Aktivität resp. Selbstbemächtigung mit dem Grad an Machtbesitz der betroffenen Subjekte.

242 Zwar betonen die Vertreter des Empowerment-Ansatzes i.d.R., dass es bei der Selbstbemächtigung gerade nicht darum geht, dem machtlosen Subjekt die Verantwortung und Schuld für seine Passivität, Hemmungen bzw. psychosoziale Deprivation zuzuschreiben und dass der Fokus vielmehr auf einer eigenverantwortlichen Selbstbemächtigung gelegt werden muss. Impliziert reproduziert jedoch auch die Narration des Empowerments die Zuschreibung eines selbstverschuldeten Scheiterns: „Wenn die Zukunft prinzipiell offen ist, dann war sie es auch schon früher, und der Einzelne muss sich zumindest vorwerfen lassen, die Möglichkeitshorizonte von gestern ignoriert zu haben" (Bröckling 2004b: 60).

243 Dabei ist es neben den Betroffenen selbst auch der Staat, der durch die Setzung falscher Rahmenbedingungen, d.h. insbesondere durch die jahrzehntelange Praktizierung der erwähnten fürsorglichen Belagerung, als Urheber und Produzent dieser Machtlosigkeit identifiziert wird und der sich demnach unweigerlich dem Modell des Vorsorgestaates entsagen muss (vgl. Bröckling 2007: 192).

Verweis auf die Notwendigkeit der Anwendung von Technologien der Selbstbemächtigung selbst (vgl. Fachkonzept 2004, Anlage 3; Bröckling 2007: 192ff. u. 2004b): Denn ‚empowered' werden können nur diejenigen, die zuvor als Machtlose definiert bzw. problematisiert wurden, weshalb

> „*the 'powerless' do not exist as such prior* to the application of technologies of citizenship; the ‚powerless' are the object and the outcome of the will to empower" (Cruikshank 1999: 71f.).[244]

Ein elementarer Bestandteil und eine notwendige Bedingung dafür, dass die unmittelbar ‚empowernden' Maßnahmen in Form einer Selbstbemächtigung greifen können, besteht in der inneren Implementierung eines *Wissens* über die grundsätzlich vorhandenen Stärken resp. Machtpotentiale der ‚eLb': Wie allen Machtlosen wird auch Langzeitarbeitslosen unterstellt, sich häufig ihrer eigenen Fähigkeiten zur selbstständigen Bewältigung „ihre[r] z.T. defizitären Lebensumstände" (Fachkonzept 2004, Anlage 3) nicht bewusst zu sein. Weil sich eben diese Bewusstwerdung der (noch) verborgenen Machtpotentiale am effektivsten durch ihre unmittelbare Erfahrung selbst realisieren lässt, zieht sich die in Kapitel 4.4.1 beschriebene „befähigungsorientierte Beratung" (ebd.) durch sämtliche Stufen des Fallmanagements (vgl. ebd.; Bröckling 2007: 194):

So definieren die Autoren des Fachkonzepts bspw. als unverzichtbare Voraussetzungen für den „umfangreichste[n] und auch wichtigste[n] Teil der im Rahmen des Assessment zu erhebenden Daten und Informationen" (Fachkonzept 2004: 20) ein tragfähiges Arbeitsbündnis und hierin inbegriffen ein von der Sinnhaftigkeit der Verfahrensweise überzeugter ‚Kunde', der nicht nur die einzelnen Prozessschritte nachvollziehen kann, sondern dem überdies die Möglichkeit der entsprechenden Mitgestaltung offensteht und „[d]er letztendlich die positiven Perspektiven für sich erkennen kann" (ebd.: 21). Fallmanagerinnen und ‚eLb' sollen stets „auf ‚gleicher Augenhöhe' miteinander [...] verhandeln" (ebd.: 22) und in enger Kooperation an einer gemeinsamen Mission arbeiten. Eine Bewertung und Interpretation der erhobenen Daten von Seiten der Fallmanagerin sind ausschließlich im „fragenden Konjunktiv" (ebd.) zu verfassen, um den Betroffenen dazu anzuregen (und ggf. direkt aufzufordern), die Fremdzuschreibungen anzunehmen, zu ergänzen, zu korrigieren oder zu verwerfen (vgl. ebd.: 22f.).

---

244 Nach Bröckling (2007: 193) sind es Expertinnen, denen die Definitionsmacht zukommt zu bestimmen, wer zum Gegenstand von Empowerment-Maßnahmen wird. Im Falle der Regierung von Langzeitarbeitslosen sind diese Expertinnen die Fallmanagerinnen, die die letzte Entscheidung über die Aufnahme in die Fallmanagementprozedur treffen. Dennoch sind zwischen den klassischen Empowerment-Expertinnen und den Fallmanagerinnen auch Brüche zu verzeichnen, da erstere i.d.R. keine Vorschriften erlassen, die Fallmanagerinnen jedoch vom ‚eLb' gerade bestimmte Tätigkeiten als Gegenleistungen für die Sozialleistungen einklagen.

Die vorgesehene aktive Einbeziehung des ,eLb' in die Maßnahmenplanung soll demnach das *Gefühl* einer umfassenden Gestaltungsmacht am Integrationsprozess erzeugen und den im Rahmen des Arbeitsbündnisses erschaffenen Eindruck einer auf Wahlfreiheit, Egalität und vertrauensvoller Kooperation gründenden win-win-Situation intensivieren. Dabei stellt die vermeintliche Versöhnung von individuellen und (markt-)gesellschaftlichen Interessen auch für die Empowermenttechnologie ein Kernelement dar. Denn die Steigerung der Machtpotentiale des ,Kunden' soll diesen – über seine Bemächtigung zur eigenständigen Bewältigung der mangelhaften Lebenssituation hinaus – stets dazu befähigen, die eigenen Lebensumstände „selbsttätig so zu verbessern, dass [sein] Wohlbefinden gesteigert wird" (Fachkonzept 2004, Anlage 3). Wenn also Selbstbemächtigung zu einer conditio humana naturalisiert wird, so muss ihr Gegenstück, die Machtlosigkeit, als eine untragbare und daher im Dienste der persönlichen Glückseligkeit zu behandelnde Erniedrigung der Erwerbslosen klassifiziert werden (vgl. Bröckling 2007: 206).[245]

Die Bemächtigungsappelle verkörpern durch das an ihre Befolgung gekoppelte Versprechen der Befriedigung mannigfaltiger (unterstellter bzw. neoliberal umgedeuteter) Bedürfnisse demnach den Versuch, eine freiwillige (innere) Unterwerfung unter die fremdgesetzten Ziele des Fallmanagements – oder, im weiteren Sinne: unter den generalisierten Imperativ des Wettbewerbsmarktes – zu bewirken. Betrieben wird ein „partizipativer Führungsstil" (von Diemer 1994: 1070, zit. n. Bröckling 2007: 222), der die kostengünstige und effektive Selbstkontrolle zu aktivieren und Herrschaft durch Selbstbeherrschung zu ersetzen versucht und der somit auf eine „totale Mobilmachung" (Bröckling 2007: 222)[246] der unternehmerischen Denk- und Verhaltensweisen der angerufenen Subjekte zielt. Nicht zu unterschätzen ist in diesem Zusammenhang die persönliche Betreuung durch die Fallmanagerin und der angestrebte Aufbau einer vertrauensvollen Beziehung, da die gouvernementalen Appelle so auch die Tiefenschichten der Emotionalität der Betroffenen zu erreichen versprechen, denn was könnte effektiver sein, als eine „Instrumentalisierung der [Erwerbslosen; L.G.] in ihrem eigentlichen Menschsein" (Boltanski/Chiapello 2006: 145)?[247]

---

245 Diese Argumentationsstruktur der erniedrigenden Machtlosigkeit resp. Passivität markiert überdies ein häufig verwendetes Rechtfertigungsnarrativ für die vom ,eLb' eingeforderten Gegenleistungen: „Jedwede Arbeit ist für einen arbeitsfähigen Menschen würdiger als die Entgegennahme einer finanziellen Unterstützung ohne Gegenleistung" (Pressemitteilung Hessisches Sozialministerium vom 26.04.2002, zit. n. Segbers 2009: 20).

246 Zur ,totalen Mobilmachung' siehe auch Bröckling 2000.

247 Boltanski/Chiapello (2006: 145) beziehen sich zwar auf die Managementstrategien postfordistischer Unternehmen, dieser Teil ihrer Analyse trifft jedoch auch in Bezug auf die hier beschriebene Regierung von Langzeitarbeitslosen zu.

Weil Empowerment im Rahmen des Fallmanagements seine Berechtigung ausschließlich in Form einer neoliberal eingefärbten Regierungstechnologie erhält, bleibt die Unterstützung der Erwerbslosen auf eine „Hilfe im Wettbewerb" (Streeck 1998: 45) begrenzt. Wer sich dem marktlichen Aktivierungsimperativ nicht beugt, hat sein Recht auf weitere Unterstützungsmaßnahmen verwirkt. Dabei ist es, wie in Kapitel 3.4.2 beschrieben, ganz gleich, ob die Ursachen hierfür im Willen oder im Können der Erwerbslosen zu situieren sind. Hat die ‚Kundin' einmal die zahlreichen Maßnahmen zur Selbstbemächtigung durchlaufen, sollte sie auch in der Lage sein, den an sie herangetragenen Anforderungen gerecht zu werden und sich auf den Wettbewerbsmärkten im Kampf um einen Arbeitsplatz durchzusetzen. Gelingt ihr dies nicht, so gibt es keinen außer ihr selbst, der hierfür zur Verantwortung gezogen werden könnte und dem die Schuld für ihr Misslingen zuzuschreiben wäre. Ganz gleich, wie sich ihr persönliches Versagen äußert, gemäß der gouvernementalen Narrationen von Autonomisierung und Responsibilisierung ist es stets als ein Resultat einer unzureichenden Selbstoptimierung zu begreifen (vgl. Bröckling 2007: 209f.; Kocyba 2004: 20f.; Legnaro/Birenheide 2008: 78f.).

Sofern der Erwerbslosen etwas an einer ausreichenden finanziellen Unterstützung durch den Sozialstaat gelegen ist, sollte sie umgehend eine „Flucht nach vorn" (Neckel 2008) antreten, die entsprechenden Selbstmodulationen zur Unternehmerin ihrer Beschäftigungsfähigkeit vornehmen und dem Fallmanager nachweisbare Erfolge vorweisen; denn auch die an das Assessment anknüpfende Stufe, die sog. Eingliederungsvereinbarung, unterliegt einer strikten Kosten-Nutzen-Logik und ist ‚Ausreden' gegenüber immun.

4.4.5 Kontrakt: Die Eingliederungsvereinbarung

Die „Eingliederungsvereinbarung" (§ 15 SGB II) (‚EinV')[248] verkörpert eine quasi-juridische Regierungstechnologie, die sich das Recht der souveränen Macht zunächst als eine gouvernementale Taktik aneignet (s.u.). Als ein simulierter „öffentlich-rechtlicher Vertrag" (Fachkonzept 2004: 25),[249] der zwischen dem ‚eLb' und der Fallmanagerin ‚geschlossen' wird, dient sie der Konkretisierung und der rechtlich verbindlichen Festlegung der gegenseitigen Rechte und Pflichten. Simuliert wird ein ‚gerechter' Tausch zweier gleichberechtigter Vertragspartner, bei dem sich der Erwerbslose – im Sinne des Referenzsystems

[248] Diese Abkürzung ist von der Bundesagentur für Arbeit übernommen.

[249] Der Rechtscharakter der ‚EinV' ist aus juristischer Perspektive jedoch umstritten. Während Berlit, Vorsitzender Richter am BVerwG, die ‚EinV' als öffentlich-rechtlichen Vertrag definiert, lehnt Spellbrink, Richter am BSG, diese Klassifizierung eindeutig ab und sieht in der ‚EinV' lediglich eine Normkonkretisierung durch den persönlichen Sachbearbeiter (vgl. Kramer 2006).

des (liberal konzipierten) Marktes – mit der Unterzeichnung der ‚EinV' darauf verpflichtet, für die sozialstaatlich gewährte, existenzsichernde Leistung auch entsprechende Gegenleistungen zu erbringen. So suggeriert bereits der Terminus der ‚Vereinbarung' einen „voluntaristisch vollziehbare[n] Akt, der offensichtlich lediglich des guten Willens bedarf, um vorgenommen werden zu können" (Legnaro/Birenheide 2008: 60).

Und in der Tat wird die ‚EinV' im Fachkonzept als Formalisierung des Arbeitsbündnisses deklariert und erscheint insofern als das Resultat eines freiwilligen wie auch egalitären Aushandlungsprozesses, intensiver Beratung des Fallmanagers und einer permanent aktiven Mitarbeit seiner ‚Kundin'.[250] Eine erhöhte Transparenz, Gleichberechtigung, partnerschaftliche Kooperation und Diskursivität treten damit an die Stelle einer einseitigen hoheitlichen Entscheidung der ‚Verwaltungsämter'. Im Unterschied zur souveränen Macht ist der Rechtskatalog demnach weder als alleiniger Wille der souveränen Instanz zu betrachten, noch ist er Ursprung der (gouvernementalen und disziplinären) Führungsmaßnahmen; es sind vielmehr (zumindest auf der programmatischen Ebene) die Macht- *und* Selbsttechniken des Arbeitsbündnisses und des aktivierenden Assessments selbst, die den Ausgangspunkt des Rechts verkörpern. Strategisch ist dies nicht zuletzt deswegen, weil der Inhalt der ‚EinV' so ein Höchstmaß an unhinterfragbarer Objektivität beanspruchen kann; denn die gegenseitigen Rechte und Pflichten wurden auf der Grundlage der sozialtechnologisch gewonnenen Daten über die Stärken und Schwächen des ‚eLb' festgelegt und stehen somit für ein wissenschaftliches Wissen (vgl. ebd.: 59ff.; Bieback 2009: 186, 195; Fachkonzept 2004: 24–28).

Die emanzipatorische Fassade der ‚EinV' bröckelt jedoch bereits mit Blick darauf, dass unkooperative ‚Klientinnen' notfalls auch rechtlich zur Mitwirkung an der Integrationsplanung gezwungen werden können, was jedoch eine gänzliche Dementierung des Arbeitsbündnisses und eine Einschränkung der negativen Freiheitsrechte bedeuten würde. Dies lässt darauf schließen, dass eine ‚EinV' nicht notwendigerweise auf der proklamierten freiwilligen, kooperativen und egalitären Vertrauensbeziehung gründen muss.[251] Auch ein zweites Fundament der ‚EinV', das individuelle Chancen- und Risikoprofil der ‚eLb', verweist auf subtile (nun gouvernementale) Kontrollmodalitäten, vermittels derer die zuvor zugestandenen ‚Verhandlungsfreiheiten' radikal eingeschränkt werden: Denn die Identifizierung von Stärken, Entwicklungspo-

---

250 So heißt es bspw. im Fachkonzept (2004: 26), dass die ‚EinV' aus einer *gemeinsam erarbeiteten* Integrationsplanung hervorzugehen hat, bei welcher der Fallmanager mit seiner ‚Kundin' jeden einzelnen Schritt zu deren Widereingliederung in Arbeit bespricht und festgelegt.

251 Überdies ist im Fachkonzept die Verpflichtung des Abschlusses der ‚EinV' vorgesehen. Diese wird im Zusammenhang mit den Sanktionspraktiken noch erläutert.

tentialen oder Schwächen resp. Vermittlungshemmnissen der ‚Kundin' beruht, wie dargelegt, in weiten Teilen auf gouvernemental eingepassten Sozialtechnologien der neoliberalen Wissensordnung. Ob eine persönliche Eigenschaft, Verhaltens- oder Denkweise eher als positiv oder negativ bestimmt und ob sie überhaupt sozialtechnologisch registriert und in das persönliche Profil integriert wird, hängt, wie ebenfalls beschrieben, stets davon ab, ob sie als förderlich, als Risiko bzw. hinderlich oder als irrelevant für die Entfaltung der marktwirtschaftlichen Prozesse gesehen wird.[252] Wenn die diagnostizierten Stärken und Schwächen also die Grundlage der ‚EinV' bilden, zugleich aber selbst einen affirmativen Ausdruck des neoliberalen Rationalitätsregimes verkörpern, so ist es letztlich belanglos, ob der festzulegende Pflichtenkatalog durch eine intensive Kooperation zwischen den ‚Bündnispartnern' zustande kommt oder nicht; in jedem Fall basiert er auf sozialtechnologisch im Vorfeld festgelegten Annahmen über den Menschen, auf einer gouvernemental vorausgesetzten und so erst zu erzeugenden Wirklichkeit, welche durch den Anspruch auf Wissenschaftlichkeit die ihr inhärenten Machtstrukturen unkenntlich zu machen versucht und die sich gleichsam eine unhinterfragbare Plausibilität zuspricht.

Kontrollgesellschaftliche Züge trägt die ‚EinV' zudem aufgrund ihrer Konzeption als *Zielvereinbarung*, ein klassisches Instrument zum „Regieren auf Distanz" (Miller/Rose 1994: 69), welches die Ausführenden dazu verpflichtet, die vorgegebenen oder vereinbarten Ziele bis zu einem bestimmten Zeitpunkt zu verwirklichen. Damit wird den Erwerbslosen zwar ein gewisses Maß an Dispositionsspielräumen eingestanden, denn wann und wie sie die von ihnen eigeforderten Gegenleistungen im Rahmen des festgelegten Zeitfensters erbringen, ist weitestgehend ihnen überlassen. Als gouvernemental bereitgestellte Möglichkeitsfelder lösen diese Handlungs- und Entscheidungsfreiheiten die Kontroll- und Steuerungsmechanismen jedoch gerade nicht auf, sondern dienen vielmehr selbst der Installierung neuer (subtiler) Formen „weicher Dressur" (Schmieder 1984: 108), indirekter Kontrolle und damit neuartiger und umso zwangloser erscheinender Zwänge (vgl. ebd.: 120; Legnaro/Birenheide 2008: 64; siehe auch Marrs 2010). So verpflichtet sich der ‚eLb' mit der Unterzeichnung der ‚EinV' bewusst oder unbewusst immer auch dazu, seine Freiräume im Sinne derjenigen Kompetenzen des *arbeitsfähigen* Subjektes zu nutzen, die über die festgelegten Gegenleistungen transportiert werden (s.u.). Denn „Verträge kann man nur im Hinblick auf etwas abschließen, über das man verfügt" (Bröckling 2007: 146).[253]

252 Wie in Kapitel 4.4.2 gezeigt, konstituieren sich die diagnostizierten Stärken und Schwächen als Antwort auf die arbeitsmarktliche Realität.

253 Zumal die zeitgenössischen Verträge stets ein bestimmtes Menschenbild transportieren. Dabei handelt es sich um ein „rational kalkulierendes, auf sein Eigeninteresse bedachtes und gerade deshalb soziales Wesen" (Bröckling 2007: 143).

Diese als-ob-Unterstellung eines erwerbsfähigen Subjektes, das mutmaßlich zugestandene Mitspracherecht bei der Aushandlung der inhaltlichen Bestimmung der ‚EinV' und demnach die Möglichkeit des Einspruchs bei zu hoch angelegten Maßstäben und letztlich auch die vermeintlichen ‚Handlungs- und Entscheidungsspielräume' lassen es nur gerechtfertigt erscheinen, vom ‚Kunden' die Verantwortung für die Leistungserbringung einzufordern. Damit findet die gouvernemental initiierte Verlagerung der *Schuldverhältnisse* auf die Individuen im Bereich des ALG-II-Regimes eine rechtlich verbindliche Grundlage. Eine Nicht-Einhaltung der festgelegten Pflichten und folglich ein persönliches Versagen sind vor diesem Hintergrund stets als *selbstverschuldet* zu verbuchen. Die Responsibilisierung und die damit verbundene Möglichkeit eines selbstverschuldeten Scheiterns bilden auch für die Regierung von Langzeitarbeitslosen elementare Herrschaftstechniken, die durch die „Individualisierung der Leistungsproblematik" (Dörre 2002: 70) einen Rationalisierungs- und Leistungsdruck in Gang setzten (sollen), welche als Motor eben jener indirekten – und als weitaus kostengünstiger und effektiver betrachteten – Kontrollformen fungieren (sollen): Indem Zielvereinbarungssysteme die entsprechenden Kompetenzen und Aufgaben an die verantwortlich gemachte ausführende Instanz, die ‚Kundin', delegieren, nötigen sie diese zugleich zu einer erhöhten *Selbstkontrolle* bzw. zu einem verstärkten Selbstmanagement und letztlich auch zu einer selbstorganisierten Bewältigung marktlicher Anforderungen (vgl. Fachkonzept 2004: 24–28; siehe auch Marrs 2010).

Der Zwang zu einer *„permanente[n] ‚busyness'"* (Legnaro/Birenheide 2008: 32) wird zudem dadurch verschärft, dass die Erwerbslosen mit Abschluss der ‚EinV', im Unterschied zur ‚idealtypischen' Zielvereinbarung, keineswegs von der unmittelbaren Verfahrenskontrolle gänzlich freigesprochen werden. So *unterliegen sie sowohl einer Prozess- als auch einer Ergebniskontrolle* und werden daher insgesamt sowohl anhand der von ihnen erbrachten Leistungsanstrengungen als auch anhand einer *erfolgreichen* Realisierung der ‚vereinbarten' Ziele bewertet.[254] Diese Vermengung einer (im Übrigen auch schon im Rahmen der unzähligen Testverfahren zum Ausdruck kommenden) „peinliche[n] Kontrolle der Körpertätigkeiten" (Foucault 1994: 175) auf der einen Seite und einer erfolgsorientierten Ergebniskontrolle auf der anderen Seite verweist auf die Gleichzeitigkeit von disziplinar- und kontrollgesellschaftlichen Elementen und kann insbesondere in Hinblick auf die von der Erwerbslosen eingeforderten Maßnahmen veranschaulicht werden. Hier haben die Betroffenen jede ihnen vom Fallmanager „angebotene zumutbare Arbeitsgelegenheit zu übernehmen" (§ 2 Abs. 1 SGB II) und grundsätzlich wird *alles* als ‚zumutbar' angesehen (s.u.). Denn die streng gefassten Zumutbarkeitsregelungen dienen nicht

[254] Da nicht bei jeder Maßnahme der Verlauf überwacht und die Leistungen beurteilt werden, können auch mit Blick auf die ‚EinV' als zentrales Kontrollobjekt das Ergebnis, und als primärer Bewertungsmaßstab der Erfolg identifiziert werden.

zuletzt der Prüfung der Arbeitswilligkeit und damit der Bereitschaft der ,Kundin', sich dem gouvernementalen ALG-II-Regime und der unhinterfragbaren Erzählung von Flexibilität zu unterwerfen (vgl. Legnaro/Birenheide 2008: 54–59; s.u.):[255]

Neben dem *disziplinarischen* Dokumentationszwang, der auf eine dauerhafte und rigide Überwachung der betroffenen ,Kundin' und ihrer individuellen Lebensverhältnisse zielt, ist die Alimentierungsbedürftige z.B. dazu angehalten, will sie ihre Leistungsberechtigung (und ihre Würde) nicht verlieren, immer wieder von Neuem für eine bestimmte Zeitspanne innerhalb unterschiedlicher eigengesetzlicher, offener Milieus (z.B. Kurse, Ein-Euro-Job in einer Fabrik bzw. im Niedriglohnsektor)[256] eine Fülle an mannigfaltigen „Übungen" (Foucault 1994: 167) zu bewältigen, die von der Einhaltung des vorgeschriebenen Zeitplans der ,EinV' bis hin zu einer Vielzahl stetig zu wiederholender Tätigkeiten reichen.

Und wie in den Kontrollgesellschaften lässt sich zunehmend die Tendenz beobachten, dass die Betroffenen unaufhörlich und innerhalb immer kürzer werdenden Zeitspannen immer mehr Anforderungen parallel zu bewältigen haben, selbstverständlich Anforderungen, die in den meisten Fällen nicht nur als Resultat einer ,freien' Wahlentscheidung zwischen den zur Verfügung gestellten Alternativen *präsentiert* werden, sondern die darüber hinaus teils auch ein selbstständiges, marktorientiertes Handeln und Denken voraussetzen. Im Deleuze'schen Sinne muss ein aktives, durch die Mobilisierung der persönlichen Selbststeuerungskapazitäten verwirklichtes „Surfen" (Deleuze 1993a: 258) alle anderen „Sportarten" (ebd.) und erst recht ein moralisch diskreditiertes, ,passives' Sich-Treiben-Lassen ersetzen (vgl. Butterwegge 2006: 189; Rinn 2009: 195fff.): Neben dem regelmäßigem Erscheinen beim Fallmanager hat die Arbeitslose ihre Leistungsberechtigung unter anderem darin zu beweisen, dass sie eine aktive Arbeitssuche betreibt, in immer wiederkehrenden Abständen für eine relativ kurze Zeitspanne Ein- oder gar Null-Euro-Jobs[257] ableistet oder eigenständig (die nicht selten zum Selbstzweck mutierten) Bewerbungen verfasst, dokumentiert und die Ergebnisse dem Fallmanager vorlegt.[258] Auch hat sie an entsprechenden Kursangeboten teilzunehmen,

[255] Zur Überprüfung der Arbeitswilligkeit wird Erwerbslosen daher häufig bereits bei der Antragsstellung auf ALG-II eine zumutbare Tätigkeit angeboten (vgl. Fetzer 2006: 37).

[256] Dabei ist die zeitliche Dauer des Aufenthalts innerhalb des jeweiligen Milieus jedoch deutlich geringer, als dies in den Disziplinargesellschaften des 18. und 19. Jahrhunderts der Fall gewesen ist.

[257] Diese Null-Euro-Jobs sind als Praktika konzipiert.

[258] Dabei offenbaren die Ergebnisse der Bewerbungen, also die Zu- oder Absagen und im Falle einer Zusage auch die Art der Erwerbstätigkeit (Kofferpackerin oder Büroangestellte), der Betroffenen die Wahrheit über ihren eigenen Marktwert (vgl. Rinn 2009: 196). Die Anzahl der innerhalb eines bestimmten Zeitfensters zu verfassenden

die nicht nur ihrer beruflichen Weiterbildung oder Umschulung dienen,[259] sondern die ihr bspw. in Form von Gesundheits- oder Bewegungskursen zu einem verantwortungsbewussten Umgang mit der eigenen Gesundheit verhelfen (oder wohl besser: erziehen) sollen; ein Zeichen für die Infantilisierung der ‚orientierungs-' und ‚hilflosen' Erwerbslosen (vgl. Legnaro/Birenheide 2008: 73f.; Fetzer 2006; zeit-online 2012).[260] Während die Ergebniskontrollen im Prinzip bei jeder Maßnahme praktiziert werden – denn eine versicherungswidrig abgebrochene Maßnahme zieht umgehend entsprechende Leistungskürzungen mit sich (s.u.) –, finden Prozesskontrollen ihre Zuspitzung in Form einer ‚Verfolgungsbetreuung' der ‚Kundinnen'.

Vor dem Hintergrund, dass das *primäre* Ziel des Fallmanagements die Transformation von mangelhaften in erwerbsfähige Subjekte ist und nicht etwa ihre tatsächliche Reintegration in den Arbeitsmarkt, ist es nur ‚rational', dass die unterschiedlichen Maßnahmen nicht selten als „Substitute von Arbeit die [offiziell; L.G.] angestrebte Erwerbsarbeit ersetzen" (Legnaro/Birenheide 2008: 70). Denn indem die ‚Klienten' kontinuierlich als *tätige* und *erwerbstätige* Subjekte behandelt werden, haben sie unweigerlich eine entsprechende *Performance*, eine theatralische Selbstdarstellung als *erwerbsfähige* Subjekte zu leisten, was letztlich auf eine Überwindung der ihnen zuvor attestierten Vermittlungshemmnisse zielt (vgl. ebd.: 56, 70f.; Bohlender 2012b: 160f.; zu ‚Performance' siehe auch Horn 2002; Lemke 2004; Legnaro 2004).

Der Simulierung von ‚Beschäftigungsfähigkeit' ist zudem das Moment der Zuspitzung eingeschrieben: Im Prinzip kann sich der Begriff der ‚Beschäftigungsfähigkeit' auf jedes Arbeitsverhältnis beziehen, was erklärt, warum grundsätzlich *alles* zumutbar ist. Das bedeutet auch, dass von den Betroffenen ein hohes Maß an Flexibilität eingefordert werden kann, denn die Anpassung an die vorgegebenen zumutbaren Tätigkeiten bzw. an den Arbeitsmarkt kann theoretisch bis zu einer völligen Aufgabe der bisherigen Berufsbiographie reichen. Trainingsmaßnahmen sind daher Härtetests der Realität, die „eine gesteigerte Tauglichkeit und eine vertiefte Unterwerfung" (Foucault 1994: 177) ihrer ‚Klienten' mithin dadurch zu realisieren versuchen, dass sie aus Zumutbarkeiten Zumutungen werden lassen (vgl. Legnaro/Birenheide 2008: 55–59; Warmbrunn 2011: 101). In Altbundeskanzler Schröders (2002, zit. n. DKP online 2002) Worten hieße das dann:

Bewerbungen ist überdies in der ‚EinV' festgelegt, was einen erhöhten Druck auf die Erwerbslose zur Konsequenz haben kann (vgl. Fetzer 2006: 35).

259 Die Bildungskurse spiegeln die kontrollgesellschaftliche Anforderung einer *permanenten Weiterbildung* wieder (vgl. Deleuze 1993a: 257).

260 So wurden Anfang des Jahres 2012 bspw. sog. (nicht verpflichtende) Bewegungskurse eingeführt, die die Arbeitslose für den Arbeitsmarkt wieder fit machen sollen (vgl. zeit-online 2012).

> „Es geht nicht um Bestrafung. Es geht hier darum, entlang von Zumutbarkeiten Gestaltung vorzunehmen."

Gestaltung anstelle von Bestrafung auszuüben ist innerhalb der politischen Programmatik zur Regierung von Langzeitarbeitslosen jedoch nur so lange vorgesehen, wie die Erwerbslose ihre Pflichten und der ihr aufgetragenen Verantwortung gerecht wird und sich den Maßnahmen zu ihrer ‚Umerziehung' bereitwillig beugt. Tut sie dies nicht, was aus der Brille der neoliberalen Ratio als Resultat einer mangelhaften Sorge um sich selbst, einer unzureichenden Verantwortungsübernahme und als selbstverschuldetes Versagen zu deuten wäre,[261] so demonstriert sie damit, dass ihr die Wahrheit über sich selbst offensichtlich (noch) nicht ausreichend genug bekannt ist, so dass ihre im Scheitern zutage kommende persönliche Fehlbeurteilung (legitimen) Anlass einer noch intensiveren korrigierenden Fremdführung durch den Fallmanager gibt (vgl. Legnaro/Birenheide 2008: 60).

Neben disziplinären Methoden der Demütigungen und Schikanen durch eine rigide Überwachung oder Formen der Pseudo-Beschäftigung sind in diesem Falle eben doch (modifizierte, d.h. gewaltlose) juridische Machttechniken der Bestrafung der ‚Kundinnen' (!) vorgesehen: Zwar betont die BA auf der einen Seite die Freiwilligkeit der Unterzeichnung der ‚EinV', andererseits verweist das Fachkonzept für beschäftigungsorientiertes Fallmanagement explizit auf die beidseitige Verpflichtung des Abschlusses des Vertragswerkes. Verweigert die Erwerbslose dennoch die Unterschrift, so können die vom Fallmanager vorgesehenen gegenseitigen Rechte und Pflichten hoheitlich qua Verwaltungsakt erlassen werden. In diesem Fall hat die ‚eLb' jedoch mit der (‚selbstverschuldeten') Kürzung ihrer Bezüge zu rechnen. Gleiches gilt für die Nicht-Einhaltung der eingeforderten Leistungen („Pflichtverletzungen" (§ 31 SGB II)), wobei die Alimentierungsbedürftige je nach ‚Vergehen' mit einer dreißigprozentigen bis vollständigen Streichung des ALG-II sanktioniert werden kann und diszipliniert werden soll (vgl. Fachkonzept 2004: 24ff. u. Anlage 4; Legnaro/Birenheide 2008: 60ff.; § 31 SGB II).

Die sukzessive Entkopplung von tatsächlicher Leistung und Erfolg, welche in der erfolgsorientierten Ergebniskontrolle der als Zielvereinbarung konzipierten ‚EinV' begründet liegt, verweist zudem darauf, dass sich die Sanktionen immer auch gegen eine *unzureichende Selbstkontrolle* der Betroffenen

---

[261] Aus der Brille der Gouvernementalitätsstudien heraus betrachtet würde eine (un-)willentliche Nichtanpassung an die Anforderungsstrukturen der Enterprise Culture bzw. des ALG-II-Regimes hingegen darauf verweisen, dass sich gouvernementale Programme und politische Technologien nie bruch- und widerstandslos und ohne die Produktion unintendierter Effekte in die individuellen Denk- und Handlungsmuster der angerufenen Subjekte übersetzen, dass sie unterlaufen werden können und aufgrund der strukturellen Unmöglichkeit ihrer gänzlichen Realisierung kontinuierlich schuldige, da an den Anforderungen gescheiterte, Subjekte produzieren.

richten. Mit Blick auf die i.d.R. zu verzeichnende existenzielle Angewiesenheit auf entsprechende Transferleistungen erweist sich die ‚EinV' letztlich für die meisten als ein „Freiwilligkeitsdiktat" (Legnaro/Birenheide 2008: 61), welches die abhängig-ausgelieferte Position der Erwerbslosen zum Zwecke ihrer (für sie besser freiwilligen) Unterwerfung unter die Imperative des Subjektideals der Unternehmerin der eigenen Beschäftigungsfähigkeit instrumentalisiert (vgl. ebd.).

> „Die anfänglich auf Beratung und Erziehung setzende Politik zur Verhaltensänderung geht – in dem Maße, wie moderate Erziehungsformen nicht die gewünschte Wirkung zeigen – schleichend in Kontroll- oder sogar in Strafpolitik über" (Nullmeier 2004: 497).

Kurzum: Obgleich die ‚eLb' stets als autonom handelnde, selbstverantwortliche Unternehmer ihrer Beschäftigungsfähigkeit konzipiert werden, so ist die sozialstaatliche Aktivierungsprogrammatik doch von einem tiefen Misstrauen gegenüber der tatsächlichen (mental und qualifikatorisch begründeten) Unternehmer-Qualität der Betroffenen durchzogen. Der breit gefächerte disziplinäre und juridische Untergrund, der das kontrollgesellschaftliche „Führen der Führungen" (Foucault 1999: 193) ergänzt und zugleich dessen Anspruch eines Regierens durch Freiheit und Freiwilligkeit völlig infrage stellt, zeugt davon, dass sich die Regierung der Arbeitslosen längst (noch) nicht ausschließlich durch einen kontrollgesellschaftlichen Werkzeugkasten realisieren lässt und vielmehr unweigerlich auf das (abgemilderte und teils modifizierte) rechtliche und disziplinargesellschaftliche Instrumentarium angewiesen ist. Damit zeigt sich nicht zuletzt das von Foucault betonte strategische Dreieck der Spielarten der Souveränitäts-, Disziplinar- und Regierungsmacht.

Im Folgenden gilt es nun, die relevanten Ergebnisse der Analyse der im beschäftigungsorientierten Fallmanagement vorgesehenen Techniken zusammenzufassen und dabei die antinomischen Erwartungen und Anforderungen an das Denken, Handeln und Fühlen der Erwerbslosen herauszuarbeiten. In einem zweiten Schritt werden die Kernelemente der Enterprise Culture resp. des Neoliberalismus, also der Wettbewerb bzw. der Wettbewerbsmarkt und die Freiheit, nach ihren psychosozialen Antinomien befragt.

5 Die psychosozialen Antinomien der Enterprise Culture

5.1 Psychosoziale Antinomien des beschäftigungsorientierten Fallmanagements

5.1.1 Zur Subjektivierung von Langzeitarbeitslosigkeit und ihren antinomischen Konsequenzen

Was für antinomische Anforderungen und Erwartungen werden nun im Rahmen des Prozesses des beschäftigungsorientierten Fallmanagements an das Handeln, Denken und Fühlen der Erwerbslosen gestellt? Und welche Rolle spielen dabei die unterschiedlichen gouvernementalen und disziplinären Technologien?

Zunächst und vor allem die der *Wissensgenerierung* und *Wahrheitsproduktion*: Ob es sich um die im Rahmen des aktivierenden Assessments zum Einsatz kommenden Methoden und Instrumente handelt (z.B. ABC-Messung), die im Sinne der Disziplinarmacht jede noch so profan wirkenden Feinheiten der Verhaltensweisen, Emotionalität, Lebensform usw. erfassen oder um die zahlreichenden kommunikativen Sozialtechnologien, die von der zur Selbstoffenbarung verleitenden Beratung bis zu wahrheitsenthüllenden Feedback-Gesprächen reichen, hier wie dort zielen die Machttechniken vorwiegend auf die *Aufdeckung zuvor verborgender Vermittlungshemmnisse* des ‚Kunden'. Anstatt also die Problemursachen für die Langzeitarbeitslosigkeit in arbeitsmarktlichen Bedingungen zu suchen, richtet sich der präventive Blick der Sozialtechniken stets auf den Erwerbslosen selbst und bringt dabei ein *wissenschaftliches Wissen* hervor, das ihn in seiner Individualität als mangelhaftes, depriviertes Subjekt erst fabriziert; Langzeitarbeitslosigkeit wird (re-)subjektiviert. Entscheidend hierbei ist – und dies verdeutlicht nicht zuletzt die ABC-Analyse –, dass sämtliche Vermittlungshemmnisse immer auch in Hinblick auf die Einstellungen, Haltungen und Dispositionen des Betroffenen analysiert werden, was auf die Attestierung einer pathologischen Bedürfnisstruktur bzw. eines mentalen Krankheitsbildes hinausläuft.[262]

Kurzum: Arm, arbeitslos, sozial desintegriert und gesellschaftlich entkoppelt sind Langzeitarbeitslose gemäß dieses sozialtechnologisch produzierten Wissens nicht deswegen, weil sie etwa aufgrund mangelnder (arbeitsmarktlicher) Möglichkeiten zur Behebung ihrer misslichen Situation keine Alternative hätten; sie sind es, weil ihnen vor allem der ‚gesunde' Wille zu einer ausreichend aktiven und marktorientierten ‚Sorge um sich selbst' und um die (für sie mitzahlende und mitarbeitende) Gesellschaft fehlt. Ohne diesen Willen zur Herstellung und dauerhaften Aufrechterhaltung von einem Mindestmaß an *employability* müssen die betroffenen Erwerbslosen unweigerlich als Produzenten ihrer eigenen Vermittlungshemmnisse gesehen werden.

Gleichermaßen zeigen die unterschiedlichen Instrumente zur Führung und Disziplinierung der ‚Kunden' sowie das proklamierte Ziel des Fallmanagements, die Vermittlungshemmnisse zu beheben oder zu reduzieren, dass die sozialtechnologisch diagnostizierte Erkrankung des Aktivitätspotentials und der Willensfähigkeit grundsätzlich als heilbar gedeutet wird.[263] Und was würde sich zur Heilung einer Erkrankung des Aktivitätspotentials und der Willensfähigkeit mehr anbieten, als die Umsetzung jener neoliberalen Regierungsprogrammatik, die doch gerade die Fabrizierung aktiver, unternehmerischer, wettbewerbsfähiger Subjekte verspricht? Die sozialtechnologisch bewerkstelligte Konstruktion von ALG-II-Empfängern als mangelhafte und willenskranke, aber als *heilbare* und somit *prinzipiell unternehmerische* Subjekte bildet folglich ein entscheidendes Rechtfertigungsnarrativ für die Durchsetzung der aktivierenden Arbeitsmarktpolitik und für den Ausbau weiterer politischer Technologien und Praktiken, denen allesamt das Versprechen der Überwindung der individuellen Unzulänglichkeit gemein ist (vgl. Bohlender 2012a: 565; Bröckling 2004a: 214f.).

Die sich im Rahmen der unterschiedlichen Techniken abzeichnende Problemlösungsstrategie der „Erziehung zur Marktlichkeit" (Nullmeier 2004: 495) mündet jedoch in einer *psychosozialen* (und strukturellen) *Antinomie*: Zur Überwindung ihrer individuellen Unzulänglichkeiten werden die Erwerbslosen gerade in denjenigen Subjektqualitäten angerufen, die ihnen zuvor abgesprochen oder als ‚mangelhaft ausgebildet' diagnostiziert worden sind und an deren Konstruktion sie aktiv mitarbeiten soll(t)en. Während ihnen also einerseits beständig ein Wissen über ihre vielfältigen Mängel und Defekte implementiert wird, werden sie andererseits „zu jenen selbsttätig-sozial-

[262] Ist der Erwerbslose bspw. häufig krank, muss, wie erwähnt, die Frage nach einer „‚Flucht' vor den Anforderungen" (Göckler 2012: 76) gestellt werden.

[263] Dies entspricht nicht zuletzt der Ratio der Enterprise Culture resp. des unternehmerischen Selbst, der zufolge prinzipiell alles erreichbar ist und stets eine Frage des eigenen Willens darstellt.

verantwortlichen Subjekten stilisiert, zu denen sie qua Aktivierung erst gemacht werden sollen: Sie werden als (sich selbst) aktiv zu denkende Passive, als ‚eigentlich' bewegliche Unbewegliche angerufen" (Lessenich 2008: 128).[264]

Die Unterstellung des vorhandenen Potentials zur Aktivität und Beschäftigungsfähigkeit verdeutlicht die Einforderung einer *eigen*aktiven, *eigen*initiativen und *eigen*verantwortlichen Mitarbeit am Reintegrationsprozess in Arbeit und an der hierfür vorausgesetzten Behebung der sozialtechnologisch identifizierten, defizitären Eigenschaften resp. Vermittlungshemmnisse. Folgt man Günther (2002: 119), so verweist das Präfix ‚Eigen-' auf „das, was dem Einzelnen ursprünglich zukommt, was gleichsam sein Eigentum ist."[265] Wer sich auf eigenverantwortliches Handeln verpflichtet, schreibt sich folglich immer schon die Fähigkeiten zu, die er hierfür benötigt. Dies kommt nicht zuletzt in der Technik der ‚EinV' zum Ausdruck (vgl. Kap. 4.4.5; siehe auch Kap. 5.1.2).[266]

Was mit dieser markteingepassten als-ob-Aktivitätsunterstellung (bzw. Rationalitätsunterstellung) demnach zugespitzt wird, sind sowohl ihr konstitutives Moment als auch ihr paradoxales Erscheinungsbild selbst. Umso paradoxer wirkt die als-ob-Aktivitätsunterstellung, weil sie auch vor Denjenigen keinen Halt macht, die faktisch an der geforderten Selbstunternehmung gescheitert sind und die – aus der Brille der neoliberalen Programmlogik heraus betrachtet – das genaue Gegenteil von der unterstellten Rationalität bzw. Aktivität verkörpern. Doch gerade indem selbst die „Herausgefallenen" (Homann 2006: 22)[267] als potentielle Homines oeconomici betrachtet, analysiert und angerufen werden, indem sie dahingehend konzipiert werden, *als ob* sie prinzipiell zur markteingepassten Übernahme von Autonomie, Eigenverantwortlichkeit und Unternehmergeist befähigt wären und damit ihr Scheitern selbst zu verschulden hätten, können die vermeintlichen Grundrechte auf staatliche Unterstützung (‚Fördern') an die Bedingung einer Fülle nachweisbarer Gegenleistungen (‚Fordern') geknüpft werden.

---

[264] Wie gezeigt, ist eben diese problematisierende Bearbeitung der Realität ein strukturelles Moment der gouvernementalen Führung unternehmerischer Subjekte und sozialer Kollektive.

[265] Im Sinne poststrukturalistischer Ansätze ist das, ‚was dem Einzelnen ursprünglich zukommt' stets das Produkt einer historisch spezifischen, machtvollen Wahrheitspolitik, die die Natur des Menschen definiert.

[266] Dass der Appell der Eigenverantwortung eklatante Brüche transportiert, wird in Kapitel 5.1.2 noch erörtert.

[267] Die als-ob-Rationalitätsunterstellung kommt im Übrigen bereits in der Begrifflichkeit der ‚Herausgefallenen' zum Ausdruck, da diese impliziert, dass man zuvor am Marktprozess teilgenommen hat und sich damit die hierfür notwendigen unternehmerischen Verhaltensweisen schon einmal angeeignet hatte.

5.1.2 Fremdbestimmte Selbstbestimmung

Die verschiedenen Machttechniken sind nun darauf ausgerichtet, die Langzeitarbeitslose zu einer freiwilligen Zustimmung zur Erbringung dieser Gegenleistungen zu bewegen. Mehr noch liegt dem Großteil der Techniken des Fallmanagements die Vorstellung einer Interessensidentität zwischen der ‚Kundin' und dem Jobcenter bzw. der BA zugrunde. Prinzipiell wird immer von der freiwilligen Mitarbeit und von einer von der Sinnhaftigkeit der Verfahrensweise überzeugten ‚Klientin' ausgegangen: In der Phase des Arbeitsbündnisses soll die Erwerbslose bereitwillig zur ‚Problemlösung' beitragen, indem sie sich bis ins Innerste ihrer Emotionalität gegenüber dem Fallmanager öffnet, eigeninitiativ und damit freiwillig nach potentiellen Vermittlungshemmnissen ihrer selbst fahndet und sich selbstbestimmt an ihrem Aktivierungsprozess beteiligt. Weil ein solches tragfähiges Arbeitsbündnis als Grundlage für die folgenden Stufen deklariert wird, unterstellt der gesamte Prozess des Fallmanagements eine *gänzliche Identifizierung mit den fremdgesetzten Zwecken und Tätigkeiten,* d.h. die „bedingungslose persönliche *Hingabe* an die Ziele des [dienstleistenden; L.G.] Unternehmens" (Gorz 2000: 56), hier des Jobcenters bzw. der BA. Auch die dem Empowerment zugrundeliegende Interpretation von (marktgängig gedeuteter) Deprivation, Passivität und Machtlosigkeit als Formen der Erniedrigung zeugt von der Gleichsetzung der Wert- und Gefühlsstrukturen mit den Zwecken der BA bzw. der Jobcenter.

Diese als-ob-Unterstellungen stehen jedoch in einem eklatanten Widerspruch zu den quasi-juridischen Zumutbarkeitsregelungen, der wegweisenden (kommunikativen) Führung (z.B. Feedback-Kontrollen), einer permanenten Überwachung (z.B. ABC-Messung), zu den disziplinären Anweisungen durch den Fallmanager und nicht zuletzt zu der Möglichkeit der Anwendung von Zwang (z.B. ‚EinV' als Verwaltungsakt). So verweist bspw. die durch unterschiedliche Techniken realisierte permanente Kontrolle der Selbstkontrolle und der inneren Unterwerfung unter den Imperativ der Beschäftigungsfähigkeit resp. der Marktgängigkeit auf ein grundsätzliches Misstrauen gegenüber der unterstellten *bedingungslosen* Mitwirkungsbereitschaft und der Arbeitswilligkeit der ‚Kundin'. Wieder wird hier eine Realität vorausgesetzt, die erst noch erzeugt werden soll: Um ihre Interessen und Bedürfnisse zu verwirklichen, benötigt die ‚Klientin' offensichtlich jemanden, der ihr diese erst noch offenbart, notfalls auch mit Zwang. Würde eine völlige Interessensidentität tatsächlich existieren, wären die wegweisenden, überwachenden und sanktionierenden Machttechniken größtenteils sinnfrei.

In Hinblick auf die Tatsache, dass die vordergründigen Ziele des Fallmanagements der Abbau der (psychosozialen) Vermittlungshemmnisse und die damit einhergehende Herstellung von Beschäftigungsfähigkeit darstellen (vgl. Kap. 4.4.2), kann darauf geschlossen werden, dass von den Langzeitarbeitslosen eine Anpassung ihrer eigenen Bestrebungen und innersten Bedürfnisse an die Zwecke des *Wettbewerbsmarktes* ebenso abverlangt (und vorausgesetzt) wird, wie eine „totale Unterwerfung der ganzen Person" (Gorz 2000: 57) unter die *Wissensordnung der Enterprise Culture*: Sie sollen sich wie *Unternehmerinnen ihrer eigenen Beschäftigungsfähigkeit verhalten und fühlen* und werden immer schon als solche angesprochen.[268]

Dass Langzeitarbeitslose die Ziele und Verhaltensimperative der BA bzw. der Jobcenter (und damit auch des Staates) als ihre eigenen Interessen und Bedürfnisse internalisieren sollen, kommt nicht zuletzt darin zum Ausdruck, dass sich die BA und die Jobcenter als Dienstleistungsunternehmen verstehen und die ‚eLb' als ihre *‚Kundinnen'* begreifen. Denn eine ‚Kundin' zu sein unterstellt stets ein souverän, selbstständig und eigenverantwortlich handelndes, denkendes und fühlendes Subjekt (siehe dazu Voswinkel 2004). Eine kundenorientierte Dienstleistung, wie das beschäftigungsorientierte Fallmanagement, macht demnach nur dann einen Sinn, wenn die entsprechenden *Bedürfnisse* der souveränen ‚Kundin' als vorhanden vorausgesetzt werden. Da sich sämtliche im Fallmanagement enthaltenen angebotenen Dienstleistungen (Beratung, Profiling und dazugehörige ABC-Analyse, ‚EinV' usw.) auf die Herstellung und dauerhafte Aufrechterhaltung von Beschäftigungsfähigkeit resp. Marktgängigkeit richten, wird bei der erwerbslosen ‚Kundin' immer schon das Bedürfnis vorausgesetzt, ein arbeitsfähiges Selbst sein zu *wollen*. Und mehr noch: Die als-ob-Unterstellung der erwünschten Transformation zu einer beschäftigungsfähigen Person ist untrennbar gekoppelt an die Anerkennung der individuellen Mangelhaftigkeit. Dies widerspricht jedoch den Anrufungen als souveräne Kundin, die sich selbstbestimmt und eigenverantwortlich an die entsprechende Dienstleistung wendet.

Zusammenfassend lässt sich an dieser Stelle festhalten, dass die im Rahmen des Fallmanagements zum Einsatz kommenden Machttechniken und die hierüber transportierte als-ob-Unterstellung einer Interessensidentität zwischen der BA bzw. dem Jobcenter und den Erwerbslosen auf eine psychosozial begründete „Kluft zwischen Sein und Sollen" (Günther 2002: 122) hindeuten: Erstens sind es die Techniken der kommunikativen Führung (z.B. Beratung) selbst, die eine Interessensidentität zwischen dem Erwerbslosen und der BA bzw. dem Jobcenter durch die Betonung von Freiwilligkeit und Eigeninitiative zwar voraussetzen, diese innere Unterwerfung des Betroffenen jedoch zugleich durch ihren Steuerungsanspruch der Interessen und Bedürfnisse wieder negieren (siehe auch Duttweiler 2004 u. 2007). Zweitens reproduzieren sich subjektwirksame Ambivalenzen in der Kreuzung der unterschiedlichen konfligierenden Praktiken und Machttechniken: So wird dem ‚Kunden' (im Sinne des Regierungsprinzips) einerseits die völlige Bereitschaft und die Willensfähigkeit zur Herstellung von Beschäftigungsfähigkeit durch den Anspruch auf

[268] Diese fremdbestimmte Selbstbestimmung ist ein strukturelles Merkmal der gouvernementalen Führung des Neoliberalismus (siehe auch Bröckling 2007).

Freiwilligkeit immer schon unterstellt. Andererseits wird dem ‚eLb' eben dieser ‚gesunde' Wille durch disziplinäre Techniken der (psychosozialen) Überwachung, quasi-juridischer Zumutbarkeitsregelungen, gouvernementaler Feedback-Kontrollen der Selbstunterwerfung und insbesondere durch die Möglichkeit des Mitwirkungszwangs am Arbeitsbündnis und der Ersetzung der ‚EinV' durch einen Verwaltungsakt wieder abgesprochen.

Subjektwirksame Widersprüche brechen jedoch nicht nur auf der Ebene der Emotionalität und des Denkens der Erwerbslosen auf, sondern zeichnen sich auch im Bereich konkreten *Handelns* ab. Denn die Forderungen von eigeninitiativen, eigenaktiven und eigenverantwortlichen Suchanstrengungen nach Beschäftigung und der Mitarbeit an der Beseitigung oder Minimierung ihrer persönlichen Vermittlungshemmnisse sind untrennbar gekoppelt an den Imperativ der Marktgängigkeit. Das Zugeständnis der (beschränkten) Gestaltungsspielräume der ‚Kundin' läuft demnach auf den antinomischen Handlungsauftrag hinaus, innerhalb fremdorganisierter Rahmenbedingungen selbstorganisiert und eigenständig die fremdgesetzten Ziele zu verwirklichen und für das Ergebnis die Verantwortung übernehmen zu müssen. Wie die Mitarbeiter postfordistischer oder sozialstaatlicher Unternehmen, nur in weitaus begrenzterem Umfang, sind die Langzeitarbeitslosen „auf souveräne Weise frei in den ihnen von anderen gesteckten Grenzen. Sie sind frei zur Verwirklichung der Ziele ihres Herrn, aber eben nur dazu" (Gorz 2000: 63).

Dies tritt zudem in Widerspruch mit dem Postulat der Eigenverantwortung, das nicht nur auf den Besitz bestimmter Fähigkeiten verweist, sondern „auch die Abwehr jeglicher Fremdbestimmung und externer (vor allem sozialstaatlicher) Intervention" (Günther 2002: 119) meint. Direkte Interventionen sind nun, wie dargelegt, im Rahmen des Fallmanagements in einer breiten Fülle vorgesehen. So werden die zugestandenen Handlungsspielräume nicht nur indirekt durch die Setzung von Rahmenbedingungen und durch ihre Unterordnung unter den Primat der Marktgängigkeit beschnitten, sondern werden insbesondere durch Formen der disziplinären Verfolgungsbetreuung unterminiert oder durch die Möglichkeit untergraben, die Erwerbslose im Falle einer Nichtbefolgung ihrer Pflichten mithilfe der Kürzung ihrer monetären Leistungen zu ihrer Freiheit, ihrem Glück und zur Übernahme von Eigenverantwortung zu zwingen (vgl. Bohlender 2012b: 164).

Hier zeigt sich auch die zentrale Antinomie an der Forderung nach der Übernahme von Eigenverantwortung: Nicht nur setzt Eigenverantwortung ein Subjekt voraus, das sich selbst als ein verantwortliches Subjekt frei wählen kann. Überdies kann man Verantwortung nur für etwas übernehmen, was man auch besitzt und eigeninitiativ umsetzt, was nicht nur von individuellen, sondern immer auch von gesellschaftlichen Umständen abhängt. Wo der Arbeitsmarkt nicht ausreichend Alternativen bietet und wo die individuellen

Dispositionen nicht mit seiner Nachfrage übereinstimmen und auch nicht mit ihr in Übereinstimmung gebracht werden können, ganz gleich, ob aufgrund des eigenen Könnens oder des persönlichen Wollens, avanciert jeglicher Appell an die Eigenverantwortung zu einer repressiven Forderung (vgl. Günther 2002: 120ff.).

Dass sich die Übernahme von Eigenverantwortung im Rahmen des Fallmanagements als ein (gar nicht so freiheitlich-gouvernementaler) Befehl artikuliert, lässt sich aus der Kombination der unzähligen Instrumente zur Wissensproduktion und der aktivierenden Arbeitsmaßnahmen ablesen: Bringen die Sozialtechnologien beständig ein Wissen über die mannigfaltigen Unzulänglichkeiten des Erwerbslosen hervor, so wird eben diese Wissensproduktion dadurch im Prinzip ins Unendliche gesteigert, „dass jeder ‚Aktivierungsvorgang' einen neuen individualisierten Makel hervorbringt. Alles steht immer wieder und wieder auf Anfang" (Bude/Willisch 2008: 22) und ist als Arbeit am eigenen (defizitären) Selbst gleichermaßen nie zu einem Ende zu bringen. An die Erwerbslosen stellt sich in Konsequenz dessen die spannungsvolle Anforderung, die als Imperativ auftretende Eigenverantwortung *permanent* dahingehend auszubalancieren, dass sie sich zu jenen eigenverantwortlichen Subjekten transformieren, als die sie immer schon angerufen werden: zu Unternehmern und Unternehmerinnen ihrer eigenen Beschäftigungsfähigkeit (vgl. Günther 2002: 128f.; Kap. 4.4.3).

> „In dem Maße nun, in dem sie diesem Imperativ unterworfen werden oder sich ihm selbst unterwerfen, ohne das Spannungsverhältnis zwischen dem Sollen und ihrem Sein überwinden zu können, erweist sich der Imperativ der Eigenverantwortung nicht als eine Ermächtigung, sondern als eine Disziplinierung. Es wird ihnen zugemutet, sich selbst als eine Person zu verstehen, die sie nicht sind und zu der sie nicht werden können oder die sie nicht werden wollen" (Günther 2002: 128f.).

5.1.3 Entmächtigende Bemächtigung

Die oben angedeuteten oszillierenden Anrufungen an den Erwerbslosen „als Bündnispartner, als ‚Kunde[n]', als hilfsbedürftiges Individuum oder als administratives Verwaltungsobjekt" (Bohlender 2012b: 161) zeugen von einem eingeforderten antinomischen Rollenverhalten, welches das Fallmanagement durchzieht. So reproduziert sich in der Regierungstechnologie des Empowerments, die während des gesamten Fallmanagementprozesses vorgesehenen ist, ein vom ‚eLb' auszubalancierendes Spannungsverhältnis zwischen der Selbstdarstellung als Mängel-Wesen und als sich selbst bemächtigendes, zuversichtliches Subjekt (vgl. Kap. 4.4.4):

„Immer geht es darum, denjenigen, die man vorgeblich stark machen möchte, erst ihre Schwäche einzureden, damit sie bereit sind, das Angebot zur mentalen Führung tatsächlich anzunehmen" (Neckel 2008f: 112).

Die antinomische Gleichzeitigkeit einer produzierten *Machtlosigkeit* auf der einen Seite und der Aktivierung, Bewusstmachung und Bewusstwerdung der *Machtpotentiale* und der *Stärke* des Erwerbslosen auf der anderen Seite ergibt sich jedoch nicht nur aus der Technologie des Empowerments. Vielmehr entsteht sie auch durch die Kreuzung von ‚empowernden' Methoden mit disziplinären Praktiken der Konstruktion von Unterlegenheitsgefühlen und mit gouvernementalen und disziplinären Techniken der Produktion eines Wissens über die Mangelhaftigkeit des Betroffenen. Denn mit Blick auf die permanente Erzeugung der individuellen Unzulänglichkeit des ‚Kunden', an der er überdies *aktive Mitarbeit* zu leisten hat, entsteht der Eindruck, als würden die unterschiedlichen Machttechnologien auf die Erzeugung bzw. Verstärkung und anschließende Instrumentalisierung von Inferioritätsgefühlen hinzielen.[269] Nicht zuletzt verweist hierauf der Einsatz der juridischen und disziplinären Machtinstrumente der rechtlich abgesicherten *Drohung* mit Sanktionen sowie der *Beschämung* bzw. der *Schikane,* die sich vor allem in der Nötigung zu einem ständigen Aushandlungsprozess um die eigene Leistungsberechtigung reproduziert:[270]

„Die Drohung setzt einen anderen einem Risiko aus, das er durch Folgsamkeit noch vermeiden kann, wodurch er sich aber als unterlegen erweist. Die Schikane ist eine bevorzugte Strategie, die Unterlegenheit eines anderen ihm selbst sichtbar zu machen, um ihn damit zu beschämen, was den Machtvorteil des Überlegenen noch erhöht" (Neckel 2000d: 195).

---

269 „Unterlegenheit stellt eine asymmetrische soziale Beziehung vor dem Hintergrund gleich definierter Interesseninhalte dar" (Neckel 2000d: 189). Inferioritätsgefühle stellen sich demnach nur dann ein, wenn die betroffene Person im Gegensatz zu einer zweiten oder mehreren Person(en) in ihrer Existenz bzw. Identität oder in bestimmten Verhaltensweisen von einem Normideal abweicht und sich darüber bewusst ist. In Konsequenz dessen kann sich der bis zu einem gewissen Grade bezweckte „Hang zur Konformität, die von bloßer Regeltreue bis zur Unterwürfigkeit reichen kann" (ebd.: 197), einstellen, so dass die Erwerbslosen leichter zur Mitarbeit zu mobilisieren sind. Dies muss jedoch nicht zwangsläufig eintreten. Ebenso wenig erkennen alle Erwerbslosen das Subjekt- bzw. Normideal des unternehmerischen Selbst als solches auch an. In diesen Fällen sind die Erwerbslosen zwar *machtlos* gegenüber der Sanktionsgewalt des Fallmanagers, ohne sich ihm deswegen unterlegen zu fühlen (vgl. ebd.: 188–198). Auf die Subjektivierungsweise kann an dieser Stelle jedoch nicht eingegangen werden. Hieran könnten weitere Forschungen anknüpfen.

270 Dies geschieht unter anderem in Form der Zumutbarkeitsregelungen und der als Pseudo-Beschäftigung konzipierten Maßnahmekarrieren.

Wenn innerhalb des Fallmanagements grundsätzlich eine *Interessensidentität* zwischen dem Erwerbslosen und der BA bzw. dem Jobcenter unterstellt wird, so fügen sich die disziplinären Techniken der Schikane und der Drohung als effektvolle Instrumente zur Produktion von Inferioritätsgefühlen in das ALG-II-Regime ein. Damit unterläuft das Fallmanagement jedoch das eigens gesetzte Ziel der Selbstbemächtigung der ,Klienten': Anstatt ein Bewusstsein der eigenen Machtpotentiale und der Fähigkeit zur aktiven Lebensbeeinflussung zu erzeugen, droht die Produktion von Inferioritätserfahrungen die Herausbildung von Gefühlen der Ohnmacht, der Bedeutungslosigkeit und der Machtlosigkeit zu nähren, die doch gerade als Ursachen für die Hemmung individueller Machtpotentiale ausgemacht wurden (vgl. Neckel 2000d).

5.1.4 Vertrauensvolle „Kooperation im Zwangsverhältnis"[271]

Die Produktion von Machtlosigkeit, Unterlegenheit und Unzulänglichkeit steht jedoch nicht nur der proklamierten Selbstbemächtigung entgegen, sondern tritt zudem mit der egalitären Kooperationsbeziehung in ein diametrales Widerspruchsverhältnis. Die Langzeitarbeitslose wird demnach innerhalb ein und desselben Gesprächskontextes auf die völlig gegensätzlichen Rollen der gleichberechtigten, gestaltungsmächtigen Partnerin auf der einen Seite und des untergeordneten, unterlegenden und noch deprivierten Mängel-Wesens, das lediglich ein Objekt von Information darstellt, auf der anderen Seite verpflichtet.[272] Auch in diesem Fall resultieren die psychosozialen Antinomien vor allem aus der Kreuzung unterschiedlicher Machttechniken: Während die beanspruchte Kooperation auf Augenhöhe bspw. durch die einander überlappenden Regierungstechnologien des Empowerments, der befähigenden Beratung, des partizipativen ,Führens der Führungen' (Foucault) und teils auch durch die gouvernementale Taktik des quasi-juridischen Kontrakts (,EinV') realisiert werden soll, gründet die objektive Machtasymmetrie insbesondere auf den miteinander korrespondierenden Techniken der juridischen Zwangsausübung und der disziplinären allumfassenden, detaillierten Überwachung. So beruhen die Möglichkeiten, die Erwerbslose zur Offenlegung ihrer gesamten Seins- und Existenzweise und zur Annahme jeder zumutbaren Tätigkeit zu zwingen, nicht zuletzt auf dem einseitigen Recht des Fallmanagers, im Falle einer Nichtbefolgung seiner Anweisungen, die Betroffene durch eine Kürzung der lebensnotwendigen Geldleistungen zu sanktionieren.

---

[271] Bieback 2009.

[272] Zur Thematik von widersprüchlichen und oszillierenden Rollenerwartungen im Allgemeinen und im Zusammenhang mit der Entstehung von Sucht – verstanden als eine psychosoziale Abwehr unterschiedlicher, kernstrukturell begründeter Widersprüche – siehe Schmieder 1992, vor allem S. 48–52.

Diese Machtasymmetrie steht zudem in einem permanenten Spannungsverhältnis mit der zu errichtenden Vertrauensbeziehung zwischen der Fallmanagerin und ihrem ‚Klienten'. Dies deutet auf eine subjektiv-emotionale Widerspruchsdimension hin: Von dem Erwerbslosen wird demnach erwartet, jener Person zu vertrauen, die ihm nicht nur mit dem partiellen Entzug seiner finanziellen Lebensgrundlage im Falle seines Ungehorsams droht, sondern die darüber hinaus durch eine detaillierte Überwachung seiner individuellen Lebensverhältnisse und –führung permanent seine Bedürftigkeit und Leistungsberechtigung kontrolliert. Damit negiert die Fallmanagerin jedoch gerade jenes Vertrauen gegenüber ihrem Bündnispartner. Letzterer muss insofern immer damit rechnen, dass grundsätzlich jede abweichende Verhaltensweise von der Fallmanagerin registriert und sanktioniert wird.

5.1.5 „Verworfene Wesen"[273]: Zwischen Eingliederungsbemühungen und Ausgliederungseffekten

> „Wer sich in seiner Lebensführung den Bedingungen kapitalistischen Erfolges nicht anpaßt, geht unter oder kommt nicht hoch" (Weber 1988: 56).

Auch für diejenigen, die bereits untergegangen und aus dem Bereich regulärer Beschäftigung herausgefallen sind, ist diese Wahrheit nach wie vor verbindlich. Sofern ihnen das sozialtechnologisch produzierte Wissen ausreichend ökonomisch interpretierte Mängel und Defizite attestiert hat, können sie auch ein weiteres Mal untergehen und noch tiefer sinken. Obgleich sich das Fallmanagement als *„ein[en] auf den Kunden ausgerichtete[n] Prozess mit dem Ziel der möglichst nachhaltigen Integration in den Arbeitsmarkt"* (Fachkonzept 2004: 10) begreift, obgleich es die Herstellung von Beschäftigungsfähigkeit und eine umfassende Unterstützung beim Abbau und der Reduktion der eigens diagnostizierten Vermittlungshemmnisse propagiert, scheinen diese Verheißungen doch nur für all jene zu gelten, die eine ausreichende Marktnähe aufweisen und folglich als regierbar erscheinen. Alle anderen, die gemäß ihrer Einteilung in eine marktferne Betreuungsstufe als ökonomisch nicht verwertbar und damit als unternehmensgesellschaftlich nutzlose und überflüssige Individuen gelten, werden einer völlig anderen Wahrheit belehrt.

> „Ihnen kommt die Position von Überzähligen zu, die in einer Art gesellschaftlichem no man's land herumtreiben, die nicht integriert und zweifelsohne auch nicht integrierbar sind, zumindest in dem Sinne, in dem Durkheim von Integration als der Zugehörigkeit zu einer ein Ganzes bildenden Gesellschaft, bestehend aus voneinander abhängigen Teilen, spricht" (Castel 2000: 359).

---

273 Butler 1997: 23.

Bei den gouvernemental nicht intelligiblen Erwerbslosen wird daher auf die beanspruchte *„Führung durch Freiheit, Freiwilligkeit und Kooperation"* (Bohlender 2012b: 162) ebenso verzichtet, wie auf eine verstärkte Förderung zum Zwecke ihrer dauerhaften Reintegration in den ersten Arbeitsmarkt. Als Verkörperung der Negation eines ökonomisch handelnden, denkenden und fühlenden Unternehmers seiner Beschäftigungsfähigkeit bleiben sie für das gouvernementale Kalkül der Enterprise Culture unberechenbar und werden somit als unregierbar verbucht. Im Sinne der Sicherheitstechnologien erscheint es daher nur als rational, ihnen den Zugang zum gouvernemental fabrizierten Möglichkeitsfeld, das sie gemäß der neoliberalen Ratio ohnehin nicht entsprechend zu nutzen befähigt wären, sukzessive abzuschneiden (vgl. Rinn 2009: 175fff.; Krasmann/Opitz 2007: 133f.).

Anstatt also auf Partizipation, Egalität und Eigeninitiative zu setzten, werden sie zu Projektionsflächen einer Führung durch Nicht-Führung, die in einer disziplinär bis repressiven „Aktivierung ohne Arbeit" (Lessenich 2005: 21) mündet. Das bedeutet auch, dass der Appell an die Eigenverantwortung der nicht ökonomisch verwertbaren und nicht-regierbaren Erwerbslosen, der trotz ihrer gouvernementalen Ausgrenzung in den „Bereich verworfener Wesen" (Butler 1997: 23) bestehen bleibt, stets die Gestalt einer repressiv-disziplinären (und unverständlichen) Forderung annehmen wird. Die Überwindung des erwähnten Spannungsverhältnisses zwischen dem eingeklagten Sollen und dem tatsächlichen Sein rückt vor diesem Hintergrund in weite Ferne.

Was sich auf psychosozialer Ebene als eine häufig nicht mehr auszubalancierende Antinomie niederschlägt – die Kluft zwischen Sein und Sollen –, ist zugleich ein konstitutiver Bestandteil einer gouvernementalen Ordnung, die Freiheit und Selbstverwirklichung betont, Andersartigkeit zulässt und fördert und eine sich auf alle gesellschaftlichen Schichten beziehende Ausweitung von Chancen propagiert. Indem diese klassisch liberalen Ideale jedoch in den Kontext eines sich auf sämtliche (noch) nicht-ökonomische Sphären ausweitenden Wettbewerbsmarktes eingebettet werden, treten sie teils als verlockende Versprechen, teils als „ein emotional weitgehend erkaltetes [und sachzwangartiges; L.G.] Anspruchssystem" (Honneth 2002b: 154) an die Individuen zurück und erzeugen auf diese Weise einen Sog zu einer permanenten Nutzung der gouvernemental bereitgestellten ‚Freiheiten' und ‚Chancen'. Wo jedoch alle an diesen ‚Chancen' und ‚Freiheiten' teilhaben wollen oder sich dazu genötigt sehen, wird unter den Bedingungen generalisierter Wettbewerbsmärkte eine permanente und marktlich angepasste Arbeit am eigenen Selbst unverzichtbar. Das bedeutet auch, dass sich die Kluft zwischen dem tatsächlichen Sein und dem Sollen, Können oder Müssen gerade dann auftut, wenn man es nicht (mehr) vermag oder nicht (mehr) gewillt ist, sich den marktlichen Anforderungen anzupassen. Im Folgenden gilt es daher, die psychosozialen Antinomien herauszuarbeiten, die in den (legitimatorischen) Kernelementen der Enterprise Culture bzw. des Neoliberalismus enthalten sind: im Wettbewerbsmarkt bzw. im Wettbewerb und in der Freiheit.

5.2 Wettbewerb ist solidarischer als Teilen? Zur „Tragödie des Erfolgs"[274]

Der Wettbewerb ist, wie gezeigt, das Kernelement des Gouvernementalitätsregimes des Neoliberalismus und der dazugehörigen Enterprise Culture. In dem Maße nun, in dem die Ratio des Wettbewerbsmarktes zunehmend (noch) nicht-ökonomische Bereiche durchdringt, werden der Zugang zu den entsprechenden Ressourcen, Gütern und zu sozialen Positionen, zu Privilegien, sozialer Anerkennung usw. und damit das eigene ‚Überleben' auf den Märkten sowie ein selbstbestimmtes Handeln überhaupt ohne eine dauerhafte Durchsetzung gegen die allgegenwärtige Konkurrenz unmöglich. Die „Tragödie des Erfolgs" (Neckel 2008f) besteht gerade darin, dass er sich nur *relational* bestimmen lässt, also abhängig ist von eigenen früheren Wettbewerbspositionen *und* vom Wachstum oder eher: von den Misserfolgen der Konkurrenz (vgl. ebd.; Ulrich 2008: 148f.; Rosa 2006: 82ff.). Demnach hebt „[d]as Versagen der anderen [...] automatisch die Bewertung [der] eigenen Leistung, [der] eigenen vermarkteten Eigenschaften [...] – und umgekehrt" (Duhm 1975: 90).

> „Erfolg und Misserfolg bedingen einander und steigern sich gegenseitig. Je süchtiger eine Gesellschaft nach dem Erfolg greift, umso mehr Konkurrenten wetteifern um ihn, was eine zunehmende Anzahl von Aspiranten leer ausgehen lässt" (Neckel 2008f: 109).[275]

Der Einzelne muss also, will er auf den Märkten dauerhaft bestehen, notwendigerweise zumindest die Schwächsten seiner Rivalen schädigen, ist aber zugleich unweigerlich auf kooperative und teilweise auch auf solidarische Verhaltensweisen der involvierten Akteure angewiesen (vgl. ebd.: 113; Dörre 2009a: 28). Entsprechend dieser widersprüchlichen Handlungslogiken, die von den Marktteilnehmenden abverlangt werden und auf denen die Prozesse der (kapitalistischen, konkurrenzbasierten) Vergesellschaftung gründen, tritt das Subjekt der Wettbewerbsgesellschaft seinen Mitmenschen in einer gebrochenen, instrumentell-gleichgültigen und damit entfremdeten, wenn nicht gar feindseligen Art und Weise gegenüber (vgl. Dörre 2009a: 28f.; Ottomeyer 2014:

274 Neckel 2008f.

275 Dabei ist es völlig belanglos, ob man sich ausschließlich auf die Aufrechterhaltung und Optimierung der eigenen Wettbewerbsposition konzentriert oder ob man eine gezielte Schädigung seiner Rivalen verfolgt, jedes erfolgsorientierte Handeln übt unweigerlich Anpassungs- und Optimierungszwänge auf die Mitstreiter aus (vgl. Ulrich 2008: 149).

36f., 42f., 85f.). Denn wo die Leistungsfähigkeit der anderen eine *strukturelle* Bedrohung der eigenen Handlungs- und Lebenschancen darstellt, die den eigenen Lohnanteil ebenso zu schmälern vermag, wie die Zugangsmöglichkeiten zu allen anderen wettbewerbsförmig verteilten materiellen und immateriellen Gütern, wo sie die eigene Existenz „unter dem Gesichtswinkel der ökonomischen Nutzung von Kapital der Tendenz nach überflüssig macht" (Ottomeyer 2014: 86), ist der andere *„grundsätzlich* derjenige, dessen Erfolg mein Mißerfolg und dessen Schwäche meine Stärke ist" (Duhm 1975: 91; Herv. L.G.).

Mit der Durchsetzung des Konkurrenzprinzips zum verallgemeinerten Interaktionsmodus und dem hieraus resultierenden Zwang zur Schwächung Dritter zum Zwecke der Steigerung der eigenen Teilhabe- resp. Wettbewerbschancen wird folglich ein Klima des generalisierten Misstrauens gefördert. Dieses steht jedoch – wie die Notwendigkeit der Schädigung der Konkurrenz selbst – im diametralen Widerspruch zu der gleichermaßen eingeforderten Etablierung von vertrauensvollen Kooperationsbeziehungen zwischen den Marktteilnehmenden, wodurch jegliche Interaktion eine widersprüchliche, vom Verdacht und der (vermeintlichen) Notwendigkeit des Bluffs überschattete Struktur aufweisen wird (vgl. Neckel 2008f: 113; Rosa 2006; Ulrich 2008: 149; Schmieder 1991: 23f.).

Fernerhin fördert die Durchsetzung des Erfolgsprinzips unter den Bedingungen des flexiblen Kapitalismus die (gefühlte) Prekarisierung von Arbeits- und Lebensverhältnissen. Wer erfolgreich sein und seine Position im Wettbewerb erhalten will, darf sich niemals zurücklehnen, sondern muss sich permanent an die unvorhersehbaren, dynamischen Märkte anpassen und seinen Mitstreitern stets einen Schritt sein voraus sein.[276] *Erfolgreich ist man immer nur auf Bewährung*. Wie lange diese Bewährung andauert, ist nicht nur abhängig von der Konkurrenz, sondern aufgrund der reinen *Erfolgs-* resp. *Ergebnisorientierung* der über die Lebenschancen richtenden Märkte oftmals der „Herrschaft der Zufälligkeit" (Neckel/Dröge 2008: 88) überlassen. Während persönliche Anstrengungen (und die zugrundeliegenden Fähigkeiten), die aufgrund einer zu geringen marktwirtschaftlichen Nachfrage nicht ökonomisch rentabel und damit auch nicht sozial erwünscht sind, häufig gar nicht erst als (potentielle) Leistungen wahrgenommen werden,[277] stellen folglich auch die Übernahme

---

276 Der Dauerkonkurrenzkampf um (berufliche, familiale usw.) Statuspositionen geht zudem auf den Individualisierungsprozess zurück, der durch die Freisetzung der Menschen aus traditionellen Sozialbindungen und durch die zunehmende (aber weiterhin begrenzte) Demokratisierung von Chancen die unterschiedlichen Positionen überhaupt erst zum Wettbewerb freigab.

277 Aufgrund des (finanziellen, zeitlichen usw.) Aufwandes, der mit den Arbeitsleistungen verbunden ist, können Leistungsanstrengungen, nach denen eine zu geringe marktliche

und das marktliche Angebot der eingeforderten Unternehmensfähigkeiten keineswegs eine Garantie dafür dar, gegen die Risiken des Wettbewerbsmarktes gänzlich abgesichert zu sein. Entgegen der ordoliberalen Prämisse von Leistungsgerechtigkeit, wie sie derweil als elementare Legitimationsgrundlage für die aktivierende Arbeitsmarktpolitik herangezogen wird (Fördern/Fordern, Leistung/Gegenleistung), stellen sich Markterfolge nicht selten durch günstige Gelegenheiten, positiven Askriptionen oder durch Zufall ein und können insofern auch leistungslos sein (vgl. Neckel 2008c: 62ff. u. 2008f: 113f.).

> Somit „wird das Bestreben, eine menschliche Praxis oder Tätigkeit möglichst gut auszuüben (ihren eingeschriebenen *standard of excellence* zu erfüllen) transformiert in das Anliegen, *besser zu sein* – oder notfalls: *besser zu scheinen* – als die Konkurrenten, weil darüber soziale Positionen, Achtung und materielle Güter und daher *Lebenschancen* verteilt werden" (Rosa 2006: 84).

Mit der nie schlafenden Konkurrenz und der allgegenwärtigen Gefahr des selbstverschuldeten Scheiterns im Rücken, wird das Individuum letztlich zu einer kontinuierlichen Arbeit am eigenen Selbst (und an seinen sozialen Beziehungen) genötigt, ohne sich dabei je sicher sein zu können, dass sein Qualitätsmanagement tatsächlich das eigene Überleben auf den Märkten gewährleistet.[278] Die Leistungsanstrengungen mögen noch so hoch sein, die persönlichen Fortschritte noch so groß, sie bleiben unweigerlich gekoppelt an die Markterfolge der Rivalen und wenn diese auch nur ein wenig rascher eine Gelegenheit entdecken und nutzen – und sei es nur aufgrund von Glück – hat der Einzelne vorerst seine Chance vertan und kann nur darauf hoffen (und hinarbeiten), bei der nächsten Gelegenheit *noch aufmerksamer, noch schneller* und *noch innovativer* zu sein. Unter den Bedingungen der verallgemeinerten Konkurrenz reproduziert jegliches Erfolgshandeln folglich unweigerlich eine endlose Wettbewerbsspirale, die von einer fortwährenden Beschleunigungsdynamik und einem hiermit auf ein Engstes verflochtenen strukturellen Wachstumstotalitarismus beseelt ist (vgl. Neckel 2008c: 2008f: 113ff.; Bröckling 2000: 154, 162; Rosa 2009: 99 u. 2013: 35fff., 43, 54).[279]

Nachfrage vorhanden ist, überdies gar zu relativen Verlusten führen und so die betroffenen Individuen aus dem Wettbewerbsmarkt aussortieren (vgl. Neckel 2008g: 169).

278 Diese Prekarisierung von Arbeit und Leben bricht sich jedoch mit der geforderten Aufrechterhaltung von Wettbewerbsfähigkeit, denn: „Die Einübung von Strategien zur Bewältigung von Wettbewerb [...] kann nur erfolgen, wenn die Konkurrenten jeweils über genügend Ressourcen und Planungssicherheit verfügen, die es ihnen erlauben, ein Zukunftsbewusstsein zu entwickeln, in welchem Konkurrenzkämpfe überhaupt erst lohnenswert erscheinen" (Dörre 2009b: 187).

279 Der Steigerungszwang ist zudem in der oben erwähnten Abhängigkeit des Erfolgs von früheren Wettbewerbspositionen zu begründen (vgl. Neckel 2008f: 115).

„Im Erfolgsstreben ist das Subjekt daher unablässig in einer Flucht nach vorn gefangen, die auf längere Sicht selbst wieder zum Scheitern verurteilt ist" (Neckel 2008f: 115).

Wo also das gesamte Leben zu einem nie endenden und durch das eigene Konkurrenzverhalten noch vorangetriebenen „Ablauf von Bewährungssituationen" (Duhm 1975: 92) avanciert, welche das Subjekt in immer kürzeren Abständen zu bewältigen hat, wo Arbeit und Leben in einer Weise prekär werden, dass sich Unsicherheit als eine strukturelle und daher dauerhaft nicht zu bewältigende Konstante durch die menschliche Existenz zieht, droht auch die *Versagensangst* zu einer permanenten Begleiterin des um seine Wettbewerbschancen ringenden Subjektes zu werden. Diese unterminiert jedoch das proklamierte Autonomieideal der Moderne (vgl. ebd.: 92f.; Rosa 2006: 95).

5.3 Welche Freiheit? Zur Autonomisierung des Selbst

In Konsequenz der marktlichen Zwänge werden die Individuen fernerhin dazu genötigt – wollen sie an den versprochenen ‚Chancen' teilhaben, ihre Verwertungs- und Überlebenschancen größtmöglich steigern und insofern das selbst zu bewältigende Risiko ihrer gesellschaftlichen Entkopplung minimieren –, die antinomischen Anforderungen des konkurrenzbasierten Marktes *als das eigene Streben zu internalisieren*. „So kann es geschehen, daß sie ihren Zustand als glücklich bezeichnen und sich ohne äußeren Zwang zu dem System bekennen, das sie unterdrückt" (Marcuse 1968: 281). In Hinblick auf die strukturbedingte Unmöglichkeit einer vollkommenden Selbstmodulation zum unternehmerischen Selbst wird jedoch selbst bei denjenigen, die durch ihre Affirmation gegenüber der Enterprise Culture als Koproduzenten ihrer eigenen (äußeren wie inneren) Kontrollmechanismen zu wirken tendieren, ein Rest an psychosozialen Antinomien resp. inneren Spannungen bestehen bleiben. Das proklamierte Autonomieideal bleibt damit in seiner gänzlichen Verwirklichung auf die programmatische Ebene der Enterprise Culture beschränkt, denn im Gegensatz zur Realität „wird hier von der Historizität menschlicher Subjektivität abstrahiert, das Resultat zur Voraussetzung gemacht" (Schmieder 1984: 109). Vor diesem Hintergrund erweist sich das Versprechen auf ein selbstbestimmtes (autonomes) Leben als ein Betrug *an allen Subjekten* (vgl. Rosa 2009: 96f.; Neckel 2008a: 14; siehe auch Schmieder 1992).

Wenn folglich selbst diejenigen, die der Interpellation der Enterprise Culture bereitwillig zu folgen versuchen, die zur Verfügung gestellte Freiheit niemals gänzlich als einen Raum zur Selbstbestimmung wahrnehmen werden (und nutzen können), so liegt es nahe, dass all jene, die sich nicht als kompetitive Entrepreneure begreifen und die demnach ein vom Leitbild des Unternehmerischen abweichendes ethisches Selbstverhältnis aufweisen, die neoliberale Freiheit eher als Erpressung, als Zwang empfinden werden.

„The forms of freedom we inhabit today are intrinsically bound to a regime of subjectification in which subjects are not merely ‚free to choose', but *obliged to be free,* to understand and enact their lives in terms of choice under conditions that systematically limit the capacities of so many to shape their own destiny" (Rose 1996: 117).

Die proklamierte Pluralisierung von Alternativen schrumpft vor diesem Hintergrund auf die einzige Alternative des Teilnehmens am marktwirtschaftlichen Spiel kompetitiver Entrepreneure zusammen und zwar in grundsätzlich allen Lebensbereichen.[280] Wer seine Karten nicht geschickt genug ausspielt – ganz gleich, ob aufgrund eines schlechten Blattes oder wegen falscher Präferenzsetzungen – und infolge seiner Niederlage von der Konkurrenz ersetzt wird oder wer sich gänzlich vom Spiel verabschieden musste, dem werden die antinomischen Verhaltensanforderungen der verheißungsvollen *Individualisierung* über die Erfahrung seiner *Austauschbarkeit* schmerzlich bewusst (vgl. Neckel 2000a: 40–46; Schmieder 1992: 53f.). Unter den Bedingungen eines generalisierten Wettbewerbs fällt das Versprechen einer selbstbestimmten Seins- und Existenzweise folglich „den uferlosen Zwängen zur Erhaltung und Steigerung individueller und kollektiver Wettbewerbsfähigkeit zum Opfer" (Rosa 2009: 97).

5.4 „Jeder könnte, aber nicht alle können"[281]

Wo also die Maxime gilt: „Jeder könnte, aber nicht alle können" (Bröckling 2002), wird schnell deutlich, dass die universell eingeklagte Pflicht zum Markterfolg sowohl auf Dauer als auch auf die Gesamtheit der Subjekte bezogen zwangsläufig einen antinomischen Handlungsauftrag verkörpert.

Weite Teile der Langzeitarbeitslosen sind vor diesem Hintergrund ein unvermeidbares Nebenprodukt der rein erfolgsorientierten Wettbewerbsmärkte. Ungeachtet der tatsächlichen arbeitsmarktlichen Situation und der individuell unternommenen Versuche zur Reintegration in (stabile) Beschäftigungsverhältnisse „sozialisieren [die aktivierungspolitischen Maßnahmen; L.G.] das Individuum dahingehend, alle Probleme und Defizite sich persönlich zuzurechnen" (Schmieder 1992: 54), wobei diese Unzulänglichkeiten, wie dargelegt, stets als marktferne oder marktkonträre Eigenschaften begriffen werden.

---

280 Diese Aufhebung der vermeintlich grenzenlosen Freiheit und ihre Relativierung zu einer eindimensionalen Wahlfreiheit zeigt Neckel (2000c: 183) am Beispiel der Werbung der Autofirma Toyota, bei der es heißt: ‚Nichts ist unmöglich: Toyota!'. Alles ist möglich, sofern man ein Auto von Toyota besitzt und alles ist möglich, sofern man sich die Verhaltens- und Denkweisen des unternehmerischen Selbst aneignet, am marktwirtschaftlichen Spiel teilnimmt, die Spielregeln beachtet und sie zu seinen Gunsten nutzt.

281 Bröckling 2002.

Die Aufforderung, die eigene Situation als selbstverschuldetes Versagen anzuerkennen, tritt demnach insbesondere im Falle derjenigen Erwerbslosen, die sich trotz eines hohen Maßes an unternehmerisch ausgerichteten Leistungsanstrengungen auf den gnadenlosen Wettbewerbsmärkten nicht durchsetzen konnten, in einen diametralen Widerspruch zu den (weitestgehend ausgeblendeten) objektiv gegebenen Bedingungen.[282] Während sie auf dem Arbeitsmarkt die Erfahrung der sukzessiven Aushöhlung des Leistungsprinzips machen mussten, werden sie in der „Zone der Fürsorge" (Castel 2000: 361) einer fast schon gegensätzlichen Wahrheit belehrt, der zufolge Leistung zu einer unumgänglichen Pflicht der sozialen Verlierer und zur notwendigen Voraussetzung für ihre Reintegration in den ersten Arbeitsmarkt erklärt wird (vgl. Neckel/Dröge 2008: 81f., 89f.; Behrend 2008: 18f.). Mit dieser dem gesamten Fallmanagementprozess zugrunde liegenden Kausalitätsdeutung, der zufolge eine erfolgreiche Arbeitsmarktreintegration durch entsprechende Leistungsanstrengungen und durch eine hierauf folgende Behebung der unterstellten individuellen Vermittlungshemmnisse realisiert werden kann, wird der ‚Kundin' die Verantwortung für ihr Scheitern an der ihr immer schon auferlegten Verantwortung zugeschrieben.

---

[282] Was nicht bedeutet, dass die widersprüchliche Erfahrung, d.h. die Diskrepanz zwischen den eigenen Leistungsanstrengungen und der arbeitsmarktlichen Realität, zum Verschleiß von Erwerbsorientierungen und zu einer grundsätzlichen Abwendung von den Normen der Enterprise Culture führen muss. Wie Bescherer et al. (2008 u. 2009) in einer empirischen Untersuchung zu den Auswirkungen der aktivierenden Reformmaßnahmen auf subjektiver Ebene (vor allem hinsichtlich der Erwerbsorientierung der Betroffenen) darlegen, gibt es durchaus Langzeitarbeitslose, die sich im Falle ausbleibender Alternativen selbstständig machen und sich folglich „tatsächlich wie ‚Unternehmer ihrer eigenen Beschäftigungsfähigkeit' [verhalten]" (Bescherer et al. 2008: 20). Obgleich diese Flucht in die Selbstständigkeit jedoch zumeist äußerst prekär ist und die sog. „Um-jeden-Preis-Arbeiter" (ebd.) aufgrund eines Einkommens unter dem Existenzminimum weiterhin ALG-II beziehen müssen, stellt sie doch ein zentrales Mittel zur Aufrechterhaltung einer auf dem Gedanken des souveränen Individuums gründenden Lebenskonstruktion dar. Weil diese Formen der Selbstständigkeit längerfristig betrachtet oftmals scheitern, muss die Frage gestellt werden, ob die Betroffenen nach mehreren Niederlagen ihre kämpferische Einstellung beibehalten werden und weiterhin an der Überzeugung festhalten, dass sie ihre Langzeitarbeitslosigkeit selbst und zwar durch aktive resp. unternehmerische Verhaltensweisen überwinden können. Bescherer et al. (2009: 150f.) gehen in bestimmten Fällen von einer Schwächung der Erwerbsorientierung aus.

6 Fazit

> „Der Kapitalismus bindet Akteure an sich, die sich bewusst werden, dass sie bisher unterdrückt worden waren. Er bietet ihnen eine Emanzipation auf einem bestimmten Gebiet, hinter der sich allerdings neue Unterdrückungsformen verbergen" (Boltanski/Chiapello 2006: 456).

Hatte der Neoliberalismus (bzw. der neoliberal gefärbte Kapitalismus) die Individuen von jeglichen existenten, verbindlichen sozialen Beziehungen, Bindungen, vorgegebenen Deutungsmustern und Identitätszwängen freigesprochen, die als realitätswirksame Basisprämissen der ersten Moderne das Denken, Handeln und Fühlen der Menschen zu leiten versuchten, so löst er damit das Grundversprechen der bürgerlich-kapitalistischen Gesellschaft keineswegs ein. Aufbauend auf den Rechtfertigungsnarrativen, dass die Effizienz der (globalisierten) kapitalistischen Marktwirtschaft gesellschaftlichen *und* individuellen Wohlstand, Chancengleichheit und dauerhaften Frieden sichern, zum rasanten Anwachsen an realisierbaren Existenz- bzw. Weltoptionen beitragen, und damit den Menschen die Möglichkeit auf ein selbstbestimmtes und authentisches Leben erst bieten könnte, ist eben diese Marktwirtschaft zu einem scheinbar alternativlosen Sachzwang avanciert. So durchdringt die von zahlreichen Widersprüchlichkeiten durchzogene Ratio des Wettbewerbsmarktes nunmehr sämtliche (noch) nicht-ökonomischen Sphären und entwickelt dabei eine vom Wachstums- und Beschleunigungsimperativ durchtränkte Eigendynamik, die sich zunehmend von den lebensweltlich gewachsenen Bedürfnissen und menschlichen Fähigkeiten entfernt. Was sich in diesem Kontext vollzieht, ist eine paradoxale Verkehrung von liberalen Idealen in äußere Forderungen und Zwänge, von subjektiven Ansprüchen auf individuelle Autonomie und Authentizität in institutionalisierte Erwartungsmuster und legitimatorische Bausteine der gouvernementalen Ordnung des Neoliberalismus (vgl. ebd.; Honneth 2002b).

Das bedeutet auch, dass eben diese Ideale aus ihrem vorigen Kontext der Sozial- und insbesondere der Künstlerkritik herausgegriffen, sukzessive ihres Inhaltes entledigt, und als geleerte Signifikanten in ein gouvernementales Netz eingespannt werden, in dessen Zentrum der Wettbewerbsmarkt steht. Freiheit und soziale Gerechtigkeit, Eigenverantwortung oder Solidarität und die Moral insgesamt werden auf diese Weise auf ihre ökonomische Zweckmäßigkeit verkürzt, ohne dass ihnen ihr Potential zum Füllen des entsprechenden Mangels abgesprochen würde. Im Gegenteil: Vielmehr werden auch die *Ursachen* für die Abwesenheit der geleerten Signifikanten einer Umdeutung unterzogen, die der Stabilisierung des neoliberalen Gouvernementalitätsregimes und der imaginären Schließung seiner in sich selbst widersprüchlichen Wissensordnung dienen soll: Wo immer es einen Mangel an Freiheit, Gerechtigkeit, Wohlstand usw. gibt, stets sind es der Staat, das Individuum oder soziale Kollektive, die durch ihr unökonomisches Handeln die Prozesse des makellosen Wettbewerbsmarktes an ihrer optimalen Entfaltung hindern und auf diese Weise seine gemeinwohldienlichen Effekte stören. Umgekehrt bedeutet dies: Wer Gerechtigkeit fördern, Eigenverantwortung übernehmen, und frei sein will, muss Homo oeconomicus werden und diese Möglichkeit steht – zumindest der inneren Programmlogik des Neoliberalismus zufolge – prinzipiell jedem offen.

Auch Langzeitarbeitslose bleiben von weiten Teilen dieser gouvernemental eingepassten Wahrheiten nicht verschont. So hat die vorliegende Studie gezeigt, dass die im Rahmen des beschäftigungsorientierten Fallmanagements zum Einsatz kommenden Instrumente, Methoden und Technologien nicht etwa auf ‚Missstände' auf dem Arbeitsmarkt fokussiert wären, die es aufzudecken gelte, um sie zum Ausgangspunkt für sozialstaatliche Eingriffe und Veränderungen zu machen. Mängel, Defekte und Unzulänglichkeiten werden im Gegenteil stets bei den ‚Kundinnen' selbst vermutet und als Erklärung für ihre andauernde Arbeitslosigkeit herangezogen. Zugleich veranschaulicht die Analyse der Fallmanagementprozedur die engen Verflechtungen von Macht- und Wissensformen: Denn es sind die unterschiedlichen Sozialtechniken, die das erforderliche ‚wissenschaftliche' Wissen über die unterstellten Vermittlungshemmnisse erst produzieren, sie zu einer unleugbaren Wahrheit objektivieren und so „das notwendige epistemologische Konzept [hervorbringen; L.G.], um auf legitime Weise einen psychopolitischen Raum des Eingreifens, Veränderns, Aktivierens zu schaffen" (Bohlender 2012a: 565).

Wechselseitige Verflechtungen traten im Rahmen der Analyse des beschäftigungsorientierten Fallmanagements nicht nur hinsichtlich von Macht- und Wissensformen zutage, sondern waren auch zwischen den unterschiedlichen Spielarten der Macht selbst zu verzeichnen. Bereits die Erforschung und Produktion der Wahrheit des Arbeitslosen hat dieses Zusammenspiel zwischen einer Vielzahl an gouvernementalen Sozialtechnologien, den Methoden der Disziplin und den juridischen Elementen der Souveränitätsmacht deutlich hervortreten lassen: Stets ist die Erwerbslose nicht nur Subjekt einer Kommunikation und einer egalitären Partizipation, sondern vor allem auch das Objekt einer detaillierten und bis in die Tiefenschichten ihrer Emotionalität vordringenden Information, auf deren Grundlage ihr persönliches Stärken-Schwächen-Profil letztlich doch allein von der Fallmanagerin erstellt wird. Wer sich weigert, sich seiner Fallmanagerin bis in sein Innerstes zu offenbaren, kann rechtlich zu seiner Mitwirkung gezwungen werden oder muss die Konsequenzen für seine Entscheidung – die Kürzung seiner finanziellen Leistungen – tragen.

Im Unterschied zur *Durchführung* und *Durchsetzung* der verschiedenen Maßnahmen realisiert sich die *Beurteilung* der emotionalen Eigenschaften, Verhaltens- oder Denkweisen der Betroffenen – und im Prinzip ihrer gesamten Seins- und Existenzweise – allein im Sinne des neoliberalen Regierungsprinzips: Was als Stärke oder Entwicklungspotential, was als Vermittlungshemmnis und was überhaupt nicht sozialtechnologisch erfasst und gewertet wird, hängt im Wesentlichen von der empirischen Normalität des Arbeitsmarktes ab, also davon, ob es als ökonomisch verwertbar oder als marktwirtschaftliches Risiko gedeutet wird. Der neoliberal gewendete Homo oeconomicus des unternehmerischen Selbst ist folglich als zentrales Analyse- und Bewertungsraster des Menschen und seiner Lebensführung auch in das sozialstaatliche Terrain der Langzeitarbeitslosigkeit eingedrungen. Dies kann als zentrales Indiz für eine Auflösung der (ordoliberal aufrechterhaltenen) Grenzen zwischen dem Sozialem und dem Ökonomischen gewertet werden und damit als ein Schritt in Richtung Transformation von der ordoliberalen Gouvernementalität hin zu der Gouvernementalität des US-amerikanischen Neoliberalismus.

Darüber hinaus veranschaulichen die unterschiedlichen Methoden, Instrumente und Verfahren zur Erfassung und Analyse der Beschäftigungsfähigkeit bzw. der Vermittlungshemmnisse des Langzeitarbeitslosen exemplarisch die eingangs angedeutete Art und Weise, in der Sozialtechnologien „die Funktionsprobleme in gesellschaftlichen Teilbereichen glätten wollen, ohne die verursachenden, in gesellschaftlichen Macht- und Herrschaftsverhältnissen beruhenden Bedingungen anzutasten" (Schmieder 1984: 109). Anstatt die Ratio des Wettbewerbsmarktes und die arbeitsmarktlichen Anforderungen als ‚unzulänglich' für den (arbeitslosen) Menschen zu erklären und sie seinen Fähigkeiten und Bedürfnissen anzupassen, zielen die Machtechniken (zunächst) auf eine (innere) Transformation des Langzeitarbeitslosen zum arbeits- resp. funktionsfähigen Unternehmer seiner Beschäftigungsfähigkeit. Sofern es um die Behebung oder Reduktion der Diskrepanz zwischen dem individuellen Profil und den marktwirtschaftlichen Anforderungen und Alternativen geht, scheint diese Problemlösungsstrategie zu einem unhinterfragbaren Sachzwang avanciert zu sein.

Und noch mehr: Weil die marktlichen Bedingungen, die die Funktionsprobleme der Langzeitarbeitslosigkeit, Beschäftigungsunfähigkeit, individueller Unzulänglichkeit, Passivität usw. erst als Wirklichkeiten produzieren, selbst als elementare Voraussetzung für die Realisierung der gouvernemental fabrizierten Freiheiten und Chancen naturalisiert werden, steht die Behebung der individuellen Unzulänglichkeiten, Mängel und Defekte immer auch unter dem Signum der Freiheit. Hierin liegt wohl auch eine zentrale Antinomie der Enterprise Culture und der neoliberalen Programme, die die Subjekte teils durch verlockende Anreize, teils durch die Konstruktion von sachzwangartigen Notwendigkeiten dazu zu bewegen versuchen, *durch die Nutzung der gouvernemental erzeugten Freiheiten zu denen zu werden, als die sie immer schon behandelt werden und die sie doch nie sein können*. Daher dürfen (oder besser: müssen) auch diejenigen von dieser Freiheit kosten, denen durch die sozialtechnologisch offenbarte Wahrheit über die eigene Unzulänglichkeit ein verhältnismäßig hoher irrationaler Gebrauch dieser Freiheiten attestiert worden ist.

Exemplarisch hierfür steht die ‚EinV', die – allerdings durch die Festlegung rechtlich bindender Aktivierungsmaßnahmen – die Erwerbslose zur Performance ihrer freiheitsversprechenden Arbeitsfähigkeit verpflichtet, um sie auf diese Weise zu ihrer Freiheit, d.h. zu ihrer Beschäftigungsfähigkeit resp. Marktlichkeit, zu erziehen. Die ‚EinV' zeugt folglich von einem weiteren, im Sinne des Regierungsprinzips vollzogenen, Versuch zur Behebung von Funktionsproblemen durch die „Anpassung des Menschen an vorgegebene und selbst nicht mehr problematisierte (Produktions-)Bedingungen" (ebd.: 114). Nicht zuletzt steht die Förderung der ökonomischen Verwertbarkeit auch bei den ‚empowernden' Maßnahmen im Vordergrund: Bemächtigen soll sich die Langzeitarbeitslose zuallererst als Unternehmerin ihrer Beschäftigungsfähigkeit und erst nachdem sie ihre gouvernemental produzierten Vermittlungshemmnisse nach und nach abgebaut hat, wird ihr zugetraut, auch ihre als defizitär unterstellten Lebensumstände verbessern zu können. Hier wie dort werden also auch auf der Ebene der Technologien die Ursachen für die Abwesenheit der entleerten Signifikanten der Freiheit, des Glücks, des Wohlergehens u.v.m. in einem Mangel an marktkonformen Verhaltensweisen und Kompetenzen situiert. Damit „impliziert die Selbstermächtigung des Subjekts zumeist nur eine Internalisierung von Herrschaft: Der Übergang von Fremd- zu Selbstbeherrschung, von Heteronomie zur partiellen Autonomie, ermöglicht dem Kapital durch indirekte Steuerung eine neue Stufe der inneren Landnahme, der *Unterwerfung der inneren Natur*" (Jochum 2008: 4827).

Wo die Kluft zwischen dem menschlichen Sein und dem freiheits- und heilversprechenden Sollen jedoch so groß ist, dass die Betroffenen den zur Verfügung gestellten Möglichkeitsraum nicht nutzen können oder wollen, kann auch eine Regierung, die die Freiheit zu ihrem Kernelement erklärt hat und sie als ihren legitimatorischen Baustein nutzt, nicht auf eine radikale Einschränkung eben dieser Freiheit verzichten. Je mehr diese Kluft anwächst, umso mehr verblasst die objektiv gegebene wie auch subjektiv erfahrene „Autonomie innerhalb der Heteronomie" (Gorz 1990: 145). Zu ihrem Glück, ihrem Wohlergehen und zu ihrer Freiheit selbst wird die ‚Kundin' des Jobcenters bzw. der BA dann nicht mehr vorwiegend aus der Ferne und durch Freiheit geführt, sondern vor allem durch juridisch erzeugte Zwänge. Ob es sich um die Mitwirkungspflicht am Arbeitsbündnis, um den Verwaltungsakt der ‚EinV' oder um den durch Zumutbarkeitsregeln organisierten Zwang zur Arbeitsaufnahme handelt: das gesamte Fallmanagement ist durchzogen von Instrumenten, die eine eklatante Einschränkung der (negativen) Freiheitsrechte bewirken und die folglich darlegen, dass die Fabrizierung von Unternehmerinnen der eigenen Beschäftigungsfähigkeit wenn nötig auch durch eine repressive Internalisierung des unternehmerischen Imperativs erzwungen werden soll (siehe auch Heiter 2008). Die Forderung nach der Übernahme von mehr Eigenverantwortung avanciert dann aber zu einer reinen Fremdbestimmung und wird vom sich nur noch unterwerfenden Subjekt als Disziplinierung erfahren. Der zu seiner Freiheit, seiner Selbstbemächtigung, zu seiner Aktivität und zu seiner Eigenverantwortlichkeit Gezwungene „gerät in eine Paradoxie: Was ihm seine Eigenmacht garantieren soll, ist zugleich das, was ihm diese Eigenmacht nimmt" (Günther 2002: 122).

Das System der Betreuungsstufen verdeutlicht noch etwas ganz anderes, was im zuletzt erwähnten Zitat von Schmieder (1984: 109) bereits angedeutet wird: Die Sozialtechnologien zielen auf die Glättung von jenen Gegebenheiten, die als störend für die *Funktion* gesellschaftlicher Teilbereiche problematisiert werden. Wo aber die Funktion nicht weiter gestört wird, stellen sich die entsprechenden Probleme nicht mehr in ihrer ursprünglichen Weise, sodass sozialtechnologische Problemlösungsstrategien, „die das reibungslose Funktionieren des durch subjektive Momente gestörten Produktionsablaufes wiederherstellen soll[en]" (Schmieder 1984: 114), – wie die betroffenen Menschen selbst – als überflüssig erscheinen. Hiervon zeugen die „Realitätseffekte" (Foucault 2005b: 42) der Technologie der Betreuungsstufen, also die Creaming-Effekte, bei denen der Fallmanager von der kostenintensiven Förderung derjenigen Langzeitarbeitslosen ablässt, denen gemäß ihrer marktfernen Stufenzuteilung multiple Vermittlungshemmnisse, und damit eine geringe bis nicht vorhandene ökonomische Verwertbarkeit attestiert worden sind. Weder stört die Nicht-Führung einer bestimmten Anzahl von Langzeitarbeitslosen mit schweren Vermittlungshemmnissen das Qualitätsmanagement des Fallmanagers, der den ihm auferlegten Zielen und Teilzielen durch die Förderung von ökonomisch rentableren ‚Fällen' weiterhin gerecht werden kann; noch beeinträchtigt die arbeitsmarktliche Abwesenheit der ökonomisch nicht verwertbaren Erwerbslosen die Entfaltung marktwirtschaftlicher Prozesse. Die Analyse der Machttechniken des beschäftigungsorientierten Fallmanagements veranschaulicht folglich exemplarisch die technologische Produktion einer heterogenen Gruppe von (unternehmens-)gesellschaftlich ‚Überflüssigen', ‚Nutzlosen' und ‚Überzähligen', also von Menschen „die gesellschaftlich nicht einmal mehr als Teil der ‚industriellen Reservearmee' von Interesse sind" (Lessenich/Nullmeier 2006: 13).

Das bedeutet zugleich, dass die Anrufungen des unternehmerischen Selbst immer auch ihre erzielten Effekte verfehlen können. Denn was die gesellschaftlich entkoppelte Gruppe der Langzeitarbeitslosen trotz ihrer Heterogenität eint, ist ihre (sozialtechnologisch diagnostizierte) eklatante Abweichung von der gouvernemental idealisierten Subjektfigur des unternehmerischen Selbst. Wenn also die Nicht-Anpassung an den neoliberal gewendeten Homo oeconomicus als Kriterium für die ausgrenzende Einteilung in eine marktferne Betreuungsstufe fungiert, eine Führung durch Nicht-Führung ebenso wie eine sukzessive Entkopplung von der Unternehmensgesellschaft begründet, dann wird deutlich: „Wer die ‚Machtspiele' der Regierung nicht mitspielen kann [oder will; L.G.], wird disqualifiziert" (Rinn 2009: 177) und zählt nicht einmal mehr zu den Verlierern des marktgesellschaftlichen Spiels der Enterprise Culture (vgl. Lessenich/Nullmeier 2006: 13).

Die Spielregeln verschwinden im Abseits des Spiels jedoch nicht. Ausgeschlossen ist der Erwerbslose lediglich vom gouvernemental bereitgestellten Möglichkeitsfeld, ohne dass er damit auch von den Zurichtungsanstrengungen der Machttechniken des juridischen Zwangs oder der Disziplin freigesprochen würde. Es ist zu vermuten, dass gerade der verstärkte Einsatz von repressiven und disziplinären Machttechniken davon zeugt, dass die Subjektivität bzw. die Selbsttechnologien der betroffenen Langzeitarbeitslosen *und* der Fallmanagerinnen den gouvernementalen Zugriffsformen immer wieder entfliehen, dass die „‚Wirklichkeit' [...] zu widerspenstig [ist], um durch irgendein perfektes Wissen eingefangen zu werden" (Miller/Rose 1994: 72), dass also neoliberale Programme, Technologien und Rationalitäten permanent an der Realität scheitern und dass sie vielleicht sogar selbst an ihr zerbrechen werden. Zumindest aus der Analyse des Zusammenspiels der unterschiedlichen Machttechniken des beschäftigungsorientierten Fallmanagements lassen sich Indizien ablesen, dass die *in sich selbst widersprüchliche* Gouvernementalität des Neoliberalismus von derartigen Brüchen und Rissen durchzogen ist, dass ein Führen durch Freiheit, Freiwilligkeit und aus Distanz nicht mehr ohne Weiteres bei allen gesellschaftlichen Gruppen realisiert werden kann.

Ähnliche Befunde, wenn auch in abgeschwächter Form, finden sich bspw. im postfordistischen Unternehmen (siehe z.B. Bröckling 2007; Opitz 2004) oder in universitären Einrichtungen (siehe z.B. Prinz/Wuggenig 2007). Auch in diesen Bereichen kommt die neoliberale Regierungskunst offensichtlich nicht ohne den verstärkten Einsatz von interventionistischen und dirigistischen Praktiken aus, die ihrem Anspruch auf ein freiheitliches Führen jedoch zuwiderlaufen. Allerdings ist es im postfordistischen Unternehmen nicht primär eine personalisierte Instanz, die die Sanktionen im Falle von ökonomisch abweichenden Verhaltensweisen verhängt und die man dafür beschuldigen könnte, sondern vielmehr anonyme Marktmechanismen, die auf vergleichsweise subtile Weise die Erwerbstätigen zu einer Anpassung an das unternehmerische Selbst nötigen oder anreizen.[283]

Wenn sich also insgesamt die Frage stellt, ob die quasi-juridischen und disziplinären Machttechniken im Allgemeinen sowie das staatliche Eingreifen im Besonderen nicht vor allem dann verstärkt Anwendung finden, wenn sich die menschliche Subjektivität gegenüber den Kapitalverwertungsbedürfnissen an die Arbeitskraft verweigert, so stoßen die Studien der Gouvernementalität hier doch an ihre Grenzen. Denn obwohl sie, wie dargelegt, durchaus in der Lage sind, die historische Abfolge von unterschiedlichen Machtlogiken folgenden Subjektivierungsregime und von verschiedenen hegemonialen Gouvernementalitäten angemessen zu berücksichtigen, neigen sie letztlich doch dazu, „im Grunde auf der Ebene von Leitbildern und Techniken des Selbstregierens [zu] verharren" (Dörre et al. 2009: 574) und so „die Historizität und Mehrschichtigkeit individueller Subjektivität nicht angemessen [zu] theoretisieren" (ebd.: 572).

Dies hat zur Konsequenz, dass sie insbesondere dort, wo sie sich ausschließlich mit der Subjektivierungs*form* beschäftigen, in aller Regel über die Sperrigkeit menschlicher Subjektivität gegenüber den souveränen, disziplinären und/oder gouvernementalen Zurichtungsanstrengungen nur wage Vermutungen anstellen können. Da sie infolgedessen auch die konkreten, ggf. widerspenstigen und bis ins Pathologische reichenden Verarbeitungsformen, welche die Menschen in Reaktion auf die subjektivierenden Anrufungen herausbilden, nicht ausreichend erfassen und begründen können, gelangen sie erst gar nicht zu der weiterführenden Frage, *warum* die Individuen dem Ruf des unternehmerischen Selbst folgen. Denn selbst dort, wo die Subjekte weniger mittels Zwang und Disziplin, als vielmehr durch Technologien der Freiheit und der Selbstmobilisierung geführt werden (können), wo also mehr oder weniger von einer äußeren Verhaltensanpassung an das gouvernementale

[283] Was nicht bedeutet, dass die Marktmechanismen im Rahmen des beschäftigungsorientierten Fallmanagements keine Steuerungs- und Kontrollfunktionen auf Langzeitarbeitslose ausüben würden. Denn nicht zuletzt sind sie es, die die Grundlage für die Erstellung des individuellen Stärken-Schwächen-Profils bilden und die den Erwerbslosen mit seiner andauernden Langzeitarbeitslosigkeit strafen. Ebenso wenig ist davon auszugehen, dass es im postfordistischen Unternehmen überhaupt keine Formen der Personalisierung von Steuerungs- und Kontrollfunktionen gäbe. Sowohl die Mitarbeiter (insbesondere im Rahmen von Gruppenarbeiten) als auch die Chefin liefern anschauliche Beispiele dafür, dass die Kontrolle und Steuerung der Erwerbstätigen auch über andere Menschen erfolgen kann.

Führungsregime ausgegangen werden kann, ist mitnichten gesagt, dass die Betroffenen das unternehmerische Selbst auch tatsächlich affirmativ verinnerlicht haben.

Eine Erfassung der subjektiven Beweggründe für diese (partielle) Verhaltensanpassung wäre jedoch mit Blick auf die Ergebnisse empirischer Studien umso nötiger, verweisen diese doch darauf, dass jene Anpassungsbereitschaft häufig gerade nicht in einer affirmativen Haltung gegenüber dem Neoliberalismus, sondern vorwiegend in der „Angst vor dem Statusverlust und sozialem Absturz" (ebd.: 572) und/oder in einem tradierten (aber eben nicht erst durch das neoliberale Regieren hervorgebrachten) Selbstverständnis begründet liegt. Gefragt werden muss also unweigerlich nach den sperrigen Subjektivitäten, die sich den Verwertungszugriffen verweigern und die sich eben nicht freiwillig an das unternehmerische Selbst anpassen (vgl. ebd.: 572ff.).

Betrachtet man die Subjektivierungs*weise* der Langzeitarbeitslosen selbst, so lassen sich also auch hier deutliche Hinweise auf eine solche Sperrigkeit der menschlichen Subjektivität und letztlich auf die Brüchigkeit und Krisenhaftigkeit der neoliberalen Gouvernementalität überhaupt finden. Denn wo die Art und Weise der Transformation zu unternehmerisch denkenden, handelnden und fühlenden Subjekten bereits eklatant antinomische Verhaltensweisen abverlangt, kann vermutet werden, dass auch die subjektiven Verarbeitungsmuster entsprechend ambivalent ausfallen.

Und in der Tat geht aus Untersuchungen hervor, dass Langzeitarbeitslose psychosoziale Überlebensstrategien entwickeln, die teilweise in einem gänzlichen Gegensatz zu der eingeforderten *employability* stehen. „‚Hartz-IV wirkt' – aber anders" (Bescherer et al. 2009: 154) und zwar so, dass die ‚Kundinnen' und ‚Klienten', die die Erwerbsorientierung lange Zeit geteilt haben, nach einer Fülle von Enttäuschungen, Zumutungen und in Konfrontation mit einem (für sie) verschlossenen Arbeitsmarkt von dieser Orientierung abzuweichen beginnen und sich alternativen orientierungs- und sinnstiftenden Identitätsankern, Wertemustern, Tätigkeitsfeldern und Lebenskonstruktionen zuwenden: die fürsorgliche Mutter, die bewusst widerständige Hartz-IV- oder Systemkritikerin und vielleicht auch der „rationale Sozialschmarotzer" (Zilan/Moser 1989), sie alle stehen für eine *„Umzentrierung der Lebensinteressen"* (Wacker 1980: 180), teils auch für den bewusst initiierten „Versuch [...], die eigene Identität neu und unabhängig vom Problem der Integration in den Arbeitsprozeß zu definieren" (ebd.). Trotz der inhaltlichen Differenzen zwischen diesen Rollen- und Selbstverständnissen handelt es sich also i.d.R. um eine auf psychosozialer Ebene erfolgende „Bearbeitung des Widerspruchs zwischen Arbeitslosen-Existenz und normativer Verpflichtung auf Arbeit und Beruf als zentralem Lebensinhalt" (ebd.: 181f.) und damit auch um eine Form der psychosozialen Abwehr der aus der Langzeitarbeitslosigkeit resultierenden Unterlegenheitserfahrungen. Durch die Umdeutung der eigenen Inferiorität versuchen die Betroffenen den mit der andauernden Erwerbslosigkeit potentiell verbundenen Schamempfindungen, den negativen Konsequenzen für ihr Selbstwertgefühl oder den Fremdstigmatisierungen als Versager, faulen Arbeitslosen usw. zu entkommen (vgl. Bescherer et al. 2009; Neckel 2000d; Zilan/Moser 1989; siehe auch Wacker 1980).

Nicht zuletzt kann die permanente sozialtechnologische Produktion von individuellen Unzulänglichkeiten und Defekten in Kombination mit der relativen Blindheit des Fallmanagementprozesses gegenüber dem Arbeitsmarkt und einer Fülle an Enttäuschungen (z.B. Maßnahmekarrieren) zum paradoxalen Effekt führen, dass „die immer kleinteiligere Bearbeitung eines zuvor definierten Defizits dieses stetig weiter verstärkt, bis die Leute am Ende selbst glauben, mit 40 bereits zu alt zu sein" (Willisch 2008: 329). Die Fremdstigmatisierung als „Defizit-Wesen" (Legnaro/Birenheide 2008: 77) wird dann vom Betroffenen selbst angenommen und zur zentralen Richtschnur seines Verhaltens gemacht;[284] sie avanciert zum Ausgangspunkt „für eine auf Defizite[n] gegründete Lebenskonstruktion" (Willisch 2008: 318). Dann aber droht die Langzeitarbeitslosigkeit zu verhärten, so dass es fraglich ist, ob Empowerment-Strategien gegen das neue Identitätsbewusstsein und die verfestigten Verhaltensweisen und Handlungsblockaden noch etwas ausrichten können. Kurzum:

> „In der Anwendung sozialtechnologischer Problemlösungsstrategien werden neue Problemlagen geschaffen, ein Kulissenverschieben gesellschaftlicher Widersprüche, das mit einer enthistorisierenden Betrachtungsweise des Menschen, im Verständnis isolierter Individualität vorbereitet wurde" (Schmieder 1984: 110).

Hindernisse, Turbulenzen und pathologische Verarbeitungsformen erzeugt die gouvernementale Ordnung des Neoliberalismus letztlich auch dadurch, dass sie auf Dauer gesehen *eine die von ihr angerufenen Subjekte bis in die Erschöpfung treibende Ordnung ist.* Während man einem Subjektideal ohnehin niemals gänzlich gerecht werden kann, treibt es das Subjektivierungsregime der Enterprise Culture damit doch auf die Spitze: Seine Imperative des Wachstums und der Optimierung, der Aktivität, der Eigeninitiative und der Beschleunigung kennen weder die Pause noch ein Zurück, weder eine Privatsphäre noch die Nachtruhe, die Weltoptionen seines Möglichkeitsfeldes

---

[284] So zeigen sozialwissenschaftliche Untersuchungen, wie Langzeitarbeitslose den Anweisungen der Fallmanagerin zwar Folge leisten und die eingeforderten Gegenleistungen erbringen, sich dabei jedoch bewusst als neoliberal verstandenes Mängel-Wesen präsentieren. Wenn bspw. Bewerbungen bewusst fehlerhaft und formlos verfasst werden, so vollzieht sich die *Performance* als passives, defizitäres Anti-Subjekt immer auch mit dem Ziel, der ansozialisierten und zugeschriebenen Unzulänglichkeit gerecht zu werden (vgl. Willisch 2008).

scheinen grenzenlos, die Anzahl der Konkurrenten auch. Die Fromm'schen Begriffe von *Aktivität* und *Passivität* erfahren in der Enterprise Culture eine weitgehende Umkehrung in ihr Gegenteil, so dass das eigene Leben und der Prozess der Identitätsbildung in Form eines *„rasende[n] Stillstand[s]"* (Virilio 2002, zit. n. Rosa 2013: 57) dauerhaft im Entwurfsstadium verharren. Was quantitativ in die Breite geht, bleibt qualitativ auf der Strecke. *„Das Leben bewegt sich nirgendwo hin, es tritt letztlich mit hohem (Veränderungs-)Tempo auf der Stelle"* (Rosa 2005: 384). Weil es weder ein endgültiges Ziel gibt noch ein Projekt, das man nicht ausschöpfen könnte, gleicht das gesamte Leben des freigesetzten Subjektes einem „Friedhof verpasster Chancen" (Bauman 2009: 47), für den niemand, als es selbst die Verantwortung zu tragen hat. Die Enterprise Culture produziert daher immer auch ein *unzulängliches Subjekt*, das hinter der Konkurrenz und hinter den Erwartungen, die ihm von außen auferlegt werden und die es an sich selbst stellt, permanent zurückbleibt.

> „Überanstrengt davon, nunmehr auch für die letzten persönlichen Strebungen selbst verantwortlich zu sein und am Ende frustriert darüber, am Ideal der totalen Machbarkeit des glücklichen und erfolgreichen Individuums immer wieder zu scheitern, verwandelt sich das notorische Gefühl des persönlichen Mangels in seelische Dunkelheit" (Neckel 2008e: 135).

Im Schatten des smarten Entrepreneurs lauert daher immer auch das depressive und erschöpfte Selbst, das an seinen *un*-erschöpflichen Freiheiten und Chancen, an der Unmöglichkeit, dem ihm auferlegten Möglichkeitsfeld der Enterprise Culture gerecht zu werden, erkrankt und gescheitert ist. Was quantitativ in die Breite geht und qualitativ auf der Strecke bleibt, birgt daher immer die Gefahr, destruktiv in die Tiefe zu gehen (vgl. Ehrenberg 2004; Bröckling 2007: 289ff.; Graefe 2007: 273; Rosa 2013).

„Die Anrufungen des unternehmerischen Selbst sind totalitär" (Bröckling 2007: 283), aber mitnichten bedeutet das, dass sich ihre vorgesehenen Effekte auch in die Realität materialisieren. Wie bei grundsätzlich jedem Subjektivierungsregime werden auch die Wahrheiten der Enterprise Culture auf subjektiver Ebene immer wieder missverstanden, bewusst umgedeutet oder parodiert; permanent haben sie ihren Anspruch auf Universalität und Alternativlosigkeit gegenüber anderen, mit ihnen konkurrierenden, sie kreuzenden und überlagernden Wahrheiten zu behaupten. Stets produzieren die Macht- und Selbsttechnologien unweigerlich Brüche, unintendierte oder subjektiv gezielt initiierte Verfehlungen und Abweichungen von den kulturellen Subjektcodes. Nie lassen sich die Subjekte gänzlich vom unternehmerischen Sog mitreißen, sondern laufen – und wenn auch nur für den Augenblick – in entgegengesetzte oder abweichende Richtungen, bleiben zurück oder schießen über das Ziel hinaus; reagieren taktisch auf situative Gelegenheiten und torpedieren so für einen kurzen Moment das Subjektivierungsregime der Enterprise Culture von innen heraus. Eine gouvernementale Ordnung, die mannigfaltige antinomische Anforderungen an das Denken, Handeln und selbst an das Fühlen der Subjekte zu einem *konstitutiven* Moment erhebt und die als eine Regierung der Freiheit gleichzeitig unabdingbar auf die freiwillige, aktive und eigeninitiative Mitwirkung der angerufenen Individuen angewiesen ist, scheint durch eine ebenso existenzbedrohliche Prekarität gekennzeichnet, wie der gesamte Lebenszusammenhang ihrer Mitglieder. Denn sie „steht und fällt mit der Verlässlichkeit des kollektiv individuellen, alltäglich-praktischen Programmvollzugs" (Lessenich 2009: 171).

Wo die psychosozialen Antinomien jedoch ein Ausmaß annehmen, welches die Diskrepanz zwischen dem Können und Wollen auf der einen Seite und dem Sollen und Müssen auf der anderen derart zunehmen lässt, dass die errichtete Fassade des souveränen Individuums und der schöne Schein der grenzenlosen Möglichkeiten Risse bekommen, dadurch an Glaubwürdigkeit verlieren und in ihrem illusorischen Charakter offen hervortreten, verliert eine Regierung der und durch Freiheit ihr zentrales Rechtfertigungsnarrativ. Anstatt die Funktionalität der von ihr angerufenen Individuen zu steigern, produziert sie kranke, von ihrer Freiheit und der ihnen auferlegten Eigenverantwortung fliehende Subjekte.

Offen bleibt die Frage, ob sich diese Flucht in Form pathologischer Verarbeitungsmuster der psychosozialen Antinomien der Enterprise Culture konstituiert oder ob es sich um eine bewusst initiierte Abwendung vom Leitbild des unternehmerischen Selbst handelt, um ein „souveränes Überhören der Aufforderung, immer weiter zu gehen" (Bröckling 2012: 143), um eine aggressive Distanzierung oder gelassene Abwendung vom Ruf des Entrepreneurs. Oder anders: Durch welche psychosozialen Dispositionen, Reaktionen und Verhaltensweisen artikulieren sich die antinomischen Anforderungen und Erwartungsstrukturen der Enterprise Culture? Können sie als Ausdruck für eine „Kunst, nicht dermaßen regiert zu werden" (Foucault 1992: 12) gesehen werden? Gibt es weitere mögliche Erscheinungsformen, die Ausdruck sind für diese ‚Kunst, nicht dermaßen regiert zu werden'? Und in welchem Zusammenhang steht das beschäftigungsorientierte Fallmanagement, das, wie dargelegt, fortwährend ein unzulängliches Subjekt produziert, mit dem ebenso unzulänglichen und erschöpften Selbst?

Unbeantwortet geblieben ist auch die Frage nach der Moral. Wenn moralische (und ethische) Desiderate tatsächlich in Richtung der Ethik des unternehmerischen Selbst umdefiniert werden, was bedeutet das dann für die Technologien, die im Fallmanagementprozess zum Einsatz kommen? Und weiter: Sollte die neoliberale Wissensordnung wirklich auf eine zunehmende Annäherung des Bereiches des Moralischen an die Ratio des unternehmerischen Selbst und damit an die Logik der grenzenlosen Kapitalakkumulation an sich hinzielen,[285] so droht der Kapitalismus damit seine eigenen Reproduktionsgrundlagen zu zerstören. Denn an und für sich ist der Kapitalismus, der – ganz unabhängig von seiner (neoliberalen) Erscheinungsform – nur dem einen Sinn und Zweck der fortwährenden Vermehrung und Verwertung von Kapital selbst folgt, amoralisch (vgl. Boltanski/Chiapello 2006: 518ff.; Dörre 2009a: 35). Frei von *jeglichen* Sinnressourcen, die ein faktisches Engagement der Menschen für seinen unersättlichen Akkumulationstrieb plausibilisieren könnten, ist der Kapitalismus, insbesondere in seinem neoliberalen Gewand, also dazu gezwungen, „die fehlenden Prinzipien zu seiner Legitimierung anderen, ihm fremden Rechtfertigungsordnungen [...] [zu] entlehnen" (Boltanski/Chiapello 2006: 520), um den Subjekten auf diese Weise „mehr [zu] bieten als seine ihm eigene Unersättlichkeit" (ebd.: 519). Dieses Mehr – die Verwirklichung von Freiheit, Wohlergehen, den Zugangschancen zu (im-)materiellen Gütern usw. – scheint jedoch, wo es an die Bedingung ökonomischer Rentabilität geknüpft und ein verallgemeinerter Wettbewerb ausgerufen und durchgesetzt wird, dauerhaft nur noch mühsam und für Teile der Bevölkerung überhaupt nicht mehr erreichbar zu sein (s.o.). Geebnet ist damit der Boden für moralische (*und* für ethische) Kritik.

> „In seinem Geist umfasst der Kapitalismus also in gewisser Hinsicht auch seine eigene Kritik, da er die moralischen Prinzipien integriert, auf deren Grundlage die Menschen Kritik äußern, wenn er die Werte, die er sich zu eigen gemacht hat, nicht respektiert" (ebd.: 520).

Eine wachsende Angleichung der hegemonialen Definition des Moralischen an die Kapitallogik würde mit Blick auf die herausgearbeiteten psychosozialen Antinomien der Enterprise Culture – und folglich auch hinsichtlich jener anwachsenden (?) Kluft zwischen Sein/Können und Sollen/Müssen – insofern einer sukzessiven Entleerung der für das Kapital existenziell notwendigen Sinnressourcen und damit einer tendenziellen Selbstzerstörung des Kapitalverhältnisses gleich kommen.

Gleichermaßen scheint es, als würde eine solche Reformulierung des ‚Moralischen' auch einen ideologischen Rüstungsversuch des Kapitals darstellen, welches auf diese Weise die Generalisierung der Prinzipien des Wettbewerbsmarktes und damit seine eigene kernstrukturelle Logik mit Sinnhaftigkeit auszustatten, sie zu legitimieren und sie letztlich auch subjektiv erträglich und erstrebenswert zu machen versucht (vgl. ebd.: 518ff.). Aber wogegen rüstet sich das Kapital dann? Gegen die sich zuspitzenden Widersprüche seiner eigenen Bewegungsgesetze, die immer wieder in ökonomischen Krisen

285 Wie im Nachwort zu zeigen ist, kann das unternehmerische Selbst als eine aktuelle, sich auf der Leitbildebene artikulierende Erscheinungsform der Kapitallogik begriffen werden.

münden? Müsste vor dem Hintergrund der Untersuchungsergebnisse die gouvernementale Ordnung des Neoliberalismus nicht als ein Ausdruck der Krisenhaftigkeit des Kapitalismus begriffen werden, der durch seine neoliberale Ummantelung jene kernstrukturell angelegten Widersprüchlichkeiten zwar einerseits zu verdecken, zu glätten und zu bearbeiten versucht, sie hierdurch jedoch (teilweise) lediglich anderenorts reproduziert und der sie andererseits gar komplexer zu machen droht? Sind damit die neoliberalen Führungstechniken und ihr disziplinargesellschaftlicher Untergrund letztlich nicht auch Einfangversuche von widerspenstigen Reaktionen der Subjekte, mithin auf kernstrukturell bedingte und neoliberal verkomplizierte Lebensbedingungen, die gerade nicht mehr erträglich erscheinen, die ambivalent, in vielerlei Hinsicht antinomisch, auszerrend und letztlich erschöpfend sind? Ist also das neoliberale Gouvernementalitätsregime insgesamt nicht mehr als der kernstrukturell angelegte Ausdruck für eine neue Qualität der Entfaltung des Kapitalverhältnisses, welches sich – im Bestreben der Krisenbehebung (?) – auf erweiterter Stufenleiter zu reproduzieren versucht?[286]

Insgesamt mag ein wie auch immer gearteter kapitalistischer Geist zwar die Absurdität des von den Subjekten verlangten Engagements für das Kapital zeitweise mit einer gewissen Sinnhaftigkeit ausstatten können. So mag er temporär darüber hinwegtäuschen, vergessen lassen oder aushaltbar machen, dass es dem Kapital ausschließlich um sich selbst, um seine eigene Vermehrung, geht, „der Mensch schlechthin dagegen eine sehr schäbige Rolle spielt" (Marx 2013: 59) und „nur als *austauschbares und ersetzbares* Exemplar in der Masse der Arbeiter" (Lohmann 1991: 336f.) sowie in seiner Konsumentenrolle anerkannt wird. Er mag Unfreiheit als Freiheit wirken und Fremdkontrolle zu Selbstkontrolle werden lassen, er mag sogar bestimmte Bevölkerungsteile zu einer unersättlichen und vermeintlich „freiwillige[n] Selbstausbeutung" (Moosbrugger 2012) anhalten. Auf diese Weise mag der Kapitalismus temporär seine kernstrukturell begründeten und unter neoliberalen Bedingungen eher verschärften als besänftigten Entfremdungserscheinungen aus dem Bereich des Gewussten verbannen und für eine gewisse Dauer die neoliberale Gouvernementalitätsordnung und das postfordistische Akkumulationsregime aufrechterhalten können. Seine strukturellen Widersprüche und Ambivalenzen mag er jedoch nicht beheben. Unabhängig von seinen historisch konkreten Erscheinungsformen reproduzieren sie sich mit dem Kapitalverhältnis fort. Werden infolgedessen fortwährend ökonomische Krisen evoziert, so lassen es besonders die großen, kernstrukturellen Krisen, welche durch die sich zuspitzenden Widersprüche des Kapitalismus nicht nur immer wieder, sondern auch immer wuchtiger hervorgerufen werden, letztlich für die Kapitale auch immer schwieriger werden, „erneut Wachstum und eine beschleunigte Kapitalakkumulation zu initiieren" (Kalmring 2013: 73).

[286] Wie erwähnt, soll diese Frage im Nachwort noch einmal aufgeworfen werden.

Ist also die Vorstellung eines widerspruchs-, störungs- oder gar krisenfreien Kapitalismus als eine sich nie verwirklichende Utopie abzutun, so birgt die Krise – die ökonomische, aber auch die (hierdurch hervorgerufene?) individuell oder sozial erfahrene Krise – selbst das Potential des *Utopischen*. Als Phasen intensivierter sozialer Kämpfe und (innerer) Konflikte initiieren große Krisen – auch die individuellen Lebenskrisen – eine verstärkte, kritische Reflexion über das Gegebene und mit ihm über die verhärteten gesellschaftlichen Verhältnisse, sie helfen, die ihnen zugrundeliegenden, inneren Mechanismen zu erkennen, das nicht mehr Hinterfragte zu hinterfragen und vermeintliche Sachzwänge als durch die Menschen erst hervorgebrachte und daher auflösbare Zwänge aufzudecken. Ebenso geben Krisen Anlass zur praktischen Suche nach und zur Formulierung von Alternativen zum Bestehenden und eröffnen somit Möglichkeiten, jenes Bestehende (radikal) umzugestalten. Das aus Krisen erwachsende utopische Denken ist daher immer auch ein „gefährliches Denken: es ist in erster Linie die Denkweise der Unterdrückten und Entrechteten, die mit der Utopie gegen die bestehenden Verhältnisse protestieren" (Bloch 1997: 44). Tragen Krisen also immer auch die Chance des Neuen, des radikal Anderen und des Noch-Nicht-Gewordenen in sich, so können sie als „Labor gesellschaftlicher Entwicklungen" (Kalmring 2013) betrachtet werden (vgl. ebd.: 105f.; Altvater 2011).

Obgleich der Kapitalismus im Laufe seiner Entwicklungsgeschichte immer wieder in der Lage war, die auftretenden Krisen (temporär) zu bearbeiten und das heißt auch: Kritik zu absorbieren, seine alte Hülle abzustreifen und einen neuen Pfad der Kapitalakkumulation einzuschlagen, hindert er damit ebenso wenig die Krisen an ihrer Wiederkehr, wie er es vermag, die Kritik gänzlich zum Verstummen und den praktischen Widerstand zum Erliegen zu bringen.

Will Kritik hierbei Vorbotin des ganz Anderen sein, hat sie sich so zu konzipieren, dass sie „der ewigen Wiederkehr des kapitalistisch Immergleichen ihr Veto entgegenstellt, ein Veto mit dem Horizont des besseren, des gelingenden Lebens" (Bloch 1997: 121), welches den Menschen (und die äußere Natur) als Maß allen Handelns setzt.[287] Unweigerlich hat sie daher die im Kapitalverhältnis – und insofern auch im neoliberalen Gouvernementalitätsregime – immer schon gesetzte Unterordnung des Menschen und der ihn

[287] Problematisch ist insbesondere an normativer (d.h. an ethischer und moralischer) Kapitalismuskritik, dass sie im Voraus bestimmte Konzeptionen des guten bzw. des gerechten Lebens festlegen muss. Sie muss sich also unweigerlich der Frage nach der Plausibilisierung resp. der Rechtfertigung der normativen Maßstäbe stellen, die der Kritik zugrunde gelegt werden. Insgesamt erscheint eine Verknüpfung der unterschiedlichen Varianten von Kapitalismuskritik – der ethischen, moralischen und systemischen Kritikformen – als äußerst erkenntnisversprechend, auch und gerade wenn es um ein Zusammendenken des neoliberalen Gouvernementalitätsregime und des kernstrukturellen Grundgerüstes des Kapitalismus geht. Zu einer näheren Auseinandersetzung mit den verschiedenen Kritikvarianten siehe bspw. Jaeggi 2014; Rosa 2013: Teil III.

umgebenden Natur unter die kapitalistischen Wachstums- und Verwertungszwecke in ihren systemischen Begründungszusammenhängen aufzuzeigen. Erst auf dem Boden dieser das kernstrukturelle Grundgerüst kapitalistischer Vergesellschaftung und Subjektwerdung ergreifenden Argumentation, die begleitet werden kann durch normative Einwände gegen das Kapitalverhältnis, gelangt Kritik zur begründeten und plausibilisierbaren Erkenntnis, der zufolge eine Umkehrung jener Subjekt-Objektverkehrung und eine Auflösung der ihr inhärenten (psychosozialen) Widersprüche und Spannungen nur dort möglich sind, wo die kapitalistischen Produktions-, Aneignungs- und Eigentumsverhältnisse selbst überwunden werden. In jener radikalen Verneinung des Bestehenden ist Kritik dann immer schon utopisch, liegt die Utopie doch vor allem „in der bestimmten Negation dessen, was bloß ist, und das dadurch, daß es sich als ein Falsches konkretisiert, immer zugleich hinweist auf das, was sein soll" (Adorno 1975: 70, zit. n. ebd.: 55).

Damit die in der Kritik enthaltende Utopie in ihrer radikalen Negation des Bestehenden letztlich über die Ebene der Bewusstwerdung hinausgehen und auch (lebens-)praktisch „systemtranszendent und subversiv" (Bloch 1997: 35) werden kann, damit sie also eine gesamtgesellschaftliche „*Veränderung* bewirken kann in Richtung eines wahrhaften Novum, Wege eröffnen und Spuren setzen kann zur ausstehenden *Verwirklichung* antizipierter Möglichkeit" (ebd.: 35), muss „das antizipierende Bewußtsein sich mit der objektiv-realen Möglichkeit der Welt selber verbünde[n]" (ebd.: 39).

Bereits heute verharrt die Radikalität einer solchen Verweigerung eben nicht mehr nur auf der Ebene des utopischen *Denkens*, sondern hat, wenn auch nur vereinzelt und in begrenztem Umfang, längst den Bereich des *Gewordenen* beschritten. Dieses Realwerden utopischen Bewusstseins zeigt sich nicht zuletzt daran, dass „Millionen überall auf der Welt neue Formen der Reproduktions-Zusammenarbeit geschaffen [haben], die die Richtung zu einer Welt außerhalb kapitalistischer Verhältnisse weisen" (vgl. Federici 2013: 50).

Der Kapitalismus mag diese radikal anderen Formen der Vergemeinschaftung, die Fülle an subversiven Praktiken und widerspenstigen Subjektivitäten bislang noch im Zaun halten oder mit seinen Akkumulationserfordernissen vereinbaren können, er mag auch seine Logik vermittels neoliberaler Führungspraktiken mit disziplinargesellschaftlichem Untergrund bis in den Bereich der Sozialpolitik durchsetzen, dort, wie auch anderswo, die gesamte Lebensweise und Innerlichkeit der (langzeitarbeitslosen) Betroffenen zu kolonialisieren versuchen; in dem Maße jedoch, in dem Arbeitslosigkeit zunimmt und die Kluft zwischen Arm und Reich, zwischen (temporären) Gewinnern und (dauerhaften) Verlierern immer weiter auseinanderklafft, in dem sich Wettbewerbszwänge verallgemeinern, das Leben prekär wird und psychisches wie auch (wieder verstärkt) physisches Elend sich auszuweiten beginnen, in dem Maße also, in dem der neoliberal gefärbte Kapitalismus bei einem wachsenden Anteil der Bevölkerung seine Versprechen von Freiheit, Wohlstand und Glück nicht mehr einzulösen vermag, untergräbt er seine eigenen legitimatorischen *und* seine stofflichen Reproduktionsgrundlagen.

Im Bestehenden selbst und nicht zuletzt in der krisenhaften Zuspitzung der kernstrukturell angelegten und im neoliberalen Gouvernementalitätsregime potenzierten Widersprüche des Kapitalismus wächst daher immer schon das ganz Andere heran, das sich der Logik des Kapitals und dessen selbstzweckartigen Streben nach einer grenzenlosen Ausbeutung und Verwertung des Menschen, seiner Mitgeschöpfe und der ihn umgebenden äußeren Natur radikal widersetzt.

Abbildungsverzeichnis

Abbildung 1

J. Bentham. Plan für das Panopticon.

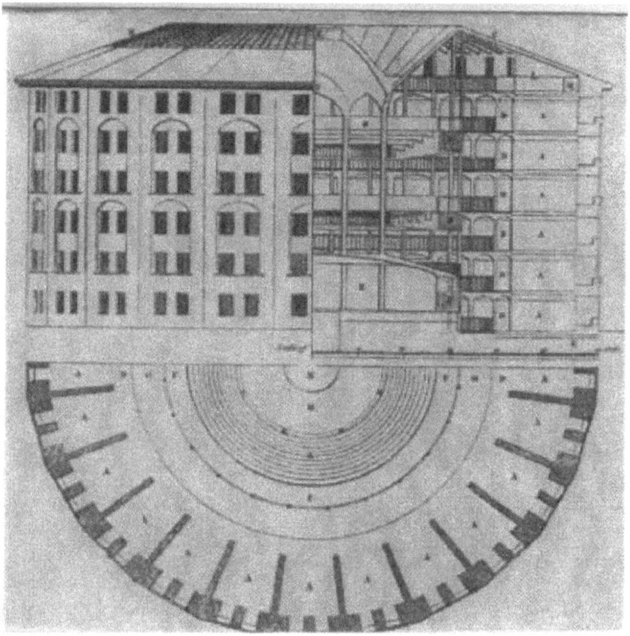

Quelle: Foucault 1994.

Abkürzungsverzeichnis

BA	Bundesagentur für Arbeit
BMAS	Bundesministerium für Arbeit und Soziales
BSG	Bundessozialgericht
Bspw.	Beispielsweise
BVerwG	Bundesverwaltungsgericht
ELb	Erwerbsfähige(r) Leistungsberechtige(r)
EinV	Eingliederungsvereinbarung
I.d.R.	In der Regel
Resp.	Respektive
SGB II	Sozialgesetzbuch Zweites Buch: Grundsicherung für Arbeitssuchende
SGB III	Sozialgesetzbuch Drittes Buch: Arbeitsförderung
Sog.	Sogenannte(n)
S.u.	Siehe unten
S.o.	Siehe oben
Usw.	Und so weiter

Literaturverzeichnis

Agenturschluss (2006, Hrsg.): Schwarzbuch Hartz IV. Sozialer Angriff und Widerstand – Eine Zwischenbilanz, Berlin

Allex, A./Eberle, A. (2006): Praxis des Profiling. Geschichte – Theorie – Anspruch – Wirklichkeit – Widerständigkeit. In: Agenturschluss (Hrsg.): Schwarzbuch Hartz IV. Sozialer Angriff und Widerstand – Eine Zwischenbilanz, Berlin, S. 46–72

Altvater, E. (2011): Das Ende des Kapitalismus wie wir ihn kennen. Eine radikale Kapitalismuskritik, 7. Aufl., Münster

Bauman, Z. (2009): Leben als Konsum, 2. Aufl., Hamburg

Becker, G. S. (1993): Der ökonomische Ansatz zur Erklärung menschlichen Verhaltens, 2. Aufl., Tübingen

Behrend, O. (2008): Aktivieren als Form sozialer Kontrolle. In: APUZ, Arbeitslosigkeit: Psychosoziale Folgen, Bd. 40–41/2008, S. 16–21

Berger, P. (1999): Sehnsucht nach Sinn. Glauben in einer Zeit der Leichtgläubigkeit, Gütersloh

Bescherer, P./Dörre, K./Röbenack, S./Schierhorn, K. (2008): Eigensinnige ‚Kunden'. Auswirkungen strenger Zumutbarkeitsregeln auf Langzeitarbeitslose und prekär Beschäftigte. In: Dörre, K./Behr, M./Bescherer, P./Röbenack, S./Seiwert, T./Kuhirt, K./Schierhorn, K. (Hrsg.): Eigensinnige ‚Kunden'. Der Einfluss strenger Zumutbarkeit auf die Erwerbsorientierung Arbeitsloser und prekär Beschäftigter, SFB 580 Mitteilungen, H. 26, Jena, S. 10–36

Bescherer, P./Röbenack, S./Schierhorn, K. (2009): Eigensinnige ‚Kunden': Wie Hartz IV wirkt und wie nicht. In: Castel, R./Dörre, K. (Hrsg.): Prekarität, Abstieg, Ausgrenzung. Die soziale Frage am Beginn des 21. Jahrhunderts, Frankfurt am Main/New York, S. 145–156

Bieback, K.-J. (2009): Kooperation im Zwangsverhältnis. Teilhaberechte und Vertragsstrukturen in der Arbeitsmarktverwaltung. In: Zeitschrift für Rechtssoziologie 30. Jg., H. 2, S. 185–213

Bloch, J. R. (1997): Utopie: Ortsbestimmungen im Nirgendwo. Begriff und Funktion von Gesellschaftsentwürfen, Opladen

Bohlender, M. (2006): Michel Foucault – Für eine Geschichte und Kritik der politischen Vernunft. In: Bluhm, H./Gebhard, J. (Hrsg.): Politische Ideengeschichte im 20. Jahrhundert. Konzepte und Kritik, Baden Baden, S. 89–106

Bohlender, M. (2012a): Die Unzulänglichen. Wie man Langzeitarbeitslose regiert. In: Merkur. Deutsche Zeitschrift für europäisches Denken, 66. Jg., Nr. 757, H. 6, S. 557–565

Bohlender, M. (2012b): Von Marienthal zu Hartz IV. Zur Geschichte und Gegenwart des Regierens von ‚Langzeitarbeitslosigkeit'. In: Lindenau, M./Meier Kressig, M. (Hrsg.): Zwischen Sicherheitserwartung und Risikoerfahrung. Vom Umgang mit einem gesellschaftlichen Paradox in der Sozialen Arbeit, Bielefeld, S. 141–166

Boltanski, L./Chiapello, È. (2006): Der neue Geist des Kapitalismus, Konstanz

Brecht, B. (2004): Die Dreigroschenoper: Der Erstdruck 1928. Text und Kommentar, Frankfurt am Main

Bröckling, U. (2000): Totale Mobilmachung. Menschenführung im Qualitäts- und Selbstmanagement. In: Bröckling, U./Krasmann, S./Lemke, T. (Hrsg.): Gouvernementalität der Gegenwart. Studien zur Ökonomisierung des Sozialen, Frankfurt am Main, S. 131–167

Bröckling, U. (2002): Jeder könnte, aber nicht alle können. Konturen des unternehmerischen Selbst. In: Mittelweg 36, 11. Jg., H. 4, S. 6–26. Online unter URL: http://www.eurozine.com/articles/2002-10-02-broeckling-de.html [26.09.2015]

Bröckling, U. (2004a): Prävention. In: Bröckling, U./Krasmann, S./Lemke, T. (Hrsg.): Glossar der Gegenwart, Frankfurt am Main, S. 210–215

Bröckling, U. (2004b): Empowerment. In: Bröckling, U./Krasmann, S./Lemke, T. (Hrsg.): Glossar der Gegenwart, Frankfurt am Main, S. 55–62

Bröckling, U. (2007): Das unternehmerische Selbst. Soziologie einer Subjektivierungsform, Frankfurt am Main

Bröckling, U. (2010): Jenseits des kapitalistischen Realismus: Anders anders sein. In: Neckel, S. (Hrsg.): Kapitalistischer Realismus. Von der Kunstaktion zur Gesellschaftskritik, Frankfurt am Main, S. 281–301

Bröckling, U. (2012): Der Ruf des Polizisten. Die Regierung des Selbst und ihre Widerstände. In: Keller, R./Schneider, W./Viehöver, W. (Hrsg.): Diskurs – Macht – Subjekt. Theorie und Empirie von Subjektivierung in der Diskursforschung, Wiesbaden, S. 131–144

Bröckling, U./Krasmann, S./Lemke, T. (2000, Hrsg.): Gouvernementalität der Gegenwart. Studien zur Ökonomisierung des Sozialen, Frankfurt am Main

Bröckling, U./Krasmann, S./Lemke, T. (2004, Hrsg.): Glossar der Gegenwart, Frankfurt am Main

Bröckling, U./Krasmann, S. (2010): Ni méthode, ni approche. Zur Forschungsperspektive der Gouvernementalitätsstudien – mit einem Seitenblick auf Konvergenzen und Divergenzen zur Diskursforschung. In: Angermüller, J./Dyk, S. v. (Hrsg.): Diskursanalyse meets Gouvernementalitätsforschung. Perspektiven auf das Verhältnis von Subjekt, Sprache, Macht und Wissen, Frankfurt am Main/New York, S. 23–42

Bude, H./Willisch, A. (2008): Die Debatte über die ‚Überflüssigen'. Einleitung. In: Bude, H./Willisch, A. (Hrsg.): Exklusion. Die Debatte über die ‚Überflüssigen', Frankfurt am Main, S. 9–30

Bührmann, A. D. (2007a): Subjektivierungsweise. In: Fuchs-Heinritz, W./Lautmann, R./Rammstadt, O./Wienold, H. (Hrsg.): Lexikon zur Soziologie, 4. grundlegend überarb. Aufl., Wiesbaden, S. 145–164

Bührmann, A. (2007b): Soziale Arbeit und die (Trans-)Formierung moderner Subjektivierungsformen. In: Anhorn, R./Bettinger, F./Stehr, J. (Hrsg.): Foucaults Machtanalytik und Soziale Arbeit: eine kritische Einführung und Bestandsaufnahme, Wiesbaden, S. 59–74

Bundesagentur für Arbeit (BA) (2007): Profiling und Betreuungsstufen SGB II. Arbeitshilfe zur fachlichen Unterstützung und Umsetzung in VerBIS 2.71. Stand April 2007. Online unter URL: http://www.jobboerse-berlin.de/Arb.hilfe%20BA%20zu%20Profiling%20u.%20Betreuungsstufen.pdf [25.09.2015]

Bundesagentur für Arbeit (BA) (2011): Erwerbsfähige Leistungsberechtigte (eLb) – Begriff verwendet ab 01.04.2011. Stand 07.09.2015. Online unter URL: http://statistik.arbeitsagentur.de/nn_280774/Statischer-Content/Grundlagen/Glossare/Grundsicherung-Glossar/Erwerbsfaehige-Leistungsberechtigte-eLb-Begiff-verwendet-ab-01-04-2011.html [26.09.2015]

Bundesagentur für Arbeit (BA) (2013): Das arbeitnehmerorientierte Integrationskonzept der Bundesagentur für Arbeit (SGB II und SGB III). Stand 20.12.2013-intern. Online unter URL: http://www.arbeitsagentur.de/web/wcm/idc/groups/public/documents/webdatei/mdaw/mje1/~edisp/l6019022dstbai613936.pdf?_ba.sid=L6019022DSTBAI613942 [26.09.2015]

Bundesministerium für Arbeit und Soziales (BMAS) (2006): Die Wirksamkeit moderner Dienstleistungen am Arbeitsmarkt. Bericht 2005 der Bundesregierung zur Wirkung der Umsetzung der Vorschläge der Kommission Moderne Dienstleistungen am Arbeitsmarkt (ohne Grundsicherung für Arbeitsuchende), Umsetzung der Entschließung des Deutschen Bundestages vom 14. November 2002 (BT-Drs. 15/98), Berlin. Online unter URL: http://www.sozialpolitik-aktuell.de/tl_files/sozialpolitik-aktuell/_Kontrovers/HartzIV/hartz1-3_langfassung.pdf [26.09.2015]

Burchell, G. (1991): Peculiar Interests. Civil Society and Governing ‚The System of Natural Liberty'. In: Burchell, G./Gordon, C./Miller, P. (Hrsg.): The Foucault Effect. Studies in Governmental Rationality, Chicago, S. 119–150

Burchell, G. (1993): Liberal government and techniques of the self. In: Economy and Society, Vol. 22, Nr. 3, S. 267–282

Burchell, G./Gordon, C./Miller, P. (1991): The Foucault Effect. Studies in Governmentality, Chicago

Butler, J. (1997): Körper von Gewicht. Die diskursiven Grenzen des Geschlechts, Frankfurt am Main

Butterwegge, C. (2006): Krise und Zukunft des Sozialstaates, 3., erw. Aufl., Wiesbaden

Butterwegge, C./Lösch, B./Ptak, R. (2008, Hrsg.): Kritik des Neoliberalismus, 2., verbesserte Aufl., Wiesbaden

Castel, R. (2000): Die Metamorphosen der sozialen Frage. Eine Chronik der Lohnarbeit, Konstanz

Castel, R. (2005): Die Stärkung des Sozialen. Leben im neuen Wohlfahrtsstaat, Hamburg

Castel, R./Dörre, K. (2009, Hrsg.): Prekarität, Abstieg, Ausgrenzung. Die soziale Frage am Beginn des 21. Jahrhunderts, Frankfurt am Main/New York

Cruikshank, B. (1999): The Will to Empower. Democratic Citizens and Other Subjects, Ithaca/London

Dean, M. (2010): Governmentality: Power and Rule in Modern Society, 2. Aufl., Los Angeles/London/New Delhi/Singapore/Washington DC

Deleuze, G. (1992): Foucault, Frankfurt am Main

Deleuze, G. (1993a): Postskriptum über die Kontrollgesellschaften. In: Ders.: Unterhandlungen 1972–1990, Frankfurt am Main, S. 254–262

Deleuze, G. (1993b): Kontrolle und Werden. In: Ders.: Unterhandlungen 1972–1990, Frankfurt am Main, S. 243–253

Deutscher Bundestag (2003): Gesetzentwurf der Fraktionen SPD und BÜNDNIS 90/DIE GRÜNEN. Entwurf eines Vierten Gesetzes für moderne Dienstleistungen am Arbeitsmarkt. BT-Drucksache 15/1516 vom 05.09.2003. Online unter URL: http://dip21.bundestag.de/dip21/btd/15/015/1501516.pdf [26.09.2015]

Distelhorst, L. (2007): Umkämpfte Differenz. Hegemonietheoretische Perspektiven der Geschlechterpolitik mit Butler und Laclau, Berlin

DKP online (2002): o.T. In: Unsere Zeit – Zeitung der DKP, 23. August 2002. Online unter URL: http://www.dkp-online.de/uz/3434/s0401.htm [26.09.2015]

Dörre, K. (2002): Kampf um Beteiligung. Arbeit, partizipatives Management und die Gewerkschaften. In: Kurswechsel, H. 2, S. 64–76

Dörre, K. (2009a): Die neue Landnahme. Dynamiken und Grenzen des Finanzmarktkapitalismus. In: Dörre, K./Lessenich, S./Rosa, H. (Hrsg.): Soziologie. Kapitalismus. Kritik. Eine Debatte, Frankfurt am Main, S. 21–86

Dörre, K. (2009b): Kapitalismus, Beschleunigung, Aktivierung – eine Kritik. In: Dörre, K./Lessenich, S./Rosa, H. (Hrsg.): Soziologie. Kapitalismus. Kritik. Eine Debatte, Frankfurt am Main, S. 181–204

Dörre, K./Behr, M./Eversberg, D./Schierhorn, K. (2009): Krise ohne Krisenbewusstsein? Zur subjektiven Dimension kapitalistischer Landnahmen. In: PROKLA 157, S. 559–576

Duhm, D. (1975): Warenstruktur und zerstörte Zwischenmenschlichkeit. Dritter Versuch der gesellschaftlichen Begründung zwischenmenschlicher Angst in der kapitalistischen Warengesellschaft, 4., erweiterte Aufl., Lampertheim

Duttweiler, S. (2004): Beratung. In: Bröckling, U./Krasmann, S./Lemke, T. (Hrsg.): Glossar der Gegenwart, Frankfurt am Main, S. 23–29

Duttweiler, S. (2007): Sein Glück machen: Arbeit am Glück als neoliberale Regierungstechnologie, Konstanz

Ehrenberg, A. (2004): Das erschöpfte Selbst. In: Kursbuch: Die große Entsolidarisierung, Nr. 157, S. 57–67

Ehrenberg, A. (2008): Das erschöpfte Selbst. Depression und Gesellschaft in der Gegenwart, Frankfurt am Main

Eickelpasch, R./Rademacher, C. (2010): Identität, 3. unveränd. Aufl., Bielefeld

Eingliederungsbericht Kreis Nordfriesland 2009: Eingliederungsbericht Kreis Nordfriesland 2008. Online unter URL: http://195.43.53.105/sites/default/files/report/files/01_nordfriesland_eingliederungsberichte__zugelassene__kommu nale__traeger__2008__landkreis__nordfriesland.pdf [25.06.2015]

Eingliederungsbericht Kreis Nordfriesland 2010. Online unter URL: https://www.nordfriesland.de/media/custom/2271_1103_1.PDF?1367934776 [25.06.2015]

Eucken, W. (1949): Die Wettbewerbsordnung und ihre Verwirklichung. In: ORDO. Jahrbuch für die Ordnung von Wirtschaft und Gesellschaft, 2. Jg., H. 1, S. 1–99

Eucken, W. (1990): Grundsätze der Wirtschaftspolitik, 6. durchges. Aufl., Tübingen

Ewald, F. (1993): Der Vorsorgestaat, Frankfurt am Main

Fachkonzept 2004: ‚Beschäftigungsorientiertes Fallmanagement im SGB II' Abschlussfassung des Arbeitskreises. Vorgelegt von einem Autorenteam aus Kommunen, der Bundesagentur für Arbeit, der Fachhochschule Frankfurt, der Fachhochschule des Bundes – FB Arbeitsverwaltung, 2004. Online unter URL: http://www.arbeitsagentur.de/web/wcm/idc/groups/public/documents/webdatei/mdaw/mdk2/~edisp/l6019022dstbai382523.pdf?_ba.sid=L6019022DS TBAI382526 [26.09.2015]

Fachkonzept 2004, Anlagen: ‚Beschäftigungsorientiertes Fallmanagement im SGB II'. Weiterführende Anlagen. Online unter URL: http://www.kompetenz agenturen.inbas.com/themen/casemanagement.html#798473e93d7d1dbfe0a38 4364728a771 [26.09.2015]

Federici, S. (2013): Ursprüngliche Akkumulation, Globalisierung und Reproduktion. In: Backhouse, M./Gerlach, O./Kalmring, S./Nowak, A. (Hrsg.): Die globale Einhegung – Krise, ursprüngliche Akkumulation und Landnahmen im Kapitalismus, Münster, S. 40–52

Fetzer, D. (2006): Verfolgungsbetreuung, Schikanen und Verletzungen der Privat und Intimsphäre. In: Agenturschluss (Hrsg.): Schwarzbuch Hartz IV. Sozialer Angriff und Widerstand – Eine Zwischenbilanz, Berlin, S. 31–45

Fickinger, N. (2005): Eine neue Agenda für den Arbeitsmarkt. In: Frankfurter Allgemeine Zeitung, 30.05.2005, Nr. 122, S. 11

Foucault, M. (1974): Die Ordnung der Dinge. Eine Archäologie der Humanwissenschaften, Frankfurt am Main

Foucault, M. (1989a): Der Gebrauch der Lüste, Sexualität und Wahrheit, Bd. 2, Frankfurt am Main.

Foucault, M. (1989b): Die Sorge um sich, Sexualität und Wahrheit, Bd. 3, Frankfurt am Main

Foucault, M. (1992): Was ist Kritik? Berlin

Foucault, M. (1993): About the Beginning of the Hermeneutics of the Self. In: Political Theory, Vol. 21, Nr. 2, S. 198–227

Foucault, M. (1994): Überwachen und Strafen. Die Geburt des Gefängnisses, Frankfurt am Main

Foucault, M. (1999): Wie wird Macht ausgeübt [1982]. In: Engelmann, J. (Hrsg.): Michel Foucault. Botschaften der Macht. Der Foucault-Reader. Diskurs und Medien, Berlin, S. 187–201

Foucault, M. (2002): Die Wahrheit und die juristischen Formen. In: Ders.: Schriften in vier Bänden. Dits et Ecrits, Band II, Nr. 139 [1974], Frankfurt am Main, S. 669–792

Foucault, M. (2003a): Macht und Wissen (Gespräch). In: Ders.: Schriften in vier Bänden. Dits et Ecrits, Band III, Nr. 216 [1977], Frankfurt am Main, S. 515–534

Foucault, M. (2003b): Die analytische Philosophie der Politik (Vortrag). In: Ders.: Schriften in vier Bänden. Dits et Ecrits, Band III, Nr. 232 [1978], Frankfurt am Main, S. 675–695

Foucault, M. (2003c): Sexualität und Macht (Vortrag). In: Ders.: Schriften in vier Bänden. Dits et Ecrits, Band III, Nr. 233 [1978], Frankfurt am Main, S. 695–718

Foucault, M. (2003d): Das Spiel des Michel Foucault (Gespräch). In: Ders.: Schriften in vier Bänden. Dits et Ecrits, Band III, Nr. 206 [1977], Frankfurt am Main, S. 391–429

Foucault, M. (2003e): Gespräch mit Michel Foucault. In: Ders.: Schriften in vier Bänden. Dits et Ecrits, Band III, Nr. 192 [1977], Frankfurt am Main, S. 186–213

Foucault, M. (2004a): Geschichte der Gouvernementalität I. Sicherheit, Territorium, Bevölkerung. Vorlesung am Collège de France 1977–1978, Frankfurt am Main

Foucault, M. (2004b): Geschichte der Gouvernementalität II. Die Geburt der Biopolitik. Vorlesung am Collège de France 1978–1979, Frankfurt am Main

Foucault, M. (2005a): Subjekt und Macht [1982]. In: Defert, D./Ewald, F. (Hrsg.): Michel Foucault. Analytik der Macht, Frankfurt am Main, S. 240–263

Foucault, M. (2005b): Diskussion vom 20. Mai 1978. In: Ders.: Michel Foucault. Schriften in vier Bänden. Dits et Ecrits. Band IV 1980–1988, Nr. 278 [1980], Frankfurt am Main, S. 25–43

Foucault, M. (2005c): Die politische Technologie der Individuen. In: Ders.: Michel Foucault. Schriften in vier Bänden. Dits et Ecrits. Band IV 1980–1988, Nr. 364 [1988], Frankfurt am Main, S. 999–1015

Foucault, M. (2005d): Polemik, Politik und Problematisierungen. In: Ders.: Michel Foucault. Schriften in vier Bänden. Dits et Ecrits. Band IV 1980–1988, Nr. 342 [1984], Frankfurt am Main, S. 724–734

Foucault, M. (2005e): Technologien des Selbst. In: Ders.: Michel Foucault. Schriften in vier Bänden. Dits et Ecrits. Band IV 1980–1988, Nr. 363 [1988], Frankfurt am Main, S. 966–999

Foucault, M. (2005f): Subjektivität und Wahrheit. In: Ders.: Michel Foucault. Schriften in vier Bänden. Dits et Ecrits. Band IV 1980–1988, Nr. 304 [1981], Frankfurt am Main, S. 258–264

Foucault, M. (2005g): ‚Omnes et singulatim': zu einer Kritik der politischen Vernunft [1981]. In: Defert, D./Ewald, F. (Hrsg.): Michel Foucault. Analytik der Macht, Frankfurt am Main, S. 188–219

Foucault, M. (2005h): Von der Regierung der Lebenden. In: Ders.: Michel Foucault. Schriften in vier Bänden. Dits et Ecrits. Band IV 1980–1988, Nr. 289 [1980], Frankfurt am Main, S. 154–159

Foucault, M. (2005i): Raum, Wissen und Macht. In: Ders.: Michel Foucault. Schriften in vier Bänden. Dits et Ecrits. Band IV 1980–1988, Nr. 310 [1982], Frankfurt am Main, S. 324–341

Foucault, M. (2005j): Sexualität und Einsamkeit (Vortrag). In: Ders.: Michel Foucault. Schriften in vier Bänden. Dits et Ecrits. Band IV 1980–1988, Nr. 295 [1980], Frankfurt am Main, S. 207–219

Foucault, M. (2005k): Strukturalismus und Poststrukturalismus. In: Ders.: Michel Foucault. Schriften in vier Bänden. Dits et Ecrits. Band IV 1980–1988, Nr. 330 [1983], Frankfurt am Main, S. 521–555

Foucault, M. (2005l): Zur Genealogie der Ethik: Ein Überblick über die laufende Arbeit. In: Ders.: Michel Foucault. Schriften in vier Bänden. Dits et Ecrits. Band IV 1980–1988, Nr. 326 [1983], Frankfurt am Main, S. 461–498

Foucault, M. (2005m): Die Ethik der Sorge um sich als Praxis der Freiheit. In: Ders.: Michel Foucault. Schriften in vier Bänden. Dits et Ecrits. Band IV 1980–1988, Nr. 356 [1984], Frankfurt am Main, S. 875–902

Foucault, M. (2005n): Gespräch mit Ducio Trombadori. In: Ders.: Michel Foucault. Schriften in vier Bänden. Dits et Ecrits. Band IV 1980–1988, Nr. 281 [1980], Frankfurt am Main, S. 51–119

Foucault, M. (2005o): Die Sorge um die Wahrheit. In: Ders.: Michel Foucault. Schriften in vier Bänden. Dits et Ecrits. Band IV 1980–1988, Nr. 350 [1984], Frankfurt am Main, S. 823–836

Foucault, M. (2005p): Vorlesung vom 14. Januar 1976 [1977]. In: Defert, D./Ewald, F. (Hrsg.): Michel Foucault. Analytik der Macht, Frankfurt am Main, S. 108–125

Foucault, M. (2005q): Die Maschen der Macht [1981/1985]. In: Defert, D./Ewald, F. (Hrsg.): Michel Foucault. Analytik der Macht, Frankfurt am Main, S. 220–239

Foucault, M. (2012): Der Wille zum Wissen. Sexualität und Wahrheit Bd. 1, 19. Aufl. [1977/1983], Frankfurt am Main

Frankenberger, R. (2007): Gesellschaft – Individuum – Gouvernementalität. Theoretische und empirische Beiträge zur Analyse der Postmoderne, Berlin

Friedman, M. (1953): The Methodology of positive Economics. In: Ders.: Essays in Positive Economics, Chicago, S. 3–43

Fromm, E. (2004): Wege aus einer kranken Gesellschaft. Eine sozialpsychologische Untersuchung, 4. Aufl., München

Fromm, E. (2006): Jenseits der Illusionen. Die Bedeutung von Marx und Freud, München

Fromm, E. (2007): Haben oder Sein. Die seelischen Grundlagen einer neuen Gesellschaft, 35. Aufl., München

Galuske, M./Rietzke, T. (2008): Aktivierung und Ausgrenzung – Aktivierender Sozialstaat, Hartz-Reformen und die Folgen für Soziale Arbeit und Jugendberufshilfe. In: Anhorn, R./Bettinger, F./Stehr, J. (Hrsg.): Sozialer Ausschluss und Soziale Arbeit. Positionsbestimmungen einer kritischen Theorie und Praxis Sozialer Arbeit, 2., überarb. und erw. Aufl., Wiesbaden, S. 399–416

Gertenbach, L. (2010): Die Kultivierung des Marktes. Foucault und die Gouvernementalität des Neoliberalismus, 3. Aufl., Berlin

Gfrerer, L./Schmieder, A. (2014): Armut als Regierungsrisiko: Disziplinar- und kontrollgesellschaftliche Regulationsstrategien. In: Schmieder, A./Legnaro, A./Kastenbutt, B. (Hrsg.): Sucht und Armut, Jahrbuch Suchtforschung, Münster u.a.

Giddens, A. (1997): Jenseits von Links und Rechts. Die Zukunft radikaler Demokratie, Frankfurt am Main

Göckler, R. (2012): Beschäftigungsorientiertes Fallmanagement: Betreuung und Vermittlung in der Grundsicherung für Arbeitsuchende (SGB II). Casemanagement in der Praxis, 3., neu bearb. Aufl., Regensburg

Gordon, C. (1980): ‚Afterword‘. In: Ders. (Hrsg.): Michel Foucault. Power/Knowledge: Selected Interviews and Other Writings 1972–1977, New York, S. 229–259

Gordon, C. (1991): Governmental rationality: an introduction. In: Burchell, G./Gordon, C./Miller, P. (Hrsg.): The Foucault Effect. Studies in Governmental Rationality, Chicago, S. 1–51

Gorz, A. (1990): Kritik der ökonomischen Vernunft. Sinnfragen am Ende der Arbeitsgesellschaft, 3. Aufl., Berlin

Gorz, A. (2000): Arbeit zwischen Misere und Utopie, Frankfurt am Main

Gottschall, K./Voß, G. G. (2003): Entgrenzung von Arbeit und Leben. Zur Einleitung. In: Gottschall, K./Voß, G. G. (Hrsg.): Entgrenzung von Arbeit und Leben. Zum Wandel der Beziehung von Erwerbstätigkeit und Privatsphäre im Alltag, München/Mering, S. 11–33

Graefe, S. (2007): Im Schatten des *Homo oeconomicus*. Subjektmodelle ‚am Lebensende‘ zwischen Einwilligungs(un-)fähigkeit und Ökonomisierung. In: Krasmann, S./Volkmer, M. (Hrsg.): Michel Foucaults ‚Geschichte der Gouvernementalität' als Paradigma in den Sozialwissenschaften. Internationale Beiträge, Bielefeld, S. 267–286

Gröner, H. (1992): Walter Eucken. Wegbegleiter der Ordnungspolitik. In: Walter-Eucken-Institut (Hrsg.): Ordnung in Freiheit. Symposium aus Anlaß des 100. Jahrestages des Geburtstages von Walter Eucken am 17. Januar 1991, Tübingen, S. 79–88

Günther, K. (2002): Zwischen Ermächtigung und Disziplinierung. Verantwortung im gegenwärtigen Kapitalismus. In: Honneth, A. (Hrsg.): Befreiung aus der Mündigkeit. Paradoxien des gegenwärtigen Kapitalismus, Frankfurt am Main/New York, S. 117–139

Habermann, G. (1993): Teilen oder produzieren? Bemerkungen zum Ethos des Unternehmers. In: Neue Züricher Zeitung, 11./12.09.1993, Nr. 211, S. 31–32

Hackhausen, J./Stock, O./Epp, W. (2012): Streitgespräch über Rohstoffe: ‚Jeder kleine Landwirt spekuliert‘. Diskussionsteilnehmer: Michael Schmitz und Thilo Bode. In: Handelsblatt.com vom 30.04.2012. Online unter URL: http://www.handelsblatt.com/finanzen/zertifikate/nachrichten/streitgespraech-ueber-rohstoffe-jeder-kleine-landwirt-spekuliert/6559222.html [25.09.2015]

Hartmann, M. (2002): Widersprüche, Ambivalenzen, Paradoxien – Begriffliche Wandlungen in der neueren Gesellschaftstheorie. In: Honneth, A. (Hrsg.): Befreiung aus der Mündigkeit. Paradoxien des gegenwärtigen Kapitalismus, Frankfurt am Main/New York, S. 221–251

Hayek, F. A. (1981): Recht, Gesetzgebung, Freiheit. Eine neue Darstellung der liberalen Prinzipien der Gerechtigkeit und der politischen Ökonomie, Bd. III: Die Verfassung einer Gesellschaft freier Menschen, Landsberg

Hecht, K. (2011): Alt werden und jung bleiben: Aktiv Gesund leben – Ratschläge für ein gesundes langes Leben, Baunach

Heiter, B. (2008): ,…nicht dermaßen regiert zu werden'. Über juridische Formen, Hartz IV und Widerstandspraktiken. In: Hechler, D./Philipps, A. (Hrsg.): Widerstand denken: Michel Foucault und die Grenzen der Macht, Bielefeld, S. 57–74

Herausgeber des Ordo-Jahrbuches (1948): Vorwort. Die Aufgabe des Jahrbuchs. In: ORDO. Jahrbuch für die Ordnung von Wirtschaft und Gesellschaft, 1. Jg., H. 1, S. VII–XI

Hochschild, A. (2006): Das gekaufte Herz. Die Kommerzialisierung der Gefühle, erw. Neuausgabe, Frankfurt am Main/New York

Homann, K. (1993): Wirtschaftsethik. Die Funktion der Moral in der modernen Wirtschaft. In: Wieland, J. (Hrsg.): Wirtschaftsethik und Theorie der Gesellschaft, Frankfurt am Main, S. 32–53

Homann, K. (2002): Sinn und Grenzen der ökonomischen Methode in der Wirtschaftsethik. In: Ders.: Vorteile und Anreize, Tübingen, S. 107–136

Homann, K. (2006): Das ethische Programm der Marktwirtschaft. Fachvortrag bei der Verleihung des Max-Weber-Preises für Wirtschaftsethik 2006 in Berlin, 13.11.2006, Berlin. Online unter URL: http://www.iwkoeln.de/de/wissenschaft/veranstaltungen/beitrag/69585?highlight=homann [26.09.2015]

Homann, K. (2007): Ethik in der Sozialen Marktwirtschaft. Vortrag auf der Auftaktveranstaltung des Wittenberg-Prozesses der Chemie-Sozialpartner ,Verantwortliches Handeln in der sozialen Marktwirtschaft' am 05. Juli 2007 in Berlin, Berlin. Online unter URL: http://www.cssa-wiesbaden.de/fileadmin/Dokumente/Wirtschaftsethik/Materialien/Sozialpartnerschaft_und_Kooperation/Ethik_in_Sozialer_Marktwirtschaft_Hoffmann_2010.pdf [26.09.2015]

Homann, K. (2008): Interview mit dem Wirtschaftsethiker Homann – ,Wettbewerb ist solidarisch'. Interview geführt von Sibylle Haas. In: Süddeutsche Zeitung, 28.01.2008. Online unter URL: http://www.sueddeutsche.de/wirtschaft/interview-mit-dem-wirtschaftsethiker-homann-wettbewerb-ist-solidarisch-1.271296 [26.09.2015]

Homann, K. (2009): Wettbewerb ist solidarischer als Teilen. In: Einsichten. Forschung an der LMU München, Geistes- und Kulturwissenschaften, 1/2009, S. 9–13. Online unter URL: http://www.uni-muenchen.de/aktuelles/publikationen/einsichten/091/0911.pdf [26.09.2015]

Homann, K./Blome-Drees, F. (1992): Wirtschafts- und Unternehmensethik, Göttingen

Honneth, A. (2002a, Hrsg.): Befreiung aus der Mündigkeit. Paradoxien des gegenwärtigen Kapitalismus, Frankfurt am Main/New York

Honneth, A. (2002b): Organisierte Selbstverwirklichung. Paradoxien der Individualisierung. In: Ders. (Hrsg.): Befreiung aus der Mündigkeit. Paradoxien des gegenwärtigen Kapitalismus, Frankfurt am Main/New York, S. 141–158

Horkheimer, M./Adorno, T. (2008): Dialektik der Aufklärung. Philosophische Fragmente, 17. Aufl. [1947], Frankfurt am Main

Horn, E. (2002): Test und Theater. Zur Anthropologie der Eignung im 20. Jahrhundert. In: Bröckling, U./Horn, E. (Hrsg.): Anthropologie der Arbeit, Tübingen, S. 109–125

Jaeggi, R. (2005): Entfremdung. Zur Aktualität eines sozialphilosophischen Problems, Frankfurt am Main

Jobcenter Stuttgart (2010): Infoblatt 1.1.2 (007). Zugangssteuerung bei Neuanträgen. Stand 29.11.2010. Online unter URL: http://www.domino1.stuttgart.de/web/ksd/ksdredsystem.nsf/dc5e48bde54b0b2941256a6f0036f408/593664f4da9809c1c12577ec004d05e4/$FILE/Optionsantrag%20Anlage%20Punkt%201%20Darstellung%20Erf%C3%BCllung%20Grundsicherung.pdf [26.09.2015]

Jochum, G. (2008): Subjektivierung zwischen hybridem Subjekt und Frontiersubjekt. In: Rehberg, K. (Hrsg.): Die Natur der Gesellschaft. Verhandlungen des Kongresses der Deutschen Gesellschaft für Soziologie in Kassel 2006, Frankfurt am Main/New York, S. 4818–4831

Kalmring, S. (2013): Die Krise als Labor gesellschaftlicher Entwicklungen. In: Backhouse, M./Gerlach, O./Kalmring, S./Nowak, A. (Hrsg.): Die globale Einhegung – Krise, ursprüngliche Akkumulation und Landnahmen im Kapitalismus, Münster, S. 72–111

Kaufmann, M. (2013): Kein Recht auf Faulheit: Das Bild von Erwerbslosen in der Debatte um die Hartz-Reformen, Wiesbaden.

Keupp, H./Ahbe, T./Gmür, W./Höfer, R./Mitzscherlich, B./Kraus, W./Straus, F. (2008): Identitätskonstruktionen. Das Patchwork der Identitäten in der Spätmoderne, 4. Aufl., Reinbek bei Hamburg

Kocyba, H. (2004): Aktivierung. In: Bröckling, U./Krasmann, S./Lemke, T. (Hrsg.): Glossar der Gegenwart, Frankfurt am Main, S. 17–22

Kommission für Zukunftsfragen Bayern – Sachsen (1997, Hrsg.): Erwerbstätigkeit und Arbeitslosigkeit in Deutschland. Entwicklung, Ursachen und Maßnahmen, Teil III: Maßnahmen zur Verbesserung der Beschäftigungslage, Bonn. Online unter URL: http://www.bayern.de/Anlage4500338/BerichtderKommissionfuerZukunftsfragenderFreistaatenBayernundSachsen-Teil3.pdf [21.07.2014]

Koppl, R./Minniti, M. (2003): Market Processes and entrepreneurial studies. In: Acs, Z./Audretsch, D. (Hrsg.): Handbook of Entrepreneurship Research, Boston/Dordrecht/London, S. 81–102

Kramer, U. (2006): Zur widersprüchlichen Konstruktion der Eingliederungsvereinbarungen nach § 15 SGB II aus rechtlicher sowie methodisch-fachlicher Sicht. Online unter URL: http://www.socialnet.de/materialien/attach/66.pdf [26.09.2015]

Krasmann, S. (1999): Regieren über Freiheit. Zur Analyse der Kontrollgesellschaft in foucaultscher Perspektive. In: Kriminologisches Journal, 31. Jg., H. 2, S. 107–121

Krasmann, S. (2000): Gouvernementalität der Oberfläche. Aggressivität (ab-)trainieren beispielsweise. In: Bröckling, U./Krasmann, S./Lemke, T. (Hrsg.): Gouvernementalität der Gegenwart. Studien zur Ökonomisierung des Sozialen, Frankfurt am Main, S. 194–226

Krasmann, S. (2002): Gouvernementalität. Zur Kontinuität der Foucaultschen Analytik der Oberfläche. In: Martschukat, J. (Hrsg.): Geschichte schreiben mit Foucault, Frankfurt am Main/New York, S. 79–95

Krasmann, S. (2004): Monitoring. In: Bröckling, U./Krasmann, S./Lemke, T. (Hrsg.): Glossar der Gegenwart, Frankfurt am Main, S. 167–173

Krasmann, S./Opitz, S. (2007): Regierung und Exklusion. Zur Konzeption des Politischen im Feld der Gouvernementalität. In: Krasmann, S./Volkmer, M. (Hrsg.): Michel Foucaults ‚Geschichte der Gouvernementalität' in den Sozialwissenschaften. Internationale Beiträge, Bielefeld, S. 127–155

Krasmann, S./Volkmer, M. (2007a, Hrsg.): Michel Foucaults ‚Geschichte der Gouvernementalität' als Paradigma in den Sozialwissenschaften. Internationale Beiträge, Bielefeld

Krasmann, S./Volkmer, M. (2007b): Einleitung. In: Dies. (Hrsg.): Michel Foucaults ‚Geschichte der Gouvernementalität' in den Sozialwissenschaften. Internationale Beiträge, Bielefeld, S. 7–20

Krasmann, S. (2010): Der Staat und die Freiheit. Zu Foucaults Analytik der Regierung. In: Bildpunkt: ‚Gewaltverhältnisse' (Sommer). Online unter URL: http://www.igbildendekunst.at/bildpunkt/2010/gewaltverhaeltnisse/krasman n.htm [26.09.2015]

Kreutzträger, I. (2011): Psycho-Test für Arbeitslose. In: taz vom 18. April 2001, S. 21. Online unter URL: http://www.taz.de/!69302/ [26.09.2015]

Laclau, E. (2000): Identity and Hegemony: The Role of Universality in the Constitution of Political Logics. In: Butler, J./Laclau, E./Žižek, S. (Hrsg.): Contingency, Hegemony, Universality. Contemporary Dialogues on the Left. London/New York, S. 44–89

Laclau, E. (2010): Emanzipation und Differenz, unveränd. Nachdruck, Wien

Legnaro, A. (2004): Performanz. In: Bröckling, U./Krasmann, S./Lemke, T. (Hrsg.): Glossar der Gegenwart, Frankfurt am Main, S. 204–209

Legnaro, A. (2012): E-Mailauskunft zur Interpretation der Umbenennung des ‚erwerbsfähigen Hilfebedürftigen' zum ‚erwerbsfähigen Leistungsberechtigten' im SGB II und SGB IV. 19.06.2012

Legnaro, A./Birenheide, A. (2008): Regieren mittels Unsicherheit, Konstanz

Lemke, T. (2000): Neoliberalismus, Staat und Selbsttechnologien. Ein kritischer Überblick über die governmentality studies. In: Politische Vierteljahresschrift, 41. Jg., H. 1, S. 31–47

Lemke, T. (2001a): Gouvernementalität. In: Kleiner, M. (Hrsg.): Michel Foucault. Eine Einführung in sein Denken, Frankfurt am Main, S. 108–122

Lemke, T. (2001b): Die Ungleichheit ist für alle gleich. Online unter URL: http://www.thomaslemkeweb.de/publikationen/Die%20Ungleicheit%20ist%20f%FCr%20alle%20gleich.pdf [25.09.2015]

Lemke, T. (2001c): Governance, Gouvernementalität und die Dezentrierung der Ökonomie. In: Müller, C./Reichert, R. (Hrsg.): Demokratie. Selbst. Arbeit. Analysen liberal-demokratischer Gesellschaften im Anschluss an Foucault (Mitteilungen des Instituts für Wissenschaft und Kunst), 56. Jg., Nr. 2–3, Wien, S. 25–29

Lemke, T. (2004): Test. In: Bröckling, U./Krasmann, S./Lemke, T. (Hrsg.): Glossar der Gegenwart, Frankfurt am Main, S. 263–270

Lemke, T. (2007): Eine unverdauliche Mahlzeit? Staatlichkeit, Wissen und die Analytik der Regierung. In: Krasmann, S./Volkmer, M. (Hrsg.): Michel Foucaults ‚Geschichte der Gouvernementalität' in den Sozialwissenschaften. Internationale Beiträge, Bielefeld, S. 47–73

Lemke, T. (2008): Gouvernementalität und Biopolitik, 2. Aufl., Wiesbaden

Lemke, T. (2009): Die politische Theorie der Gouvernementalität: Michel Foucault. In: Brodocz, A./Schaal, G. (Hrsg.): Politische Theorien der Gegenwart I. Eine Einführung, 3., erw. und aktualisierte Aufl., Opladen/Farmington Hills, S. 467–497

Lemke, T. (2011): Eine Kritik der politischen Vernunft. Foucaults Analyse der modernen Gouvernementalität, 5. Aufl., Hamburg

Lemke, T./Krasmann, S./Bröckling, U. (2000): Gouvernementalität, Neoliberalismus und Selbsttechnologien. Eine Einführung. In: Bröckling, U./Krasmann, S./Lemke, T. (Hrsg.): Gouvernementalität der Gegenwart, Frankfurt am Main, S. 7–40

Lessenich, S. (2003a): Dynamischer Immobilismus. Kontinuität und Wandel im deutschen Sozialmodell, Frankfurt am Main

Lessenich, S. (2003b): Soziale Subjektivität. Die neue Regierung der Gesellschaft. In: Mittelweg 36, 12. Jg., H. 4, S. 80–93

Lessenich, S. (2003c): Der Arme in der Aktivgesellschaft – Zum sozialen Sinn des ‚Förderns und Forderns'. In: WSI-Mitteilungen, 56. Jg., H. 4, S. 214–220

Lessenich, S. (2005): ‚Activation without Work'. Das neue Dilemma des ‚konservativen' Wohlfahrtsstaats. In: Dahme, H.-J./Wohlfahrt, N. (Hrsg.): Aktivierende Soziale Arbeit. Theorie – Handlungsfelder – Praxis, Baltmannsweiler, S. 21–29

Lessenich, S. (2008): Die Neuerfindung des Sozialen. Der Sozialstaat im flexiblen Kapitalismus, Bielefeld

Lessenich, S. (2009): Mobilität und Kontrolle. Zur Dialektik der Aktivgesellschaft. In: Dörre, K./Lessenich, S./Rosa, H. (Hrsg.): Soziologie. Kapitalismus. Kritik. Eine Debatte, Frankfurt am Main, S. 126–177

Lessenich, S./Nullmeier, F. (2006): Einleitung: Deutschland zwischen Einheit und Spaltung. In: Lessenich, S./Nullmeier, F. (Hrsg.): Deutschland. Eine gespaltene Gesellschaft, Lizenzausgabe für die Bundeszentrale für politische Bildung, Bonn, S. 7–27

Litke, H.-D. (2007): Projektmanagement. Methoden, Techniken, Verhaltensweisen. Evolutionäres Projektmanagement, 5. erw. Aufl., München

Lohmann, G. (1991): Indifferenz und Gesellschaft. Eine kritische Auseinandersetzung mit Marx, Frankfurt am Main

Marx, K. (2013): Das Kapital. Kritik der politischen Ökonomie, Erster Band (MEW 23), 40. Aufl. [1867], Berlin

Marchart, O. (2003): Warum Cultural Studies vieles sind, aber nicht alles. Zum Kultur- und Medienbegriff der Cultural Studies. In: Medienheft Dossier, 19. Jg., 27. Juni 2003, S. 7–14

Marcuse, H. (1968): Kultur und Gesellschaft 1, 7. Aufl., Frankfurt am Main

Marcuse, H. (2008): Der eindimensionale Mensch. Studien zur Ideologie der fortgeschrittenen Industriegesellschaft, 6. Aufl., München

Marrs, K. (2010): Herrschaft und Kontrolle in der Arbeit. In: Böhle, F./Voß, G. G./Wachtler, G. (Hrsg.): Handbuch Arbeitssoziologie, Wiesbaden, S. 331–356

Masschelein, J./Simons, M. (2012): Globale Immunität oder Eine kleine Kartographie des europäischen Bildungsraums, Neuaufl., Zürich

Meyers Lexikonredaktion (2003): Antinomie. In: Meyers Grosses Taschenlexikon in 26 Bänden, Bd. 1, 9., neu bearb. u. erw. Aufl., Mannheim, S. 252

Michel-Schwartze, B. (2010): Wirklichkeitskonstruktionen durch beschäftigungsorientiertes Fallmanagement: eine Wegweisung für Soziale Arbeit? In: Dies. (Hrsg.): Modernisierungen methodischen Handelns in der Sozialen Arbeit, Wiesbaden, S. 323–346

Miller, P./Rose, N. (1994): Das ökonomische Leben regieren. In: Schwarz, R./Donzelot, J. (Hrsg.): Zur Genealogie der Regulation. Anschlüsse an Michel Foucault, Mainz, S. 54–108

Moebius, S. (2010): Kultur, 2. überarb. Aufl., Bielefeld

Moebius, S./Reckwitz, A. (2008): Poststrukturalistische Sozialwissenschaften, Frankfurt am Main

Moosbrugger, J. (2012): Subjektivierung von Arbeit: Freiwillige Selbstausbeutung. Ein Erklärungsmodell für die Verausgabungsbereitschaft von Hochqualifizierten, 2. erweiterte Aufl., Wiesbaden

Neckel, S. (2000a): Identität als Ware. Die Marktwirtschaft im Sozialen. In: Ders.: Die Macht der Unterscheidung. Essays zur Kultursoziologie der modernen Gesellschaft, veränd. u. erw. Neuausgabe, Frankfurt am Main/New York, S. 37–47

Neckel, S. (2000b): Bluffen, Täuschen und Verstellen. Bemerkungen zu einer Variante des Leistungsprinzips. In: Ders.: Die Macht der Unterscheidung. Essays zur Kultursoziologie der modernen Gesellschaft, veränd. u. erw. Neuausgabe, Frankfurt am Main/New York, S. 60–66

Neckel, S. (2000c): Individualisierung. In: Ders.: Die Macht der Unterscheidung. Essays zur Kultursoziologie der modernen Gesellschaft, veränd. u. erw. Neuausgabe, Frankfurt am Main/New York, S. 174–184

Neckel, S. (2000d): Unterlegenheit. In: Ders.: Die Macht der Unterscheidung. Essays zur Kultursoziologie der modernen Gesellschaft, veränd. u. erw. Neuausgabe, Frankfurt am Main/New York, S. 184–203

Neckel, S. (2004): Erfolg. In: Bröckling, U./Krasmann, S./Lemke, T. (Hrsg.): Glossar der Gegenwart, Frankfurt am Main, S. 63–70

Neckel, S. (2008): Flucht nach vorn. Die Erfolgskultur der Marktgesellschaft, Frankfurt am Main/New York

Neckel, S. (2008a): Einleitung: Fluchtpunkte von ‚Erfolg'. In: Ders.: Flucht nach vorn. Die Erfolgskultur der Marktgesellschaft, Frankfurt am Main/New York, S. 7–17

Neckel, S. (2008b): Peanuts-Pastorale – Verheißungen einer Angebotsmoral. In: Ders.: Flucht nach vorn. Die Erfolgskultur der Marktgesellschaft, Frankfurt am Main/New York, S. 34–38

Neckel, S. (2008c): ‚Leistung' und ‚Erfolg': Die symbolische Ordnung der Marktgesellschaft. In: Ders.: Flucht nach vorn. Die Erfolgskultur der Marktgesellschaft, Frankfurt am Main/New York, S. 45–64

Neckel, S. (2008d): Ehrgeiz, Reputation und Bewährung: Zur Theoriegeschichte einer Soziologie des Erfolges. In: Ders.: Flucht nach vorn. Die Erfolgskultur der Marktgesellschaft, Frankfurt am Main/New York, S. 65–79

Neckel, S. (2008e): Emotion by design: Das Selbstmanagement der Gefühle als kulturelles Programm. In: Ders.: Flucht nach vorn. Die Erfolgskultur der Marktgesellschaft, Frankfurt am Main/New York, S. 119–136

Neckel, S. (2008f): Die Tragödie des Erfolgs. In: Ders.: Flucht nach vorn. Die Erfolgskultur der Marktgesellschaft, Frankfurt am Main/New York, S. 108–115

Neckel, S. (2008g): Gewinner – Verlierer. In: Ders.: Flucht nach vorn. Die Erfolgskultur der Marktgesellschaft, Frankfurt am Main/New York, S. 158–174

Neckel, S./Dröge, K (2008): Die Verdienste und ihr Preis: Leistung in der Marktgesellschaft. In: Neckel, S.: Flucht nach vorn. Die Erfolgskultur der Marktgesellschaft, Frankfurt am Main/New York, S. 80–99

Nonhoff, M. (2001): Soziale Marktwirtschaft – ein leerer Signifikant? Überlegungen im Anschluss an die Diskurstheorie Ernesto Laclaus. In: Angermüller, J./Bunzmann, K./Nonhoff, M. (Hrsg.): Diskursanalyse: Theorien, Methoden, Anwendungen, Hamburg, S. 193–208

Nullmeier, F. (2004): Vermarktlichung des Sozialstaats. In: WSI-Mitteilungen, 57. Jg., H. 9, S. 495–500

O'Malley, P. (1996): Indigenous governance. In: Economy and Society, Vol. 25, Nr. 3, S. 310–326

O'Malley, P./Weir, L./Shearing, C. (1997): Governmentality, Criticism, Politics. In: Economy and Society, Vol. 26, Nr. 4, S. 501–517

Opitz, S. (2004): Gouvernementalität im Postfordismus: Macht, Wissen und Techniken des Selbst im Feld unternehmerischer Rationalität, Hamburg

Ottomeyer, K. (2014): Ökonomische Zwänge und menschliche Beziehungen: Soziales Verhalten und Identität im Kapitalismus und Neoliberalismus, 2., veränderte Aufl., Münster

Pearce, F./Tombs, S. (1996): Hegemony, risk and governance: ‚social regulation' and the American chemical industry. In: Economy and Society, Vol. 25, Nr. 3, S. 428–454

Pieper, M. (2003): Regierung der Armen oder Regierung von Armut als Selbstsorge. In: Pieper, M./Gutiérrez Rodríguez, E. (Hrsg.): Gouvernementalität – ein sozialwissenschaftliches Konzept in Anschluss an Foucault, Frankfurt am Main, S. 136–160

Pieper, M. (2007): Armutsbekämpfung als Selbsttechnologie. Konturen einer Analytik der Regierung von Armut. In: Anhorn, R./Bettinger, F./Stehr, J. (Hrsg.): Foucaults Machtanalytik und Soziale Arbeit: eine kritische Einführung und Bestandsaufnahme, Wiesbaden, S. 93–107

Pieper, M./Gutiérrez Rodríguez, E. (2003, Hrsg.): Gouvernementalität – ein sozialwissenschaftliches Konzept in Anschluss an Foucault, Frankfurt am Main

Pies, I. (2012): Lebensmittelpreise. Die Moral der Agrar-Spekulation. In: FAZ-Online. 31.08.2012. Online unter URL: http://www.faz.net/aktuell/wirtschaft/

menschen-wirtschaft/lebensmittelpreise-die-moral-der-agrar-spekulation-11873351.html [25.09.2015]

Pongratz, H./Voß, G. G. (1998): Der Arbeitskraftunternehmer. Eine neue Grundform der Ware Arbeitskraft. In: Kölner Zeitschrift für Soziologie und Sozialpsychologie, 50. Jg., H. 1, S. 131–158

Pongratz, H./Voß, G. G. (2000): Vom Arbeitnehmer zum Arbeitskraftunternehmer – zur Entgrenzung der Ware Arbeitskraft. In: Minssen, H. (Hrsg.): Begrenzte Entgrenzung: Wandlungen von Organisation und Arbeit, Berlin, S. 225–247

Prinz, S./Wuggenig, U. (2007): Das unternehmerische Selbst? Zur Realpolitik der Humankapitalproduktion. In: Krasmann, S./Volkmer, M. (Hrsg.): Michel Foucaults ‚Geschichte der Gouvernementalität' in den Sozialwissenschaften. Internationale Beiträge, Bielefeld, S. 239–266

Ptak, R. (2008): Grundlagen des Neoliberalismus. In: Butterwegge, C./Lösch, B./Ptak, R. (Hrsg.): Kritik des Neoliberalismus, 2., verbesserte Aufl., Wiesbaden, S. 13–86

Rau, A. (2010): Psychopolitik. Macht, Subjekt und Arbeit in der neoliberalen Gesellschaft, Frankfurt am Main/New York

Reckwitz, A. (2008): Subjekt, Bielefeld

Reckwitz, A. (2010): Das hybride Subjekt. Eine Theorie der Subjektkulturen der bürgerlichen Moderne zur Postmoderne, Studienausgabe/Unveränd. Nachdruck der Erstausgabe 2006, Weilerswist

Rentschler, F. (2004): Der Zwang zur Selbstunterwerfung. Fordern und Fördern im aktivierenden Staat. In: Exit! Krise und Kritik der Warengesellschaf, H. 1, S. 201–229

Riesman, D. (1958): Die einsame Masse. Eine Untersuchung der Wandlungen des amerikanischen Charakters, Hamburg

Rinn, M. (2009): Aktivieren und Strafen. Integrative und ausschließende Strategien gegenwärtiger Arbeitsmarkt- und Kriminalpolitik, Oldenburg

Röpke, W. (1942): Die Gesellschaftskrisis der Gegenwart, Erlenbach-Zürich

Röpke, W. (1944): Civitas Humana. Grundfragen der Gesellschafts- und Wirtschaftsform, Erlenbach-Zürich

Rosa, H. (2005): Beschleunigung. Die Veränderung der Zeitstrukturen in der Moderne, Frankfurt am Main

Rosa, H. (2006): Wettbewerb als Interaktionsmodus. Kulturelle und sozialstrukturelle Konsequenzen der Konkurrenzgesellschaft. In: Leviathan, Vol. 34, Nr. 1, S. 82–104

Rosa, H. (2009): Kapitalismus als Dynamisierungsspirale – Soziologie als Gesellschaftskritik. In: Dörre, K./Lessenich, S./Rosa, H. (Hrsg.): Soziologie. Kapitalismus. Kritik. Eine Debatte, Frankfurt am Main, S. 87–125

Rosa, H. (2013): Beschleunigung und Entfremdung. Entwurf einer Kritischen Theorie spätmoderner Zeitlichkeit, Berlin

Rose, N. (1996): Inventing our selves. Psychology, power and personhood, Cambridge

Rose, N. (2000a): Das Regieren von unternehmerischen Individuen. In: Kurswechsel, H. 2, S. 8–27

Rose, N. (2000b): Tod des Sozialen? Eine Neubestimmung der Grenzen des Regierens. In: Bröckling, U./Krasmann, S./Lemke, T. (Hrsg.): Gouvernementalität der Gegenwart. Studien zur Ökonomisierung des Sozialen, Frankfurt am Main, S. 72–109

Rose, N./Miller, P. (2010): Political power beyond the State: problematics of government. In: The British Journal of Sociology, Vol. 61, Issue Supplement s1, S. 271–303

Ruoff, M. (2009): Foucault Lexikon. Entwicklung-Kernbegriffe-Zusammenhänge, 2. durchgesehene Aufl., Paderborn

Rüstow, A. (1932): Die staatspolitischen Voraussetzungen des wirtschaftspolitischen Liberalismus. Diskussionsrede auf der Tagung des Vereins für Socialpolitik über „Deutschland und die Weltkrise" in Dresden am 28. September 1932. In: Ders.: Rede und Antwort, 21 Reden und viele Diskussionsbeiträge aus den Jahren 1932 bis 1962 als Zeugnisse eines ungewöhnlichen Gelehrtenlebens und einer universellen Persönlichkeit, Ludwigsburg, 1963, S. 249–258

Rüstow, A. (1951): Wirtschaftsordnung und Staatsform. Vortrag auf dem Bundestag des Freiwirtschaftsbundes „Magna Charta der Sozialen Marktwirtschaft" am 9. November 1951 in Heidelberg. In: Ders.: Rede und Antwort, 21 Reden und viele Diskussionsbeiträge aus den Jahren 1932 bis 1962 als Zeugnisse eines ungewöhnlichen Gelehrtenlebens und einer universellen Persönlichkeit, Ludwigsburg, 1963, S. 230–248

Rüstow, A. (1953): Wir fordern die Fundierung der Demokratie durch die Wirtschaftsordnung. Vortrag auf der 2. Arbeitstagung der Aktionsgemeinschaft Soziale Marktwirtschaft „Wir fordern die Vollendung der Sozialen Marktwirtschaft" am 18. November 1953 in Bad Godesberg. In: Ders.: Rede und Antwort, 21 Reden und viele Diskussionsbeiträge aus den Jahren 1932 bis 1962 als Zeugnisse eines ungewöhnlichen Gelehrtenlebens und einer universellen Persönlichkeit, Ludwigsburg, 1963, S. 220–229

Rüstow, A. (1955): Wir fordern eine zielklare Wirtschafts- und Sozialpolitik. Schlußwort auf der 3. Arbeitstagung der Aktionsgemeinschaft Soziale Marktwirtschaft am 29. April 1955 in Bad Godesberg. In: Ders.: Rede und Antwort, 21 Reden und viele Diskussionsbeiträge aus den Jahren 1932 bis 1962 als Zeugnisse eines ungewöhnlichen Gelehrtenlebens und einer universellen Persönlichkeit, Ludwigsburg, 1963, S. 210–219

Rüstow, A. (1957): Ortsbestimmung der Gegenwart. Eine universalgeschichtliche Kulturkritik. Dritter Band, Herrschaft oder Freiheit? Erlenbach-Zürich und Stuttgart

Rüstow, A. (1960): Wirtschaft als Dienerin der Menschlichkeit. Vortrag auf der 15. Tagung der Aktionsgemeinschaft Soziale Marktwirtschaft „Was wichtiger ist als Wirtschaft" am 29. Juni 1960 in Bad Godesberg. In: Ders.: Rede und Antwort, 21 Reden und viele Diskussionsbeiträge aus den Jahren 1932 bis 1962 als Zeugnisse eines ungewöhnlichen Gelehrtenlebens und einer universellen Persönlichkeit, Ludwigsburg, 1963, S. 76–91

Saar, M. (2007a): Genealogie als Kritik – Geschichte und Theorie des Subjekts nach Nietzsche und Foucault, Frankfurt am Main/New York

Saar, M. (2007b): Macht, Staat und Subjektivität. Foucaults Geschichte der Gouvernementalität im Werkkontext. In: Krasmann, S./Volkmer, M. (Hrsg.): Michel Foucaults ‚Geschichte der Gouvernementalität' in den Sozialwissenschaften. Internationale Beiträge, Bielefeld, S. 23–45

Schmidt–Semisch, H. (2004): Risiko. In: Bröckling, U./Krasmann, S./Lemke, T. (Hrsg.): Glossar der Gegenwart, Frankfurt am Main, S. 222–227

Schmieder, A. (1984): Wege der Sozialtechnologie. Skizzen zu einer Kritik. In: Psychologie & Gesellschaftskritik, 8. Jg., H. 3, S. 108–122

Schmieder, A. (1991): Individuum und gesellschaftliches Leben. In: Kerber, H./Ders. (Hrsg.): Soziologie. Arbeitsfelder, Theorien, Ausbildung. Ein Grundkurs, Reinbek bei Hamburg, S. 18–42

Schmieder, A. (1992): Sucht: Normalität der Abwehr, Freiburg im Breisgau

Schröder, G. (2002a): Gerechtigkeit im Zeitalter der Globalisierung schaffen – für eine Partnerschaft in Verantwortung. Abgedruckt in: Bulletin des Presse- und Informationsamtes der Bundesregierung, Nr. 85–1, 29.10.2002. Online unter URL: http://www.bundesregierung.de/Content/DE/Bulletin/2001_2007/2002/85-1_Schröder.html [25.09.2015]

Schütz, H./Steinwede, J./Schröder, H./Kaltenborn, B./Wielage, N./Christe, G./Kupka, P. (2011): Vermittlung und Beratung in der Praxis. Eine Analyse von Dienstleistungsprozessen am Arbeitsmarkt, IAB-Bibliothek 330, Nürnberg

Segbers, F. (2009): Mit Hartz IV auf dem Weg in einen anderen Sozialstaat. In: Agenturschluss (Hrsg.): Schwarzbuch Hartz IV. Sozialer Angriff und Widerstand – Eine Zwischenbilanz, Berlin, S. 12–34

Sennett, R. (2010): Der flexible Mensch. Die Kultur des neuen Kapitalismus, 7. Aufl., Berlin

Simons, H. C. (1936): Rules versus Authorities in Monetary Policy. In: The Journal of Political Economy, Vol. 44, Nr. 1 (Feb., 1936), S. 1–30

Smith, A. (1974): Der Wohlstand der Nationen. Eine Untersuchung seiner Natur und seiner Ursachen, 5. Aufl. [1776], München

Solomon, B. B. (1976): Black Empowerment. Social Work in Oppressed Communities, Columbia

Stäheli, U. (2000): Poststrukturalistische Soziologien, Bielefeld

Stäheli, U. (2008): Ökonomie: Die Grenzen des Ökonomischen. In: Moebius, S./Reckwitz, A. (Hrsg.): Poststrukturalistische Sozialwissenschaften, Frankfurt am Main, S. 295–311

Stäheli, U. (2009): Die politische Theorie der Hegemonie: Ernesto Laclau und Chantal Mouffe. In: Brodocz, A./Schaal, G. S. (Hrsg.): Politische Theorien der Gegenwart II, 3. Aufl., Opladen, S. 253–284

Streeck, W. (1998): Einleitung: Internationale Wirtschaft, nationale Demokratie? In: Ders. (Hrsg.): Internationale Wirtschaft, nationale Demokratie: Herausforderungen für die Demokratietheorie, Frankfurt am Main/New York, S. 11–58

Streeck, W. (2001): Wohlfahrtsstaat und Markt als moralische Einrichtungen. Ein Kommentar. In: Mayer, U. K. (Hrsg.): Die beste aller Welten? Marktliberalismus versus Wohlfahrtsstaat. Eine Kontroverse, Frankfurt am Main, S. 135–168

Thomas, W./Thomas, D. (1928): The Child in America. Behavior Problems and Programs, New York

Ulrich, P. (2008): Integrative Wirtschaftsethik. Grundlagen einer lebensdienlichen Ökonomie, 4., vollständig neu bearb. Aufl., Bern/Stuttgart/Wien

Valverde, M. (1996): ‚Despotism' and ethical liberal governance. In: Economy and Society, Vol. 25, Nr. 3, S. 357–372

Valverde, M. (1998): Diseases of the Will: Alcoholism and the Dilemmas of Freedom, Cambridge

Vogel, B. (2008): Überflüssige in der Überflussgesellschaft? Sechs Anmerkungen zur Empirie sozialer Ausgrenzung. In: Bude, H./Willisch, A. (Hrsg.): Exklusion. Die Debatte über die ‚Überflüssigen', Frankfurt am Main, S. 154–160

Voswinkel, S. (2004): Kundenorientierung. In: In: Bröckling, U./Krasmann, S./Lemke, T. (Hrsg.): Glossar der Gegenwart, Frankfurt am Main, S. 145–151

Wacker, A. (1980): Arbeitslosigkeit als Sozialisationserfahrung. Skizze eines Interpretationsansatzes. In: Leithäuser, T./Heinz, W.R. (Hrsg.): Produktion, Arbeit, Sozialisation, 2. Aufl., Frankfurt am Main, S. 171–187

Wacquant, L. (2008): Armut als Delikt. Ein Gespräch mit Loïc Wacquant [1999/2001]. In: Bude, H./Willisch, A. (Hrsg.): Exklusion. Die Debatte über die ‚Überflüssigen', Frankfurt am Main, S. 213–224

Wacquant, L. (2009): Bestrafen der Armen: Zur neoliberalen Regierung der sozialen Unsicherheit, Opladen/Farmington Hills

Walker, A. (2002): A Strategy for Active Ageing. In: International Social Security Review, Vol. 55, H. 1, S. 121–139

Walpen, B. (2000): Von Igeln und Hasen oder: Ein Blick auf den Neoliberalismus. In: UTOPIE kreativ, H. 121/122, S. 1066–1079.

Warmbrunn, B. (2011): Individuelle Bedeutungen von Langzeitarbeitslosigkeit in der sich wandelnden Arbeitsgesellschaft – *Subjektive Interpretationen von sozialer Anerkennung bei Langzeitarbeitslosen*, Diplomarbeit, Fachbereich Sozialwesen, Hochschule Zittau/Görlitz (FH). Online unter URL: http://psydok.sulb.uni-saar-land.de/volltexte/2011/2757/pdf/Diplomarbeit.Bjoern.Warmbrunn.pdf [25.09.2015]

Weber, M. (1988): Die Protestantische Ethik und der Geist des Kapitalismus [1904/05]. In: Ders.: Gesammelte Aufsätze zur Religionssoziologie I, 9. Aufl., Tübingen, S. 17–206

Willisch, A. (2008): Die paradoxen Folgen mechanischer Integration. In: Bude, H./Willisch, A. (Hrsg.): Exklusion. Die Debatte über die ‚Überflüssigen', Frankfurt am Main, S. 309–331

Wörsdörfer, M. (2011): Die normativen und wirtschaftsethischen Grundlagen des Ordoliberalismus. Inaugural-Dissertation zur Erlangung des Doktorgrades des Fachbereichs Wirtschaftswissenschaften der Johann Wolfgang Goethe-Universität Frankfurt am Main, Frankfurt am Main. Online unter URL: http://d-nb.info/1044195134/34 [26.09.2015]

Zilan, H. G./Moser, J. (1989): Der rationale Schmarotzer. In: PROKLA. Zeitschrift für politische Ökonomie und sozialistische Politik, 19. Jg., H. 77, S. 33–54

Zürn, M. (1998): Regieren jenseits des Nationalstaates. Globalisierung und Denationalisierung als Chance, Frankfurt am Main

Zeit-online (2012) (o.A.): Gesundheitskurse sollen Jobchancen für Arbeitslose verbessern. 05.04.2012. Online unter URL: http://www.zeit.de/karriere/beruf/2012-04/gesundheit-arbeitslose-kurse [25.09.2015]

Gesetzestexte

Sozialgesetzbuch (SGB) Zweites Buch (II) – Grundsicherung für Arbeitsuchende – (Artikel 1 des Gesetzes vom 24. Dezember 2003, BGBl. I S. 2954). Online unter URL: http://www.gesetze-im-internet.de/bundesrecht/sgb_2/gesamt.pdf [25.09.2015]

Sozialgesetzbuch (SGB) Drittes Buch (III) – Arbeitsförderung – (Artikel 1 des Gesetzes vom 24. März 1997, BGBl. I S. 594). Online unter URL: http://www.gesetze-im-internet.de/bundesrecht/sgb_3/gesamt.pdf [25.09.2015]

Filme

Lütgert, C./Puls, S./Sell, K. (2012a): Die Macht der Versicherungskonzerne. Online unter URL: http://www.ndr.de/fernsehen/sendungen/panorama_die_reporter /versicherungen115.html [25.09.2015]

ZUR KAPITALISTISCHEN KERNSTRUKTUR NEOLIBERALER GOUVERNEMENTALITÄT – EIN KRITISCHES NACHWORT

Inhaltsübersicht

I. Einleitende Bemerkungen

> „Will Theorie aber nicht trotzdem jenem Dogmatismus verfallen, [...] muß [sie] die Begriffe, die sie gleichsam von außen mitbringt, umsetzen in jene, welche die Sache von sich selber hat, in das, was die Sache von sich aus sein möchte, und es konfrontieren mit dem, was sie ist. Sie muß die Starrheit des hier und heute fixierten Gegenstandes auflösen in ein Spannungsfeld des Möglichen und des Wirklichen: jedes von beiden ist, um nur sein zu können, aufs andere verwiesen. Mit anderen Worten, Theorie ist unabdingbar kritisch" (Adorno 2003: 197).

Die Analyse der Regierung von Langzeitarbeitslosen erfolgte vor allem durch Bezugnahme auf das neoliberale Subjektivierungsregime des unternehmerischen Selbst. Es waren also primär der Neoliberalismus, seine symbolische Ordnung der Enterprise Culture sowie das dazugehörige Subjektideal des unternehmerischen Selbst, die mithilfe des Gouvernementalitätsansatzes untersucht worden sind. Ähnlich verfahren viele weitere jüngere Studien, welche die subjektwirksamen Widersprüche, Konflikte und Spannungen gegenwärtiger Gesellschaftsformationen analysiert haben wollen. Hier wie dort wird der Kapitalismus aus den verschiedensten Perspektiven und mit unterschiedlichen Schwerpunktsetzungen zwar explizit oder implizit zum Thema gemacht, so dass mittlerweile selbst nach „Gefühlen im Kapitalismus" (Illouz 2007) gefragt wird. Nicht selten sind es am Ende dann aber doch vor allem der Neoliberalismus, die Postmoderne oder ein gerade nicht bis in das kernstrukturelle

Grundgerüst des Kapitalismus vordringender Vergleich seiner verschiedenen Varianten oder Regimes, die im Fokus des Interesses stehen.

Was hingegen in einem Großteil jener Untersuchungen nur am Rande thematisiert wird und auch in der vorliegenden Studie nahezu keine Berücksichtigung gefunden hat, ist die explizite Einbeziehung der Kernlogik und der sozioökonomischen Grundstrukturen des Kapitalismus, wie sie vor allem von Marx herausgearbeitet wurden. So kranken weite Teile soziologischer Studien auch daran, dass der Kapitalismus selbst vorausgesetzt wird oder in nur wenigen Sätzen erklärt sein will und damit begrifflich bzw. inhaltlich nicht ausreichend bestimmt wird (vgl. Dörre et al. 2012: 12ff.; Deutschmann 2012: 28).

> „Er degeneriert zur Leerformel mit assoziativer Wirkung, die theoretisch substanzlos und analytisch unscharf bleibt" (Dörre et al. 2012: 13).

Doch sind der Kapitalismus und damit seine in sich widersprüchlichen und konfliktreichen strukturellen Formen resp. seine „Grundformen" (MEW 13: 44) trotz ihrer neoliberalen Ummantelung nach wie vor das Fundament, auf dem sich Prozesse der Vergesellschaftung und die Herausbildung subjektiver Strukturen vollziehen. Beginnt die Analyse zunächst „post festum und daher mit den fertigen Resultaten des Entwicklungsprozesses" (MEW 23: 89), abstrahiert sie jedoch von den gesellschaftlich gültigen, objektiven Gedankenformen kapitalistischer Produktionsverhältnisse (vgl. ebd.: 90). Verstellt ist so nicht nur der historische Charakter kapitalistischer Warenproduktion und der ihr immanenten Subjektivierungsformen; zugleich zeigt sich der wissenschaftliche Blick ausschließlich vermittelt durch die vom Akkumulationsprozess evozierten und stets wandelbaren Formen des Kapitalismus, die nun den primären Bezugspunkt abbilden.

Bekanntlich hat Marx allerdings zwischen dem Wesen der Dinge und ihren Erscheinungsformen unterschieden. Dabei ist mit Erscheinung gemeint, „[d]ie Art und Weise, wie die immanenten Gesetze der kapitalistischen Produktion in der äußern Bewegung der Kapitale erscheinen" (ebd.: 335). So ist bspw. eine „Analyse der Konkurrenz [...] nur möglich, sobald die innere Natur des Kapitals begriffen ist" (ebd.). Es geht also darum, nicht die *unmittelbaren* Erscheinungsformen zu reflektieren, sondern ihren *inneren* Zusammenhang aufzudecken (vgl. MEW 31: 313). Knüpft Theorie lediglich an die „gang und gäbe Denkformen" (MEW 23: 564), an „[d]ie fertige Gestalt der ökonomischen Verhältnisse, wie sie sich auf der Oberfläche zeigt" (MEW 25: 219), an, präjudiziert sie die Identität von Wesen und Erscheinung. So stößt sie zwar annähernd auf den wahren Sachverhalt, allerdings ohne ihn bewusst formulieren zu können (vgl. MEW 23: 564), womit nach Marx alle Wissenschaft überflüssig wäre (vgl. MEW 25: 825).

Um die sozialökonomischen Verhältnisse in ihrer „innern, wesentlichen aber verhüllten Kerngestalt und dem ihr entsprechenden Begriff" (ebd.: 219) zu durchdringen, muss Wissenschaft aus ihrer „bürgerlichen Haut" (MEW 23: 564) heraus, darf nicht auf einen affirmativen Moment gesellschaftlicher Totalität reduziert sein. Ansonsten abstrahiert sie, als Trägerin arrivierter Strukturen, bloß von ihren verkehrten Formen, wie sie sich als Vorstellungen auf der Erscheinungsebene spiegeln. Dort z. B. zeigen sich „die gesellschaftlichen Zusammenhänge der Arbeit im unmittelbaren Arbeitsprozeß [notwendig] als aus der Arbeit in das Kapital verlegt. Damit wird das Kapital [...] ein sehr mystisches Wesen, indem alle gesellschaftlichen Produktivkräfte der Arbeit als ihm, und nicht der Arbeit als solcher, zukommende und aus seinem eignen Schoß hervorsprossende Kräfte erscheinen" (MEW 25: 835). – Theorie kann nicht mehr als radikale Gesellschaftskritik formuliert werden.

Jedoch sind zwischen beiden Begriffen nicht einfach lineare Ursachen und Wirkungsbeziehungen herzustellen. „Es handelt sich mehr [...] um einen unaufhörlichen Kreislauf von der Erscheinung zum Wesen und vom Wesen zur Erscheinung, eine Bewegung, die über ein genetisches oder strukturelles [...] Niveau zum anderen bis zur allseitigsten ‚begreifenden Erkenntnis' des Gegenstandes fortschreitet" (Zelený 1968: 164). Analytisch ist bspw. die Warenzirkulation immer in den Gesamtkontext der allgemeinen Akkumulation zu stellen, da „[d]ie Verwandlung des Mehrwerts in Profit [...] ebensosehr durch den Zirkulationsprozeß wie durch den Produktionsprozeß bestimmt [ist]" (MEW 25: 836). Perspektiviert ist damit ihr dialektischer Zusammenhang:

> „Die Erscheinung ist [folglich] immer auch eine des Wesens, nicht bloßer Schein. Ihre Änderungen sind dem Wesen nicht gleichgültig. Weiß in der Tat schon keiner mehr, daß er ein Arbeiter ist, so affiziert das die innere Zusammensetzung des Begriffs des Arbeiters, selbst wenn dessen objektive Definition – die durch die Trennung von den Produktionsmitteln – erfüllt bleibt" (Adorno 2003: 214).

Wenn also Prozesse der Subjektwerdung und der Vergesellschaftung auch unter dem neoliberalen Gouvernementalitätsregime kapitalistisch formbestimmt sind und dies auch mindestens solange bleiben werden, wie der Kapitalismus die hegemoniale Wirtschafts- und Gesellschaftsformation bildet, so kann eine Untersuchung, welche den Anspruch auf die Analyse und auf eine radikale Kritik eben dieser Prozesse erhebt, nicht auf die Einbeziehung seiner immanent widersprüchlichen, sozialökonomischen Grundstrukturen verzichten. Aus diesen Gründen erschien es uns unverzichtbar, in diesem (selbst-)kritischen Nachwort die Regierung von Langzeitarbeitslosen noch einmal mithilfe der Marx'schen Kritik der politischen Ökonomie und einiger hierauf aufbauenden Studien in den Forscher_innenblick zu nehmen. Die folgenden Überlegungen können jedoch nur skizzenhaft bleiben und erheben daher mitnichten den Anspruch auf Vollständigkeit. Dennoch sollen einige weitere Grundannahmen der Marx'schen Theorie erläutert und in Bezug auf die Untersuchungsergebnisse zum neoliberalen Gouvernementalitätsregime und zur Regierung von Langzeitarbeitslosen diskutiert werden. Gleichermaßen werden immer auch einige sich hieraus ergebende Fragen aufgeworfen, die Anlass zu tiefergehenden Untersuchungen bieten können. Dabei gehen wir von der zentralen These aus, dass das neoliberale Gouvernementalitätsregime und – auf der (Leitbild-)Ebene subjektiver Strukturen – die Subjektivierungsform des unternehmerischen Selbst als aktuelle Erscheinungsformen kapitalistischer Bewegungsgesetze begriffen werden müssen.

Zu den kernstrukturellen Konstitutionsmomenten subjektiver Strukturen und als Elementarform der bürgerlich-kapitalistischen Gesellschaft überhaupt ist die Warenstruktur zu zählen. Diese vereint immer schon zwei, in einem dialektischen Verhältnis zueinander stehende Seiten: Einen für die Befriedigung menschlicher Bedürfnisse nützlichen *Gebrauchswert* und ihren *(Tausch-)Wert*, der zwar existenziell auf die Gebrauchswertseite angewiesen ist, diese jedoch zugleich dominiert, steuert und sich ihr gegenüber letztlich auch indifferent verhält. Als „unmittelbar[e] *Einheit* von Gebrauchswert und Tauschwert" (MEW 13: 28) ist die Ware folglich von einer Fülle an immanenten Widersprüchen durchzogen, die sich auf unterschiedlichen Ebenen äußern (vgl. MEW 23: 1. Kapitel; Ottomeyer 2014: 34ff.).

Auch dem Menschen selbst, bzw. seiner Fähigkeit zu arbeiten, wird in kapitalistischen Gesellschaften die Warenform übergestülpt. Die so hervorgebrachte Ware Arbeitskraft (bzw. das zugerichtete Arbeitsvermögen) bildet zugleich den zentralen Gebrauchswert für das Kapital, insofern nur sie „die eigentümliche Beschaffenheit [besitzt], Quelle von Wert zu sein" (MEW 23: 181). Indem Marx selbst die Naturgesetze der bürgerlich-kapitalistischen Gesellschaft analysierte, und damit „die ihr entsprechenden Produktions- und Verkehrsverhältnisse" (ebd.: 12) freilegte, zeigte er die „widerspruchsvolle Bewegung" (ebd.: 28) kapitalistischer Logik als durch das Exploitationsverhältnis von Kapital und Arbeit bestimmt auf. Innerhalb dieser Logik unterliegen „sowohl die geistige als auch die physische Arbeit in ihrer tradierten Form [...] der revolutionären Gewalt des Tauschverhältnisses, [sie] werden kommerzialisiert und kapitalisiert" (Mauke 1973: 36).

Da Gebrauchs- und Tauschwerte unmittelbar produziert werden müssen, ist diese Gewalt über die Art und Weise vermittelt, wie die Verbindung von Produzent und Arbeitsmitteln gesellschaftlich gestaltet ist (vgl. ebd.: 9). Damit wird und bleibt die Eigentumsfrage für die Ausbildung und Überwindung der Klassengesellschaft zentral. Solange das gesellschaftliche Verhältnis durch die Logik des Kapitals usurpiert ist, meint Eigentum die exklusive Kontrolle über die Produktionsmittel und Arbeitsprodukte im Rahmen der Mehrwertaneignung. Charakteristisch weist es sich dabei nach zwei Seiten hin aus: „[a]ls *besonderes* Produktionsverhältnis und als *rechtliche* Kategorie – legalisierte Verfügung über die sachlichen Produktionsbedingungen und das Arbeitsprodukt" (ebd.: 12). Ist so die für das kapitalistische Produktionsverhältnis notwendige Scheidung von Eigentum und Arbeit vollzogen, erscheint Eigentum „jetzt auf Seite des Kapitalisten als das Recht, fremde unbezahlte Arbeit oder ihr Produkt, auf Seite des Arbeiters als Unmöglichkeit, sich sein eignes Produkt anzueignen" (MEW 23: 610).

II. Fortsetzung der ursprünglichen Akkumulation des Kapitals

Dass diese Trennungsverhältnisse alles andere sind, als das Resultat eines friedlichen Prozesses und dass der Staat bei der Konsolidierung jener Eigentumsstrukturen und des Kapitalverhältnisses überhaupt von Anfang an eine aktive Rolle eingenommen hat, zeigt Marx im 24. Kapitel des ersten Bandes des Kapitals. Verwiesen ist damit auf die sog. *ursprüngliche Akkumulation,* die „nichts andres bedeutet als eine Reihe historischer Prozesse, die in einer *Auflösung* der *ursprünglichen Einheit* zwischen dem Arbeitenden und seinen Arbeitsmitteln resultier[t]en" (MEW 16: 131). Dabei vollzog sich diese für das Kapitalverhältnis unverzichtbare Trennung zwischen den direkten Produzierenden (z.B. den subsistenzwirtschaftenden Bauern) und ihren Produktions- und Lebensmitteln (z.B. die Ackerböden und Ernteerträge) im Wesentlichen durch die (staatlich geförderte und in weiten Teilen gewaltsam durchgesetzte) *„Expropriation des Landvolks von Grund und Boden"* (MEW 23: 744).[288]

Ermöglicht wurde so nicht nur die Umwandlung der gesellschaftlichen Lebens- und Produktionsmittel in Kapital, sondern darüber hinaus entstand auf diese Weise jenes „Kunstprodukt der modernen Geschichte" (ebd.: 788) der doppelt freien Lohnarbeitenden: Frei von Sklaverei, Leibeigenschaft oder den Zunftzwängen und frei vom „Eigentum an den Verwirklichungsbedingungen der Arbeit" (ebd.: 742) wurden die ihrer Existenzgrundlage enteigneten, beständig wachsenden Menschenmassen der ehemaligen Landbevölkerung nunmehr dazu gezwungen, ‚freiwillig' ihre Arbeitskraft in den städtischen Fabriken resp. am Arbeitsmarkt zu verkaufen (vgl. ebd.: 742, 787f.). Indem die ursprüngliche Akkumulation den Grundstein für die Umformung einer Funktion des Subjektes zur Ware legte und der menschlichen Arbeitskraft die Warenform überstülpte, schuf sie jedoch nicht nur die Lohnarbeite-

[288] Eben jene Trennung von Produzierenden und Produktionsmitteln kann dabei als Kern der ursprünglichen Akkumulation betrachtet werden (vgl. Kalmring 2013: 84fff.): „Die sog. ursprüngliche Akkumulation ist also nichts als der historische Scheidungsprozeß von Produzent und Produktionsmittel. Er erscheint als ‚ursprünglich', weil er die Vorgeschichte des Kapitals und der ihm entsprechenden Produktionsweise bildet" (MEW 23: 742).

rin[289], sondern verhalf mit dieser überhaupt erst der Subjektkategorie des Kapitalisten zur Geburt.[290] Als Eigentümer von Geld-, Produktions- und Lebensmitteln besaß die Bourgeoise die nötigen Mittel, um die Ware Arbeitskraft bezahlen zu können, einen entsprechenden Mehrwert aus ihr auszupressen und so den kapitalistischen Produktions- und Akkumulationsprozess letztlich in Gang zu setzen (vgl. ebd.: 742).

Der Kapitalismus ist also von Anfang an auf außer-ökonomische Hebel bzw. Instrumente angewiesen gewesen, welche die für seine Herausbildung und dauerhafte Konsolidierung existenziell notwendige Scheidung der Arbeitenden von ihrem Eigentum an Produktions- und Lebensmitteln initiierten und infolgedessen eine ganze Kette von Transformationsprozessen ermöglichten, deren Resultate – z.B. die Kommodifizierung von Arbeitskraft bzw. Arbeitsvermögen und das Lohnarbeitsverhältnis – die kapitalistische Kernstruktur ausmachen.

Doch mitnichten erfolgten diese Prozesse der ursprünglichen Akkumulation friedlich. Vielmehr stützten sie sich in weiten Teilen auf einen systematischen und offenen Einsatz von Gewalt, wobei dieser, wie erwähnt, insbesondere durch einen äußerst aktiven *Staat* vorangetrieben wurde. Die Ausübung staatlicher Gewalt war dabei ein wesentlicher Motor der großflächigen Enteignungen sowie der hiermit verbundenen Vertreibungen der Landbevölkerung (vgl. ebd.: 752f., 761–770; Kößler 2013: 24).

Ein „unentbehrlicher Geburtshelfer der neuen Produktionsweise" (Dörre 2009: 38) war der Staat aber auch, weil er aktiv bei der Eingliederung der Enteigneten in das Lohnarbeitsverhältnis und somit bei der Kommodifizierung des menschlichen Arbeitsvermögens mitwirkte. Da sich bei den arbeitslos gemachten Menschenmassen noch keineswegs die für die Lohnarbeit notwendige psychische Struktur herausgebildet hatte, wurde die häufig vagabundierende oder bettelnde freigesetzte Landbevölkerung mittels einer *„Blutgesetzgebung gegen die Expropriierten"* (MEW 23: 761) und hierauf gründenden staatlichen Gewaltakten zur Arbeit in den städtischen Fabriken gezwungen oder in entsprechende Zucht- und Arbeitshäuser eingesperrt, um hier die kapitalistische Fabrikdisziplin und Arbeitsmoral nicht selten gewaltsam ‚anerzogen' zu bekommen (vgl. ebd.: 761–770; Eisenberg 1999; Ottomeyer 2014: 46). Folglich „wurde das von Grund und Boden gewaltsam expropriierte, verjagte und zum Vagabunden gemachte Landvolk durch grotesk-terroristische Geset-

---

289 Wie bereits in der Analyse der Regierung von Langzeitarbeitslosen, werden auch in diesem Nachwort die weibliche und die männliche Form unregelmäßig verwendet. Mit der Rede von der Lohnarbeiterin ist folglich immer auch der Lohnarbeiter gemeint.

290 So bemerkt Marx in Anlehnung an Wakefield, „daß das Eigentum an Geld, Lebensmitteln, Maschinen und andren Produktionsmitteln einen Menschen noch nicht zum Kapitalisten stempelt, wenn die Ergänzung fehlt, der Lohnarbeiter, der andre Mensch, der sich selbst freiwillig zu verkaufen gezwungen ist" (MEW 23: 793).

ze in eine dem System der Lohnarbeit notwendige Disziplin hineingepeitscht, -gebrandmarkt, -gefoltert" (MEW 23: 765).

Im Übergang von der feudal-agrarischen zur bürgerlich-kapitalistischen Gesellschaft zeigten sich die nun explizit gemachten Verhaltensanforderungen u. a. an der notwendigen Anpassung der Subjekte an ein neues Zeitgefüge (vgl. Braun et. al. 1973: 79). Arbeitsteilung und maschinelle Produktion im mechanisch-automatisierten Produktionsablauf bedurften einer gesteigerten Synchronisierung der Arbeit (vgl. Thompson 1973: 87). Verlangt war nun ein „rationales Zeitbewußtsein" (ebd.: 94), der Arbeits- und Lebensrhythmus wurde nicht mehr individuell, sondern vom Takt der Maschine bestimmt. Während in feudal-agrarischen Verhältnissen sich noch hohe Arbeitsintensität und Müßiggang abwechseln konnten (vgl. ebd.: 89), strukturierten nun feste Arbeitsabläufe und -zeiten den Tag der lohnarbeitenden Subjekte, die jetzt unabdingbaren Fleiß und Pünktlichkeit an den Tag zu legen hatten.

Diese neuen Verhaltensanforderungen an die immer größer werdende soziale Gruppe der Lohnarbeitenden hatte auch Foucault im Analysefokus, als er die These der sich herausbildenden Disziplinargesellschaft begründete. In den veränderten, immer weniger auf Gewalt basierenden Zurichtungsanstrengungen erkannte er „eine der großen Erfindungen der bürgerlichen Gesellschaft" (Foucault 2005: 121), d.h. die hegemonial werdende Machtlogik der Disziplin, welche die vorwiegend gewaltsame und sich unter den neuen sozioökonomischen Verhältnissen als dysfunktional erweisende souveräne Macht abzulösen begann (vgl. Kap. 2.3 der vorliegenden Arbeit).

Inmitten dieses Übergangs, der im Konflikt zu etablierten Kultur- und Verhaltensformen stand (vgl. Lambert 1979: 300), und als eine weitere Voraussetzung kapitalistischer Produktionsverhältnisse, lässt sich zudem die Trennung von Person und Besitz studieren (vgl. Simmel 1987: 358). Mit Ausbildung der Geld- und Kreditwirtschaft entstanden Formen der Objektivation, ‚technisch' möglich gemacht durch die Fernwirkung des Geldes (vgl. ebd.: 356), was Besitz und Subjekt gegeneinander selbständig werden lässt (vgl. ebd.: 361). Dass damit kein Zuwachs an ‚individueller Freiheit' gewonnen ist, wird schon bei Marx im ‚Maschineriekapitel' deutlich. Dort, wo die von Menschenhand geschaffene Objektivation gegen das Subjekt sich wendet, die Herrschaft der toten über die lebendige Arbeit sich durchsetzt (vgl. Mauke 1973: 15), ist es „nicht mehr der Arbeiter, der die Produktionsmittel anwendet, sondern es sind die Produktionsmittel, die den Arbeiter anwenden" (MEW 23: 329). Jedoch erst mit der maschinellen Produktionsweise tritt dieser Prozess in ausgedehnter Form in die Wirklichkeit, sinkt das Subjekt zu „einem bloßen Element der maschinenmäßigen Produktion herab" (ebd.: 398): „Durch seine Verwandlung in einen Automaten tritt das Arbeitsmittel während des Arbeitsprozesses selbst dem Arbeiter als Kapital gegenüber, als tote Arbeit, welche die lebendige Arbeitskraft beherrscht und aussaugt" (ebd.: 446). – Die *individuell-subjektive* Zwecksetzung ist nun vermittelt durch den *objektiven* Zweck kapitalistischer Akkumulationslogik.

Die für das Kapitalverhältnis notwendige und vom arbeitenden Subjekt eigenständig zu leistende (reelle wie auch gedankliche) Objektivierung des eigenen Arbeitsvermögens als Ware, die letztlich auf eine Selbstverdinglichung hinausläuft (s.u.), ist dem Menschen also mitnichten ,von Natur aus' gegeben, sondern bezeichnet vielmehr das historische Resultat eines langwierigen (und andauernden) Prozesses der staatlich geförderten und in weiten Teilen gewaltsam vorangetriebenen Disziplinierung von zuvor enteigneten Bevölkerungsmassen. Marx ging allerdings davon aus, dass die Anwendung von äußerem Zwang und Gewalt zur (Re-)Produktion der kapitaladäquaten Selbstverhältnisse der Lohnarbeitenden im Laufe der Zeit nur in Ausnahmefällen nötig sein würde:

> „Es genügt auch nicht, sie zu zwingen, sich freiwillig zu verkaufen. Im Fortgang der kapitalistischen Produktion entwickelt sich eine Arbeiterklasse, die aus Erziehung, Tradition, Gewohnheit die Anforderungen jener Produktionsweise als selbstverständliche Naturgesetze anerkennt. Die Organisation des ausgebildeten kapitalistischen Produktionsprozesses bricht jeden Widerstand, die beständige Erzeugung einer relativen Übervölkerung hält das Gesetz der Zufuhr von und Nachfrage nach Arbeit und daher den Arbeitslohn in einem den Verwertungsbedürfnissen des Kapitals entsprechenden Gleise, der stumme Zwang der ökonomischen Verhältnisse besiegelt die Herrschaft des Kapitalisten über den Arbeiter. Außerökonomische, unmittelbare Gewalt wird zwar immer noch angewandt, aber nur ausnahmsweise. Für den gewöhnlichen Gang der Dinge kann der Arbeiter den ,Naturgesetzen der Produktion' überlassen bleiben, d.h. seiner aus den Produktionsbedingungen selbst entspringenden, durch sie garantierten und verewigten Abhängigkeit vom Kapital" (ebd.: 765).

Dass die Menschen auch im 21. Jahrhundert keine verwertungskompatiblen Subjektivitäten und der Produktion der Ware Arbeitskraft zuträglichen Selbstverhältnisse ausgebildet haben, zeigen nicht nur empirische Forschungen, sondern lässt sich auch mit Blick auf den nach wie vor notwendigen Einsatz von staatlich initiierten und durchgesetzten disziplinären Machtformen, wie jenen des Überwachens und der normierenden Sanktion, vermuten (vgl. Dörre et al. 2009). Doch war es Marx selbst, der mit Blick auf seine theoretischen Überlegungen zur ursprünglichen Akkumulation des Kapitals einen Erklärungsansatz für diese Sperrigkeit der menschlichen Subjektivität gegenüber den Kapitalverwertungsbedürfnissen geliefert hat. So muss die Scheidung zwischen den Arbeitenden und ihren Produktionsmitteln als dauerhafter, mehrdimensionaler, konfliktreicher und diskontinuierlich verlaufender Prozess begriffen werden, der im Großen und Ganzen der Beförderung der (stockenden) Kapitalakkumulation dient (vgl. Kalmring 2013: 85ff., 95, 99fff.; s.u.): „Sobald einmal die *Trennung* zwischen dem Mann der Arbeit und den

Mitteln der Arbeit vollzogen, wird sich dieser Zustand erhalten und auf ständig wachsender Stufenleiter reproduzieren" (MEW 16: 131).

Kommt es im Rahmen von Prozessen einer fortgesetzten ursprünglichen Akkumulation zu einer Intensivierung und/oder Ausweitung des Scheidungsverhältnisses zwischen den Arbeitenden und ihren Produktions- und Lebensmitteln, hat dies tiefgreifenden Einfluss auf „die konkrete Gestaltung des Arbeitsprozesses und der Mehrwertabschöpfung [...], die Struktur und die Konfliktformen der bürgerlichen Klassen- und Geschlechterverhältnisse" (Kalmring 2013: 82f.), auf die leiblichen und zu Arbeit befähigenden menschlichen Vermögen und folglich auch auf die Möglichkeiten *von* sowie die Anforderungen *an* die Ware Arbeitskraft. Widerspenstige Reaktionen der Subjekte, bspw. auf solche neuen Anforderungen, die sich mit ihren historisch gewachsenen Selbstverständnissen und Verhaltensweisen brechen, erscheinen damit unvermeidbar (vgl. ebd.: 76f., 83f.; s.u.).[291]

Werden der Kapitalismus und mit ihm die verlangte Beschaffenheit von Arbeitskraft so in ihrem stetigem Werden verstanden, stellt also auch der „Umbau des inneren Haushalts der Menschen" (Negt/Kluge 1993: 30) und seiner äußeren Verhaltensweisen weniger ein einmaliges historisches und damit abschließbares Ereignis dar, als vielmehr einen permanenten Prozess. Insofern der Staat bei dieser (äußeren und) „innere[n] Umproduktion zur Ware Arbeitskraft" (ebd.) von Anfang an eine tragende Funktion eingenommen hat, sollte die Analyse der gegenwärtigen staatlich durchgesetzten bzw. geförderten Zurichtungsanstrengungen von Langzeitarbeitslosen nicht darauf beschränkt bleiben, einzig den Neoliberalismus, seine Rationalitätsordnung und seine Programmatik sowie das Zusammenspiel von neoliberal-gouvernementalen und disziplinären Machttechniken in den Forschungsblick zu nehmen.

Auch wenn Wissenschaft so in der Lage ist, die Veränderungen der Machtlogiken und die (psychosozialen) Ambivalenzen im Einsatz der staatlichen Mittel nachzuzeichnen, die zur Herausbildung kapitaladäquater Subjektivitäten Anwendung finden (sollen), läuft sie dennoch Gefahr, eben jene staatlichen Praktiken und die von den Langzeitarbeitslosen abverlangten Verhaltensweisen primär in der gouvernementalen Ordnung des Neoliberalismus oder in einer wieder aufkeimenden disziplinargesellschaftlichen Logik begründet zu sehen, die Frage nach einem möglichen *strukturellen* Angewiesensein des absurden und immanent krisenhaften Kapitalismus auf extraökonomische Instanzen – zu denen auch der Staat gezählt werden kann – aber

---

[291] Welche sozioökonomischen, kulturellen oder psychosozialen Resultate die Prozesse einer fortgesetzten ursprünglichen Akkumulation zeitigen, kann jedoch nicht vorhergesagt werden. Wie immer kommt es auch hier zu unintendierten, paradoxalen Effekten (vgl. Kalmring 2013: 95).

auszublenden.[292] Doch regiert der Staat – und dies hat die vorliegende Analyse zur gouvernementalen Führung von Langzeitarbeitslosen deutlich gezeigt – auch und sogar *aktiv* im Zeitalter des Neoliberalismus für den kapitalistischen Markt, versucht also durch eine aktiv-vorausschauende Politik diejenigen juristisch-institutionellen, gesellschaftlichen und psychischen Gegebenheiten zu erschaffen, die das Kapitalverhältnis für seinen universellen Zweck – seine Selbstverwertung und -akkumulation – bedarf.[293]

Darüber hinaus drohen sich die Studien der Gouvernementalität auch gegenüber der Frage zu versperren, ob der erweiterte Zugriff auf die subjektiven Eigenheiten von Arbeitskraft, wie er gegenwärtig in der Debatte um die *Subjektivierung von Arbeit* und um die *neoliberale Subjektivierungsform des unternehmerischen Selbst* konstatiert wird, nicht als eine Folge von Prozessen der fortgesetzten ursprünglichen Akkumulation zu deuten wäre, die strukturell in der Kapitallogik angelegt sind. Insgesamt plädieren wir damit jedoch nicht für eine Abkehr vom Foucault'schen Analyseinstrumentarium, im Gegenteil: Insofern sich die (mit Foucaults ‚Werkzeugkasten' greifbaren) konkreten Machtlogiken, die bspw. dem Einsatz staatlicher Mittel zugrunde liegen, nicht selten mit der Logik des Kapitals brechen, erscheint uns an dieser Stelle ein Zusammendenken von Marx und Foucault in vielerlei Hinsicht erkenntnisversprechend.

---

292 Wir weisen darauf hin, dass die begriffliche Einordnung des Staates als etwas außerhalb ökonomischer Strukturen Befindliches problematisch ist: Im Sinne der ursprünglichen Akkumulation können staatliche oder politische Institutionen zunächst zwar eine wichtige Funktion jenseits der Kapitallogik einnehmen: Sozialhistorisch hemmen oder beschleunigen sie Prozesse, die zur Ausbildung kapitalistischer Produktionsverhältnisse führen. Wo sich jedoch das Kapitalverhältnis einmal als wesentliches Produktionsverhältnis durchgesetzt hat, lässt sich der Staat nicht mehr als etwas außerhalb desselben begreifen. Nach Poulantzas besitzen Staatsinstitutionen daher „keine eigene Macht, sondern materialisieren und bündeln Klassenverhältnisse [...]. Der Staat ist [demnach] keine ‚Entität' mit innerem, instrumentellem Wesen, sondern selbst ein *Verhältnis*, genauer der Niederschlag eines Klassenverhältnisses" (Poulantzas 1975: 26). Der Staat ist so weder eigenständiger Akteur noch bloßes Anhängsel wirtschaftlicher Interessen. Vorschläge, die auf eine ‚Transformation' des Kapitalismus unter Mithilfe staatlicher Reformen abzielen, müssen demnach zu kurz greifen; ebenso die Verstaatlichung von Produktionsmitteln, da diese „immer noch nur eine *Verstaatlichung des Kapitals als Kapital* [darstellt]" (Mattick 1971: 299).

293 Ob dieses Eingreifen auf sperrige Subjektivitäten zurückzuführen ist, ob also der Staat nicht vor allem dann verstärkt eingreift, wenn sich die menschliche Subjektivität gegenüber den Kapitalverwertungsbedürfnissen an die Arbeitskraft verweigert, müssten weiterführende, empirische Studien erörtern.

Wird im Neoliberalismus also für den kapitalistischen (Wettbewerbs-)Markt regiert, so untermauert seine zentrale Stellung die hier vertretene These, der zufolge die gouvernementale Ordnung des Neoliberalismus als eine aktuelle Erscheinungsform kapitalistischer Logik begriffen werden sollte. Insofern der kapitalistische (Wettbewerbs-)Markt – und mit ihm das unternehmerische Selbst – im neoliberalen Gouvernementalitätsregime das zentrale Organisations- und Regulationsprinzip verkörpert, an dem sich neben dem Staat *alle* (kollektiven, individuellen usw.) Handlungen und Existenzweisen auszurichten haben, müssen auch die Effekte der entsprechenden Verhaltensweisen anhand ihres Beitrages betrachtet und beurteilt werden, den sie für die angestrebte ‚optimale' Entfaltung der ökonomischen Prozesse leisten bzw. geleistet haben. Der so zum Wahrheitsgenerator avancierte kapitalistische (Wettbewerbs-)Markt nimmt im Neoliberalismus folglich immer auch die Funktion der Legitimationsinstanz für jegliches Handeln, Denken und Fühlen ein. Da es die Subjektivierungsform des unternehmerischen Selbst ist, die den Anforderungen der gegenwärtigen Konstitution kapitalistischer Märkte am ehesten zu entsprechen scheint, ist sie es auch, die zugleich als zentrales Analyse- und Bewertungsraster für alle menschlichen (zuvor nicht-ökonomischen) Existenzformen und Verhaltensweisen herangezogen wird.

Dass diese Unterordnung sämtlicher politischer, ökonomischer oder sozialer Bereiche unter die Zwecke des (wettbewerbsbasierten) kapitalistischen Marktes kein ausschließliches Merkmal der neoliberalen Rationalitätsordnung zu sein scheint, sondern vielmehr immer schon als Notwendigkeit in der Kapitallogik enthalten ist, zeigt sich u.a. darin, dass auch hier gilt, „daß die Produktion nur Produktion für das *Kapital* ist und nicht umgekehrt die Produktionsmittel bloße Mittel für eine stets sich erweiternde Gestaltung des Lebensprozesses für die *Gesellschaft* der Produzenten sind" (MEW 25: 260). Treibendes Motiv und unmittelbarer Zweck der kapitalistischen Produktion sind also nicht der Mensch und die Befriedigung seiner Bedürfnisse, sondern vielmehr die unersättliche Produktion von Mehrwert und damit die Vermehrung des Kapitals selbst (vgl. MEW 23: 161–169; MEW 25: 253ff., 260, 267).

Dabei treibt das unablässige Streben nach Mehrwert, formal ausgedrückt in der allgemeinen Formel des Kapitals G-W-G' (vgl. MEW 23: 170), den Akkumulations- und Ausbeutungsprozess auf eine immer höhere Reproduktionsstufe. Doch mitnichten handelt es sich bei dieser fortwährenden Kreislaufbewegung um einen harmonischen Prozess einer immer größer anwachsenden Kapitalmasse. Vielmehr stößt das Kapital in den Prozessen seiner Selbstverwertung und –vermehrung immer wieder auf die unterschiedlichsten systemischen Schranken, die eine chronische Instabilität konstituieren. Spitzen sich diese (kapitalinhärenten) Widersprüche zu, droht sich die zunächst nur stockende Kapitalakkumulation in ökonomische Krisen zu verwandeln (vgl.

Heinrich 2005: 169–176; Altvater 2012: 43–52; Dörre 2009: 32f.; MEW 25: 252, 260).

Erzwungen werden so Restrukturierungsmaßnahmen der bisherigen Kapitalakkumulation, die in einer völligen Umwälzung des Gesellschaftskörpers selbst münden können und als unvermeidbar erscheinen. Vor diesem Hintergrund verweisen Krisen und daraus resultierende Neuausrichtungen der Kapitalakkumulation insgesamt auf die enorme Wandlungs- und Anpassungsfähigkeit des Kapitalismus. Zur Sicherstellung einer dauerhaften Reproduktion des zu errichtenden Akkumulationsregimes, müssen schließlich auch die hiermit in enger Wechselwirkung stehenden kulturellen Deutungssysteme und -praxen sowie die moralischen, „juristischen, politischen, religiösen, künstlerischen oder philosophischen, kurz, ideologischen Formen" (MEW 13: 9) an die neu zu konfigurierende Akkumulationsweise angepasst werden. Nicht selten kommt es bei diesen Restrukturierungsmaßnahmen zu einer Einverleibung von zuvor oder während der Krisenphasen artikulierter Kritik am Kapitalismus und zu ihrer Transformation in einen konstitutiven Bestandteil der neuauszurichtenden Kapitalakkumulation (vgl. Kalmring 2013: 76ff., 83f.; Dörre 2009: 35f., 40).

Gelingt früher oder später die Konsolidierung eines neuen Akkumulationsregimes, so mögen und müssen (!) sich zwar auf der Erscheinungsebene die moralischen Desiderate, die subjektiven Strukturen sowie die politisch-rechtlichen, kulturellen und sozioökonomischen Formen kapitalistischer Regulation ändern; als Ausdrucksweisen, Momente und/oder Ergebnisse der durch die Krise(n) notwendig gewordenen „historisch-konkrete[n] Widerspruchsbearbeitung" (Röttger 2003: 25) verkörpern bzw. organisieren sie jedoch selbst nur die Bedingungen der Reproduktion kapitalistischer Grundstrukturen. Ein Wandel des Akkumulationsregimes kann folglich auf der Erscheinungsebene eine partielle Verlagerung der Orte, Gewichtungen und Ausprägungen der kernstrukturellen Widersprüche und ihrer Bearbeitungsversuche mit sich bringen; da dies jedoch einzig der Sicherung des Fortbestehens des Kapitalverhältnisses sowie seines selbstzweckartigem Strebens nach einer unersättlichen Kapitalvermehrung und Mehrwertproduktion durch die Ausbeutung der menschlichen Arbeitskraft dient, ist eine gänzliche Aufhebung eben jener in den kapitalistischen Kernstrukturen immer schon gesetzten Widersprüchlichkeiten, Ambivalenzen und Spannungen nur durch die Überwindung der kapitalistischen Produktionsweise selbst möglich (vgl. ebd.; Jessop 2003: 90–96, 101f.).

Weil es aus subjektiver Perspektive folglich keinen plausiblen Grund für ein Engagement für dieses „absurde[...] System" (Boltanski/Chiapello 2006: 42) gibt, das seinen Sinn und Zweck in der immer höher anschwellenden Selbstverwertung des Kapitals situiert, ist der Kapitalismus seit jeher existenziell auf einen historisch spezifischen (also wandelbaren) „kapitalistischen Geist“[294] angewiesen gewesen. Hierin könnte auch eine wesentliche Ursache dafür liegen, dass der Neoliberalismus – teils aufbauend auf dem klassischen Liberalismus – die Entfaltung ökonomischer Prozesse und die Etablierung der Unternehmensgesellschaft als zentrale Voraussetzungen für die (in sozialen Kämpfen eingeforderte) Verwirklichung von Freiheit, Selbstverwirklichung und allgemeinem wie auch individuellem Wohl deutet. Denn mit der in der neoliberalen Rationalitätsordnung vorgesehenen Ausweitung der kapitalistischen Logik des Wettbewerbsmarktes auf prinzipiell alle Bereiche des (noch) nicht-kapitalistischen Außen einher geht immer auch eine Ausweitung der so zunehmend komplexer werdenden kernstrukturellen Widersprüche und der kapitalimmanenten Absurdität auf eben jene lebensweltlichen Sphären und mehr noch: eine immer tiefer ins Innere der Subjekte dringende Verlagerung der strukturellen Widersprüche, was plausible Rechtfertigungsnarrative umso nötiger erscheinen lässt (vgl. ebd.: 42f.; Jessop 2003: 96, 101f.; Röttger 2003: 25).

Auch die Tatsache, dass im Neoliberalismus eine solche Verallgemeinerung der Prinzipien des kapitalistischen (Wettbewerbs-)Marktes überhaupt als erstrebenswert gedeutet wird, kann durch einen näheren Blick auf die kernstrukturelle Logik des Kapitals begründet werden. So ist der Kapitalismus, wie angedeutet, aufgrund der ihm immanenten Krisenhaftigkeit existenziell auf eine fortwährende Okkupation resp. sukzessive Einverleibung eines (noch) ‚nicht-kapitalistischen Außen' angewiesen, dessen Ausbeutung, Enteignung, Inwertsetzung, Einhegung usw. die stockende Kapitalakkumulation wieder ins Laufen bringen soll (vgl. Altvater 2011: 49–56; Kalmring 2013; Dörre 2009: 33 u. 2013: 83f.; Luxemburg 1990a: 26. Kapitel).[295]

Vor diesem Hintergrund drängt sich die Frage auf, ob die vom Neoliberalismus anvisierte Universalisierung der Prinzipien des Wettbewerbsmarktes resp. der Unternehmensform auf sämtliche Bereiche menschlichen Lebens nicht auch als Ausdrucksform des existenziellen Expansionsdrangs des Kapi-

---

[294] In Anlehnung an Max Weber verstehen Boltanski/Chiapello (2006: 43) unter dem „Geist des Kapitalismus *eine Ideologie* [...], *die das Engagement für den Kapitalismus rechtfertigt.*“ Demnach bezeichnet er „eine solche Gesamtheit von Glaubenssätzen, die mit der kapitalistischen Ordnung verbunden sind [...] und zur Rechtfertigung dieser Ordnung, zur Legitimation und mithin zur Förderung der damit zusammenhängenden Handlungsweisen und Dispositionen beitragen“ (ebd.: 46).

[295] Häufig werden die zuvor nicht-kapitalistischen Sphären, Produktionsweisen, Verhaltens- und Beziehungsformen usw. zunächst nicht direkt in das Kapitalverhältnis einverleibt, sondern diesem lediglich untergeordnet, indem sie ihm bspw. als Absatzmärkte dienen. Darüber hinaus leiten außer-ökonomische Instanzen – wie das staatliche Eingreifen – immer wieder (für das Fortbestehen des Kapitalismus notwendige) Prozesse der De-Kommodifizierung ein (vgl. Luxemburg 1990a: 26. Kapitel; Dörre 2009: 33 u. 2013: 83f.; Kalmring 2013: 92ff.).

tals betrachtet werden muss[296] und mehr noch: ob das neoliberale Gouvernementalitätsregime insgesamt gar ein Zeichen für eine sich immer mehr verschärfende große Krise des Kapitalismus ist, die dieser durch die sich über den gesamten Globus erstreckenden und bis in die sanftesten Regungen menschlicher Subjektivität reichenden Kommodifizierung zu bearbeiten versucht.

Doch geht mit diesen Prozessen des Zur-Ware-Werdens auch die oben bereits angedeutete Subjekt-Objekt-Verkehrung der zur Kommodifizierung freigegebenen Güter, Bereiche, menschlichen Eigenschaften und Verhältnisse einher, die – ungeachtet ihrer jeweiligen Besonderheiten – nunmehr als bloße Mittel zur Realisierung eines möglichst hohen Tauschwertes und des unersättlichen Kapitalvermehrungstriebes betrachtet und zugerichtet werden (müssen). Jene kapitalspezifische Verkehrung von Subjekt und Objekt findet sodann ihre Zuspitzung im Verhältnis von Kapital und Lohnarbeit (vgl. Ottomeyer 2014: 42).

Durch das bürgerliche Recht konturiert, tritt das Subjekt „als Besitzer der Ware ‚Arbeitskraft' andren Warenbesitzern gegenüber" (MEW 23: 319), schließt in freier Willensentscheidung einen ‚fairen' Kontrakt[297] über den Austausch und muss im Nachhinein einsehen, dass es doch „‚kein freier Agent'" war (vgl. ebd.). Auf Grundlage der Gleichheit des Warenaustausches wird jedoch das Gewaltverhältnis, „der Antagonismus von Mehrwertprodukterzeugern und -usurpatoren" verschleiert „und in ökonomischer Form mystifiziert, aber auch legitimiert" (Mauke 1973: 23). Mag das Warensubjekt im Austausch auch formal frei und gleichgestellt sein, so substantiiert sich die Gleichheit *real* in Form kapitalistischer Ausbeutungsmöglichkeiten, denn „gleiche Exploitation der Arbeitskraft ist das erste Menschenrecht des Kapitals" (MEW 23: 309) – der Arbeiter gehört dem Kapital bevor er seine Arbeits-

[296] Stehen damit die (programmatisch angestrebte) gesellschaftliche Universalisierung der Ratio des Wettbewerbsmarktes und des unternehmerischen Selbst für eine Fortführung der in den kapitalistischen Bewegungsgesetzen immer schon angelegten – durch unterschiedliche (staatlich-)institutionelle Regulationsformen und -instanzen jedoch zeitweise eingedämmten – Durchsetzungsbestrebungen, die Kapitalakkumulation zum hegemonialen Vergesellschaftungsprinzip und mit ihr „die Warenform zur konstitutiven Form [der] Gesellschaft zu machen" (Lukács 2013: 259)? Weil infolge dessen auch eine Problematisierung und Delegitimierung von all jenem einhergeht, was sich nicht in die Logik des kompetitiven Entrepreneurs integrieren lässt, muss zudem danach gefragt werden, ob dies nicht zugleich als Versuch einer Schwächung des jeweiligen Eigensinns und damit der Widerspenstigkeit dieser Bereiche gegen die kapitalistischen Vereinnahmungsversuche zu deuten ist (vgl. Jessop 2003: 101f.).

[297] „Dies Rechtsverhältnis, dessen Form der Vertrag ist, [...] ist ein Willensverhältnis, worin sich das ökonomische Verhältnis widerspiegelt. Der Inhalt dieses Rechts- oder Willensverhältnisses ist durch das ökonomische Verhältnis selbst gegeben" (MEW 23: 99).

kraft verkauft hat (vgl. ebd.: 603). Wird so der Akkumulations- und Selbstverwertungsprozess des Kapitals erst ermöglicht, bildet letztlich also „die Extraktion von Mehrarbeit den spezifischen Inhalt und Zweck der kapitalistischen Produktion" (ebd.: 315).

Auf dem freien Markt des Warenaustausches hingegen „erscheint das Bewegen der Individuen innerhalb der reinen Bedingungen des Kapitals als ihre Freiheit" (MEW 42: 550), verwirklicht durch die niedergerissenen Schranken freier Konkurrenz (vgl. ebd.). Als freier und fairer Wettbewerb promulgiert, stellt diese sich als äußere Notwendigkeit dar, obgleich die Unternehmer damit lediglich die immanenten Bestimmungen des Kapitals sich einander und sich selbst aufzwingen (vgl. ebd.: 551). Der Unternehmer ist kein unabhängiger Akteur, er ist „personifizierte[s] Kapital" (MEW 23: 328), reproduziert die „völlige Unterjochung der Individualität unter gesellschaftliche Bedingungen, die die Form von sachlichen Mächten, ja von übermächtigen Sachen – von den sich beziehenden Individuen selbst unabhängigen Sachen annehmen" (MEW 42: 551), und zwar auf *Grundlage* der Herrschaft des Kapitals, also der völligen Negierung individueller Freiheit (vgl. ebd.). – Das Kapital ist keine persönliche, sondern eine gesellschaftliche Macht (vgl. MEW 4: 476).

Nichtsdestotrotz wird die der bürgerlichen Freiheit implizite Negation in den Bewusstseinsstrukturen des Individuums nicht explizit. Vielmehr ist sie dort stets in ihrer positiven Form assoziiert und wird damit in den psychosozialen Strukturen kapitalistischer Produktionsverhältnisse fortlaufend reproduziert. In Analogie zum allgemeinen Reproduktionsprozess des Kapitals ist dabei ihr Resultat zur Voraussetzung gemacht: Die „Voraussetzungen, die ursprünglich als Bedingungen seines Werdens erschienen [...], erscheinen jetzt als Resultate seiner eignen Verwirklichung, Wirklichkeit, als *gesetzt* von ihm – *nicht als Bedingungen seines Entstehens, sondern als Resultate seines Daseins*" (MEW 42: 372). Nach Marx „geht [es] nicht mehr von Voraussetzungen aus, um zu werden, sondern ist selbst vorausgesetzt und, von sich ausgehend, schafft die Voraussetzung seiner Erhaltung und Wachstums selbst" (ebd.). Innerhalb der daraus abgeleiteten, nun *empfundenen* Freiheit reproduzieren sich die kapitalistische Logik und ihr Herrschafts- und Gewaltverhältnis *notwendig unbewusst* in der Totalität psychosozialer Subjektivierung, als bürgerliche Freiheit sedimentiert in den Bewusstseinsstrukturen der Subjekte.

Vor diesem Hintergrund wird deutlich, warum die neoliberale Subjektivierungsform des unternehmerischen Selbst als eine sich auf der Ebene gesellschaftlicher Leitbilder manifestierende „Erscheinungsform einer fortlaufenden Angleichung von Denken, Fühlen und Handeln an die jeweils historisch aktuellen Desiderate eines sich verändernden, d.h. im Sinne der Profitmaximierung entwickelnden Kapitalismus" (Gfrerer/Schmieder 2014: 41) verstanden werden kann. Sie stellt sich dar als der in der menschlichen Subjektivität zu verankernde Ausdruck ökonomischer Kategorien, als „Träger von bestimmten Klassenverhältnissen" (MEW 23: 16), welche den „immer schon gesetzte[n] Bedingungsrahmen für die Herausbildung subjektiver Strukturen [konturieren]" (Schmieder 1992: 26).

Die negative Freiheit des Individuums, welche als ein Kernelement des neoliberalen Gouvernementalitätsregime ausgemacht wurde, ist folglich auch mitnichten erst durch dieses hervorgebracht worden. Als eine Wirtschafts- und Gesellschaftsformation, die warenförmige Tauschbeziehungen zu einer ihrer zentralen Bedingungen erklärt hat, ist der Kapitalismus unweigerlich auf das freiwillige Engagement und damit auf kapitaladäquate Selbst- und Weltverhältnisse seiner Subjekte angewiesen. Ist im Neoliberalismus die bürgerliche Freiheit nun zu einem zentralen Führungsinstrument avanciert, so scheint dies weniger für eine gänzliche qualitative Neuerung der Kapitallogik an sich zu stehen, als vielmehr auf eine sich auf der Ebene der Erscheinungsformen zuspitzende, aber eben doch kernstrukturell angelegte Entwicklungstendenz zu verweisen.

IV. Zur Produktion der Ware Arbeitskraft

Auch hinsichtlich der Fülle an Maßnahmen zur Etablierung und dauerhaften Aufrechterhaltung von Beschäftigungsfähigkeit im Rahmen des Fallmanagementprozesses deuten die Untersuchungsergebnisse darauf hin, dass die Wurzeln für die aufgenötigten Betrachtungsweisen von und Umgangsformen mit der potenziellen Beschäftigungsfähigkeit – und damit mit der eigenen Subjektivität – gerade nicht in der neoliberalen Gouvernementalitätsordnung zu situieren sind, sondern vielmehr in den kernstrukturellen Bestimmungen des Kapitalismus liegen, der zur Realisierung seines Verwertungsdrangs unweigerlich auf die mehrwertschaffende Ausbeutung der Ware Arbeitskraft angewiesen ist. Daher sollte der Blick auf die Verhaltensimplikationen und -zwänge gerichtet werden, die mit der Kommodifizierung des menschlichen Arbeitsvermögens verbunden sind.[298]

Denn auch im beschäftigungsorientierten Fallmanagement geht es vornehmlich um die besondere Ware Arbeitskraft – d.h. um die objektivierten (und objektivierbaren) Bestandteile des (immer schon gesellschaftlich präformierten) Arbeitsvermögens der betroffenen Person –, deren Herstellung und Verausgabung aufgrund ihrer Subjektgebundenheit unvermeidlich auf ihren Träger angewiesen ist. Dieser muss „sich selbst als ‚Besitzer' seiner Arbeitskraft als Ware vorstellen" (Lukács 2013: 267) und mehr noch: Er muss sich selbst auch als ihren eigenverantwortlichen *Produzenten* denken, denn mitnich-

[298] Im Folgenden beziehen wir uns vornehmlich auf die Verhaltenszwänge des (prospektiven) Lohnarbeiters.

ten handelt es sich bei der Arbeitskraft um eine im Subjekt schlummernde und bereits fertige Ware. Im Gegenteil muss er permanent an ihrer Herstellung arbeiten, ist also unter Bedingungen kapitalistischer Produktionsverhältnisse (und nicht etwa erst unter dem neoliberalen Gouvernementalitätsregime) *strukturell* dazu genötigt, eine dem Verwertungsdiktat unterworfene *„Arbeit am Selbst“* (Moldaschl/Voß 2003: 17) vorzunehmen.[299]

Ganz allgemein betrachtet besteht dieser sich *im Inneren* des Subjektes vollziehende, gleichermaßen aber auch durch einen praktischen Weltbezug vermittelte Produktionsprozess in einer Fülle an eigenständig zu leistenden Transformationsvorgängen der Lebens- zu Arbeitsvermögen und in einer weiteren Umwandlung der entsprechenden objektivierbaren Anteile des Arbeitsvermögens zu Arbeitskraft (s.u.; vgl. Lohmann 1991: 312fff.; Negt/Kluge 1993: 86f.; Pfeiffer 2004: 141, 145f., 149). Damit die menschliche Arbeitskraft für das Kapital also überhaupt erst einen Gebrauchswert bekommt, muss die Einzelne ein inneres *„Produktionsverhältnis der* [*eigenen;* L.G./K.D.] *Arbeitskraft als Ware zu sich als Lebewesen“* (Negt/Kluge 1993: 87) etablieren und dauerhaft aufrechterhalten. Wie ist diese Aussage zu verstehen?

Insofern das zentrale Ziel der o.g. Selbstzurichtungsanstrengungen die Produktion der Arbeitskraft in *Warenform* zu sein hat, müssen bei den Betroffenen solche physischen und geistigen Vermögen und Eigenschaften gegeben sein und permanent (re-)produziert werden, die für einen abstrakten Nicht-Besitzer von Arbeitskraft in *irgendeiner* Weise *nützlich* erscheinen, also aus dessen Perspektive Gebrauchswertcharakter haben. Bei der sinnlich-konkreten Beschaffenheit der Ware Arbeitskraft, die dieser überhaupt erst ihre Nützlichkeit verleiht, muss es sich also um menschliche Vermögen handeln, die in der Lage sind, Gebrauchswerte für Dritte zu erschaffen. Wie oben angedeutet, ist es das *Arbeitsvermögen,* welches die konkret-nützliche Gebrauchswertseite der Ware Arbeitskraft bildet und es damit erst ermöglicht, dass die Arbeitskraft in Warenform auftreten kann (vgl. MEW 23: 55f.; Pfeiffer 2004: 145f.; Lohmann 1991: 122–126, 310fff.).

Ohne dieses explizit vom Begriff der Arbeitskraft zu trennen,[300] versteht Marx hierunter

---

[299] Diese Arbeit am Selbst muss natürlich vom Subjekt in ihrer Intensität und ihrer inhaltlichen Ausrichtung an die konkreten Arbeitsbedingungen – oder weiter: an die Realität des Arbeitsmarktes – angepasst werden.

[300] An etlichen Stellen verwendet Marx die Begriffe des ‚Arbeitsvermögens‘ und der ‚Arbeitskraft‘ synonym, so auch im vollständigen oberen Zitat. Es kann jedoch davon ausgegangen werden, dass Marx die Unterschiede zwischen dem gebrauchswertartigen Arbeitsvermögen und seiner warenförmig zugerichteten Tauschwertseite, der Arbeitskraft, im Kopf hatte. Während Letztere auf ein bestimmtes Ziel – die Tauschwertrealisierung von Arbeitskraft – hin zugerichtet wurde, verweist das Arbeits*vermögen* auf ein prinzipiell offenes und damit vielseitiges *Potential,* das sich eben nicht vollständig unter die Warenform subsumieren lässt (vgl. Lohmann 1991: 315; Pfeiffer 2004: 168f.; s.u.).

„den Inbegriff der physischen und geistigen Fähigkeiten, die in der Leiblichkeit, der lebendigen Persönlichkeit eines Menschen existieren und die er in Bewegung setzt, sooft er Gebrauchswerte irgendeiner Art produziert" (MEW 23: 181).

Da sich die Gebrauchswertseite einer Ware aus der Gesamtheit der abstrakt-gesellschaftlichen Bedürfnisse ableitet, die sich ihrerseits jedoch – sofern sie nicht die natürliche Reproduktion betreffen – in engem Wechselverhältnis zu den sozialen Verhältnissen permanent wandeln und neu herausbilden und damit potenziell unendlich und inhaltlich relativ *unbestimmt* sind, kann grundsätzlich *jedes* psychische und physische Vermögen des Menschen für die Herstellung von Gebrauchswerten relevant werden. Das bedeutet auch, dass es sich beim Arbeitsvermögen mitnichten um eine starre resp. ahistorische Ansammlung von spezifischen Lebensvermögen handelt, sondern dass im Gegenteil *alle* lebendigen Vermögen potentiell Arbeitsvermögen sind, dass das Arbeitsvermögen seinem Inhalt nach offen, flexibel, kurz: *unbestimmt* ist und – wie noch zu zeigen sein wird – dies auch sein muss. Ob ein Lebensvermögen als Arbeitsvermögen bestimmt wird oder nicht, scheint also zunächst davon abzuhängen, ob der Mensch sein entsprechendes Vermögen zum Zwecke der Gebrauchswertproduktion aktualisiert bzw. sich gebrauchswerthervorbringend zu diesem verhält (vgl. Lohmann 1991: 122–126, 312f.; Ottomeyer 2014: 75fff.).

Die psychischen und physischen menschlichen Fähigkeiten können damit als die abstrakt-stoffliche Basis von Arbeitsvermögen begriffen werden. Im konkreten (inneren) Arbeitsprozess, der den als Arbeitsvermögen verstandenen Gebrauchswert hervorbringt, bilden sie folglich auch den in der Leiblichkeit vorgefundenen und zum (immateriellen) Gebrauchswert umzuformenden *Gegenstand* konkret nützlicher Arbeit. Voraussetzung hierfür ist, dass das fertige Arbeitsprodukt bereits vor und während der hervorbringenden Tätigkeit gedanklich vorhanden ist, was darauf verweist, dass der konkrete Arbeitsprozess durch einen vom tätigen Subjekt gewussten und – wie noch zu zeigen ist – auch gewollten Zweck bestimmt ist. Arbeitsgegenstand resp. Objekt der Formveränderung sind neben den Lebensvermögen aber auch die schon gebildeten Bestandteile von Arbeitsvermögen selbst. Sie können insofern zugleich als das durch frühere Arbeitsprozesse bereits vorgeformte „Rohmaterial" (MEW 23: 193) verstanden werden, das es in seiner konkreten Beschaffenheit hin zu einem nützlichen Arbeitsprodukt umzuwandeln gilt (vgl. ebd.: 56f., 193fff.; Lohmann 1991: 100f.; Pfeiffer 2004: 141).

Der (innere) Arbeitsprozess ist fernerhin bestimmt durch Arbeits*mittel*, „die der Arbeiter zwischen sich und den Arbeitsgegenstand schiebt und die ihm als Leiter seiner Tätigkeit auf diesen Gegenstand dienen" (MEW 23: 194). Um (qualitativ neuartiges) Arbeitsvermögen zu formen, kann der Betroffene demnach die eigenen Natur- bzw. Lebensvermögen sowie das bereits gebildete Arbeitsvermögen selbst als Produktionsmittel und/oder als Hilfsstoffe nutzen (vgl. ebd.: 194fff.; Pfeiffer 2004: 141).

Darüber hinaus ist es aber auch die ihn umgebende *Welt*, die als vermittelnde Instanz zwischen der zweckmäßig produktiven Tätigkeit des Betroffenen und seinen zu gestaltenden Lebens- und Arbeitsvermögen – d.h. dem Arbeitsgegenstand – ein unvermeidliches Arbeitsmittel darstellt. Denn um überhaupt einen Gebrauchswert herstellen zu können, muss sich der Einzelne mehr oder weniger *bewusst* und *aktiv-tätig* auf die entsprechenden Ausschnitte seiner Umwelt beziehen, sich also mit ihnen sinnlich, gedanklich und praktisch auseinandersetzen, sie durchdringen, eigenständig verarbeiten und gestalten, mit ihnen im praktisch-tätigen Handeln – bei der Herstellung des Warenkörpers – umgehen und sich letztlich auch mit ihnen identifizieren können. Kurz: Er muss sich die Welt bis zu einem gewissen Grad aneignen und indem er sich arbeitend auf die Welt bezieht, verändert er sie zugleich (vgl. Jaeggi 2005: 32f., 55ff.; Pfeiffer 2004: 159fff.; Frey 2009: 62–70).

In Prozessen der praktischen Auseinandersetzung mit den entsprechenden Weltausschnitten formt und verändert der Mensch jedoch nicht nur die ihn umgebende Umwelt – indem er sein Arbeitsvermögen verausgabt und Gebrauchswerte produziert –, sondern bildet, wie angedeutet, gleichzeitig auch ständig neues Arbeitsvermögen heraus.[301] Indem der Mensch arbeitend und gestaltend auf seine Welt Bezug nimmt, „erzeugt [er] in einem *sich* und seine *Welt*. Er erzeugt sich, indem er seine Welt erzeugt, und umgekehrt" (Jaeggi 2005: 33).[302] Als das Ergebnis praktischer Weltaneignung ist Arbeitsvermögen folglich stets *relational* zu bestimmen, d.h. in seiner Beziehung zur angeeigneten Welt, deren – verzerrter, bruchstückartiger und durchaus eigensinniger – Ausdruck es ist (vgl. ebd.: 32f., 56ff., 184f., 191–198; Pfeiffer 2004: 159ff., 167).[303]

301 Da Letzteres eine unvermeidlich leibliche Erscheinung ist, sind (solche) Prozesse der Weltaneignung untrennbar mit Prozessen der Selbstaneignung verbunden, sie sind gleichursprünglich und bedingen einander wechselseitig (vgl. Jaeggi 2005: 55ff.).

302 Arbeitsvermögen entsteht folglich erst in seinem eigenen *Praxisvollzug*, es bildet sich also nur durch seinen Gebrauch und durch die hiervon nicht zu trennenden Aneignungsleistungen der entsprechenden Weltausschnitte aus (vgl. Jaeggi 2005: 56f.; Pfeiffer 2004: 159f.).

302 Das bedeutet auch, dass diejenigen Anteile des Arbeitsvermögen sich zurückbilden, verkümmern und letztlich verschwinden werden, die nicht mehr verausgabt werden (müssen) (vgl. Jaeggi 2005: 57; Pfeiffer 2004: 167).

303 Im Unterschied zu anderen Arbeitsmitteln, die zur Einwirkung auf den eigentlichen Gegenstand der produktiven Tätigkeit herangezogen werden, ist die Beziehung zwischen dem Einzelnen und der anzueignenden Welt jedoch gerade nicht vorwiegend durch Abnutzungseffekte Letzterer gekennzeichnet, sondern unterhält vielmehr eine produktiv-gestaltende Wechselbeziehung.

Damit ist darauf verwiesen, dass sich die Aktualisierung (und die Bildung) von Arbeitsvermögen stets in Abhängigkeit von den gegebenen Bedingungen – d.h. von gesellschaftlichen Wissensbeständen, Machtverhältnissen, soziokulturellen Regelsystemen usw. – und von geeigneten Umständen vollzieht. Überdies sind es aber auch die menschlichen Naturvermögen (bzw. deren Grenzen) sowie die Willensentscheidung(en) der Betroffenen, an die jede Aktualisierung von menschlichen Vermögen gebunden ist. Die konkrete Gestalt und die Zwecksetzung des Arbeitsvermögens sowie die Art und Weise seiner Zurichtung scheinen zunächst durch den Willen seiner Trägerin bestimmt zu sein (vgl. Lohmann 1991: 96–100, 109f., 123, 127, 178f.).

Die freie Entscheidung und die gänzliche Gestaltungsmacht darüber, welche ihrer Lebensvermögen sie zu Arbeitsvermögen formiert und welche nicht, hat die Betroffene – sofern es um die Produktion ihrer Ware Arbeitskraft geht – trotz dieser Abhängigkeit der Aktualisierung von Arbeitsvermögen vom menschlichen Wollen und trotz der inhaltlichen Unbestimmtheit des Arbeitsvermögens jedoch nicht. Denn wo Letzterem die Warenform übergestülpt wird und wo fernerhin die Aufrechterhaltung der Verwertbarkeit der eigenen Arbeitsraft die zentrale Voraussetzung für die individuelle (und systemische) Existenzsicherung bildet, ist sie als Warenproduzentin und -besitzerin „bei Strafe [ihres] Untergangs" (MEW 25: 255) dazu genötigt, während des inneren Produktionsprozesses von dessen stofflicher Seite abzusehen und den konkreten Arbeitsprozess vielmehr dem Verwertungsprozess als bloßes Mittel unterzuordnen.[304] Sie hat also *abstrakt wertbildende Arbeit* zu leisten und abstrahiert damit von der zweckmäßigen Tätigkeit selbst, von den konkreten Gegenständen, Mitteln sowie dem Endprodukt ihrer Arbeit und baut zu diesen in mehrfacher Hinsicht eine gleichgültig-instrumentelle Beziehung auf. Arbeit wird zur austauschbaren Äquivalentform, ihre konkreten Formen „unterscheiden sich nicht länger, sondern sind allzusamt reduziert auf gleiche menschliche Arbeit, abstrakt menschliche Arbeit" (MEW 23: 52).

Da Arbeitsvermögen während des *gesamten* Lebens gebildet (und verausgabt) wird (vgl. Pfeiffer 2004: 160f.), muss sich der Einzelne folglich zunächst gegenüber der Totalität seiner Lebensmöglichkeiten so indifferent-abstrahierend verhalten, dass sie ihm – gemessen am Kriterium der Verkaufschancen seiner Arbeitskraft resp. ihrer Tauschwertrealisierung – zur bestmöglichen Konstituierung eines der kapitalistischen Verwertung zugänglichen Arbeitsvermögen verhelfen. Er denkt den Vorgang der Warenproduktion also rück-

304 Um Missverständnisse zu vermeiden, sei noch einmal darauf hingewiesen, dass sich das menschliche Arbeitsvermögen immer dann bildet, wenn der Mensch seine Lebensvermögen produktiv verausgabt und daher auch unabhängig von diesen Selbstzurichtungsanstrengungen zur Arbeitskraft entstehen kann.

wärts, d.h. vom Ende seines Verwirklichungsprozesses – der verwertbaren Arbeitskraft – her. Hinsichtlich der Gestaltung des eigenen Lebens sind demnach die Fähigkeit *und* der Wille zur Übernahme der Verwertungsperspektive strukturell vorausgesetzt, was letztlich auf eine gedankliche wie auch in realen Handlungspraxen zu vollziehende Verdinglichung des eigenen Lebens hinausläuft (vgl. Lohmann 1991: 313fff., 319f.; Ottomeyer 2014: 63fff.): „Sein Lebensvollzug *wird Mittel zum Zwecke* der Herausbildung und Erhaltung der Verkäuflichkeit seiner Arbeitskraft" (Lohmann 1991: 320). Der (prospektive) Lohnarbeiter „lebt daher nicht um seiner freien Selbstentfaltung willen, sondern um eines besonderen Zustandes willen, der nicht allein von ihm bestimmt wird" (ebd.: 128) und der, wie dargestellt, historisch überhaupt nur möglich wurde durch eine Fülle an gewaltsamen Zurichtungsmaßnahmen. So ist es auch die im Rahmen dieser Prozesse der ursprünglichen Akkumulation des Kapitals erzwungene Trennung weiter Bevölkerungsteile vom Eigentum an den Realisierungsbedingungen der Arbeit, die den Betroffenen die zentralen Ressourcen für die Verwirklichung von alternativen Lebenskonzeptionen gegenüber der Ausrichtung des eigenen Lebens auf den Verkauf der eigenen Arbeitskraft verwehrt und die auf diese Weise die ‚freiwillige' Anpassung an die sachlichen Abhängigkeitsverhältnisse als existenzielle Notwendigkeit erscheinen lässt (vgl. ebd.: 315–335).[305]

Indem die Einzelne die Totalität ihrer Lebensmöglichkeiten zuallererst entsprechend der kapitalistischen Verwertungslogik plant, gestaltet, wahrnimmt und verwirklicht, indem sie sie also auf das Ziel der erfolgreichen Tauschwertrealisierung ihrer Arbeitskraft ausrichtet, abstrahiert sie von ihren eigenen Willensentscheidungen und vollzieht auf diese Weise einen durch den Mangel an Alternativen zwar indirekt erzwungenen, aber dennoch willentlichen Akt der Gleichgültigkeit gegen sich selbst (vgl. ebd.: 127, 319f., 326).

Die „‚Selbst-Rationalisierung' des gesamten Lebenszusammenhangs" (Pongratz/Voß 2000: 230), wie sie gegenwärtig auch vom Langzeitarbeitslosen eingefordert wird, findet ihre Wurzeln folglich bereits in der Warenförmigkeit von Arbeitskraft. Zwar erfährt sie im neoliberalen Kapitalismus und unter den

---

305 An dieser Stelle sei angemerkt, dass im Rahmen der Entwicklung hin zur digitalisierten, wissensbasierten Dienstleistungsgesellschaft diese fundamentalen Trennungsverhältnisse zwischen direkten Produzent_innen und ihren Produktionsmitteln als grundsätzlich umkehrbar erscheinen, wie sich an der immer größer werdenden Gruppe von Klein(st)unternehmern zeigt. Am Zwang zur warenförmigen Zurichtung des eigenen Arbeitsvermögens zur Arbeitskraft dürfte sich jedoch gerade bei dieser (in ihrer Heterogenität zu untersuchenden) Gruppe nichts ändern. Denn auch sie unterliegen dem Verwertungsdiktat, auch sie müssen also – getrieben von der nicht schlafenden Konkurrenz – ihr Leben so ausrichten, dass sie ein zur Produktion von Gebrauchswerten dienliches Arbeitsvermögen beibehalten und sind damit auch dazu genötigt, ihr Arbeitsvermögen so zuzurichten, dass es zur Herstellung von Waren mit rentablen Tauschwerten im Stande ist.

hier vorgefundenen subjektivierten, prekarisierten, vermarktlichten, flexibilisierten und entgrenzten Arbeits- und Lebensverhältnissen eine immense Verschärfung; doch ist die Logik, die dieser Verschärfung strukturell zugrunde liegt, eben gerade nicht erst durch den neoliberalen Postfordismus ausgelöst worden, sondern, wie dargestellt, vielmehr immer schon im Kapitalverhältnis und der Warenstruktur (von Arbeitskraft) angelegt.[306]

Kapitalistisch formbestimmt ist damit auch das Verhältnis, welches die Trägerin von Arbeitskraft zu ihren Lebens- und Arbeitsvermögen und letztlich auch zu sich selbst einzunehmen hat: Da sie als Warenbesitzerin und -produzentin primär am erfolgreichen Verkauf ihrer Arbeitskraft interessiert sein muss, ist sie dazu gezwungen, den erst noch zu formenden Gebrauchswert, d.h. das hervorzubringende Arbeitsvermögen, auf einen bloßen „Träger des Tauschwerts" (MEW 23: 201) zu reduzieren; es erhält seine Existenzberechtigung überhaupt nur noch aufgrund dieser Funktion seiner ökonomischen Verwertbarkeit. Die so durch die Warenform vermittelte Beziehung der Betroffenen zu ihrem Arbeitsvermögen und – insofern dieses immer schon in der eigenen Leiblichkeit wurzelt – zu ihren Lebensvermögen muss infolgedessen als eine Beziehung zu veräußerbaren und ihr äußerlichen Dingen, zum Tauschwert einer Ware gedacht und gestaltet werden. Gleichgültig gegenüber allen Besonderheiten und allem Konkreten ihres Arbeitsvermögens, wird ihr dieses sachlich, äußerlich und letztlich auch fremd (vgl. Lohmann 1991: 313ff., 319; Ottomeyer 2014: 36).

Dabei setzen diese strukturell evozierten, aber nichtsdestotrotz vom Betroffenen selbst zu vollziehenden Abstraktionen, die Verdinglichung und die Entfremdung vom eigenen Arbeitsvermögen bereits ein, bevor er mit den entsprechenden Selbstzurichtungspraxen überhaupt begonnen hat: Da das warenförmig hervorzubringende Arbeitsvermögen gedanklich schon vor dem tatsächlichen Produktionsprozess vorhanden sein muss und weil es das Kapi-

[306] Dies wird allerdings auch unter den entsprechenden arbeitssoziologischen Studien nicht bestritten, häufig jedoch nur am Rande thematisiert. Insgesamt erscheinen die gegenwärtig immer offensichtlicher werdenden Zwänge zur „Verbetrieblichung der Lebensführung" (Voß/Pongratz 1998: 145) und zur „erweiterten [...] Selbstökonomisierung" (ebd.: 142), d.h. zur systematischen Ausrichtung des Lebenszusammenhangs – und, wie noch zu zeigen ist, der lebendigen Vermögen – auf die Erhaltung (eines möglichst hohen Tauschwertes) von Arbeitskraft, auch als eine Konsequenz der Wandlungsfähigkeit des Kapitalismus, der sich – um weiterhin überlebensfähig zu bleiben – aufgrund von nicht mehr tragbaren Kritikwellen und Krisenerscheinungen (am und des Fordismus) erneut gehäutet hat und auf diese Weise zwar sukzessive den (umkämpften) Weg für die hegemoniale Durchsetzung der neoliberalen Gouvernementalitätsordnung bzw. des postfordistischen Akkumulationsregimes bereitet hat, ohne dabei jedoch an seinen sozioökonomischen Grundstrukturen sonderlich zu rütteln.

tal ist, für das das Arbeitsvermögen des prospektiven Lohnarbeiters nützlich zu sein hat, muss der Einzelne auf der kognitiven Ebene von Beginn an die Anforderungen der Kapitallogik antizipieren und das eigene Arbeitsvermögen (bzw. seine warenförmig zuzurichtenden Bestandteile) als eine schon entäußerte Kraft konzipieren. Mit dieser Abstraktion von der Gebrauchswertseite seiner hervorzubringenden Ware Arbeitskraft, welche der Betroffene aufgrund seines existenziellen Tauschwertinteresses zu leisten hat, blendet er zugleich alle anderen möglichen (aber eben nicht kapitalistisch verwertbaren) Formen und Gestalten seines Arbeitsvermögens sowie die ihnen zugrundeliegenden abstrakt-stofflichen Eigenschaften (die entsprechenden Lebensvermögen) aus und verhält sich ihnen gegenüber indifferent. Da sich die Nützlichkeit eines (immateriellen) Warenkörpers aus seiner stofflichen und formhaften Beschaffenheit ableitet, bedeutet die reduzierende (Als-ob-)Betrachtung seines Arbeits*vermögens* als eine zielgerichtete, bereits realisierte *Kraft* jedoch nichts anderes, als dass er selbst von der Totalität der Möglichkeiten absieht, zu denen sein Arbeitsvermögen potentiell im Stande wäre.[307] Abstrahiert wird also nicht nur von der sinnlich-konkreten Beschaffenheit von Arbeitskraft, sondern damit auch vom eigenen Willen ihres Trägers, der diesen den Zwecken des Kapitals unterordnet und der sich so zu den *selbst*-bestimmten Zwecksetzungen seines Arbeitsvermögens indifferent verhält. Mit der Abstraktion vom eigenen Wollen und der Unterordnung der eigenen Zwecke unter diejenigen des Kapitals, betreibt er abermals eine „willentlich vollzogene Gleichgültigkeit gegen sich" (Lohmann 1991: 342) selbst. Was im konkreten Arbeitsprozess noch durch eigenen willentlichen Entschluss bestimmt erschien, wird folglich im kapitalistischen Verwertungsprozess zu einer im Mantel der Indifferenz verkleideten Fremdbestimmung verkehrt (vgl. ebd.: 125fff., 307, 313–320, 342f., 353).[308]

Diese im (inneren) Produktionsprozess von Arbeitskraft immer schon gesetzten Notwendigkeiten zur kognitiven Verdinglichung ihres Arbeitsvermögens und zur gedanklichen Abstraktion von allen ihren stofflichen, formhaften und konkret-nützlichen Eigenschaften hat die Betroffene sodann in reale Praxen der Selbstzurichtung zu übersetzen. Gezielt (!) herausgebildet wird also nur noch das der kapitalistischen Verwertung adäquate und auch zugängliche Arbeitsvermögen, das als Arbeitskraft bestimmt ward (vgl. ebd.: 148f., 344ff.).

Kommt es zu einem Wandel der Kapitalbedürfnisse und damit zu einer Neuformulierung von Anforderungen an die konkrete Beschaffenheit von Arbeitskraft, muss der Einzelne also befähigt und gewillt sein, auch in Form seines praktischen Handelns von den entsprechenden Bestandteilen seines

---

[307] „Abstrahieren wir von seinem Gebrauchswert, so abstrahieren wir auch von den körperlichen Bestandteilen und Formen, die es zum Gebrauchswert machen" (MEW 23: 52).

[308] Insofern hat das gedanklich bereits vorhandene Endergebnis seiner Tätigkeit „von Anfang an eine durch das Kapital bestimmte Ausrichtung" (Lohmann 1991: 122).

bisher herausgebildeten Arbeitsvermögens abzusehen und sie durch die neue(n), vom Kapital verlangten Eigenschaft(en) zu ersetzen. In dem Moment, in dem Arbeitsvermögen warenförmig auftritt, bedeutet seine oben erwähnte Unbestimmtheit demnach nichts anderes als den Zwang, „sich [so] variabel zu halten und zu verhalten" (ebd.: 345), dass die sinnlich-konkrete Beschaffenheit des eigenen Arbeitsvermögens zu jeder Zeit an die Kapitalbedürfnisse anpassbar ist und dass Arbeitsvermögen gerade durch diese inhaltliche Unbestimmtheit als zu jeder vom Kapital verlangten Bestimmung fähig erscheint.

Dem Subjekt hat es also letztlich gleichgültig zu sein, auf welche seiner konkreten physischen und psychischen Vermögen es sich bezieht und welche Bestandteile des so geformten Arbeitsvermögens entsprechend der Kapitalbedürfnisse formalisiert und objektiviert werden. Weil das Kapital und die seiner Logik strukturell immanenten Indifferenzrelationen den Betroffenen nun auch in seinen realen Handlungen in einem selbstbestimmten Umgang mit seinen Lebens- und Arbeitsvermögen entqualifizieren, hat dies tiefe Auswirkungen auf die Ausbildung seiner Fähigkeiten überhaupt (vgl. ebd.: 125, 128): „Der [prospektive; L.G./K.D.] Arbeiter kann seine Fähigkeiten nicht in allen Hinsichten frei entwickeln, sondern muß sie so gestalten, daß sie komplementär oder direkt nützlich für die Erhaltung [eines solchen; L.G./K.D.] Arbeitsvermögens sind" (ebd.: 128), das sich der kapitalistischen Verwertung als zugänglich und als nützlich *er*schließt. Für das Individuum *ver*schlossen bleiben damit jedoch diejenigen Lebensmöglichkeiten, welche durch die nicht ausgebildeten Anteile von Arbeitsvermögen hätten erschlossen werden können.[309]

---

309 Um Missverständnisse zu vermeiden, sei darauf hingewiesen, dass der (prospektive) Lohnarbeiter natürlich auch Lebens- und Arbeitsvermögen ausbildet, die nicht unter die Warenform von Arbeitskraft subsumiert werden (können oder müssen) (s.u.). Wo Lohnarbeit jedoch einen Großteil der Lebenszeit in Anspruch nimmt und wo fernerhin weite Teile der Lebenszeit dazu genutzt werden müssen, um Arbeitskraft verwertbar zu halten, sinkt jedoch logischerweise die Zeit, welche der Einzelne für die Herausbildung nicht-kapitalistischer Vermögen aufbringen kann.

Ganz allgemein betrachtet, bestimmen die Kapitalverwertungsbedürfnisse, welche Bestandteile seiner Leiblichkeit bzw. seiner Subjektivität und welche Bereiche seines Lebens in den Produktionsprozess der Ware Arbeitskraft einbezogen und dem Kapitalverhältnis einverleibt werden und in welchem Ausmaß dies zu geschehen hat. Damit legt das Kapital selbst gewissermaßen auch die Grenzen der individuellen Selbstverwertungsanstrengungen fest. Nichtsdestotrotz begründen die Struktur der Warenform (von Arbeitskraft) und der in ihr enthaltene Primat der Tauschwertrealisierung, dass grundsätzlich jeder Bestandteil von Selbst und Welt für die Produktion von Arbeitskraft relevant werden kann.

V. Sozialstaatliche Zurichtung zu ‚Menschenwaren'?

Die „Erziehung zur Marktlichkeit" (Nullmeier 2004: 495), zu Unternehmerinnen der eigenen Beschäftigungsfähigkeit, auf die das beschäftigungsorientierte Fallmanagement hinzielt, erscheint vor diesem Hintergrund als ein staatlich geleisteter Dienst für das Kapital zur Herausbildung kapitaladäquater Selbstverhältnisse auch bei denjenigen Individuen, die auf dem *ersten* Arbeitsmarkt eben kein „subjektives ‚Ferment'" (Lohmann 1991: 308) für das Kapital darstellen. Der eingeklagte unternehmerische Umgang mit der eigenen Beschäftigungsfähigkeit mag unter dem neoliberalen Vorzeichen des Kapitalismus die subjektiven Eigenleistungen zur Erhaltung der Verwertbarkeit der Arbeitskraft erhöht beanspruchen und – insofern der Tauschwert gegenüber dem Gebrauchswert indifferent ist – auch qualitativ neue Fähigkeiten verlangen. Als das basale strukturelle Konstitutionsprinzip von diesem unternehmerischen Selbstverhältnis wirkt jedoch nach wie vor die ökonomische Formbestimmtheit des menschlichen Arbeitsvermögen als Ware, deren „Tauschwertseite das unerbittlich vorherrschende Steuerungsprinzip für das Verhalten der Individuen ab[gibt]" (Ottomeyer 2014: 41). An der kernstrukturellen Logik und den sich hieraus ableitenden, grundlegenden Verhaltenszwängen des „Sich-selbst-zur-Arbeitskraft-Herrichten[s]" (Pfeiffer 2004: 152) wird folglich auch ein neoliberales Gouvernementalitätsregime kaum etwas verändern. Ohne im Folgenden auch nur annähernd den Anspruch auf Vollständigkeit vertreten zu können, soll daher exemplarisch anhand der Analyseergebnisse einiger Machttechniken gezeigt werden, wie bei der anvisierten Herstellung eines unternehmerischen Umgangs mit der eigenen Beschäftigungsfähigkeit die Subjekte zugleich in denjenigen Eigenschaften angerufen werden, die sie als Besitzer und Produzenten der Ware Arbeitskraft unweigerlich aufweisen müssen.

Dem zentralen Zweck der (Wieder-)Herstellung der Arbeitskraft als Ware entsprechend, verhalten sich die zur Selbstführung anleitenden Machttechniken des beschäftigungsorientierten Fallmanagements indifferent gegenüber den konkreten Bestandteilen von Arbeitsvermögen. Zwar sind die Technologien der Wissensgenerierung (Profiling, ABC-Messung, Feedback-Gespräche usw.) auf die Auffindung der konkreten und individuellen Eigenheiten des Langzeitarbeitslosen ausgerichtet, insofern sie jede seiner noch so profan wirkenden Verhaltensweisen und jedes Detail seiner Lebensführung zu dokumentieren beanspruchen; da die so erkundeten (emotionalen) Eigenschaften, Verhaltens- oder Denkweisen des Betroffenen im Stärken-Schwächen-Profil einzig nach dem Kriterium der empirischen Normalität des Arbeitsmarktes beurteilt und eingeteilt werden, blenden die entsprechenden Sozialtechnologien alles zuvor noch betonte Konkrete jedoch wieder aus und beschränken sich lediglich darauf, es auf seine Funktion für die Realisierung der Tauschwertseite von Arbeitskraft zu untersuchen. Dieser sich im Sinne des

Regierungsprinzips vollziehenden Bewertung der persönlichen Fähigkeiten des Langzeitarbeitslosen nach dem Prinzip ihrer ökonomischen Verwertbarkeit liegt folglich immer schon die Verwertungsperspektive zugrunde, was auf eine grundlegende und gleichermaßen paradoxale Indifferenz des Fallmanagements gegenüber dem Willen des Betroffenen verweist.[310]

Es sind also nicht primär die Wissensordnung der Enterprise Culture oder die Kreuzung unterschiedlicher Machttechnologien, welche die psychosoziale Antinomie zwischen der Betonung des Individuellen und der Reduktion auf einen (nicht-)verwertbaren Fall begründen; diese scheint vielmehr immer schon im widersprüchlichen Doppelcharakter der Ware selbst und dem ihr eigentümlichen dialektischen Verhältnis von Gebrauchs- und Tauschwert zu liegen, bei dem Letzterer sich den Gebrauchswert als bloßes Mittel unterwirft, diesem indifferent gegenübertritt und dennoch existenziell auf ihn angewiesen ist; der Gebrauchswert – und mit ihm alles Konkrete, alles Besondere und Individuelle – ist und bleibt die unhintergehbare stoffliche Grundlage einer jeden Ware, wenn auch „nur ein notwendiges Übel, das vom Interesse an der Tauschwertmaximierung gewissermaßen nur hinterhergeschleift wird" (Ottomeyer 2014: 33) und dementsprechend ist es nur logisch, wenn auch das beschäftigungsorientierte Fallmanagement auf die Erkundung der für das Kapital konkret-nützlichen Eigenschaften ausgerichtet ist.

Diese (zunächst noch gedankliche) Abstraktion von allen sinnlich-konkreten und nützlichen Eigenschaften des Arbeitsvermögens zeigt sich darüber hinaus darin, dass all diejenigen psychischen und physischen Vermögen, die zwar Gebrauchsgegenstände zu produzieren in der Lage wären, denen es aber an einer hinreichend rentablen Tauschwertseite fehlt, überhaupt keine Berücksichtigung im Stärken-Schwächen-Profil zu finden scheinen.[311] Denn wo der Gebrauchswert seine Existenzberechtigung nur dadurch erhält, dass er „Träger des Tauschwerts" (MEW 23: 201) ist, wo der Arbeits- dem Verwertungsprozess untergeordnet und daher nur noch das gezielt produziert wird, was eine Tauschwertseite hat und sich als Ware verwerten lässt, gibt es keinen Grund, Eigenschaften, die nicht direkt oder komplementär nützlich (und auch nicht schädlich) für die Produktion von Arbeitskraft sind, in das Stärken-Schwächen-Profil aufzunehmen. Die für das Kapital unnützen und das heißt auch: die sowohl für das Kapital als auch für die (prospektive) Trä-

---

310 Auch mit Blick auf die semantische Ebene verhärtet sich diese These: Denn ist nicht bereits der Terminus des ‚Falls' zur Bezeichnung des erwerbslosen ‚Kunden' Ausdruck für diese Gleichgültigkeit und für die Entpersönlichung des Betroffenen?

311 „Was als Stärke oder Entwicklungspotential, was als Vermittlungshemmnis und was überhaupt nicht sozialtechnologisch erfasst und gewertet wird, hängt im Wesentlichen von der empirischen Normalität des Arbeitsmarktes ab, also davon, ob es als ökonomisch verwertbar oder als marktwirtschaftliches Risiko gedeutet wird" (S. 165 der vorliegenden Arbeit).

gerin von Arbeitskraft nicht-verwertbaren Eigenschaften existieren hier schlichtweg nicht.

Wie die psychischen und physischen menschlichen Lebens- bzw. Arbeitsvermögen ihre Daseinsberechtigung im Produktionsprozess nur als stoffliche Grundlage der verwertbaren Arbeitskraft erhalten, wie sie nie Selbstzweck, sondern immer nur Mittel sind, wie jede Arbeit, die keinen (sich realisierenden) Wert schafft, unproduktiv und daher nutzlos ist, ist auch der Mensch für das Kapital immer nur Mittel, um das rastlose Streben nach Mehrwert voranzutreiben. „Seine Existenz wird akzeptiert, wenn seine Ware akzeptiert wird. [...] Er wird erst Gesellschaftsmitglied nur, insofern er austauschbare Produkte, Waren, anfertigt, und nur, solange er solche hat und veräußern kann" (Luxemburg 1990b: 707). Die aus dem selbstzweckartigen Streben nach Kapitalvermehrung resultierende abstrahierende Reduktion des Individuums auf eine bloße „*Menschenware*" (MEW 40: 524) könnte zugleich die wesentliche Ursache dafür sein, dass im Rahmen des beschäftigungsorientierten Fallmanagements gerade denjenigen Langzeitarbeitslosen eine verstärkte Förderung versagt bleibt, die durch ihre Einteilung in eine der integrationsferneren Profillagen (bis 2010 der marktfernen Betreuungsstufen) als besonders schwer vermittelbare Fälle abgetan und denen daher kaum mehr Chancen auf eine erfolgreiche sozialstaatliche Zurichtung hin zu einer mehr oder minder verwertbaren ‚Menschenware' eingeräumt werden.[312] Ähnlich auch Marx (MEW 40: 523):

> „Sobald es also dem Kapital einfällt – notwendiger oder willkürlicher Einfall –, nicht mehr für den Arbeiter zu sein, ist er selbst nicht mehr für sich, er hat *keine* Arbeit, darum *keinen* Lohn, und da er nicht *als Mensch*, sondern *als Arbeiter* Dasein hat, so kann er sich begraben lassen, verhungern etc. Der Arbeiter ist nur als Arbeiter da, sobald er *für sich* als Kapital da ist, und er ist nur als Kapital da, sobald ein *Kapital für ihn* da ist. Das Dasein des Kapitals ist *sein* Dasein, *sein* Leben, wie es den Inhalt seines Lebens auf eine ihm gleichgültige Weise bestimmt."

Auch die aktiv-partizipierende Rolle, die der Langzeitarbeitslose bei der (Wieder-)Herstellung seiner Beschäftigungsfähigkeit einzunehmen hat, entspricht der inneren Funktionslogik des Kapitalismus. Lassen sich der zentrale Zweck und das treibende Motiv der kapitalistischen Produktion – d.h. die beständige Selbstverwertung des Kapitals, die Generierung von Mehrwert – nur durch die Expropriation von Arbeitskraft verwirklichen, so sind innerhalb der kapitalistischen Produktionsweise die Kommodifizierung des menschlichen Arbeitsvermögens – und mit ihr die auf die (Re-)Produktion der Ware Arbeitskraft ausgerichteten Selbstverhältnisse der Subjekte – immer schon

---

312 Daneben wurde in der Analyse darauf verwiesen, dass die Fallmanagerin gegenüber ihrem Arbeitgeber eine gewisse Menge an erfolgreichen Vermittlungen vorweisen muss, was auf eine Steuerung ihres Verhaltens durch das Tauschwertprinzip hindeutet.

vorausgesetzt. Die aktive Beteiligung des Langzeitarbeitslosen an der (Wieder-)Herstellung von Beschäftigungsfähigkeit und seine Responsibilisierung für weite Teile dieses Vorhabens können daher auch als das Bestreben gedeutet werden, den Betroffenen dazu zu verleiten, einen Teil seiner selbst als (selbstständig zu erzeugende) Ware zu betrachten und zu behandeln, sich also selbst als eigenverantwortlichen Produzenten und „als ‚Besitzer' seiner Arbeitskraft als Ware vor[zu]stellen" (Lukács 2013: 267).[313] Um hier also überhaupt einen Austauschprozess vollziehen zu können, die Waren überdies „nicht selbst zu Markte gehn" (MEW 23: 99), muss er sich zu seiner Arbeitskraft als Privateigentümer verhalten, wobei „[d]er Inhalt dieses Rechts- und Willensverhältnisses [...] durch das ökonomische Verhältnis selbst gegeben [ist]" (ebd.).

Deutlich wird dies bereits darin, dass der hierfür notwendige Wille zur gedanklichen Übernahme der vom Kapital geforderten Verhaltensmuster und damit auch zur Abstraktion vom *eigenen* Willen dem Einzelnen aufgrund seiner andauernden Arbeitslosigkeit zwar einerseits abgesprochen wird, dass aber andererseits von Anfang an von ihm erwartet wird, mithilfe der wegweisenden Unterstützung seiner Fallmanagerin seine konkreten Fähigkeiten entsprechend ihres Tauschwertes zu betrachten, zu bewerten und letztlich auch zuzurichten.[314] Unterstellt ist damit, dass die ihm attestierte pathologische Willens- bzw. Bedürfnisstruktur erst überwunden werden kann, indem er auch wirklich von seinem eigenen Willen, seinen eigenen Bedürfnissen und seinen Interessen absieht bzw. diese dem Kapital angleicht.

Diese vom Fallmanagement vorangetriebene Führung des Langzeitarbeitslosen hin zu einer grundlegenden Indifferenz gegenüber allen besonderen Eigenheiten und allen konkreten Zwecken seines Arbeitsvermögens, wie sie für die Produktion der Ware Arbeitskraft nötig ist, zeigt sich nicht zuletzt in den strengen Zumutbarkeitsregelungen: Um seine Arbeitswilligkeit zu demonstrieren, hat der Betroffene, wie in der Analyse dargelegt, jede ihm von der Fallmanagerin „angebotene zumutbare Arbeitsgelegenheit zu übernehmen" (§ 2 Abs. 1 SGB II). Da im Prinzip jede Tätigkeit und jedes Arbeitsverhältnis als zumutbar betrachtet werden und somit die Anpassung an die vor-

---

313 Entsprechend gedeutet werden kann auch die das gesamte Fallmanagement durchziehende Unterstellung der *freiwilligen* Mitarbeit an der Wiederherstellung von Beschäftigungsfähigkeit. Denn wie dargelegt, beruht die Produktion der Ware Arbeitskraft aufgrund ihrer Subjektgebundenheit immer bis zu einem gewissen Grad auf den ‚freiwilligen' Eigenleistungen des Betroffenen.

314 Wie in der Untersuchung der Regierung von Langzeitarbeitslosen gezeigt, hat die Betroffene in zahllosen kommunikativen Sozialtechnologien, die von der zur Selbstoffenbarung verleitenden Beratung bis zu wahrheitsenthüllenden Feedback-Gesprächen reichen, selbst an der Offenlegung ihrer Innerlichkeit mitzuarbeiten, nach ihren persönlichen Stärken oder potentiellen Vermittlungshemmnissen zu fahnden usw..

gegebenen zumutbaren Tätigkeiten bis zu einer völligen Aufgabe der bisherigen Berufsbiographie reichen kann, hat der Erwerbslose nun auch in realen Praxen sein instrumentell-gleichgültiges Verhältnis zu seinem Arbeitsvermögen und den entsprechenden produktiv-zweckgerichteten Tätigkeiten zu beweisen und wird folglich bei Strafe seiner Sozialleistungskürzungen dazu genötigt, „selbst die [gedanklichen und realen; L.G./K.D.] Abstraktionen [zu] leisten, damit sein Arbeitsvermögen ihm ein äußeres und veräußerbares ‚Ding' wird" (Lohmann 1991: 319). Geprüft, eingeübt und demonstriert werden demnach nichts anderes, als der Wille und die Fähigkeit von jener, für die Reproduktion des Kapitalverhältnisses unverzichtbaren „allseitige[n] Beweglichkeit des [zukünftigen; L.G/K.D.] Arbeiters" (MEW 23: 511, zit. n. ebd.: 346), d.h. seine Unterwerfung unter den strukturellen Zwang, sich gegenüber dem eigenen Arbeitsvermögen so unbestimmt zu verhalten, dass es zu jeder vom Kapital verlangten Bestimmung fähig ist.

Mit dem Abschließen der Eingliederungsvereinbarung wird die Erwerbslose schließlich dazu genötigt, sich nun auch auf einer juridisch verbindlichen Ebene zu dem seiner Potenz nach vorhandenen Vermögen als zu einem bereits-realisierten und schon-entäußerten Ding zu bekennen und entsprechend zu verhalten. Insofern die quasi-juridische Eingliederungsvereinbarung auf die Rechtsform des Warenaustausches zu verweisen scheint, sollte die Frage nach den Wurzeln bzw. nach der zugrunde liegenden Logik der im beschäftigungsorientierten Fallmanagement permanent reproduzierten Als-ob-Unterstellung eines unternehmerischen, aktiven und erwerbsfähigen Subjektes nicht ausschließlich vor dem Hintergrund eines gouvernementalen Führungsregimes diskutiert werden, sondern vielmehr auch die Implikationen der Warenförmigkeit von Arbeitskraft sowie „das kapitalspezifische Verhältnis von Warentausch und rechtlichen Anerkennungsverhältnissen" (Lohmann 1991: 315) berücksichtigen.

Wo eine solche analytische Einbeziehung stattfindet, könnten auch die Parallelen gedeutet werden, die zwischen der formal-rechtlichen Natur des Arbeitsvertrages und der quasi-juridischen Eingliederungsvereinbarung bestehen. Denn nicht nur hinsichtlich der Verhaltenszwänge gegenüber dem eigenen Arbeitsvermögen sind Überschneidungen zu konstatieren, die es zu untersuchen gälte; in beiden Fällen wird darüber hinaus von der freien Willensentscheidung und der Egalität beider Vertragspartner ausgegangen, in beiden Fällen wird ein ‚fairer' Tausch simuliert und in beiden Fällen wird der ‚freiwillige' Abschluss des Vertrages letztlich durch die Freiheit von Alternativen, d.h. insbesondere von Produktions- und Lebensmitteln, erzwungen.[315]

[315] Wie in der Analyse zur Regierung von Langzeitarbeitslosen herausgearbeitet, kann die Erwerbslose im Falle ihrer Verweigerung an der Kooperation beim Abschluss der Eingliederungsvereinbarung letztlich durch die Mitwirkungspflicht gezwungen werden. Wo die festgelegten gegenseitigen Rechte und Pflichten hoheitlich qua Verwaltungsakt

Hier wie dort werden also die zuvor betonte Gleichheit und Freiwilligkeit im Austausch durch objektive Machtasymmetrien, Alternativlosigkeit und durch subtile bis offensichtliche Formen der kapitalistischen Ausbeutung wieder unterminiert und hier wie dort werden die strukturellen Ausbeutungsverhältnisse im Lohn bzw. in den Sozialleistungen ausgelöscht (siehe auch Ottomeyer 2014: 40f.).

Folglich müssten weiterhin die sich hieraus ergebenden widersprüchlichen, äußeren Verhaltensanforderungen an die Langzeitarbeitslose *und* an ihren Fallmanager auf ihre kernstrukturellen Begründungsmomente hin analysiert werden. Denn auch auf der Ebene der zwischenmenschlichen Beziehung sind deutliche Parallelen zur Beziehung zweier Warenbesitzer_innen auszumachen: Wie beim Warentausch, gehen beide Beteiligten das soziale Verhältnis überhaupt nur aufgrund ihrer (existenziellen) Einzelinteressen ein. „Die ‚Tauschpartner' haben Interesse füreinander als Besitzer bestimmter Eigenschaften und Fähigkeiten, als konkrete Personen sind sie sich gleichgültig" (Duhm 1975: 88).[316]

Treten beide Seiten sich nun als *Charaktermasken* gegenüber, haben sie auf der Grundlage dieser auf Zufall, Unpersönlichkeit und wechselseitiger Indifferenz basierenden Beziehung den „liebenswürdigsten Schein" (MEW 40: 547) zu wahren, Vertrauen aufzubauen, wechselseitiges Interesse zu demonstrieren und sich kooperativ zu verhalten. Ob und inwiefern dieses in vielerlei Hinsicht ambivalente und teilweise widerspruchsvolle Rollenverhalten des Langzeitarbeitslosen und seiner Fallmanagerin letztlich in der (auch das sozialstaatliche Terrain ergreifenden) Warenform und im dialektischen Zueinander von Tauschwert und Gebrauchswert begründet liegt, muss an dieser Stelle offen gelassen werden.[317]

Was jedoch festgehalten werden kann, ist, dass Beschäftigungsfähigkeit, auf deren Herstellung die Maßnahmen des beschäftigungsorientierten Fallmanagements zielen, in kapitalistischen Gesellschaften immer schon jene

---

erlassen werden, fällt die Fassade einer freiwilligen, vertrauensbasierten Zusammenarbeit jedoch in sich zusammen.

316 Während bei der Langzeitarbeitslosen die für sie lebensnotwendigen Sozialleistungen das zentrale Motiv für das Eingehen der sozialen Beziehung bilden, geht es bei ihrem Fallmanager i.d.R. primär um die Aufrechterhaltung seines Arbeitsplatzes und um seinen Lohn.

317 Weiterführende Untersuchungen müssten demnach auch ergründen, ob beispielsweise das von der ‚Kundin' erwartete antinomische Rollenverhalten einer gleichberechtigten, gestaltungsmächtigen Partnerin auf der einen Seite und des untergeordneten, unterlegenen und noch deprivierten Mängel-Wesens auf der anderen Seite letztlich auf die Einübung von jenem doppeldeutigen Rollenverhalten hinausläuft, welches die Besitzerin von Arbeitskraft zum erfolgreichen Verkauf ihrer Ware zu praktizieren hat.

innere Bereitschaft zum warenförmigen Zugriff auf das eigene Arbeitsvermögen voraussetzt, die es zur Herstellung und zum erfolgreichen Verkauf der Arbeitskraft braucht. Eine Analyse der Regierung von Langzeitarbeitslosen der Gegenwart, welche die im Rahmen eines entsprechenden institutionellen Arrangements (hier dem beschäftigungsorientierten Fallmanagement) vorgesehenen Machttechniken vor allem aus dem Blickwinkel des neoliberalen Gouvernementalitätsregimes mit souveränitäts- und/oder disziplinargesellschaftlichen Untergrund verstanden haben wissen will, muss demnach notgedrungen zu kurz greifen, allenfalls Oberflächenerscheinungen erfassen und sich insofern fruchtbaren Erkenntnissen von vornherein verschließen. Und weiter: Wo Funktionsweisen und -logiken, psychosoziale (aber auch institutionelle, moralische usw.) Widersprüche und Ambivalenzen lediglich auf ihren neoliberalen Charakter hin befragt werden, ohne dabei die innere, immer schon widersprüchliche Logik des Kapitals und der Warenstruktur zu berücksichtigen, laufen die betroffenen Untersuchungen Gefahr, kernstrukturell begründbare Phänomene als neuartige Erscheinungen – als Erscheinungen des Neoliberalismus – zu bestimmen und damit das Resultat zur Voraussetzung zu machen.

VI. Schranken des unersättlichen Kapitalvermehrungstriebes

Glatt, bruchlos und ohne Widerstand verlaufen diese (Selbst-)Zurichtungsanstrengungen jedoch nicht. Vielmehr wird das Streben nach einer absoluten Verwertung und Verwertbarkeit menschlicher Potentiale und Eigenschaften immer wieder durch die Natur- und das Arbeitsvermögen des Menschen und – im weiteren Sinne – durch seine Subjektivität selbst in seine Schranken verwiesen. Unmittelbar erfahrbar wird dies bereits daran, dass der menschliche Bioorganismus in regelmäßigen Abständen eine regenerative Schlafphase einfordert. Nicht selten antwortet er aber auch auf seine Reduktion auf einen äußeren, nahezu grenzenlos manipulier- und ausbeutbaren Naturstoff und auf ein bloßes (Produktions-)Mittel mit den unterschiedlichsten Formen von physischen, psychischen und/oder psychosomatischen Erschöpfungszuständen.

Doch nicht nur der menschliche Bioorganismus erweist sich als sperrig gegen seine Unterwerfung unter die kapitalistischen Verwertungszwecke und seine damit verbundene instrumentell-gleichgültige Behandlung. Auch das Arbeitsvermögen selbst enthält immer schon Anteile, die sich eben nicht (gänzlich) quantifizieren und kalkulieren lassen und die gerade nicht formalisierbar und objektivierbar sind, kurz: die sich einer vollständigen Transformation zum Tauschwert und damit auch ihrer Kommodifizierung zur Ware Arbeitskraft immanent und/oder qualitativ widersetzen. Nicht zuletzt, weil sich Arbeitsvermögen erst durch seine Verausgabung bildet, produzieren die kapitalistischen Subsumtionsversuche von immer mehr und ständig neuen menschlichen Vermögen unter die Warenform der Arbeitskraft immer auch ein Mehr an einem eigensinnigen Rest von Arbeitsvermögen, welches sich einen warenförmigen Zugriff strukturell entzieht (vgl. Dörre 2012: 495ff.; Pfeiffer 2004: 27, 141f., 151f., 167f., 189; Lohmann 1991: 344f.; MEW 23: 425).

> „Das Verhältnis der an das Subjekt gebundenen Ware Arbeitskraft und des aus dem Subjekt hervorgehenden und mit ihm in eins gesetzten Arbeitsvermögens bleibt ein dialektisches: Je mehr dem Arbeitsvermögen einerseits bei der Selbstzurichtung abverlangt wird, je mehr Selbst-Entfremdung hier also geleistet wird, desto mehr (auch ‚andere' oder neue) Qualitäten werden gleichzeitig dem Arbeitsvermögen abverlangt und damit ausgebildet. Das Arbeitsvermögen ist der Dreh- und Angelpunkt: Je mehr der Kapitalismus es nutzen muss, desto mehr entschwindet es in seiner warenförmigen Repräsentation im ersten Schritt, um im nächsten, auf einer neuen Stufe gebildet, schon wieder auf der Bühne zu erscheinen" (Pfeiffer 2004: 152).

Damit ist darauf verwiesen, „dass Arbeitsvermögen auch immer das Mögliche, das Potenzial dieses Vermögens umfasst, welches immer mehr ist, als dem Individuum in seiner Lebensphase und historischen Zurichtung je abverlangt wird" (ebd.).

Wie das Arbeitsvermögen im engeren Sinne, so lässt sich auch die menschliche Subjektivität aufgrund ihrer Konstitutionsbedingungen überhaupt *niemals* den Kapitalverwertungsbedürfnissen gänzlich angleichen und versperrt sich diesen gegenüber vielmehr immer bis zu einem gewissen Grade. Beide sind stets nur die verzerrten, verschobenen, bruchstückartigen und durchaus eigensinnigen Abbilder von vorgefundenen und in Prozessen der Aneignung inkorporierten bzw. internalisierten gesellschaftlichen Verhältnissen, die sie in Prozessen der Aneignung zugleich verändern. Weil (die individuelle und die soziale) Subjektivität nicht nur gegenwärtige, sondern immer auch *vergangene* Weltaneignungsprozesse widerspiegelt, bezeichnet sie stets ein Konglomerat aus mehreren, historisch gewachsenen Schichten, die zwar durchaus miteinander harmonisieren können, die jedoch gleichermaßen in ein wechselseitiges Spannungs- oder gar Widerspruchsverhältnis treten können. Einmal historisch herausgebildete Subjektivitätsschichten lassen sich also gerade *nicht* einfach durch zeitgenössische Subjektivierungsanstrengungen verdrängen oder umformen, sondern bedürfen langfristiger historischer Prozesse, um sich an die gegebenen, aber gleichermaßen im ewigen Werden befindenden (Produktions-)Verhältnisse einigermaßen anzupassen (vgl. ebd.: 151f., 159fff.; Dörre et al. 2009: 561f., 573f.; Volmerg 1980: 105f.; Leithäuser/Heinz 1980: 9).[318]

---

318 Denn ebenso, wie sich Letztere permanent wandeln und dabei stets eine Vielfalt an Überbleibseln historisch zurückliegender Epochen bewahren, sind auch die menschliche Subjektivität und das Arbeitsvermögen in ihrer Historizität und Vielschichtigkeit zu betrachten: „Das In- und Nebeneinander ‚alter' und ‚neuer' Verhältnisse lässt sich nicht

Nicht nur zwischen verschiedenen historischen Schichten menschlicher Subjektivität ist von Widerspruchs- und Spannungsverhältnissen auszugehen; vielmehr geht mit jeder *„erweiterte[n] bzw. erweiternde[n] Subsumtion* [menschlicher Subjektivität] unter das Kapitalverhältnis" (Moldaschl 2002: 42) immer auch eine Ausweitung der widersprüchlichen Implikationen der Warenform auf die entsprechenden Anteile menschlicher Subjektivität (bzw. des Arbeitsvermögens) einher. Insofern diese ambivalenten bis antinomischen Verhaltensanforderungen sowie die hiermit verbundenen potentiellen Belastungsmomente von der Betroffenen selbst ausbalanciert werden müssen, lässt sich vermuten, dass sich menschliche Subjektivität gerade in Phasen eines Wandels bzw. einer Ausweitung der Erfordernisse an die Ware Arbeitskraft als sperrig gegenüber den kapitalistischen Verwertungsbestrebungen erweist. Denn mitnichten ist gesagt, dass die Einzelne die einmal herausgebildete „innere Struktur aus gutem Willen" (Negt/Kluge 1993: 23) zur tauschwertkompatiblen Zurichtung der eigenen Arbeitskraft als Ware oder die hiermit verbundenen „Fähigkeit zur Selbstentfremdung" (ebd.: 30) – also letztlich zur Indifferenz gegenüber den zu Arbeitskraft zu transformierenden Anteilen ihres Arbeitsvermögens – auch auf die neuen Bestandteile ihrer Subjektivität (bzw. ihres Arbeitsvermögens) zu übertragen bereit oder befähigt ist.

Der Kapitalismus mag also im Laufe seiner Entstehungsgeschichte seine gesamtgesellschaftlichen Erscheinungsformen immer wieder gewandelt haben, er mag subjektive Ansprüche in seine Reproduktionslogik integriert und möglicherweise auch Teile seiner Hülle ‚humanisiert' haben; was er jedoch nicht vermag, ist die Beseitigung der in seinen Kernstrukturen immer schon gesetzten und sich zunehmend auf psychosozialer Ebene entfaltenden Widersprüche, Spannungen und Ambivalenzen. [A]ls objektive und immanent widersprüchliche Konstitutionsmomente alltägliche[r] Realität" (Schmieder 1992: 26) müssen die kapitalistischen Kernstrukturen daher unweigerlich als zentrale Störungsquellen einer gelingenden Aneignung von Welt, der menschlichen Vermögen und damit auch des Selbst begriffen werden. Die subjektiven Handlungs- und Entscheidungsspielräume in der Erwerbsarbeit mögen noch so hoch sein, die Hierarchien noch so flach, solange unter kapitalistischen Bedingungen produziert wird, ist ein gestörtes Selbst- und Weltverhältnis immer schon gesetzt (zur Entfremdung als misslingende Aneignung von Welt und Selbst siehe Jaeggi 2005).

---

nur auf der Gesellschaftsebene beobachten, es ist zugleich ein Signum jeder – individuellen wie kollektiven – Subjektivität" (Dörre et al. 2009: 562).

Nicht nur, dass das Individuum in seiner Wirklichkeit „das ensemble der gesellschaftlichen Verhältnisse [darstellt]" (MEW 3: 6); unter der Logik des Kapitals subsumiert, hat es zugleich nur noch als Tauschwertproduzierendes Existenz, „womit also schon die ganze Negation seiner natürlichen Existenz eingeschlossen ist" (MEW 42: 173). Wissenschaft, zumal emanzipatorisch antizipierte, hat, indem sie das unmittelbare Sein durchdringt (vgl. ebd.: 180), die dadurch gesetzten Grenzen der Freiheit zu analysieren, den historisch-kapitalistischen Vergesellschaftungsprozess offen zu legen. Gleichheit und Freiheit weisen sich dann aus als Ungleichheit und Unfreiheit (vgl. ebd.: 174), „die jetzigen Bedingungen der Produktion [potentiell] als *sich selbst aufhebende* und daher *historische Voraussetzungen* für einen neuen Gesellschaftszustand setzende" (ebd.: 373); ‚potentiell' darum, weil, wie Wallat mit Blick auf Adorno festhält, „die Probleme und Widersprüche der Emanzipation sehr tief reichen und sich [...] durch keine Dialektik von selbst lösen" (Wallat 2014: 14).

Ohnehin jedoch wird eine derartige Dialektik bereits im normativistischen Diskurs sozialstaatlicher Demokratie nivelliert, kapitalistische Ausbeutungs- und Herrschaftsverhältnisse sind dort begrifflich zum Verschwinden gebracht (vgl. ebd.: 9). Umso bedeutsamer bleibt nach wie vor „[d]ie dialektische Durchdringung und Vergegenwärtigung vergangner Zusammenhänge [...] [als] die Probe auf die Wahrheit gegenwärtigen Handelns" (Benjamin 1983: 1026f.).

Fortschritt, heute allenthalben mappiert durch seine technische Ausformung, steht weiterhin unter der historischen Bedingung kapitalistischer Produktionsverhältnisse. Er schreitet fort als eine dem Subjekt äußerliche Notwendigkeit, dessen innere Genesis dem bürgerlichen Bewusstsein nicht explizit wird. So allerdings ist „[d]er Begriff des Fortschritts [...] in der Idee der Katastrophe zu fundieren. Daß es ‚so weiter' geht, ist die Katastrophe. Sie ist nicht das jeweils Bevorstehende sondern das jeweils Gegebene" (Benjamin 2012: 26).

Inmitten ewiger Unsicherheit und Bewegung verlangt dieser Fortschritt eine fortwährende Umwälzung sowie permanente Erschütterung aller gesellschaftlichen Zustände (vgl. MEW 4: 465), um die Ausbeutung überall hin auszudehnen, den Heißhunger nach Mehrwert zu befriedigen. Dahingehend muss die Bourgeoisie sich überall einnisten, „überall anbauen, überall Verbindungen herstellen" (ebd.). Jedwede Sinnhaftigkeit außerhalb der Warenwirtschaft soll somit assimiliert, ihre Entfaltung nunmehr unmöglich gemacht werden.

Hinsichtlich des neoliberalen Gouvernementalitätsregimes wird dann deutlich, dass sich die Einnistung selbstredend auch im Staat und seiner Organe vollzieht. Bereits im ‚Manifest' heißt es entsprechend: „Die moderne Staatsgewalt ist nur ein Ausschuß, der die gemeinschaftlichen Geschäfte der ganzen Bourgeoisklasse verwaltet" (ebd.: 464). Durch den Staat und öffentlichen Institutionen an das Subjekt herangetragene Kapitalanforderungen sowie Verhaltenszwänge beginnen sich mit der Ausbildung kapitalistischer Produktionsverhältnisse zu manifestieren. – Damals wie heute gilt das Prinzip der unternehmerischen Eigenverantwortlichkeit: „Wer da ruht, der hat nicht weiter zu essen" (Fichte 1977: 275).

Diesem ‚So-weiter-gehen', das mit konsequenter Unnachgiebigkeit sich durch die Kapitallogik vermittelt, gilt es entgegenzuhalten eine Radikalität, die die Dinge an der Wurzel fasst, wenngleich die Wurzel für den Menschen immer der Mensch selbst bleibt (vgl. MEW 1: 385). Innerhalb objektiver Gesetzmäßigkeit hätte sich gegenwärtiges Bewusstsein dann als ihr Resultat und emanzipatorischer Ausgangspunkt zu begreifen.

Ganz gleich, mit welchen Begrifflichkeiten (Finanzmarkt-, informationeller, digitalisierter, neoliberaler Kapitalismus) der Kapitalismus zu fassen versucht wird: Die historischen Erscheinungsformen kapitalistischer Logik sind in ihrer jeweiligen Spezifikation Ausdruck sozialökonomischer Produktions- und Eigentumsverhältnisse. Und wie auch immer die Erscheinungsformen beschaffen sind, „[d]ie Natur des Kapitals bleibt dieselbe, in seinen unentwickelten, wie in seinen entwickelten Formen" (MEW 23: 304). Nicht nur deshalb müssen wir „das Entwicklungsmuster, was Marx entworfen hat, zur Kenntnis nehmen" (Mattick 1971: 111).

Einst als Freiheitsversprechen in der proletarischen Revolution perspektiviert, gilt es nun erneut, den abhanden gekommenen „Bezugspunkt zu einem Projekt sozialer Befreiung" (Wallat 2014: 7) aufzugreifen. Eine Befreiung, die angesichts sich zuspitzender sozialökonomischer Krisenerscheinungen und „künstlich produzierte[r] Armut" (MEW 1: 390) mutmaßlich in der Verwirklichung substantieller Bedürfnisse liegt. Weil sie für sich das einfordert, was ihre Ketten ihr abzuschlagen trachten, eklatiert der Widerspruch zwischen individueller Bedürfnisartikulation und gesellschaftlichen Bedingungen in einer inneren Zerrissenheit, die sich gewaltsam Bahn bricht, und die es nach außen zu tragen gilt. Die Bedürfnisse erfahren eine Radikalisierung (vgl. ebd.: 387), der *„völlige* Verlust des Menschen" will sich umkehren in „die *völlige Wiedergewinnung* des Menschen" (ebd.: 390).

Hinsichtlich des Desiderats einer neuen Gesellschaftsform, das es heute umso dringlicher zu antizipieren gilt, und welches ein „radikales Brechen mit den überlieferten Eigentumsverhältnissen" (MEW 4: 481) zu forcieren hätte, tritt dann das sich zu emanzipierende Subjekt dem Kapital entgegen:

„Ich bin nichts, und ich müsste alles sein" (MEW 1: 389).

Luru Gfrerer / Kevin-Rick Doß

Adorno, T. (2003): Soziologie und empirische Forschung. In: Ders.: Soziologische Schriften I, Frankfurt am Main, S. 196–216

Altvater, E. (2011): Das Ende des Kapitalismus wie wir ihn kennen. Eine radikale Kapitalismuskritik, 7. Aufl., Münster

Altvater, E. (2012): Marx neu entdecken. Das hellblaue Bändchen zur Einführung in die Kritik der Politischen Ökonomie, Hamburg

Benjamin, W. (1983): Das Passagenwerk, Frankfurt am Main

Benjamin, W. (2012): Engelszungen. Aphorismen und Denkbilder, Frankfurt am Main/Wien/Zürich

Boltanski, L./Chiapello, È. (2006): Der neue Geist des Kapitalismus, Konstanz

Braun, R./Fischer, W./Großkreutz, H./Volkmann, H. (1973): Vorbemerkungen. In: Dies. (Hrsg.): Gesellschaft in der industriellen Revolution, Köln, S. 79–80

Deutschmann, N. (2012): Irrtümer, Grenzen und Möglichkeiten arbeitssoziologischer Kapitalismuskritik. In: Dörre, K./Sauer, D./Wittke, V. (Hrsg.): Kapitalismustheorie und Arbeit. Neue Ansätze soziologischer Kritik, Frankfurt am Main/New York, S. 25–33

Dörre, K. (2009): Die neue Landnahme. Dynamiken und Grenzen des Finanzmarktkapitalismus. In: Dörre, K./Lessenich, S./Rosa, H. (Hrsg.): Soziologie. Kapitalismus. Kritik. Eine Debatte, Frankfurt am Main, S. 21–86

Dörre, K. (2012): Schluss. Was ist Kapitalismus, was Arbeit? Resümee und Ausblick. In: Dörre, K./Sauer, D./Wittke, V. (Hrsg.): Kapitalismustheorie und Arbeit. Neue Ansätze soziologischer Kritik, Frankfurt am Main/New York, S. 488–508

Dörre, K. (2013): Landnahme und die Grenzen sozialer Reproduktion. Zur gesellschaftstheoretischen Bedeutung Rosa Luxemburgs. In: Schmidt, I. (Hrsg.): Rosa Luxemburgs ‚Akkumulation des Kapitals'. Die Aktualität von ökonomischer Theorie, Imperialismuserklärung und Klassenanalyse, Hamburg, S. 82–116

Dörre, K./Behr, M./Eversberg, D./Schierhorn, K. (2009): Krise ohne Krisenbewusstsein? Zur subjektiven Dimension kapitalistischer Landnahmen. In: PROKLA 157, S. 559–576

Dörre, K./Sauer, D./Wittke, V. (2012): Einleitung. Kapitalismustheorie als Problem der Arbeitssoziologie. In: Dies. (Hrsg.): Kapitalismustheorie und Arbeit. Neue Ansätze soziologischer Kritik, Frankfurt am Main/New York, S. 9–22

Duhm, D. (1975): Warenstruktur und zerstörte Zwischenmenschlichkeit. Dritter Versuch der gesellschaftlichen Begründung zwischenmenschlicher Angst in der kapitalistischen Warengesellschaft, 4., erweiterte Aufl., Lampertheim

Eisenberg, G. (1999): ‚Wer nicht arbeitet, soll auch nicht essen'. Zur Sub- und inneren Kolonialgeschichte der Arbeitsgesellschaft. Online unter URL: http://www.krisis.org/1999/wer-nicht-arbeitet-soll-auch-nicht-essen/ [25.11.2015]

Fichte, J. G. (1977): Das System der Rechtslehre. Vorgetragen von Ostern bis Michaelis 1812. In: Ders.: Ausgewählte politische Schriften, Frankfurt am Main, S. 217–355

Foucault, M. (2005): Vorlesung vom 14. Januar 1976 [1977]. In: Defert, D./Ewald, F. (Hrsg.): Michel Foucault. Analytik der Macht, Frankfurt am Main, S. 108–125

Frey, M. (2009): Autonomie und Aneignung in der Arbeit: Eine soziologische Untersuchung zur Vermarktlichung und Subjektivierung von Arbeit (Arbeit und Leben im Umbruch), München und Mering

Gfrerer, L./Schmieder, A. (2014): Armut als Regierungsrisiko: Disziplinar- und kontrollgesellschaftliche Regulationsstrategien. In: Schmieder, A./Legnaro, A./Kastenbutt, B. (Hrsg.): Sucht und Armut, Jahrbuch Suchtforschung, Münster u.a.

Heinrich, M. (2005): Kritik der politischen Ökonomie. Eine Einführung, 3. Aufl., Stuttgart

Illouz, E. (2007): Gefühle in Zeiten des Kapitalismus. Frankfurt am Main

Jaeggi, R. (2005): Entfremdung. Zur Aktualität eines sozialphilosophischen Problems, Frankfurt am Main

Jessop, R. (2003): Postfordismus und wissensbasierte Ökonomie. Eine Reinterpretation des Regulationsansatzes. In: Brand, U./Raza, W. (Hrsg.): Fit für den Postfordismus? Theoretisch-politische Perspektiven des Regulationsansatzes, Münster, S. 89–111

Kalmring, S. (2013): Die Krise als Labor gesellschaftlicher Entwicklungen. In: Backhouse, M./Gerlach, O./Kalmring, S./Nowak, A. (Hrsg.): Die globale Einhegung – Krise, ursprüngliche Akkumulation und Landnahmen im Kapitalismus, Münster, S. 72–111

Kößler, R. (2013): Prozesse der Trennung – Gewalt im Ursprung und fortgesetztes Prozessieren des Kapitals. In: Backhouse, M./Gerlach, O./Kalmring, S./Nowak, A. (Hrsg.): Die globale Einhegung – Krise, ursprüngliche Akkumulation und Landnahmen im Kapitalismus, Münster, S. 20–39

Lambert, W. R. (1979): Alkohol und Arbeitsdisziplin in den Industriegebieten von Südwales 1800 bis 1870. In: Puls, D. (Hrsg.): Wahrnehmungsformen und Protestverhalten. Studien zur Lage der Unterschichten im 18. und 19. Jahrhundert, Frankfurt am Main, S. 296–316

Leithäuser, T./Heinz, W. (1980): Vorbemerkung. In: Dies. (Hrsg.): Produktion, Arbeit, Sozialisation, 2. Aufl., Frankfurt am Main, S. 7–12

Lohmann, G. (1991): Indifferenz und Gesellschaft. Eine kritische Auseinandersetzung mit Marx, Frankfurt am Main

Lukács, G. (2013): Geschichte und Klassenbewußtsein. In: Ders.: Georg Lukács Werke. Frühschriften II, Bd. 2, Bielefeld, S. 161–517

Luxemburg, R. (1990a): Die Akkumulation des Kapitals. Ein Beitrag zur ökonomischen Erklärung des Imperialismus. In: Dies.: Gesammelte Werke Bd. 5 – Ökonomische Schriften, 4. Aufl., Berlin, S. 5–411

Luxemburg, R. (1990b): Einführung in die Nationalökonomie. In: Dies.: Gesammelte Werke Bd. 5 – Ökonomische Schriften, 4. Aufl., Berlin, S. 524–778

Marx, K./Engels, F. (2008 u. a.): Werke [zitiert: MEW], Berlin

Mattick, P. (1971): Marx und Keynes, Frankfurt am Main

Mauke, M. (1973): Die Klassentheorie von Marx und Engels, Frankfurt am Main

Moldaschl, M. (2002): Ökonomien des Selbst. Subjektivität in der Unternehmergesellschaft. In: Klages, J./Timpf, S. (Hrsg.): Facetten der Cyberwelt. Subjektivität, Eliten, Netzwerke, Arbeit, Ökonomie, Hamburg, S. 29–62

Moldaschl, M./Voß, G. G. (2003): Zur Einführung. In: Dies. (Hrsg.): Subjektivierung von Arbeit, 2. Aufl., München/Mering, S. 15–23

Negt, O./Kluge, A. (1993): Geschichte und Eigensinn 1. Die Entstehung der industriellen Disziplin aus Trennung und Enteignung, Frankfurt am Main

Nullmeier, F. (2004): Vermarktlichung des Sozialstaats. In: WSI-Mitteilungen, 57. Jg., H. 9, S. 495–500

Ottomeyer, K. (2014): Ökonomische Zwänge und menschliche Beziehungen: Soziales Verhalten und Identität im Kapitalismus und Neoliberalismus, 2., veränderte Aufl., Münster

Pfeiffer, S. (2004): Arbeitsvermögen. Ein Schlüssel zur Analyse (reflexiver) Informatisierung, Wiesbaden

Pongratz, H./Voß, G. G. (2000): Vom Arbeitnehmer zum Arbeitskraftunternehmer – Zur Entgrenzung der Ware Arbeitskraft. In: Minssen, H. (Hrsg.): Begrenzte Entgrenzungen. Wandlungen von Organisation und Arbeit, Berlin, S. 225–247

Poulantzas, N. (1975): Klassen im Kapitalismus – heute, Berlin

Röttger, B. (2003): Verlassene Gräber und neue Pilger an der Grabesstätte. Gesellschaftstheoretische Rückfragen an die Regulationstheorie. In: Brand, U./Raza, W. (Hrsg.): Fit für den Postfordismus? Theoretisch-politische Perspektiven des Regulationsansatzes. Münster, S. 18–42

Schmieder, A. (1992): Sucht: Normalität der Abwehr, Freiburg im Breisgau

Simmel, G. (1987): Philosophie des Geldes, 8. Aufl., Berlin

Thompson, E. P. (1973): Zeit, Arbeitsdisziplin und Industriekapitalismus. In: Braun, R./Fischer, W./Großkreutz, H./Volkmann, H. (Hrsg.): Gesellschaft in der industriellen Revolution, Köln, S. 81–112

Volmerg, U. (1980): Zum Verhältnis von Produktion und Sozialisation am Beispiel industrieller Arbeit. In: Leithäuser, T./Heinz, W. (Hrsg.): Produktion, Arbeit, Sozialisation, 2. Aufl., Frankfurt am Main, S. 105–127

Voß, G. G./Pongratz, H. (1998): Der Arbeitskraftunternehmer. Eine neue Grundform der Ware Arbeitskraft. In: Kölner Zeitschrift für Soziologie und Sozialpsychologie, 50. Jg., H. 1, S. 131–158

Wallat, H. (2014): Geschichte, die nicht vergehen will – Zukunft, die nicht kommen mag. In: Ders. (Hrsg.): Gewalt und Moral. Eine Diskussion der Dialektik der Befreiung, Münster, S. 7–24

Zelený, J. (1968): Die Wissenschaftslogik bei Marx und ‚das Kapital', Frankfurt am Main

FSC
www.fsc.org
MIX
Papier | Fördert gute Waldnutzung
FSC® C083411

Kolibri 360 GmbH
Ferdinand-Jühlke-Straße 7
99095 Erfurt, Deutschland
produktsicherheit@kolibri360.de